新唯識論

熊十力／著

學術・民國選書

大家講堂

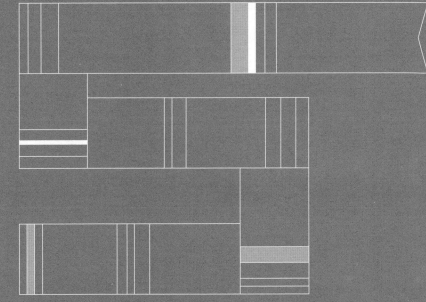

五南圖書出版公司 印行

學識之法門・智慧之淵藪

——序五南「大家講堂」

曾永義

五南圖書陸續推出一套叢書叫「大家講堂」。這裡的「大家」，固然不是舊時指稱高門貴族的「大戶人家」，也不是用來尊稱漢代才女班昭「曹大家」的「大家」；但也包含兩層意義：一是指學藝專精，歷久彌著，影響廣遠的人物，如古之「唐宋八大家」，今之文學、史學、藝術、科學、哲學等等之「大家」或「大師」；二是泛指眾人，有如「大夥兒」。而這裡的「講堂」，雖然還是一般「講學廳堂」的意思，只是它已改變了實質的形式，既沒有講席，也沒有聽席；因爲這講席上的大師已經化身在書本之中，只要你打開書本，大師馬上就浮現在你眼前，對你循循善誘；而你自然的也好像坐在聽席上，悠悠然受其教誨一般。於是這樣的講堂，便可以隨著你無遠弗屆，無時不達。只要你有心向學，便可以隨時隨地學習，受益無量。而由於這樣的「講學廳堂」是由諸多各界大師所主持的講席，是大夥兒都可以入坐的聽席，所以是名副其實的「大家講堂」。

長年以來，我對於五南出版公司創辦人兼發行人楊榮川先生甚為佩服。他行年已及耄耋，猶以學術文化出版界老兵自居，認為傳播知識、提升文化是他矢志的天職。他憂慮網路資訊，擾亂人心，占據人們學識、智慧、性靈的生活。使往日書香繚繞的社會，呈現一片紛亂擾攘的空虛。於是他親自策畫「經典名著文庫」，聘請三十位學界菁英擔任評議，自民國一〇七年，迄今已出版一一〇種。他卻發現所收錄之經典大多數係屬西方，作為五千年的文化中國，卻只有孔孟老莊哲學十數種而已，實屬缺憾，為此他油然又興起淑世之心，要廣設「大家講堂」，再度興起人們「閱讀大師」的脾胃，進而品會大師優異學識的法門，探索大師智慧的無盡藏。潛移默化的，砥礪切磋的，再度鮮活我們國民的品質，弘揚我們文化的光輝。

我也非常了解何以榮川先生要策畫推出「大家講堂」來遂他淑世之心的動機和緣故。我們都知道，被公認的大家或大師，必是文化耆宿、學術碩彥。他們著作中的見解，必是薈萃自己畢生的真知卓見，或言人所未嘗言，或發人所未嘗發；任何人只要沾溉其餘瀝，便有如醍醐灌頂，頓時了悟；而何況含茹其英華！或謂大師博學深奧，非凡夫俗子所能領略，又如何能夠沾其餘瀝、茹其英華？是又不然，凡稱大家大師者，必先有其艱辛之學術歷程，而為創發之學說，而為建構之律則；但大師之學養必能將其象牙塔之成果，融會貫通，轉化為大眾能了解明白之語言例證，使人如坐春風，趣味橫生。

譬如王國維對於戲曲，先剖析其構成為九個單元，逐一深入探討，再綜合菁華要義，結撰為人人能閱讀的《宋元戲曲史》，使戲曲從此跨詩詞之地位而躐之，躋入大學與學術殿堂。魯迅和鄭振鐸也一樣，分別就小說和俗文學作全面的觀照和個別的鑽研，從而條貫其縱剖面、組織其橫剖面，成就其《中國小說史略》、《中國俗文學史》，使古來中國之所謂「文學」，頓開廣度和活色。又如胡適先生《中國古代哲學史大綱》，誠如蔡元培在爲他寫的〈序〉中所言，他能夠先解決先秦諸子材料眞僞的問題。又能依傍西洋人哲學史梳理統緒的形式；因而在他的書裡，才能呈現出「證明的方法」、「扼要的手段」、「平等的眼光」、「系統的研究」等四種特長，要言不繁的導引我們進入中國古代哲學的苑囿，聆賞先秦諸子的大智大慧。

也因此榮川先生的「大家講堂」一方面要彌補其「經典名著文庫」的不足，便以收錄一九四九年以前國學大師之著作爲主。凡其核心之學術代表著作，既爲畢生研究之精粹，固在收錄之列；而其具有普世之意義與價值，經由大師將其精粹轉化爲深入淺出之篇章者，其實更切合「大家講堂」之名實與要義，尤爲本叢書所要訪求。

記得我在上世紀八〇年代，也已經感受到「學術通俗化、反哺社會」的意義和重要，曾以此爲題，在《聯副》著文發表，並且身體力行，將自己在戲曲研究之心得，轉化其形式而爲文建會製作之「民間劇場」，使之再現宋元「瓦舍勾欄」之樣貌，並據此規畫「民俗技藝園」（今之宜蘭傳統藝術中心），作爲維護薪傳民俗技藝之場所，並藉由展演帶動社會及各級學校重視民俗技藝之熱潮，乃又進一步以「民俗技藝」作文化輸出，巡迴演出於歐美亞非中美澳洲列國，可以說是一個很成功的例證。近年我的摯友許進雄教授，他是世界甲骨學名家，其學術根柢之深厚、成就之豐碩無須多言，他同樣體悟到有如「大家講堂」的旨趣；乃以通俗的筆墨，寫出了《字字有來頭》七冊和《漢字與文物的故事》四冊，頓時成爲兩岸極暢銷之書。其《字字有來頭》還要出版韓文翻譯本。

已經逐步推出的「大家講堂」，主編蘇美嬌小姐說，爲了考量叢書在中華學識和文化上的意義和價值，因此其出版範圍先以「國學」，亦即以中國文史哲爲限。而以作者逝世超過三十年以上之著作爲優先。而在這裡我要強調的是：「大家」或「大師」的鑑定務須謹嚴；其著作最好是多方訪求，融會學術菁華再予以通俗化的篇章。如此才能眞正而容易的使「大家」或「大師」在他主持的「大家講堂」上，如「隨風潛入夜，潤物細無聲」的春雨那樣，普遍的使得那熱愛而追求學識的一大夥人，都能領略其要義而津津有味。而那一大夥人也像蜜蜂經歷繁花香蕊一般，細細的成就，釀成自家學識法門的蜜汁；而久而久之，許許多多大家或大師的智慧，也將由於那一大夥人不斷的探索汲取，而使之個個成就爲一己的智慧淵藪。我想這應當更合乎策畫出版「大家講堂」的遠猷鴻圖。

榮川先生同時還策畫出版「古釋今繹系列」和「中華文化素養書」做爲「大家講堂」的姐妹編，爲此使我更加感佩他堅守做爲「出版界老兵」的淑世之心。

二〇二〇年元月二十九日晨

於台北森觀寓所

目次

卷中

卷下之一

卷下之二

新唯識論全部印行記

己卯夏，余有嘉州之行，適遇寇機，頻年積稿盡毀，友好多傷之。翌年，本書上卷成，得呂生漢財印如干部。辛巳冬，中卷成，復慮轟炸，老友居覺生先生募資，合上卷付印。昨春，下卷成，復取上、中卷，稍易數處，而以全書由中國哲學會付商務印書館出版。老當國難，精力日衰矣，平生心事，寄之此書。世或罪以謗佛，則豈識予心者哉？有問：「此書非佛家本旨也，而以《新唯識論》名之，何耶？」曰：吾先研佛家唯識論，曾有選述，漸不滿舊學，遂毀夙作，而欲自抒所見，乃爲《新論》。夫新之云者，明異於舊義也。異舊義者，冥探眞極，（此語吃緊。苟非自窮眞極，而徒欲泛求之百氏，則陷於雜博，未能臻至理也。）而參驗之此土儒宗及諸巨子，抉擇得失，辨異觀同，所謂觀會通而握玄珠者也。（玄珠，借用莊子語，以喻究極的眞理或本體。）破門戶之私執，契玄同而無礙，此所以異舊義而立新名也。識者，心之異名；唯者，顯其殊特。即萬化之原而名以本心，是最殊特。言其勝用，則宰物而不爲物役，亦足徵殊特。《新論》究萬殊而歸一本，要在反之此心，是故以唯識彰名。或曰：「《新論》不亦談妄識乎？豈盡說本心耶？」曰：異哉，汝之固也。辨妄正所以顯本，妄之不明，本不可見。汝以爲著書將只單提一義，而不可涉及餘義乎？道理哪得如是簡單。世俗每不悟《新論》所由立名，輒為無謂之非難，故略說如上。

中華民國三十三年一月二日黃岡熊十力記於陪都近區北碚勉仁書院

---

*編按一：本書以一九八五年中華書局版為底本整理。
*編按二：本書尊重原著原則，僅異體字均作統一，其餘保持原著風貌。

初印上中卷序言

是書原本係文言，於民國十二年頃講授於國立北京大學。後多所改定，以二十一年十月自印行世。無錫錢學熙常欲迻譯英文，未果。二十七年春，余避難入蜀，寓居璧山，學熙亦至。是冬，學熙欲償夙願，因先用國文翻成語體文，以資熟練。義有增損，則余所隨時口授，學熙無擅改也。僅翻至〈轉變〉首節，學熙因事離川，又不獲譯。迄二十八年秋，萊蕪韓裕文從遊，因囑裕文續學熙稿，將別爲語體文本。裕文面受裁決，遂完成〈轉變〉，輯爲上卷。未幾，裕文以生事窘束離去。余孤羈窮鄉破寺中，老來顛沛，加復貧困，乃強自援筆，續翻〈功能〉上、下，以三十年孟秋脫稿，輯爲中卷。預計全書若成，當不過三卷。下卷起草須稍待也。中卷申明體用，因評判佛家空有二宗大義，而折衷於《易》。《易》者，儒道兩家所統宗也。既已博資群聖，析其違乃會其通，（其相違處，辨而析之。其大通處，可融會也。學窮其至，可守一家言乎？）實亦窮極幽玄，妙萬物而涵眾理。（理極其玄，則眾理無所不包，故曰涵眾理。玄者萬物之所共由，故曰妙萬物。）上卷所陳義趣，至此而後見其根極。夫泥曲者難期以超悟，（曲者偏曲，謂俗學只從枝節去索解。泥於此者，未能脫然超悟。）守文者無冀夫懸解，世固有莫逆予心者乎？吾姑俟之而已。中卷甫脫稿，將合上卷先付印如干部，以防散失。印費綦難，舊友廣濟居覺生先生籌募而資之。翼此變經，無墜旦夕。（《易經》窮極變化之道，阮嗣宗稱以變經，此借用之。）

是書卷面，簽題《新唯識論語體文本》。卷內題名仍舊，（《新唯識論》。）以避繁重。

原本擬爲二部：曰《境論》，（境者，所知名境，本佛典。今順俗爲釋，如關於本體論及宇宙論、人生論等，有其所知、所見，或所計持者，通名爲境。）曰《量論》。（《量論》，相當俗云知識論或認識論。量者，知之異名。佛家有證量及比量等，即關於知識之辨析也。）只成《境論》一部分，《量論》猶未及作。今本（此次語體文本稱今本，下仿此。）則不欲承原本之規畫，如將來得成《量論》時，即別爲單行本，故今本亦不存《境論》之目。以《境》、《量》二論相待立名，今《量論》既不屬本書組織之內，則《境論》之名亦不容孤立故。本書根本問題不外體用，立言自有統紀，一依原本之底蘊。（學者如透悟體用義，即於宇宙人生諸大問題，豁然解了，無復疑滯。）

本書雖是語體文，然與昔人語錄不必類似。此爲理論的文字，語錄只是零碎的記述故。又與今人白話文尤不相近。白話文多模仿西文文法，此則猶秉國文律度故。大抵此等文體不古不今，雖未敢云創格，要自別成一種作風。

本書發端於錢君，初非有意爲此。繼念原本簡括，（文不繁重曰簡，義綜綱要曰括。）欲因錢稿而續成語體文本，歷時幾四載，成茲二卷。上卷之文，既非一手，（余頗有核定，但損益無多。）中卷則余親秉筆，而流亡困厄，意興蕭索，老來精力益復無幾，寫稿斷難一氣貫注。然義有據依，（非由意想妄構故。）詞必精核，（詞必足以完全表達其所詮之義，無有漏略，且正確而不容誤解，乃云精核。）要歸無苟，則非文章之士所與知也。嘗與朱孟實光潛書云：哲學之事，基實測以遊玄，從觀象而知化。（《大易》之妙在此。）窮大則建本立極，冒天下之物；通微則極深研幾，洞萬化之原。解析入細，繭絲牛毛喻其密；組織精嚴，縱經橫緯盡其巧。思湊單微，言成統類，此所以籠群言而成一家之學，其業誠無可苟也。焉得知言者，而與之遊於玄圃。

中華民國三十一年一月十五日熊十力識

附原本緒言節存

本書於佛家，元屬造作。凡所用名詞，有承舊名而變其義者，（舊名，謂此土故籍與佛典中名詞。本書多參用之，然義或全異於舊，在讀者依本書立說之統紀以求之耳。如恆轉一名，舊本言賴耶識，今以目本體，則視舊義根本不同矣。此一例也，餘準知。）有採世語而變其義者。（世語，謂時俗新名詞。）自來專家論述，其所用一切名詞，在其學說之全系統中，自各有確切之含義，而不容泛濫，學者當知。然則何以有承於舊名，有採於世語乎？名者公器，本乎約定俗成，不能悉自我制之也。舊名之已定者與世語之新成者，皆可因而用之，而另予以新解釋。此古今言學者之所同於不得已也。

書中用自注，或有辭義過繁，不便繫句讀下者，則別出爲附識，亦注之類也。每下一注，皆苦心所寄。（今本上卷有譯者按及翻者按等文，爲上卷以下所無者，蓋錢、韓兩君所附加者。此亦與附識同例，無須改削。）

本書評議舊義處，（舊義謂印度佛家。）首敘彼計，必求文簡而義賅。（注語尤費苦心。）欲使讀者雖未研舊學，亦得於此而索其條貫，識其旨歸，方了然於新義之所以立。

附筆札

科學承認有外界獨存，自科學言之，固應假定如此，而哲學家談本體者，亦將本體當作外界的物事來推度，卻成顚倒。〈明宗〉及〈唯識〉兩章，須曠懷潛玩始得。

來問：「〈唯識〉只不承有外境，卻不謂境無，何以成唯識？」此正未了本書意思耳。書中明言：唯者，殊特義，非唯獨義云云。（詳〈唯識〉。）本書明翕闢成變，即依翕上假說境物，（詳〈轉變〉、〈成物〉兩章。）前後意思盡一貫。（以上答鐘定欣。）

內心外物，分成兩界對立，此於眞理太悖。悟到心境渾融，方是實際理地。

近世哲學不談本體，則將萬化大原、人生本性、道德根底一概否認。此理本平常，本著顯，直緣人自錮於知見，不能證得。

知識論所由興，本以不獲見體，而始討論及此。但東方先哲則因知識不可以證體，乃有超知而趣歸證會之方法。西人則始終盤旋知識窠臼，茫無歸著，遂乃否認本體。明者辨識此中得失，方信本論所爲作，是不容已。

來問：「〈明宗〉有云：『吾人必須內部生活淨化和發展時，這個智才顯發的』云云。淨化一詞，似採用時下新名詞，或須加注，方免誤會。」所見極是。西洋談心理者，以爲吾人之本能遇阻遏，或下等欲望不遂者，必別求補償於高等精神活動之中，是謂淨化。今在本文中所云淨化，其意義自別。蓋必保任本心，即固有性智，而勿失之，則中有主宰，而一切下劣的本能或欲望自受裁制，而不至橫溢爲患。如是，欲皆從理，無有迷妄。故此云淨化，乃自有眞宰，而能保任勿失，始有此效。若不悟眞宰，只謂即下等衝動可轉而高尚化，此乃吾先哲所謂「百姓日用而不知」者也，豈究理之談耶？學熙譯本文時，未及注別，得子抉發，所關不淺。（以上答黃艮庸。）

《新論》原本〈轉變〉動點之說，吾自潛玩及此。宇宙原是大用流行，不妨說爲一大動力，（一者，絕對義。大者，無所不包含義。動者，神變無窮義。此動非與靜爲對待之詞。力者，言乎神變無窮之勢用也。此力字，勿作物理學上所謂能力來理會。）只此動力，無別實在的物質。動力不凝攝，則空蕩無物，將何所藉以自表現耶？其凝攝也，則分爲眾多之點滴然。由此點滴，漸漸轉粗，而形成所謂元子、電子，乃至輾轉形成物質宇宙。故推跡物質，本非實有，吾自信理當如是。後聞學熙言，西哲已有言及動點者。吾不能讀西籍，未知其立說之體系如何，其根底意思如何，但彼既有此說，則吾不欲與之雷同，故語體文本，已不用動點一詞。（以上答鄧子琴。）

本論明變而表以數，立二數或三數以示之，至道無餘蘊矣。二者，一翕一闢也。三者，恆轉是一，其現爲翕則二也，復現爲闢則三也。（須詳玩〈轉變〉。恆轉亦名功能，相當《易》之太極，《春秋》之元。）夫言二，非無一也。恆轉本寂寞無形，而不能不現爲一翕一闢，故稱萬法實體，是以不言一而一固存矣。（吃緊。）《大易》以二數明化，至矣妙矣。子云《太玄》以三，猶符《易》旨。邵堯夫以四，則已滯於象，而難與究玄矣。近人嚴又陵猶識此意。本論初出，世或以黑格爾辯證法相擬，實則本論原本《大易》，其發抒《易》、《老》「一生二，二生三」之旨，若與辯證法有似者。但吾書根本意思，要在於變易而見眞常，於反動而識沖和，（老曰：「反者道之動。」沖和即仁也。）於流行而悟主宰，其於黑格爾氏，自有天壤懸隔處。非深於《易》者，終不解吾意耳。

《易》曰：「天下之動，貞夫一者也。」《老子》「天得一以清」章善發斯旨，數立於一。一者，絕待也，虛無也，（無形無象故名。）無在無不在也。自一而二，以之於三，皆稱體起用之徵符，至無而妙有也，至虛而善動也，是故擬之以象。（實無固定之象，故曰擬也。）自此以往而數不勝紀，則有待之域，不可以見玄也。（以上與牟宗三、唐君毅。）

不喜談本體論，向者學熙亦如此。彼初聞《新論》，卻沒意趣，久之屏除成見，時於虛靜中體玩此理，漸有解悟，至於欲罷不能，乃信此學是窮萬化之奧妙，是一切學問之歸墟。

讀本書者，若於佛家大乘學及此土三玄（《大易》、《老》、《莊》。）並魏晉宋明諸子，未得其要，則不能知本書之所根據與其所包含及融會貫通處。其輕詆，亦宜也，吾未嘗自矜己見。平生讀前哲巨典，不肯用經生家技倆，只曠懷冥會，便覺此理不待求索，六通四闢，左右逢源，實有此事，古人不我欺也。（以上答雲頌天、張俶知。）

來函云：「〈明宗〉直指本心，說爲宇宙實體，驟聞之殊不契，細玩之，覺其理無可易。」足徵虛懷之益。本體不是外在的物事，更不是思維中的概念，或意念中追求的虛幻境界。唯反己深切體認，便自識本來面目。

本書談生滅，是就一翕一闢之勢用新新不住而言。換句話說，即顯大用流行，無有些子滯積而已。《易》所謂「妙萬物而爲言者」此也。本書不是就個體的物事上談生滅，而是就所謂個體的物事上，明其都無實物可容暫住，於此可見神化之不息與大用之不測。此與俗書談生滅的意思自不同，須曠懷冥會始得。（以上答楊生。）

虛妄的心，（亦云妄識，亦省言識。）別於本心或眞心而言之也。若就其辨物析理的等等作用而言，則曰量智或理智。隨義異名，所目則一。

嘗怪西洋哲學家談理智，似是無根的東西。彼所謂理智，既不同吾儕所云性智，卻又不問理智是如何而有的。學者於此無疑問，何耶？吾人承認有本來固具的性智，則說理智亦是性智的發用，但它是流行於官體中而易爲官能假之以自逞，又有習染之雜。它畢竟不即是性智，這是不可混淆的。（參看〈明宗〉談量智處一段文。）又〈唯識下〉結處有云，第三章雖云心無自體，然許心有因緣，即是它有其本身底自動的力云云，此下文字，俱須細看。須知，妄識亦依性智故有，譬如浮雲雖無根底，亦依太空故有，所謂依眞起妄者是也。（以上答張德鈞。）

上卷初出，偶酬諸子問難，頗有關大義者，節存如右。

卷上

第一章　明　宗

今造此論，爲欲悟諸究玄學者，令知一切物的本體，非是離自心外在境界，及非知識所行境界，唯是反求實證相應故。

譯者按：本體非是離我的心而外在者，因為大全（大全，即謂本體。此中大字，不與小對。）不礙顯現為一切分，而每一分又各各都是大全的。如張人，本來具有大全，故張人不可離自心而向外去求索大全的。又如李人，亦具有大全，故李人亦不可離自心而向外去求索大全的。各人的宇宙，都是大全的整體的直接顯現，不可說大全是超脫於各人的宇宙之上而獨在的。譬如大海水（喻本體。）顯現為眾漚，（喻眾人或各種物。）每一漚，都是大海水的全整的直接顯現。試就甲漚來說罷，甲漚是以大海水為體，即具有大海水底全量的。又就乙漚來說罷，乙漚也是以大海水為體，亦即具有大海水底全量的。丙漚、丁漚乃至無量底漚，均可類推。據此說來，我們若站在大海水底觀點上，大海水是全整的現為一個一個的漚，不是超脫於無量的漚之上而獨在的。又若站在漚的觀點上，即每一漚都是攬大海水為體。我們不要以為每一漚是各個微細的漚，實際上每一漚都是大海水的全整的直接顯現著。奇哉奇哉！由這個譬喻，可以悟到大全不礙顯現為一切分，而每一分又各各都是大全的。這真是玄之又玄啊！

又按本體非是理智所行的境界者。熊先生本欲於《量論》廣明此義。但《量論》既未能作，恐讀者不察其旨。茲本熊先生之意而略明之。學問當分二途：曰科學，曰哲學。（即玄學。）科學，根本從實用出發，易言之，即從日常生活的經驗裡出發。科學所憑藉以發展的工具，便是理智。這個理智，只從日常經驗裡面歷練出來，所以把一切物事看作是離我的心而獨立存在的、非是依於吾心之認識它而始存在的。因此，理智只是向外去看，而認為有客觀獨存的物事。科學無論發展到何種程度，它的根本意義總是如此的。哲學自從科學發展以後，它底範圍日益縮小。究極言之，只有本體論是哲學的範圍，除此以外，幾乎皆是科學的領域。雖云哲學家之遐思與明見，不止高談本體而已，其智周萬物，嘗有改造宇宙之先識，而變更人類謬誤之思想，以趨於日新與高明之境。哲學思想本不可以有限界言，然而本體論究是闡明萬化根源，是一切智智，（一切智中最上之智，復為一切智之所從出，故云一切智智。）與科學但為各部門的知識者自不可同日語。則謂哲學建本立極，只是本體論，要不為過。夫哲學所窮究的，即是本體。我們要知道，本體的自身是無形相的，而卻顯現為一切的物事，但我們不可執定一切的物事以為本體即如是。譬如假說水為冰的本體，但不可執定冰的相狀，以為水即如冰相之凝固者然。本體是不可當作外界的物事去推求的。這個道理，要待本論全部講完了才會明白的。然而吾人的理智作用，總是認為有離我的心而獨立存在的物質宇宙，若將這種看法來推求本體，勢必發生不可避免的過失，不是把本體當作外界的東西來胡亂猜擬一頓，就要出於否認本體之一途。所以說，本體不是理智所行的境界。我們以為科學、哲學，原自分途。科學所憑藉的工具即理智，拿在哲學的範圍內，便得不著本體。這是本論堅決的主張。

是實證相應者，名爲性智。（性智，亦省稱智。）這個智是與量智不同的。云何分別性智和量智？性智者，即是眞的自已底覺悟。此中眞的自己一詞，即謂本體。在宇宙論中，賅萬有而言其本原，則云本體。即此本體，以其爲吾人所以生之理而言，則亦名眞的自己。即此眞已，在《量論》中說名覺悟，即所謂性智。此中覺悟義深，本無惑亂故云覺，本非倒妄故云悟。申言之，這個覺悟就是眞的自己。離了這個覺悟，更無所謂眞的自己。此具足圓滿的明淨覺悟的眞的自己，本來是獨立無匹的。以故，這種覺悟雖不離感官經驗，要是不滯於感官經驗而恆自在離繫的。它元是自明自覺，虛靈無礙，圓滿無缺，雖寂寞無形，而秩然眾理已畢具，能爲一切知識底根源的。量智，是思量和推度，或明辨事物之理則，及於所行所歷，簡擇得失等等的作用故，故說名量智，亦名理智。此智，元是性智的發用，而卒別於性智者，因為性智作用，依官能而發現，即官能得假之以自用。（此中得者，言其可得，而非恆然。若官能恆假性智以自用，即性智畢竟不得自顯，如謂奴恆奪主，無有主人得自行威命者。此豈應理之談。）易言之，官能可假性智作用以成為官能之作用，迷以逐物，而妄見有外，（性智作用，以下省云性用。見有外者，以物為外故。）由此成習。（習者，官能的作用，迷逐外物。此作用雖當念遷謝，而必餘勢續流不絕也。即此不絕之餘勢，名為習。）而習之既成，則且潛伏不測之淵，（不測之淵，形容其藏之深也。）常乘機現起，益以障礙性用，而使其成為官能作用。則習與官能作用，恆協合為一，以追逐境物，極虛妄分別之能事，外馳而不反，是則謂之量智。（以上意思，俟下卷〈明心〉當加詳。）故量智者，雖原本性智，而終自成為一種勢用，迥異其本。（量智即習心，亦說為識。宗門所謂情見或情識與知見等者，皆屬量智。）吾嘗言，量智是緣一切日常經驗而發展，其行相恆是外馳。（此中行相一詞，行謂起解，相者相狀，行解之相，曰行相。外馳者，唯妄計有外在的物事而追求不已故。）夫唯外馳，即妄現有一切物。因此而明辨事物之理則，及於所行所歷，簡擇得失而遠於狂馳者，（狂馳猶俗云任感情盲動者也。）此或量智之懸解。（懸解，借用莊子語。）量智有時離妄習纏縛而神解昭著者，斯云懸解。懸者，形容其無所繫也。解者，超脫義，暫離繫故，亦云超脫，然以為眞解則未也。以其非眞離繫，即非眞解。必妄習斷盡，性智全顯，量智乃純為性智之發用，而不失其本然，始名眞解。此豈易言哉？上云懸解者，特習根潛伏而未甚現起耳。且習有粗細，粗者可暫伏，細者恆潛運而不易察也。量智唯不易得眞解故，恆妄計有外在世界，攀緣構畫。以此，常與眞的自己分離，（眞己無外，今妄計有外，故離眞己。）並常障蔽了眞的自己，（攀緣構畫，皆妄相也，所以障其眞己而不得反證。）故量智畢竟不即是性智。此二之辨，當詳諸《量論》。今在此論，唯欲略顯體故。（本體亦省言體，後凡言體者仿此。）

哲學家談本體者，大抵把本體當作是離我的心而外在的物事，因憑理智作用，向外界去尋求。由此之故，哲學家各用思考去構畫一種境界，而建立為本體，紛紛不一其說。不論是唯心唯物、非心非物，種種之論要皆以向外找東西的態度來猜度，各自虛妄安立一種本體。這個固然錯誤。更有否認本體，而專講知識論者。這種主張，可謂脫離了哲學的立場。因為哲學所以站腳得住者，只以本體論是科學所奪不去的。我們正以未得證體，才研究知識論。今乃立意不承有本體，而只在知識論上鑽來鑽去，終無結果，如何不是脫離哲學的立場？凡此種種妄見，如前哲所謂「道在邇而求諸遠，事在易而求諸難」。此其謬誤，實由不務反識本心。易言之，即不了萬物本原，與吾人眞性，本非有二。（此中眞性，即謂本心。以其為吾人所以生之理，則云眞性。以其主乎吾身，則曰本心。）遂至妄臆宇宙本體為離自心而外在，故乃憑量智以向外求索，及其求索不可得，猶復不已於求索，則且以意想而有所安立。學者各憑臆想，聚訟不休，則又相戒勿談本體，於是盤旋知識窠臼，而正智之途塞，人顧自迷其所以生之理。古德有騎驢覓驢之喻，蓋言其不悟自所本有，而妄向外求也。慨斯人之顚倒，可奈何哉？

前面已說，本體不是離我的心而外在的。這句話的意思，是指示他們把本體當作外界獨存的東西來推度，是極大的錯誤。設有問言：「既體非外在，當於何求？」應答彼言：求諸己而已矣。求諸己者，反之於心而即是。豈遠乎哉？不過，提到一心字，應知有本心、習心之分。唯吾人的本心，才是吾身與天地萬物所同具的本體，不可認習心作眞宰也。（眞宰者，本心之異名。以其主乎吾身，而視聽言動一皆遠於非理，物欲不得而幹，故說爲眞宰。）習心和本心的分別，至後當詳。（下卷〈明心〉。）今略說本心義相：一、此心是虛寂的。無形無象，故說爲虛。性離擾亂，故說爲寂。寂故，其化也神，不寂則亂，惡乎神，惡乎化。虛故，其生也不測，不虛則礙，奚其生，奚其不測。二、此心是明覺的。離暗之謂明，無惑之謂覺。明覺者，無知而無不知。無虛妄分別，故云無知。照體獨立，爲一切知之源，故云無不知。備萬理而無妄，具眾德而恆如，是故萬化以之行，百物以之成。群有不起於惑，反之明覺，不亦默然深喻哉。哲學家談宇宙緣起。有以爲由盲目追求的意志者，此與數論言萬法之生亦由於暗，伏曼容說萬事起於惑，同一謬誤。蓋皆以習心測化理，而不曾識得本心，故鑄此大錯。《易》曰「乾知大始」。乾謂本心，亦即本體。知者，明覺義，非知識之知。乾以其知，而爲萬物所資始，孰謂物以惑始耶？萬物同資始於乾元而各正性命，以其本無惑性故。證眞之言莫如《易》，斯其至矣。是故此心（謂本心。）即是吾人的眞性，亦即是一切物的本體。或復問言：「黃蘗有云：『深信含生同一眞性，心性不異，即性即心』云云。此與孟子所言『盡心則知性知天』，遙相契應。宋明理學家，有以爲心未即是性者。」此未了本心義。本心即是性，但隨義異名耳。以其主乎身，曰心。以其爲吾人所以生之理，曰性。以其爲萬有之大原，曰天。故「盡心則知性知天」，以三名所表，實是一事，但取義不一而名有三耳。盡心之盡，謂吾人修爲工夫，當對治習染或私欲，而使本心得顯發其德用，無有一毫虧欠也。故盡心，即是性天全顯，故曰知性知天。知者證知，本心之炯然內證也，非知識之知。由孟子之言。則哲學家談本體者，以爲是量智或知識所行之境，而未知其必待修爲之功，篤實深純，乃至克盡其心，始獲證見，則終與此理背馳也。黃蘗言即心即性，是有當於孟子。然世人頗疑在我之心，（本心，亦省云心。他處準知。）云何即是萬物之本體，此如何開喻？答曰：彼所不喻者，徒以習心虛妄分別，迷執小己而不見性故也。（性字，注見前。）夫執小己，則歧物我、判內外，（內我而外物，兩相隔截。）故疑我心云何體物。（體物，猶云爲萬物之本體。）若乃廓然忘己，而澈悟寂然非空，生而不有，至誠無息之實理，是爲吾與萬物所共稟之以有生，即是吾與萬物所同具之眞性。此眞性之存乎吾身，恆是虛靈不昧，即爲吾身之主，則亦謂之本心。故此言心，實非吾身之所得私也，乃吾與萬物渾然同體之眞性也。然則反之吾心，而即已得萬物之本體。（本體乃眞性之異語，以其爲吾與萬物所以生之實理，則曰眞性。即此眞性，是吾與萬物本然的實相，亦曰本體。此中實相，猶言實體。本然者，本來如此。德性無變易故，非後起故，恆自爾故。）吾心與萬物本體，無二無別，其又奚疑？孟子云：「夫道，一而已矣。」此之謂也。

或復難言：「說心，便與物對。心待物而彰名，無物，則心之名不立。如何可言吾心即是吾與萬物所同具的本體？」答曰：汝所謂與物對待的心，卻是吾所謂習心。習心者，原於形氣之靈。由本心之發用，不能不憑官能以顯，而官能即得假借之，以成爲官能之靈明，故云形氣之靈，非謂形氣爲本原，而靈明是其發現也。形氣之靈發而成乎習，習成而復與形氣之靈協合爲一，以追逐境物，是謂習心。故習心，物化者也，與凡物皆相待相需，非能超物而爲御物之主也，此後起之妄也。本心無對，先形氣而自存。先者，謂其超越乎形氣也，非時間義。自存者，非依他而存故，本絕待故。是其至無而妙有也，則常遍現爲一切物，而遂憑物以顯。由本無形相，說爲至無。其成用也，即遍現爲一切物，而遂憑之以顯，是謂至無而妙有。故本心乃敻然無待，體物而不物於物者也。體物者，謂其爲一切物之實體，而無有一物得遺之以成其爲物者也。不物於物者，此心能御物而不役於物也。眞實理體，無方無相，雖成物而用之以自表現，然畢竟恆如其性，不可物化也。此心即吾人與萬物之眞極，其復何疑？（眞極，即本體之異語。）

如前已說，本體唯是實證相應，不是用量智可以推求得到的。因爲量智起時，總是要當作外在的物事去推度。如此，便已離異了本體而無可冥然自證矣。然則如何去實證耶？記得從前有一西人，曾問實證當用什麼方法。吾曰：此難作簡單的答覆，只合不談。因爲此人尙不承認有所謂本心，如何向他談實證？須知，克就實證的意義上說，此是無所謂方法的。實證者何？就是這個本心的自知自識。換句話說，就是他本心自己知道自己。不過，這裡所謂知或識的相狀很深微，是極不顯著的，沒有法子來形容它的。這種自知自識的時候，是絕沒有能所和內外及同異等等分別的相狀的，而卻是昭昭明明、內自識的，不是渾沌無知的。我們只有在這樣的境界中才叫做實證。而所謂性智，也就是在這樣的境界中才顯現的，這才是得到本體。前面說是實證相應者，名爲性智，就是這個道理。據此說來，實證是無所謂方法的。但如何獲得實證，有沒有方法呢？應知，獲得實證，就是要本心不受障礙才行。如何使本心不受障礙？這不是無方法可以做到的，這種方法，恐怕只有求之於中國的儒家和老莊以及印度佛家的。我在這裡不及談，當別爲《量論》。

今世之爲玄學者，全不於性智上著涵養工夫，唯憑量智來猜度本體，以爲本體是思議所行的境界，是離我的心而外在的境界。他們的態度只是向外去推求，因爲專任量智的緣故。所謂量智者，本是從向外看物而發展的。因爲吾人在日常生活的宇宙裡，把官能所感攝的都看作自心以外的實在境物，從而辨識它、處理它。量智就是如此而發展來。所以量智，只是一種向外求理的工具。這個工具，若僅用在日常生活的宇宙即物理的世界之內，當然不能謂之不當，但若不愼用之，而欲解決形而上的問題時，也用它作工具，而把本體當作外在的境物以推求之，那就大錯而特錯了。我們須知道，眞理唯在反求。我們只要保任著固有的性智，（保者，保持。任者，任持。保任即常存之，而無以惑染或私意障礙之也。）即由性智的自明自識，而發現吾人生活的源泉。這個在我底生活的源泉，至廣無際，至大無外，至深不測所底，至寂而無昏擾，含藏萬有，無所虧欠，也就是生天生地和發生無量事物的根源。因爲我人的生命，與宇宙的大生命原來不二。所以，我們憑著性智的自明自識才能實證本體，才自信眞理不待外求，才自覺生活有無窮無盡的寶藏。若是不求諸自家本有的自明自識的性智，而只任量智，把本體當作外在的物事去猜度，或則憑臆想建立某種本體，或則任妄見否認了本體，這都是自絕於眞理的。所以我們主張量智的效用是有限的。量智只能行於物質的宇宙，而不可以實證本體。本體是要反求自得的，本體就是吾人固有的性智。吾人必須內部生活淨化和發展時，這個智才顯發的。到了性智顯發的時候，自然內外渾融，（即是無所謂內我和外物的分界。）冥冥自證，無對待相，（此智的自識，是能所不分的。所以是絕對的。）即依靠著這個智的作用去察別事物，也覺得現前一切物莫非至眞至善。換句話說，即是於一切物不復起滯礙想，謂此物便是一一的呆板的物，而只見爲隨在都是眞理顯現。到此境界，現前相對的宇宙，即是絕對的眞實，不更欣求所謂寂滅的境地。（寂滅二字，即印度佛家所謂涅槃的意思。後仿此。）現前千變萬動的，即是大寂滅的。大寂滅的，即是現前千變萬動的。不要厭離現前千變萬動的宇宙而別求寂滅，也不要淪溺在現前千變萬動的宇宙而失掉了寂滅境地。本論底宗極，只是如此的。現在要闡明吾人生命與宇宙元來不二的道理，所以接著說〈唯識〉。

第二章　唯識上

唐窺基大師在他作的印度佛家《唯識論》底序裡面，解釋「唯識」二字的意義云：「唯字，是駁斥的詞，對執外境實有的見解而加以駁斥，因為如世間所執為那樣有的意義，是不合眞理的。識字，是簡別的詞，對彼執心是空的見解而加以簡別，即是表示與一般否認心是有的這種人底見解根本不同。因為把心看作是空無的，這便是沉溺於一切都空的見解，佛家呵責為空見，這更是不合眞理的。所以說唯識者，蓋謂世間所計心外之境，確實是空無，但心則不可謂之空無。」窺基在這篇序文裡面如此說。我們看來，還要稍加修正。世間執為有離心外在的實境，這誠然是一種妄執，應當駁斥。此中妄執一詞的「執」字，其意義極深，而難形容。吾人底理智作用，對於某種道理或某種事物，而起計度或解釋時，恆有一種堅持不捨的意義相伴著，這就叫做執。妄執者，他所執定以為怎樣怎樣的，其實是一種虛妄，而不能與眞理相應，故名妄執。妄執的過患極大，故應斥破，（以後凡言執或妄執者，皆仿此。）但基師以為識是不可說為空無的，此則不甚妥當。因為基師在此處所說底識字是與境相對的。（凡心所及到的一切對象，通名為境，後仿此。）換句話說，此所謂識，是取境的識。此中取字，含義略有三：一、心行於境；

二、心於境起思慮等；三、心於境有所黏滯，如膠著然，即名爲執。如堅持有離心實在的外物底人，就是由有此執，而不自覺。具此三義名爲取境。（以後凡言取境者，皆仿此。）這個取境的識，它本身就是虛妄的，是對境起執的，它根本不是本來的心，如何可說不空？如果把妄執的心，當作了本來的心，說它不是空無的，那便與認賊作子爲同樣的錯誤。我們以爲，世間所計度爲離心實在的外物只是妄境。這種妄境，唯是依靠妄執的心才有的，並不是實在的。我們只要向內看，認明了自家妄執的心，便曉得世間所計度爲離心實在的境界根本是空無的，只是虛妄的心執著爲有的，（這個意思，到後面自然明白。）所以應當駁斥。在這方面，我是贊成基師底說法的。至於妄執的心，雖亦依本來的心而始有，但他妄執的心是由官能假本心之力用，而自成爲形氣之靈，於是向外馳求而不已。故此心（妄執的心。）是從日常生活裡面，接觸與處理事物的經驗累積而發展，所以說它是虛妄不實的，是對境起執的。它與本來的心，畢竟不相似的。這個妄執的心和本來的心，根本不相同處，在前章〈明宗〉已可略見，向後〈功能〉和〈明心〉自當更詳。我們以爲妄執的心，實際上是空無的，因爲它是後起的東西。只有本來的心，才是絕對的、眞實的。基師在此處把妄執的心說爲不空，這是應當修正的。

我在本章裡面，要分兩段來說。第一段要說的，是對彼執離心有實外境的見解，加以斥破；第二段要說的，是對彼執取境的識爲實有的這種見解，加以斥破。

在第一段裡，我底主張大概和舊師相同。（舊師，謂印度佛家唯識論派的諸大師，後凡言舊師者仿此。）古時外道小宗（佛家把異己的學派名爲外道。小宗者，佛家有小乘學，亦號小宗。）同是執著有實在的外境，離心獨存。舊師一一斥破，辯論紛然，具在《二十》等論。（《二十論》，依據二十句頌而作，以說明外境唯是依識所現，而實無有外境。）推原外小底意見，所以堅持有心外獨存底實境，大概由二種計。（此中計字，含有推求的意義，但推求字，仍不能與之切合。）一、應用不無計。此在日常生活方面，因應用事物的慣習，而計有外在的實境，即依妄計的所由而立名，曰應用不無計。二、極微計。此實從前計中，別出言之。乃依所計爲名，（極微是所計故。）曰極微計。應用不無計者，復分總別。謂或別計有瓶和盆等物是離心而實有的，此雖世俗的見解，然外小實根據於此。或總計有物質宇宙，是離心而實有的，此依世俗的見解，而鍛鍊較精，以爲吾人日常所接觸的萬物，就喚做宇宙，這是客觀存在的，不須靠著我人的心去識它才有的。外小都有此計。極微計者，於物質宇宙推析其本，說有實在的極微，亦是離心而獨在的。近世科學家所謂元子、電子，也和極微說相同的。以上，略述外小諸計。現在要一一加以駁斥。因爲他們（外小。）的見解，在今日還是盛行的，故非駁斥不可。

應用不無計者，或別計現前有一一粗色境，離心獨存。（粗色境，猶言整個的物體，如瓶和盆等之類。）殊不知這種境若是離開了我的心，便沒有這個東西了，因爲我的識別現起，粗色境才現起。（識別，即用爲心的別名。）若離開識別，這種境根本是無有的。試就瓶來說，看著它，只是白的，並沒有整個的瓶，觸著它，只是堅的，也沒有整個的瓶。我們的意識，綜合堅和白等形相，名爲整個的瓶。在執有粗色境的人，本謂瓶境是離心實有的，（瓶境者，瓶即是心所取的境故，此用爲複詞。）但若以實事求是的態度來審核它，將見這瓶境，離開了眼識看的白相和身識觸的堅相，以及意識綜合的作用，這瓶境還有什麼東西在那裡呢？由此可知，瓶境在實際上說全是空無的。

或有難言：「整個的瓶，畢竟不無。因爲看它確有個白相，觸它確有個堅相，故乃綜合堅和白等相，而得到整個的瓶，如何可說外界的瓶，無有實物，純由汝心上所構造的呢？」答曰：如子所難，縱令堅和白等相，果屬外物，不即在識。但是，這堅和白等相，要自條然各別。換句話說，眼識得白而不可得堅，身識得堅而不可得白。堅白既分，將從何處可得整個的瓶？汝的意識綜合堅和白等相，以爲是整個的瓶，即此瓶境純由汝意虛妄構成，如何可說離心有這樣的粗色境獨存？

附識：上段文中有眼識、身識等名詞。按印度佛家，把心分為各各獨立的八個。本論改變其義，詳見後〈明心〉。然佛家所謂五識底名詞，本論亦承用，但不視為各各獨立。即以精神作用依眼而發現，以識別色境者，名為眼識；依耳而發現，以了別聲境者，名為耳識；依鼻而發現，以了別香境者，名為鼻識；依舌而發現，以了別味境者，名為舌識；依身而發現，以了別一切所觸境者，名為身識。精神作用本是全體的，但隨其所依底眼耳等等官能不同，故多為之名，曰眼識乃至身識。舊師總稱五識，本論亦總名之為感識。

又復以理推徵，堅和白等相，謂是外物，亦復無據。如汝所計，瓶的白相，是誠在外，不從識現。若果如此，這個白應是一種固定的相。汝近看它白，它是這樣的白，汝遠看它，它也是這樣的白。然而汝去看白，或遠或近，白相便不一樣了。並且多人共看，各人所得的白，也不能一樣的。足見這個白，沒有固定的相，唯隨著能看的眼識而現爲或種樣子的白相。故汝所計，白相在外，理定不成。又汝謂瓶的堅相不由心現，亦不應理。堅若在外，也當是固定的相。今汝觸瓶的堅，憶從少壯以至老衰，所得堅度前後不同。各人觸堅，更不一致。是知堅相並非固定，唯隨著能觸的身識而現爲或種樣子的堅相。故汝計堅相在外與計白相在外是一例，都無徵驗的。綜前所說，堅和白等相均不是離心外在的，至於綜合堅白等相，而名爲整個的瓶，這純是意識因實用的需要而構造的。由此應知，如汝所計，心外獨存的粗色境，決定無有。汝不應諍。

如上所破，雖斥別計，復有知解較精者，能不定執瓶等個別的粗色境，乃復總計有物質宇宙離心獨存。故設難言：「瓶等粗色境，你許非實有，我亦無諍。但是堅白等相雖從心所現，豈無外境爲因而心上得憑空現起麼？如果這個心不仗外因而得自現堅白等相，便應於不看白的時候，眼識上常常自現白相，何故必待看白方現白相？乃至應於不觸堅的時候身識上常常自現堅相，何故必待觸堅方現堅相？由此應知，眼等識上有堅白等相，自以外境爲因，方得現起。如是許有客觀獨存的物質宇宙，理無可駁。」答曰：心上現堅白等相，必有境界爲因，是義可許。但是，這個爲因的境，決定不是離心獨在的。爲什麼說境不是離心獨在的呢？因爲依妄情而說，則離心有實外境。順正理而談，則境和心是一個整體的不同的兩方面。（至後面〈轉變〉談翕闢處，便知此理。）這個整體所以有兩方面不同，完全由於它本身的發展，是自然而然的要有這種內在的矛盾的。心的方面是無對礙的，境的方面是有形成對礙的趨勢的。因此，說境和心是互相對待著，但又是互相和同的。境對於心有力爲因，能引發心令與己同時現起。（此中己字，設爲境之自謂。如瓶境當前，能引我的心，與瓶境同時現起。）心對於境能當機立應，即於自心上現似境的相貌，能識別和處理這現前的境，而使境隨心轉，自在無礙。所以說，境和心是互相和同的。因爲它們境和心是互相對待，而又是互相和同，所以能完成其全體的發展。照此說來，境和心是一個整體的不同的兩方面，斷不可把境看作是心外獨存的。如果說，心上現堅白等相有境爲因，這是可許的。但若說是外境爲因，便不應理。因爲境和心，在實際上說，根本沒有內外可分的，如世間所計爲客觀獨存的物質宇宙，只是取境的心慣習於向外找東西的緣故。本無外而妄計爲有外，遂不悟萬物原來不在我的心外，而妄臆爲外在的世界罷了。

或復問言：「如公所說，心上現堅白等相，雖有境爲因，卻不許境在心外，是義無諍。但心所現相與境的本相，爲相似、爲不相似？」答曰：心上所現相，名爲影像。此影像有托現境而起者，如眼等五識上所現相是也，有純從心上所現者，如意識獨起思構時，並無現境當前，此時意中影像，即純從心上變現。凡相，托現境而起者，即此相與境的本相，非一非異。此相是心上所現影像，不即是境的本相，故非一。雖從心現，要必有現境爲所托故，故與境的本相亦非異。由非一非異故，此相與境的本相，決定有相似處，但不必全同。凡相，純從心現者，大抵是抽象的，雖無現境爲所托，然必包含過去及未來同種類的事物所具有的內容及通則等等，意中抽象的相方得現起。如於思維中構成一杯子的概念，此等概念在意識上即是一種相，而這個相並無現境如現前具體的杯子爲所托，然必由過去時意識所了別的每個杯子所具的內容與通則等等，（內容，謂如各種杯子，不論磁製和金製，而同具人工製造的條件，同有盛水或酒的用處等等。通則，謂如可毀壞等等。）並預測將來的一一杯子，在與過去的杯子同樣情境之下，其所有內容和所循通則，也和過去是一致的。如此，才構成一杯子的概念。換句話說，必如上述情形，意中才得現起抽象的杯子的相。舉此一例，純從心上所現的相，也是於過去及未來的一一事物的共相，定有所似的。這種相，和前面所說眼等五識托現境而起的相，依世間情見上說，都不是貧乏的，都不是空洞的，都是有相當的實在性的。（情見者，凡計有境物，即與究極的眞理不相應，便謂情見，以不離妄情分別故。）但據最後的眞實的觀點來說，凡所有相，又都是虛妄的，因爲心的現相，常常把它自身殉沒於境裡面，即執著這境是實在的東西。這樣，便不能與眞理相應，所以墮入虛妄。（此中眞理，謂最後的眞實。）就眞理說，所謂境者，只是依於眞實的現顯，而假名爲境。若執定這個境，以爲境就是本來如此了，那麼就不能於境而見爲是眞理的顯現，即不悟神化而謬執跡象，此非虛妄而何？至若把境看作是離心獨在的，即於虛妄之中又加虛妄。

或復問言：「意識起時，恆現似境之相，（決無有不現相的時候。）所以者何？一、因意識一向習於實用故，恆追求種種境，必現似其相故。二、因意識富於推求和想像等力，能構造境相故。三、因意識起分別時，眼等五識及其所得境同入過去故，意識復行追憶，必現似前境之相故。由上三義，意識恆現似境之相。唯眼等五識親得現境，不更現相，如看白時，眼識所得即是白的本相，眼識不更變現一似白之相。所以者何？一、因眼識微劣，無推求想像等力故，故不能變現似境之相。二、境的本相，因其距離及光線等等關係，直接投刺官能而呈顯於眼識的了別中，故眼識上更無須變現一似境之相，因爲已經親得境的本相之故。眼識如是，耳識乃至身識，皆可類推。由斯應說，所云現相，唯在意識，五識則否。」答曰：意識必現似境之相，如汝所說，甚符我的本旨，但謂五識親得境的本相，而不更現相，則與吾意相乖。實則五識非不現相。我所謂五識和意識本非各各獨立的，只因它們（五識和意識。）的發現，有分位的不同，故須分別來說。眼等五識是憑藉眼等官能而發現的，它五識是先於意識而追求當前的境的。（此中所謂追求，其作用極細微，是不自覺的一種追求。）意識雖是自動的現起，但它意識非不藉待五識的經驗的。五識創起了境，本無粗顯的分別，意識緊接著五識而起，便憶持前境，更作明利的分別了。（此中前境，謂前念五識所了的境，以下言前境者仿此。）由此應知，意識一向習於實用，恆於種種境起追求。它是以五識為前導的，如何可說五識不現相呢？又五識雖無推求等作用，而亦有極微細的了知，雖所謂了知是不明著的，然不能說是無知。又五識和它所了的境，既成過去，意識繼起而能現似前境之相者，則以五識當過去時，於所了境曾現似其相故。後念意識繼起，乃得憶持前境現似其相。如果五識不曾現相，便是於所對的境冥然無知。眼識看白時，既不現似白相，便如不看一樣，乃至身識觸堅時，既不現似堅相，便如不觸一樣。我們須知道，心的知境，就因為心上必現似所知境的一種相，否則不成為知。這種道理，我想在《量論》裡詳說，今不必深談。總之，五識了境時必現似境之相。所以，意識繼起才有似前境的相現起，這是無疑義的。至於五識上所現似境的相，每不能與境的本相完全相肖。大概由五識所憑藉底官能和五識所了的境，以及二者間的關係，如距離和光線等等說不盡的關係，都有影響於五識了境時所現的相，而令這個相和境的本相不能全肖的。此意，猶待《量論》再詳。綜前所說，不論五識、意識，它們五識及意識取境的時候，都現似境之相，可見心的取境（此中心字，通五識和意識而總名之。）不能親得境的本相，而是把境製造或剪裁過一番，來適應自己底期待的。（此中自己一詞，設為心之自謂。）總之，心現似境之相，而作外想，根本是要合於實用的緣故。說到此，有好多問題要留在《量論》再說。今在此中，唯欲說明世間所謂外境，只是依靠著取境的妄心而現起的一種妄境。若果認為眞有離心獨在的境，那就不只是知識上的錯誤，根本失掉了物我無間的懷抱。生活上的缺憾，是至可惋惜的。

或復問言：「公所謂妄境者，殆以心之取境不能親得境的本相，而必現似其相，所以說為妄境歟？」答曰：所謂妄境者，非以心上現似境之相，方說為妄。心於境起了知時，便有同化於境的傾向，所以必現似境之相。這個相，又好像是對於所知境的一種記號，如了知白時必現似白相。它所了知的是這樣的一個白，不是旁的。所以心上現似白的相，就是對於白有了知的一種記號。準此而談，心的現相，是知的作用自然會有的，無可非毀的。但是，心上才現似境的相，便很容易賦予境以實在性，並且很似有封畛的。換句話說，我們知的作用，就把所了的境當作離心獨在的東西來看，這才是吾所呵斥為妄境的，因為它妄境純是依靠著那漫漬於實用方面的妄心而起的緣故。

以上所說，對彼應用不無計，為總、為別，一一破訖。次極微計，復當勘定。印度外道，本已創說極微，至佛家小乘，關於極微的說法更多了。現在如欲把外道和小乘的極微說，一一加以詳細的考核，那就不勝其繁。不過，他們外道和小乘的說法，大端也甚相近，不妨總括起來一說。凡建立極微的學者們，大概執定極微是團圓之相，而以七個極微合成一個很小的系統，叫做阿耨色。（阿耨色是譯音，其意義即是物質的小塊。）七微的分配，（七個極微一詞，以下省稱七微。）中間一微，四方上下各一微。這七微是互相維繫的，而又是互相疏隔的，如此成一個小的系統。無量數的極微，都是按照上述的說法，每七微合成一個小的系統。（即名為阿耨色。）再由這許多許多小的系統，輾轉合成几子、桌子等等粗色，以及大地和諸星體，乃至無量世界。

（此中粗色猶云粗大的東西或整個的物件，以下言粗色者仿此。）小乘學派中，有毗婆沙師，說一切極微彼此都相距甚遠，不得互相逼近。照他的說法，我坐的這張凳子，是無數的阿耨色合成的。這無數的阿耨色，實際上就如無數的太陽系統，因爲各個極微都是相距很遠的，然而我憑依在這樣的凳子上，不怕墜陷了，這也奇怪。

佛家的大乘學派，都不許有實在的極微。他們大乘對外道和小乘，常常用這樣的話來逼難云：你們所說底極微，是有方分的呢，抑是無方分的呢？如果說極微是有方分的，那麼既有方分，應該是更可剖析的；既是更可剖析的，那便不是實在的極微了。如果說極微的形相，是團圓的，因此擬他極微某方面是東，畢竟不成爲東。擬西、擬南、擬北，也是同樣，都不成的。所以，極微是無方分的。在小乘裡，如薩婆多師，就是這樣說的。但是，大乘又駁他道，汝的說法，甚不應理。若極微是無方分的，即不可說他是有對礙的東西，（此中對礙一詞，礙謂質礙。凡有質礙的東西，都是互相對待的，故云對礙。以後凡言對礙者皆仿此。）遂立量破薩婆多師等云：（此中量字，其意義與三段論式相近，詳佛家因明學中。）汝所說的極微應該不是物質的，因爲不可標示他的東西等方分的緣故，猶如心法一樣。（心法是無有方分的。他們說極微是無方分，便同心法一樣。）上所立的量，既已成立，極微不是物質的了。遂詰小乘諸師云：汝所說的粗色，實際上即是那許多的極微。（粗色一詞，解見上。）粗色以外沒有極微，極微以外也沒有粗色。當復立量云：汝所說的粗色應該不是粗大的東西，因爲它即是極微的緣故，如汝所說極微不是粗色還是一致的道理。上所立的量，既已成立，極微不是粗色了，遂復立量云：汝手觸牆壁等，應該不覺得有對礙，因為它根本不是粗色的緣故，如虛空一樣。如上三個比量，（比量，是佛家因明學中的名詞。比字，是推求的意義。凡於事理，由種種推求而得到證明。因依論式楷定，是為比量。）返證極微定是有方分的。小乘師雖欲說無方分，又經大乘逼得無可再說了，歸結還是不能不承認極微是有方分。然既有方分，必定是更可分析的；凡物若是可析的，它就沒有實在的自體了。由此，大乘斷定極微不是離心實有的東西。當時小乘裡，如古薩婆多師和經部師以及正理師，這三派的學者們，不服大乘的駁斥，又主張極微與極微所成和合色，是感識所親得的境界，以此證成極微是實在的東西。（此中和合色一詞，謂多數的極微和合而成為粗大的物，名和合色。感識者，即是眼等五識，說見前。）但是，極微那樣小的東西，當然是眼識所不能見，乃至身識所不能觸的。如何說他極微是感識所親得的境界呢？而古薩婆多和正理師，卻各有巧妙的說法，以解答這個困難的問題。無奈大乘師又把他們薩婆多師等等一個一個的都駁斥了。現在依次敘述如下：

古薩婆多師，執定有眾多的實在的極微，是一個一個的各別為眼識所看的境界，例如瓶子，為眼識的境界的時候，平常以為眼識所看的，是粗大的瓶子，實際上並不是這樣，而確是一個一個的極微，各別為眼識底境界。他這種說法的理由何在呢？我們要知道，印度佛家，是把一切的事情分為實法和假法的。例如世間所許為實有底物質的現象，佛家也可於一方面，隨順世間，說爲實法的。（若就極至的眞理底方面說，便不許爲實有。）假法，佛家略說爲三種：一、和合假，即眾多的極微，和合而成的粗大的物，是名和合假。（眾多的極微，和合而成爲大物，大物的本身是不實在的，離開各個極微，就沒有這個東西了。和合的物，即是假法，故名和合假。）二、分位假，如長短方圓等等，就是某種實法上的分位。如說一片青葉是短或長。一片青葉是實有的，而短或長只是青葉上的分位，不是離開青葉而有長或短的東西存在的，是名分位假。三、無體假，如說石女兒、龜毛、兔角，這都是徒有名字，而沒有他底自體的，是名無體假。（哲學家所構想底境界，多是無體假咧。）如上，已略辨實法和假法。薩婆多師以爲一一極微都是實法，至若眾多的極微，和合而成瓶子這樣的大物，卻是和合假。又以爲眼識，只是緣實法，（此中緣字，有攀緣和思慮及了解等等的意義。以下凡言緣字者皆準知。或疑眼識無思慮，不知眼識非無思慮，只是微細而不明著耳。耳識乃至身識皆然。）不緣假法，（他們以爲假法，但是意識所緣的。）所以眼識看瓶子的時候，實際上確是一一極微，各別爲眼識的境界。

大乘駁斥古薩婆多師云：汝所說各別的極微都是實在的東西，得爲眼識的一種緣。（此中緣字。其含義略有憑藉的意思。如甲是因乙而有的，即說乙是甲的緣。此中意謂，眼識是能知的，必定有實在的某種色境對於眼識做被知的東西，眼識乃生，否則眼識不生。所以，這個被知的色境是眼識的一種緣。）縱然許可你這種說法，但是一一極微，決定不是眼識所知的，因爲我人的心，對於所知的境而起知解的時候，心上必現似所知境底相貌，否則心上沒有那一回事，如何可說知道那種境呢？吾今問汝，汝試張著眼去看極微，汝眼識上曾現似極微的相否？汝既不能謊說曾現似極微的相，足見極微定不是眼識所知的，如何可說極微是感識所親得的境界呢？大乘這樣的駁斥了古薩婆多師。

經部師，執定有眾多的實在的極微和合而成大物，得爲感識所緣的境。（此中緣字，有思慮等義，注見前。）他們（經部師。）以爲一一極微，不能直接爲眼等識的境，因爲眼等識上沒有現似極微的相，所以不能說他一一極微是感識的境。但是眾多的極微和合起來便成瓶子等大物。此中和字的意義，謂多數極微聚在一個處所，雖不必互相逼附，然相距甚近。合字的意義，謂許多極微，以相和的緣故，總成一個大物。這些大物，雖說是和合假，（和合假，見前。）然而眼等識緣這些大物時，卻現似其相。據此，一一極微，雖不是感識所知的，而多數極微和合成爲大物，乃確是感識所知的境，足見極微不可否認。

大乘破經部師云：汝所說和合的大物，畢竟不得爲引發眼等識的一種緣，（此中緣字的意義，參看前敘述大乘駁斥古薩婆多師處一段注語。）因爲他和合的大物是和合假，實際上沒有這個東西，如何能爲引發眼等識的緣？佛家不論大乘、小乘，都承認感識即眼等五識的發生，是要有實在的境界爲緣，他感識才發生的。至若完全沒有實在性的東西，是不能對於感識做一種緣的。因爲沒有實在性的，就沒有引發感識的功用，所以不能爲感識的緣。這也是經部師所共同承認的。然而，經部師也承認和合的大物，是虛假的，並不是獨立的存在的，所以大乘說他和合的大物不得爲引發感識的緣，這樣一駁，經部師也詞窮了。

正理師，執定眾多的實在的極微，互相和集，得爲眼等識所緣的境。（此中緣字，是緣慮義，注見前。）他正理師這種說法很巧妙。先要解釋和集兩字的意義。許多的極微，同在一處，各各相距不遠，這樣叫做和。雖多數的極微，同在一處，卻各各無相逼附，不至混合成一體，這樣叫做集。他正理師以爲每一極微，雖說是小到極處，眼識不能見，乃至身識不能觸，但是很多的極微，在一個處所，互相和集起來。那麼，一一極微，互相資藉，即各個極微之上，都顯出一種大的相貌來，如多數極微和集一處，而成一座大山。平常望見山的人，總以爲他所見的是一座大山，其實所謂一座大山是和合假。實際上並沒有這個東西，有什麼可見呢？然而人都以爲見了大山，因爲很多的極微，和集在一個處所，互相資藉，各各都顯出有如大山量的相。你若不信，我再煩碎的來說。譬如同在所謂大山處的無數底極微，我們設想，於其間提出甲極微來說，這個甲極微雖是小極了，但他甲極微，得到乙、丙、丁，乃至無量數的極微底資藉，那麼，這個甲極微之上，便顯出和大山同量的相貌了。甲極微是這樣的，其他一一極微都可以類推。所以，看山的時候，實在有無量數的大山相。據此說來，極微，畢竟是感識所親得的境界，是不容疑難的。正理師這種說法，似乎把古薩婆多和經部師兩家的缺點，都避免了。

大乘又斥破正理師云：一一極微，在未和集的地位，是那樣小的東西，即在正和集的地位，還是那樣小的東西，因爲極微的本身始終是如一的，並沒有由小而變成大的，如何可說他一一極微和集相資，各各成其大相，能爲眼等識所緣呢？（緣字，注見前。）他們大乘詰難正理師的話還很多，要不過用形式邏輯來作摧敵的武器，恐厭煩碎，不必多述了。

薩婆多和正理師兩派，並主張極微是感識所可親得的。他們的持論，元來沒有經過實測的方法，只是出於思構。大乘一一難破，他們也無法自救了。

或有難言：「外道和小乘首先發明極微，這種創見，是值得讚嘆的。晚世科學家發明元子、電子等，很可印證他們外道和小乘的說法。足見大乘橫施斥破，是毫無價值的。」答曰：大乘爲什麼不許有實在的極微，這個問題很大，此處不及詳說。我們要知道，外道和小乘在世間極成的範圍裡，設定極微是實有的，（世間極成義，詳見佛家《大論．眞實品》。吾人在日常生活的方面，承認物理世界是實在的，無可否認的，是名世間極成。）和科學家中曾有在經驗界或物理世界的範圍裡，設定元子、電子等爲實有的，是一樣的道理。不過，我們如果依據玄學上的觀點來說，這裡所謂極微，或元子、電子等，是實有的呢？抑非實有的呢？那就立刻成了問題。因爲玄學所窮究的，是絕對的、眞實的、全的，是一切物的本體。至於世間或科學所設定爲實有的事物，一到玄學的範圍裡，這些事物的本身都不是獨立的、實在的，只可說是絕對的眞體，現爲大用，假名事物而已。這樣，即於萬有不復當作一一的事物去看，只都見爲神用不測了。據此說來，大乘斥破外道和小乘的極微說，是他大乘在玄學的觀點上決定要如此的。外道和小乘所謂極微，即是物質的小顆粒，把這個說爲實有，當然是一種謬誤。由現代物理學之發現，物質的粒子性，已搖動了，適足爲大乘張目。若乃玄學上所謂一切物的本體，是至大無外的，（此大不和小對。）是虛無的，（所謂虛無，不是空洞的意義，不是沒有的意義，只是恆久的存在，而無跡象可見的意義。）是周遍一切處、無欠缺的，是具有至極微妙、無窮無盡的功用的。儒家哲學，稱一切物的本體，曰太易，是無形兆可見的。（太易者，本不易也，而涵變易，亦即於變易而見不易，故云太易。）如果說極微是實有的東西，他極微就是一切物的本原。（印度古代有順世外道，便作此說。）那麼，我們只承認物質是實在的，更無所謂本體了。許多唯物論者，說我們所謂本體，是神祕的觀念，其實並不神祕。眞理是擺在面前的，你心中有一毫滯礙，便不能領會了。又有說我們是要離開客觀獨存的現實世界，而妄構一個高貴的、玄妙的本體，好像是太空裡的雲霧一般。其實，我們所謂本體雖不同世俗妄執現實世界，卻亦不謂本體是在一切物之外的。如果說它是在一切物之外，又如何成爲一切物的本體呢？須知，一切物都是本體顯現，不要將它作一一物來看，譬如眾漚都是大海水顯現，不要將眾漚作一一漚來看。識得此意，更可知我人和一切物實際上是渾然一體不可劃分的，如何妄計內心外境劃以鴻溝？唯物論者憑空構想一個客觀獨存的物質世界，眞是作霧自迷。說到這裡，我對大乘斥破極微的說法，是極端贊同的。

綜括以前所說，只是不承認有離心獨存的外境，卻非不承認有境。因爲心是對境而彰名的，才說心，便有境，若無境，即心之名也不立了。實則心和境，本是具有內在矛盾的發展底整體。就玄學底觀點來說，這個整體底本身並不是實在的，而只是絕對的功能的顯現。（功能一詞，詳在中卷第五、六兩章。）這個道理，留待後面〈轉變〉再說。現在只克就這個整體底本身來說。它整體底本身卻是具有內在矛盾的發展的，因為它是一方面，詐現似所取的相貌，就叫做境；另一方面，詐現似能取的相貌，就叫做心。（能取和所取的取字，其含義曾解見本章首段。詐現的詐字，其含義只是不實在的意思。）境的方面，是有和心相反的趨勢。心的方面，是有自由的、向上的、任持自性、不為境縛的主宰力。所以心和境兩方面，就是整體的內在矛盾的發展，現為如此的。我們只承認心和境是整體底不同的兩方面，不能承認境是離心獨在的。我們要知道，從我底身，以迄日星大地，乃至他心，這一切一切，都叫做境。（此中他心者，謂他人或眾生的心。）我底身這個境，是不離我底心而存在的，（凡屬所知，通名為境。自身對於自心亦得境名，是所知故。）無論何人，都不會否認的。至若日星大地，乃至他心等等境，都是我的心所涵攝的，都是我的心所流通的，絕無內外可分的。為什麼人人都朦昧著，以為上述一切的境都是離我的心而獨在的，這有什麼根據呢？實則日星高明，不離我的視覺，大地博厚，不離我的觸覺，乃至具有心識的人類等，繁然並處，不離我的情思。可見一切的境，都是和心同體的。因為是同體的，沒有一彼一此的分界，沒有一內一外的隔礙。才有感，必有應。（感謂境，應謂心。）才有應，必有感。正如人的一身，由多方面的機能互相涵攝，成為一體，是同樣的道理。據此而談，唯識的說法，但斥破執有外境的妄見，並不謂境是無的，因為境非離心獨在，故說唯識。唯者，殊特義，非唯獨義。心是能了別境的，力用特殊，故於心而說唯。豈謂唯心，便無有境。或有問曰：「說心，便涵著境，故言唯心。說境，也涵著心，何不言唯境？」答曰：心是了別的方面，境是被了別的方面，境必待心而始呈現。應說唯心，不言唯境。或復難言：「境有力故，影響於心，如腦筋發達與否，能影響智力的大小，乃至社會的物質條件，能影響群眾的意識。應說唯境，不當唯心。」答曰：意識雖受物質條件的影響，而改造物質條件，使適於生活，畢竟待意識的自覺。智力大小，雖視腦筋發達與否以爲衡，但腦筋只可義說爲智力所憑藉的工具。（此中義說二字，謂在義理上可作這樣的說法。以後凡用義說者皆仿此。）所以，著重心的方面而說唯心，不言唯境。

或復有難：「如果境不離心獨在，這種說法是不錯的。試問科學上所發現物質宇宙的一切定律或公則等，純是客觀的事實。雖我人的心，不曾去了別他，而他確是自存的，並不是待我的心去了別他，方才有他。今言境不離心獨在。如果承認這種說法，則科學上的定律公則等，也不是離心獨在的麼？」答曰：所謂定律或公則等詞的意義，相當於吾先哲所謂理。吾國宋明哲學家，（宋朝初建，當公元九六〇年。明朝初建，當公元一三六八年。）關於理的問題，有兩派的諍論。一、宋代程伊川和朱元晦等，主張理是在物的。二、明代王陽明始反對程朱，而說心即理。（這裡即字的意義，明示心和理是一非二。如云孔丘即孔仲尼。）二派之論，雖若水火，實則心和境本不可截分爲二，（此中境字，即用爲物的別名。他處凡言境者皆仿此。）則所謂理者本無內外。一方面是於萬物而見爲眾理燦著；一方面說吾心即是萬理賅備的物事，非可以理別異於心而另爲一種法式，但爲心上之所可具有，如案上能具有書物等也。唯眞知心境本不二者，則知心境兩方面，無一而非此理呈現，內外相泯，滯礙都捐。如果偏說理即心，是求理者將專求之於心，而可不徵事物。這種流弊甚大，自不待言，我們不可離物而言理。如果偏說理在物，是心的方面本無所謂理，全由物投射得來，是心純爲被動的，純爲機械的，如何能裁制萬物、得其符則？（符者信也。則者法則。法則必信而可徵，故云符則。）我們不可捨心而言理。二派皆不能無失，余故說理無內外。說理即心，亦應說理即物，庶無邊執之過。關於理的問題，至爲奧折，當俟《量論》詳談。今在此中，唯略明理非離心外在云爾。

又如難者所云：「科學上的定律公則等是離心自存的，並不是待我的心去了別他方才有他的，以此證明一切境是離心獨存的。」這種說法，確是極大的錯誤。我們須知道，一切一切的物都是心量所涵攝的。凡爲了別所及的境，固然是不曾離我的心，即令了別不及的境，又何嘗在我的心外？不過了別的部分，或由數數習熟的緣故，或由作動意欲加以警覺的緣故，遂令這部分的境，特別顯現起來；至若了別不及的部分，只沉隱於識閾之下，不曾明著，但絕不是和我的心截然異體，不相貫通的。如果作動意欲去尋求，那麼這種沉隱的境也就漸漸的在我心中分明呈露了。以是徵知，凡所有的境當了別不及的時候，也不是離心獨在的。尤復當知，所謂定律、公則，畢竟是依想和尋伺等等，對於境物的一種抽象與選擇作用而安立的。（想和尋伺，詳下卷〈明心〉，皆是量智的作用。）若離想等，則境上有此定律公則與否，要不可知。故難者所舉的義證，畢竟不能成立外境。

吾國先哲對於境和心的看法，總認爲是渾融而不可分的。如《中庸》一書，是儒家哲學的大典，這書裡面有一句名言。他說，明白合內外的道理，隨時應物無有不宜的。（原文云：「合內外之道也，故時措之宜也。」）這句話的意思是怎樣呢？世間以爲心是內在的，一切物是外界獨存的，因此，將自家整個的生命無端劃分內外，並且將心力全向外傾，追求種種的境。愈追求愈無饜足，其心日習於逐物，卒至完全物化，而無所謂心。這樣，便消失了本來的生命，眞是人生的悲哀咧。如果知道，境和心是渾然不可分的整體，那就把世間所計爲內外分離的合而爲一了。由此，物我無間，一多相融。（此中一謂小己，多謂萬物。）雖肇始萬變，不可爲首，（言雖萬變不窮，而實無有人格的神，爲首出的創造者。此本《大易．乾卦》篇中的意思。）而因應隨時，自非無主。（此心隨時應物，自然不亂。可見這個心，就是一種主宰力。）用物而不滯於物，所以說無不宜。《中庸》這句話的意思很深遠，從來直少人識得。孟子也說道：「萬物皆備於我矣。」孟子蓋以爲萬物都不是離我底心而獨在的。因此，所謂我者，並不是微小的、孤立的，和萬物對待著，而確是賅備萬物，成爲一體的。這種自我觀念的擴大，至於無對，才是人生最高理想的實現。如果把萬物看作是自心以外獨存的境，那就有了外的萬物和內的小我相對待，卻將整個的生命無端加以割裂。這是極不合理的。孟子這句話，至可玩味。程明道說：「仁者渾然與萬物同體。」也和孟子的意思相通。陸象山說：「宇宙不在我的心之外的。」（此中宇宙一詞，是萬物的總稱。）他自謂參透此理時，不覺手舞足蹈。他的弟子楊慈湖曾作一短文，（題名〈己易〉。）很能發明師說，雖文字極少，（或不到一千字。）而理境甚高。後來王陽明學問的路向和陸象山相近，王陽明也是昌言「心外無物」的。他的弟子，記錄他底談話，有一則云：「先生遊南鎮。一友指岩中花樹問曰：『先生說天下無心外之物。現在就這花樹來說，他花樹在深山中自開自落，於我的心有何相關呢？』先生曰：『汝於此花不曾起了別的時候，汝的心是寂寂地，沒有動相的。此花也隨著汝心同是寂寂地，沒有色相顯現的。（此時的花，非無色相，只是不顯現。）汝於此花起了別的時候，汝心便有粗動相。此花的色相，也隨著汝心，同時顯現起來。可見此花是與汝心相隨屬的，絕不在汝心之外。』」陽明這段話，可謂言近而旨遠，實則這種意趣，也是孔、孟以來一脈相承的。

本來，境和心是不可分的整體之兩方面，我們似乎不必說識名唯，但因對治他們把一切境看作是心外獨立的這種倒見，所以要說唯識。又復當知，由二義故，不得不說識名唯。一、會物歸己，得入無待故。如果把萬物看作是心外獨存的境，便有萬物和自己對待，而不得與絕對精神為一。今說唯識，即融攝萬物為自己，當下便是絕對的了。二、攝所歸能，得入實智故。能謂心，所謂境。心能了別境，且能改造境的，故說心名能。境但是心之所了別的，且隨心轉的，故說境名所。唯識的旨趣，是把境來從屬於心，即顯心是運用一切境而為其主宰的，是獨立的，是不役於境的。但這個心，是眞實的智，而不是虛妄的心，此不容混。（參看〈明宗〉及本章首段。）

唯識的道理，是要從自家生活裡去實踐的，不實踐的人也無法信解這個道理。我們應該承認，萬物都是我心所感通的，萬有都是我心所涵攝的，故一言乎心，即知有境，一言乎境，知不離心。我人的生命是整個的，若以爲宇宙是外在的，而把他宇宙和自己分開來，那便把渾一的生命加以割裂。這正是人們以倒見爲刃而自刺傷啊。

境和心本來是渾融而不可分的，爲什麼人都妄計一切境是離心獨在的呢？這種妄計並不是無來由的。因爲人生不能捨離實際生活，沒有不資取萬物以遂其生長的。郭子玄說：人的生存，其身體長不過七尺，卻是要遍取天地間的物資來奉養他，這是實在的情形。凡天地萬物，不論是感官感得到的和感不到的一切的東西，都是人生所必需，不可一刻或無的。假設有一物不具備，我人就立刻不能生活下去了。子玄這段話，雖似平易而意思卻很深遠。我人因爲要資取萬物以維持生活的緣故，所以一向習於追求種種的物。（此中習字，吃緊。他的追求，是慣習的，並不自覺的。）當初，因於物起追求，遂不知不覺而看一切物好像是外在的境，亦復由此，更要加倍的驅役自心向外馳求種種的境。這樣的馳求無有休止，自然會成爲一種慣習。這種慣習既成，我們每一動念，總是由他作主。換句話說，慣習的勢力，就成爲我們的心。（就是所謂習心。）這種心起來，便執定一切物是外在的境，以爲事實如此，絕不容疑了。

我在這裡，還要便提一段話，就是空間時間的相，是由人心執定有外在的境才有的。因爲執定有外境，就於一一的境覺得有分布相，如東西等方、遠近等距離。這種分布相，就叫做空間相。同時，於一一境也覺得有延續相，如過去、現在、未來。這種延續相，就叫做時間相。所以空相和時相，都緣在日常經驗裡，執有外境而始現的，並非不待經驗的。或有難言：「分布（空相。）和延續（時相。）是物質宇宙存在的形式。這種形式，是我人對於一切物的知識所由成立的最根本底基礎，如果否認這種形式，便是否認物質宇宙的存在，那麼，我們就不會有對於一切物的知識了。但是，照你的說法，外境根本是沒有的，只是虛妄的心誤執以爲有的。而空相和時相又是緣外境的虛假相而同時詐現的。這樣，便把空、時、外境一齊否認了。我們對於一切物的知識還能有麼？」答曰：汝這番問難，甚有意義。但吾爲對治執境爲離自心而外在的謬見故，說無外境，並不謂境無。須知，執有外境的人，也不是憑空能起這種執的，因爲有當前的境，他才依著此境而起心分別，以爲這個境是離我的心而外在的。我要斥破他這種妄執，就說：如你所執的外境，根本是沒有的，因爲我所謂實有的境，根本不像你所執爲外在的。我只要破他的妄執罷了，事實上他起執的時候何嘗不依著當前的境而始起此執呢？既許有境，則空相（分布。）時相（延續。）自是境的存在的形式。換句話說，空、時是與境俱有的，因此，我人對於一切物的知識所由構成的最根本的基礎，不會搖撼的。我們要知道，理智作用是從執境爲離心外在的這種虛妄的慣習裡而發展來的。一切知識的根荄，就是以妄執外境的慣習爲田地而栽培著的。如果不執境爲離心外在的，他也不會對於境來處理和解析，及加以思維等等的。那麼，我們眞個不能有對於一切物的知識了。這樣說來，如果知識是不可無的，所謂執有外境的慣習，豈不是應該讚美的麼？此復不然。應知，執有外境的慣習是無可說爲好的。我們不應該於境起妄執，只可隨順世間，設定一切物是外在的境，從而加以處理及思維等等。僅如此設定，這是無過的。但必須知道，就眞理上說，境和心是渾融而不可分的。如果執境爲離心獨在，以爲眞理實然，那便成大過了。道理是活的，不可執定一偏之見來講的。好像八面鏡罷，你在這面去照，是這模樣的，你向那面去照，又是那模樣的，向八面去照，沒有同樣的。我們講道理，應該分別俗諦和眞諦。隨順世間，設定境是有的，並且把它當作是外在的，這樣，就使知識有立足處，是爲俗諦。泯除一切對待的相，唯約眞理而談，便不承認境是離心外在的，馴至達到心境兩忘、能所不分的境地，是爲眞諦。如上所說的意思，我在此不能深談，當俟《量論》詳說，姑且作一結束。

譯者按：本章破外境，與印度舊師的旨趣根本不同。學者試取舊師的《二十唯識論》和本章對照，自然知道。

第三章　唯識下

我在第一段裡斥破外境，並不謂境是無有的，只謂境非離心獨在而已。或者聞吾的說法，以為我是把境來從屬於心的，當然是把心看作為實在的了。這樣來理解我的意思的人，卻不免有誤會的地方。我固然曾說過，攝所歸能而入實智。這話的意思，是要泯除心境對待的虛妄相，而獲得本有的實智。（實智，即謂本來的心。）實智才是獨立無匹的，因為境不能拘礙它，而它是能運轉境的，所以說攝所歸能，正顯實智獨立無匹。聞吾說者，應該了解我所謂心，是有妄執的心和本來的心這兩種分別的。本來的心是絕對的、眞實的，俟本論全部講完了，自然知道的。至於妄執的心，就是取境的識。（見第二章首段。）這個也說為實在的，便成極大的錯誤。一般人大概不自承有本來的心，而只是妄執的心，奪據了他本心的地位。（本來的心，省稱本心。）因此，把妄執的心看作是實在的。這樣，便與執定外境是實有的見解成同樣的顚倒。我們要知道，妄執的心或取境的識，根本是沒有自體的。印度佛家，把這種心說為緣生的，就是說它沒有自體的意義。但是如何叫作緣生呢？此非加以解釋不可。緣字的意義，本是一種憑藉的意思。生字的意義，是現起的意思。如甲憑藉乙、丙等而現起，即說乙、丙等於甲作緣。（若從甲的方面說，即云甲以乙、丙等爲緣。）若是把乙、丙等這些緣都折除了，即甲也不可得。由此應說甲的相狀，就是乙、丙等許多的緣，互相藉待而現起的，這就叫做緣生。甲是如此，乙、丙等也都是同樣的。一切物沒有不是互相爲緣而現起的。所以，一切物都是沒有自體的。換句話說，所謂一切物，實際上只是畢竟空、無所有的。既一一物都無自體，如何不是空呢？試就麥禾來舉例罷，通常以爲麥禾，是有自體的，是實在的，但自了達緣起道理的人看來，就知道麥禾只是許多的緣，互相藉待而現起的一種相狀。如種子爲因緣，水土、空氣、人功、農具、歲時等等均爲助緣，如是等緣，互相藉待，而有麥禾的相狀現起。若將所有的緣都除去，也就沒有麥禾了。所以麥禾並無自體，並不是實在的。說至此，緣生一詞的意義，應該明白了。上來已經說過，所謂妄執的心（或取境的識。）就是緣生的。換句話說，這個心就是許多的緣互相藉待而現起的一種相貌，當然不是有自體的，不是實在的。若把眾多的緣一一折除，這個心在何處呢？實際上可以說他是畢竟空、無所有的。不過，說到這裡，應當補充一段話。因爲，既說這個心是緣生的，必須分別哪幾種緣，才可成立緣生說，若是舉不出那些緣來，又如何可說緣生呢？據印度佛家的說法，這個心的現起，應由四種緣：一、因緣。二、等無間緣。三、所緣緣。四、增上緣。今當以次解釋諸緣的意義。

云何因緣？先要略釋因緣這個名詞，然後定因緣的義界。緣字的義訓，上面已經說過，毋須復贅。因字的義訓，就是因由的意思。凡事物的發現，不是忽然而起的，必有他底因由的。從前印度外道中有一派，主張世界是忽然而起的，沒有因由的，這派的思想太粗淺，爲佛家所斥破。因此，就說事物所具有的因由，即是事物所待以現起的一種緣。這樣，便把因由說名爲緣，故云因緣。在四個緣的裡面，因緣特爲主要，故列在初。現在要定因緣的義界。從前印度舊師，（謂唯識論諸師。）他定因緣的義界云，（以下用因緣一詞，亦省稱因。）凡是具有能生的力用的東西，親生他自己的果，才把他說名爲因。（參考《成唯識論》卷七及《述記》卷四十四第一頁以下。）舊師這樣的定下了因緣的義界，於是建立種子爲識的因，（此中識字，在本論則說爲妄執的心或取境的識。後凡言識者仿此。）而說識是種子的果。今先詳核舊師的因緣義，而後評判他的種子說。按舊師所定因緣義界，應分三項來說明：一、對於果而作因緣的東西，決定是實在的，否則沒有生果的力用，不得爲因緣。二、因所生的果，是別於因而有他底自體的，換句話說，因和果不是一物。三、因是決定能親自創生果的，這個意義最爲重要。如或因不是能親生果，或不是決定能親生，那麼，這種因就是後面所要說的增上緣，而不得名爲因緣。所以，第三項的意義很重要。舊師因緣的意義如此。再評判他的種子說。關於種子的說法，在舊派裡是很複雜的，讓我向後扼要而談。今在此中，但據心理的方面略爲敘述。種子的含義，就是一種勢力的意思。他所以叫作種子，因爲他具有能生的力用之故，世間說麥和稻等等都有種子。舊師大概把世間所謂種子的意義，應用到玄學上來，而臆想識的生起，由於另有一種能生的勢力，遂把這個勢力名爲種子。但舊師所謂種子，在他說來並不是一個抽象的觀念。他以爲種子是有自體的，是實在的，是有生果的力用的。他並且以為種子是各別的，是無量數的多的，不是完整的。他為什麼有這樣的說法呢？大概以為我們的識，念念起滅，總不是無因由的，於是憑他的臆想，以為有各別的、實在的種子，為能生識的因，而識則為種子所生的果。元來，印度佛家大乘以為我們的識，不是完整的，而是各分子獨立的。於是把每人的識，析成八個。（詳在後面〈明心〉。）由此，應說對於識作因緣的種子，也是各別的、無量的多的，不能是完整的。據他的說法，現前一念的眼識，有他自家的種子為因緣才得生起的。推之前念的眼識，或預測後念的眼識，都是同樣的道理。眼識如是，耳識、鼻識，乃至第八識，也都是同樣的道理。總之，各別的種子，各別親生各自的果，所以，他定因緣的義界，特別扼重親生自果一義。因為他的種子是多元的，若不是各各親生各自的果，豈不互相淆亂麼？舊師的說法大概如此。（參考《攝論》世親釋種子六義，引自果條。）現在我要簡單的加以評判。舊師析識為各各獨立的分子，如破析物質然，這是他的根本錯誤，且俟後文（〈明心〉。）辨正。至於以種子為識的因，以識為種子的果，因果判然兩物，如母親與小孩，截然兩人。（舊說種子和他的所生果，是同時具有的，則以因果各有由體故，參考《攝論》等種子六義。）這種因果觀念，太粗笨，是他底玄學上的一種迷謬思想，容後（〈功能〉。）再說。總之，我於舊師的種子論，根本要斥破的。關於因緣的說法，自不便和他苟同。

我們改定因緣的義界云，識的現起，雖仗旁的緣，（謂以下三緣。）但他決定是具有一種內在的、活的、不匱乏的、自動的力。我們假說這種自動的力，是識底現起的因緣，（此中兩力字的意義，很微妙，不可看作實在的東西。以後凡言力者仿此。）不可說別有實在的種子，來作識的因緣。我們要知道，所謂識者念念都是新新而起的。（前念剛滅，後念緊接著生起。念念都是新生的，但前念後念之間亦無間隙。）換句話說，此識念念都是新新的、自動的力。何以見得它是自動的力呢？識是無形相的，我們所以知道它是有而不無的，因爲它具有一個特徵，就是了別。它能了別一切的境，應該承認它是自動的力。雖說它是要憑藉官體才起的，（此中官體一詞，包括五官和神經系統而言。）但不可說它是官體的副產物，因爲它是能主宰乎官體的。（如耳目等官所交接的物，紛紜得很，而識的聰明不亂，可見識是能自作主的。）雖說它是憑藉境界才起的，（俗所謂外界的刺激物，通名境界。）但亦不可以刺激物的反映來說明他，因爲它是能轉化一切境，（如色聲等境，皆不足以溺心，而心實仗之以顯發其聰明之用。是心於境能轉化之，而令其無礙。）並改造一切境的。（我人的心，能改造現前一切的境，使適於生活，是分明不可否認的事實。）我們內自體認，就知道識的現起，是具有一種內在的自動的力才得現起的。這種自動的力，是找不著他底端緒的，也看不著他底形相的，它好像電光的一閃一閃的，不斷的新新而起。這也奇怪啊！我們以爲，識的現起，就是具有內在的自動的力，只有把他底本身的自動的力推出來，而假說爲因緣。除此以外，無所謂因緣。如果不明乎此，而憑臆意，以爲別有所謂種子來作識底因緣，如舊師之說，這固然是極大的錯誤。即如世俗的見解，把識看作是官體的副產物，又有以外界刺激的反應，來做說明的這等見解，更是迷謬不堪。他不曉得他底心是能自主的、自在的、（不受一切物的障礙故，故云自在。）自創的。他把他分明自有的東西否認了，這也可惜。或有問言：「你前說這個心，是妄執的心，是後起的。現在講因緣的時候，又說他是具有內在的自動的力。這個自動的力，是後起的麼？」答曰：此中所謂自動的力，實即性智的發用。（性智，即是本體，見〈明宗〉。）但克就發用上說，則是性智的力用發現於官體中，（官體，見前注。）而官體易假之以自成為官體的靈明，是故由其為性智的發用而言，應說此自動的力是固有的，非虛妄的。若從其成為官能的靈明而言，又應說此自動的力是後起的，（違其性智之本然，順形骸而動，故云後起。）是虛妄的。（官體假藉之靈，逐物而起執，又雜以染習，失其本眞，故是虛妄。）然吾人如有存養工夫，使性智恆為主於中，不至役於官體以妄動，則一切發用，無非固有眞幾。此義當詳之下卷。（〈明心〉。）

譯者按：本論的緣起說，和通常談關係的，迥不相同。關係論者，只知著眼於事物的互相關聯，而未能深觀事物的本身，易言之，即不了解事物有它內在的自動的力。本論談緣生，首以因緣，這是獨到的地方。

云何等無間緣？此緣，亦名為次第緣，謂前念的識能引後念的識令生，所以說前念識是對於後念識而爲次第緣。爲什麼說前念識是後念識的緣呢？因爲識是念念起滅的，換句話說，他識是念念前滅後生的。其所以前滅後生的緣故，就因爲前念識能對於後念識而作次第緣，能引後念的識令他生起，所以生滅不斷。如果前念識不能作後念識的緣，那麼前念識一滅，便永滅，再沒有後念識生起來。這種斷見是不合道理的。（印度古時有斷見外道，主張一切法滅已更斷，如人死已無復有生。）由前能引後，故說前爲後的緣，既後以前爲緣，雖後是新生的，而於前仍不無根據，次第緣的建立，是很有意義的。或有問云：「何故次第緣，亦名爲等無間？」答曰：這個名詞，當以二義解釋。一、等而開導義；二、無間義。等而開導者，導字是招引的意思。開字，有兩義，一、是避開的意思，二、是把處所讓與後來者的意思。若是前念識不滅，他便占著處所，妨礙了後念識，令彼不得生。但前念識是才起即滅的，並不暫時留住的，他好像是自行避開，而給與後來者一個處所。他很迅速的招引後念識，令其即時生起，所以說爲開導。等字是相似的意思，謂前爲後緣，後起的識總和前念識相似，不會一忽兒間生起和前念識絕不相似的另一變態的東西。所以，前念後念之間，還有統一性。或有難言：「前念識開避，既已滅了，根本沒有東西，如何說能招引後念？」答曰：前念識當正在生起的時候，即有招引後來的趨勢，不是已經滅無了還能招引。須知，一切事物當其正發生的時候，就把後來新的轉變已招引著了，並不稀奇。

無間者，間字是間隙或間斷的意思。前念滅的時候即是後念生的時候，生和滅的中間是沒有時分的，沒有間隙的。如果從滅至生，中間還有時分，即是生滅之間有了間隙。那麼，前念滅時便斷了，後念如何得生？所以，前滅後生，是在同一的時候，緊緊接續著，中間絕沒有一絲兒的間隙的，絕不會有間斷的。莊子之徒曾說道，一切物的變化，是於無形中密密的遷移了。前前滅盡，後後新起，總是遷移不住，因其過於密密，誰也不能覺得。（原文云：「造化密移，疇覺之哉。」）這話，可謂深入理奧。所以說，前念識爲緣引後，其生滅之間是沒有時分的，故應說無間。或復問言：「舊師說識，亦有間斷的時候，如眼識有不見色時，乃至意識亦有不起思慮時，此說然否？」答曰：舊師把識剖析爲各個獨立的東西，因計眼識乃至意識，都有間斷的時候，其實精神作用是整體的，不能說他有間斷的。眼識不見色時，乃至意識不作思量時，其能見乃至能思量的精神作用，未嘗不在。舊師之說，何足爲據？

綜前兩義，（一、等而開導。二、無間。）次第緣所以又叫做等無間，其意義也可明白了。我們的心，具有等無間緣，念念是前的滅而開避，後的被前所導引而新起。心就是這樣的遷流不息，常常是新新的，沒有故故的保留著。可見精神作用，元來具有至剛健的德。因此，其幾之動，至神妙而不測。（幾字，是幾兆的意思。變動未起而將起的時候，說爲幾兆。）有些學者，以爲心的遷流，是由過去至現在，復立趨未來，好像過去不曾滅盡，只是時時加上新的東西，這種見解，卻是錯誤，佛家呵此爲常見。（把一切物看作是可以常存的東西，佛謂之常見。）我們要知道，宇宙間沒有舊的東西滯積著。

譯者按：熊先生此處講等無間緣，大半是他自己的新解釋。印度佛家，因為把心分成各個獨立的分子，所以講等無間緣就有許多無謂的鉤心鬥角的地方，完成他底一串的理論。那種理論是沒有意思的。熊先生說：如果引述他的說法而加以評判，文字就太繁了。熊先生的著書，是以簡要為貴，而不喜歡過於繁重的。本來，繁碎的論辨，是中國學者所向來不取的，他總是以扼要為貴的。又舊師印度佛家於物質的現象不許有等無間緣。我嘗問熊先生，物質現象也是時時變化的，時時是前滅後生的，應許他具有等無間緣義。物質常常由一狀態變成另一狀態，後者的變起也是以前的狀態為其等無間緣的。我曾以此意白於熊先生，先生頗以為然。故附記於此。

云何所緣緣？一切爲識所及的對象，通名境界。識是能緣的，境是所緣的。（此中能緣和所緣的緣字，其含義有攀緣和思慮等等意思。）能緣識，不會孤孤零零的獨起，決定要仗托一個所緣境，他能緣識才會生起來，因此，把境界說名所緣緣。這種緣，也是非常重要的，譬如白色的境當前，對於眼識作個所緣緣，便令眼識和他同時現起。你看他的力量多麼大啊！

關於所緣緣的義界，從前印度佛家很多討論。大乘中有陳那菩薩者，（菩薩猶言大智人。）曾著《觀所緣緣論》一書，雖是小冊子，而其價值甚大，因爲他在大乘的量論上立定了基礎，而對於小乘計執離心有實外境的主張予以斥破。吾在《佛家名相通釋》裡面曾經說過，此姑不贅。現在要楷定所緣緣的義界，只好博稽陳那、護法、玄奘諸師底說法，而加以抉擇。計分爲四義如下：

一、所緣緣，決定是有體法。（此中有體法的法字，略當於俗所謂物或東西的意思。有體法者，謂世間共許爲實有的東西，不是虛假的。）凡是對於識而作所緣緣的這種東西，定是有他底自體的，因爲它有自體，所以具有一種力用，足以牽引能緣識，令其生起。如白色境，是有自體的，不是虛假無實的，它就能牽引眼識，令他眼識和己同時現起。（此中己字，設爲白色境之自謂。）由此之故，才說境於識是得作一種緣的。假若是虛假而無有自體的東西，那就根本無所謂緣了。試就瓶子來說罷，照世俗的見解，瓶子便是眼識等的緣，實則這是一個倒見。我們要知道，所謂瓶子，實際上是沒有自體的，是虛假的東西，它何得與識爲緣？你若不承認我的說法，吾且問語：汝所得於瓶子者果何物？汝必曰：看著它，是有白的，乃至觸著它，是有堅的。殊不知，你的眼識只得著白的境，元不曾得著瓶子。乃至汝的身識只得著堅的境，也不曾得著瓶子。但是汝的感識，（眼等五識，亦名感識，曾見前章。）當其現見堅白等境的時候，一刹那間，能見感識和所見堅白等境都滅盡了，都成過去了，而汝的意識，緊接著感識而起，便追憶堅和白等境，遂妄構爲一整體的瓶子。實則堅和白等境，是有他的白體的，非虛假的，此可與識作所緣緣。至於意識所構的瓶子，根本是無體假法，（無體假，見上章。）若許爲緣，便無義據。瓶子如是，餘可類推。或復難云：「公前已云，堅白等相是識所現，如何說爲實境？」答曰：凡感識所現堅白等相，皆托實境而起。（實境，亦名現境，是現前實有的東西故。）一方面說依識現，一方面亦可說爲實境的相貌，故應以堅白等相，攝屬實境，說爲所緣緣。或復問言：「感識所現堅白等相，皆有實境爲所托故，故以此等相，攝屬實境，得許爲緣，是義無諍。但是，意識起一切思維時，不必有實境爲對象，如思花的時候，並不是梅花當前引他（意識。）起思，也不是蘭花等等當前引他起思。他思維裡的花，只是一個共相。（不論蘭花和梅花等等，同謂之花，故花是共相。）這時候，根本沒有某種實境作意識的對象，更把什麼說爲所緣緣？又如思量一切道理的時候，不消說得，自是沒有實境的。據此說來，意識應該無所緣緣。」答曰：共相的構成，還是依靠一一具體的東西，如果沒有蘭和梅等等的花，則花的共相如何憑空構成得來？應知，共相不是於實境無關的。況且心上現似花的共相，這種共相就是一種境界，即在思量一切道理的時候，心上也要現似某種道理的相狀。如我方才思量這種道理，分明和別的道理是不同的。這就是心有所思時，總得要現似一種相狀。這種相狀也是一種境界。我們要知道，心的一切思維都要現似所思的相。這個相，亦名爲境。他雖然是眼識不可得見，乃至身識不可得觸，然而此境，是分明內在的，昭然內自識的，不是空洞無物的。應說此境是所緣緣。如果沒有所思的境作所緣緣，這時便無心了，因爲心起，決定是有境爲緣的，心上所現的境，也是有自體的。（非空洞無物，故說有自體。）此境依心而起，還能引心，即托於己而起思慮，（此中己字，設爲境之自謂。）故知意識非無所緣緣。

又復當知：如前所說，爲所緣緣，決定是有體法。由此，後念識不得以前念境作所緣緣。唐代有普光師（玄奘弟子。）曾說，感識後念，得以前念境爲所緣緣。這種說法是錯誤的。我們要知道，一切物都是頓起頓滅，沒有暫時留住的。前念境，於前念生起，即於前念滅盡，根本不曾留至後念。如眼識前念青境，實未至後，後念青境，乃與後念識同時新起。普光不了此義，乃謂前念境得與後念識作所緣緣。這種錯誤的緣故，就因爲感識了別所緣境時，一剎那頃，感識和他所了別的境，同生同滅。但後念意識繼前念感識而起，極爲迅速，由憶持作用，能憶前念境，即現似前念境的影像。這個影像，即心上所現，本非前念境，但此時意識托影像而起解，即仍作爲前念境來理解他。因意識作用迅速之故，我們每不悟，當作前念境來了別的是意識，而竟以爲是後念感識能親得前念境。實則前念境已滅盡，沒有自體，如何得成所緣緣？普光之說，甚不應理，故宜刊定。

二、所緣緣，具爲識所托義。凡有體法，（不論是有質礙的或無質礙的，只要他是有而非無的，便名有體法，詳玩前文。）對於能緣識而作所緣緣的時候，他有一種牽引的力用，得爲能緣識所托，而令能緣識和己同時現起。（此中己者，設爲所緣緣之自謂。）因爲心不孤生，決定要仗托一種境，方才得生。如眼識，非仗托青等色境，必不孤生，乃至身識，非仗托一切所觸境，必不孤生。意識起思構時，心上必有一種影像，即現似所思的相狀。這個影像，雖依心現，而心即以此爲其所托，否則心亦不生。如果說心可以孤孤零零的生起，而不必要有所托，這是斷然沒有的事情。

三、所緣緣，具爲識所帶義。帶字的含義，是挾近逼附的意思，謂所緣境，令能緣識挾附於己。（此中己者，設爲境之自謂。）能緣所緣，渾爾而不可分。換句話說，即能緣冥入所緣，宛若一體，故名挾帶。如眼識，正見白色的時候，還沒有參加記憶，沒有起分別和推想，即此見與白色渾成一事，無能所可分。這時候便是眼識親挾白色境，所以叫做挾帶。挾帶之義，本由玄奘大師創發。玄奘留學印度時，正量部（小乘之一派。）有般若毱多者，嘗難破大乘所緣緣義。戒日王（印度君主。）請奘師，並招集一時名德爲大會。奘師即於此會發表一篇論文中挾帶義，對破毱多，但其論文今不傳。

四、所緣緣，具爲識所慮義。上來所說的三義，尚不足成立所緣緣。我們要知道，有體法雖能爲緣，（有體法，謂境界。）令能緣識以己爲所托，並以己爲所帶，但若不以己爲所慮，則所緣緣義仍不得成立。因爲能緣識必以所緣境爲其所慮，即所緣境對於能緣識得成所緣緣。如果不是有能慮的東西，把境界作它的所慮，那麼，這個境界便無所緣緣義。譬如鏡子是有能照的作用，它會照人和物，但人和物雖是鏡子之所照，而不是鏡子之所慮。因爲鏡子根本非能慮的東西，故鏡子所照的人和物也只是他之所照，而不是它之所慮。因此，不能說人和物對於鏡子得名所緣緣，因鏡子但能照人和物等境，不能慮於境故。今此言所緣緣者，定是對於能慮的東西（謂識。）而爲其緣，方才得名所緣緣。即由此義，唯識的道理可以成立。如果說境界對於識爲所緣緣時，但具前三義而不必具所慮義，那就見不出識是能慮的東西了。譬如鏡子所照的人和物，他們人和物也是有體法，對於鏡子也有爲所托及爲所帶之義。鏡子能照的作用，必仗托人和物而始顯，故說人和物對於鏡子有爲所托之義。鏡子挾帶人和物的影像，攝爲一體，故說人和物對於鏡子有爲所帶之義。假若境於識只要具有前三義，（即一是有體法，二爲識所托，三爲識所帶。）便得成所緣緣，那就應該許人和物對於鏡子也得名所緣緣。因爲人和物對於鏡子亦具有三義。如上所說，果然如此，又應許識同於鏡子，因爲識和鏡子的所緣緣義，並沒有不同的地方。既許識同鏡子一樣，便成唯境，不名唯識。因此之故，我們講所緣緣，必須於前三義外，益以所慮一義。由所緣境是有體法，得令能緣識，以己爲所托及所帶，（己字，設爲所緣境之自謂，下用己字者仿此。）並以己爲所慮故，說所緣境對於能緣識作所緣緣。由所緣緣具所慮義，影顯識爲能慮，不同鏡子等物質的東西，故唯識義成。

附識：思慮作用，是最奇妙不可測的。一切極廣大、極深遠、極微妙的境界，都是思慮作用所可及到的。科學上的發現，哲學上的遐思和體認，邏輯上的精密謹嚴，道德上的崇高的識別。（如超脫小己的利害計較，而歸趣至善。這種識別，是最崇高的。）一切一切不可稱數的奇妙的功用，都可見思慮作用是心的特徵，絕不可以唯物的見解來說明它。如果把思慮作用也說為物質的現象，那便是一種矯亂論。（印度古時外道，有一種矯亂論者，其持論不求理據。）我們要知道，心和境（境謂物。）是唯一的本體的顯現的兩方面。（唯一者，絕對義。一不與二對。）這兩方面的現象，是不容淆亂的，譬如一紙之有表裡，不可說有表而無裡，也不可說有裡而無表的。今若克就現象上說，不可說唯獨有心而無有境，（只可說境不離心獨在，不可說無境。）亦不可說唯獨有境而無所謂心。唯物論者要把思慮作用也說為物質的，這真是無謂的矯亂。就如他們所說，物質是能思慮的東西，那物質的意義，便不是元來所謂物，可以說是具有神的意義了。當知思慮作用，畢竟是心的特徵。我們只要認明這一點，便不受唯物論的矯亂。古時印度人，有說鏡子能見物和心，能了別物是一樣的。羅素來中國演講時，也曾說過照相器能見物。這都是唯物論者的見地。實則鏡子和照相器，只能於所對境而現似其影像。這一點，固然和心有相同的地方，因為心的取境，也要現似境之相的。（第一章裡已說過。）但心上所現影像，畢竟說為心的所緣境，換句話說，影像是心之所知。就知識的構造而說，沒有所知，是不能成為知識的。影像，就是心上有所知的相狀。就知識構成言，是很重要的條件。但影像是心之所知，是屬於境的方面，換句話說，它不即是心，而心之特徵只是思慮。鏡子和照相器所現的影像，可以說是同於心上所現的影像，但心是具有奇妙不測的思慮作用，而鏡子和照相器是沒有思慮的。如何把心和鏡子及照相器看作同樣的物呢？道理很顯明的，不曾隱蔽的，而好異的人以私意去求索道理，反而晦澀了，這是很可惜的。總之，心的思慮作用與心上所現影像，本不為一事，而俗情於此，不加辨析，故說鏡子和照相器皆能見物，皆是和心相同的。古今陷於這種錯誤的人正不少。唐代玄奘門下談唯識者，也有欠精檢處。如備公云：「但心清淨故，一切諸相於心顯。故名取境。」（見《解深密經》注六第七頁。）太賢云：「相於心現，故名所慮。」（見《成唯識論學記》卷六第三十七頁。）此皆以心上現似所緣境之相，即名取境，不悟心取境時不但現相，必於此相而加思慮。這是根本不可忽略的。如果以心上現似所緣影像，即名取境，那麼，心也就同於鏡子和照相器了。本章講所緣緣四義，而結歸所慮義，以所緣緣具所慮義，影顯識為能慮，故與唯物殊趣。

綜上四義，明定所緣緣界訓，庶幾無失。

附識：舊師談所緣緣頗分別親疏，因為他們主張每人有八識，至其所謂八識乃是各各獨立之體。因此，講所緣緣就要判親疏。據他們說，眼識所取的色境是眼識自已變現的，而這個色境是有實質的，（是有體法。）即此色境是眼識的親所緣緣。但是，眼識變現色境的時候，也要托一種本質而起。這個本質是什麼？據他說，那叫作器界，（猶言物質宇宙，亦相當於俗云自然界。）就是第八識亦名阿賴耶變現的境相。這個第八識的境相，眼識不得親取他，必須仗托他做本質，而自己變現一個色境。因此，說第八識的境相即器界，是眼識的疏所緣緣，唯眼識自變的色境，才是眼識的親所緣緣。試表之如下：

眼識的親所緣緣——眼識自變的色境。

眼識的疏所緣緣——第八識所變的境相。

眼識的所緣緣，分別親疏，如上所述。耳識等等的所緣緣都有親疏之分，可以類推。詳在吾著《佛家名相通釋》，不妨參考。

本論和舊師立說的體系，完全不同。故所緣緣，雖亦不妨分別親疏，但疏緣的意義，自與舊師所說，截然不同，留待《量論》方詳。

云何增上緣？增上，猶言加上。舊訓爲扶助義，（此緣，亦可名爲助緣。）謂若乙，雖不是由甲親自創生的，然必依著甲故有，若是沒有甲，即乙也不得有。由此應說，甲對於乙，作增上緣，而乙便是甲的果。（增上緣，對於所增上的物事，亦得名因。所增上的物事，對於增上緣，即名爲果。）

凡爲增上緣，定具二義。一、具有殊勝的功用。凡一物事，對於他物事而能作增上緣的，必是具有殊勝的功用，方能取果。（果者，謂所增上的物事。如有甲故，便有乙，即是甲爲乙作增上緣，而乙是甲所取得之果，故云取果。）但是，所謂殊勝的功用，雖謂增上緣，對於所增上的果有很大的扶助的功用，卻不限定要如此。只要他增上緣對於所增上的果，不為障礙，令果得有，那也算是他的殊勝的功用。就近舉例罷，如吾立足於此，五步之內，所有積土，固是對於吾的立足，直接作增上緣，即此五步之外，廣遠的距離，甚至推之全地，以及太陽系統，這無量的世界，亦皆對於我的立足為增上。從何見得呢？我們試想，假令五步以外山崩河決，又或地球以外的諸大行星，有逾越軌道而互相衝碎的事情。這時候，地球也弄得粉碎，我們哪有在這裡立足的可能呢？應知，我們現在立足於此，實由全地，乃至無量太陽系統，都有增上的殊勝的功用。準此而談，增上緣是寬廣無外的。每一物事的現起，其所待的增上緣，是多至不可勝窮、不可數量的，然而推求一物事的因，（此中因字，即謂增上緣。）卻是要取其切近的因，至於疏遠的因，盡可不必遍舉了。如前所說，立足一事，只就相當距離之內，沒有土崩之患，以明吾立足於此之因，則能事已畢。

現在就心的增上緣來說，如一念色識生的時候，（色識者，眼識之別名。眼識是了別色境的，故亦名色識。）其所待的增上緣，當然是不可數計的，但其間最切近的有官能緣，謂眼官與神經系，乃是色識所依以發現的。又有空緣，謂有障隔處則色識不行，必空洞無礙，色識方起。又有明緣，謂若在暗中色識定不生，必待光明色識方起。又有習氣緣，凡色識起時必有許多同類的習氣，俱時齊現，如乍見仇讎面目，即任運起瞋，（任運一詞，謂因任自然的運行，不待推求而起。）這便是舊習發現。此不過舉顯而易見的事為例，實則不論何等境界當前，而一切識起的時候，總有許多同類的習氣同時發現的。以上所說的幾種緣，都是對於色識的增上，極爲密切。我們只取這些緣，來作色識的俱有因，便已足了。（俱有因者，謂若此物，待彼物而有，即說彼物，是此物的俱有因。）其餘疏遠的因，可不計算。色識如此，餘聲識等等都有切近的增上緣，可以類推。如意識起思慮的時候，其所待的增上緣，若腦筋，若一切經驗，或曾經習得的知識等等，都是最切近的增上緣。

附識：增上緣義最精。科學上所謂因果，大概是甄明事物間相互的關係，這和增上緣的意義，是相當的。但是，有許多人疑及增上緣太寬泛，以為依照這種說法，將至隨便舉出一件事來說，就要以全宇宙來作這一件事的因，豈不太難說了麼？殊不知每一件事，都是與無量數多的事情相容攝的，沒有單獨發生的。所以，每一件事都以全宇宙為因。理實如是，並不稀奇。但是，學者研求一事的因，初不必計算到全宇宙，只要把和他最切近的因推徵出來，便可說明他了。例如秤物的重量為如幹，若地心引力，若氣壓，固皆為其致此之因，即至迴遠的太空，或太陽系統以外的他恆星，也沒有不和這件事有關係的。所以說，每一件事都以全宇宙為之因，是不稀奇的。然而學者於此，卻止詳其切近的因，若地心引力、若氣壓，就可以說明這件事了。自餘疏遠的因，盡可不管。吾人常能由一知二，或由甲知乙。就是這樣的。

二、凡增上緣，對於所增上的果，是有順有違的。換句話說，增上緣對於果，作一種順緣，令果得生，同時，便對於此果未起以前的事物，作一種違緣，令前物不得生，所以說有順有違。現在隨舉一事，以申明這種意義。例如霜雪對於禾等增上，能牽今禾等變壞其以前的青色，而成爲現在的枯喪，即此霜雪，對於現在生起的枯喪，是爲順緣，而對於以前的青色，便作違緣。因爲霜雪（即增上緣。）既順益枯喪，令其得生，同時，即違礙以前的青色，令不得續起。這裡一違一順，可見增上緣力用甚大。然復當知，增上緣的力用，雖有順有違，但所謂違緣，只是就義理上作如是說。如果誤解違緣一詞，以爲是對於以前的東西，而作違緣，那便講不通了。何以講不通呢？因爲以前的東西，就在前時滅了，決沒有保留到現在，因此，不能說對於滅無的東西而爲緣。如前所說，霜雪對於枯喪爲緣的時候，（此中緣字，即是順緣。）其以前青色既已滅無。今云霜雪對於前青色作違緣者，實則前青色根本沒有從過去保留到現在，早經滅無，將對誰爲緣呢？然由枯喪是和前青色相違的東西，今霜雪既與枯喪爲緣，即義說爲前青色的違緣。（義說者，謂就義理上作如是說。）這在論理上是無過的。須知，所謂順違，只是一事的向背，義說爲二。（霜雪與枯喪爲增上緣，是爲一事。向背者，一事的兩方面。與枯喪爲緣，是向義。既順枯喪令起，即違前青色，令不續起，是背義。由向背義故說順違。）由上述的例，可見增上緣的取果，就由於他有一順一違的力用。如果無順無違，便是不曾影響到旁的物事，（謂所增上的物事。）換句話說，即不能取果。所以，有順有違，才顯增上緣的力用，才能取果。

就識的增上緣說，它的順違的力用是很大的。現在且舉作意爲例。我們要知道，一念識生的時候，盡有無量的增上緣，而最重要的，不能不說是作意。什麼叫做作意？這在後面（〈明心下〉。）要詳說的。今在此中，且略明之。我們每一念心起的時候，總有一種作動或警策的作用，和這一念的心相伴著。心是對於所思的境而了別的，這個了別，是我們本來的心。而所謂作動或警策的作用，是我們特別加上的一種努力，這個不即是本來的心，而只是和心相伴著，這就名爲作意。此作意便是對於心而作一種增上緣。它有一順一違的力用，很顯而易見的。如我們通常的心，總是不急遽的，但有時作意起來，對於某種迫切的境，而特別作動或警策自己的心，來求解決，於是此心整個的成爲急遽的了。這時候的作意，既順此心，令成急遽，便和前念不急遽的心相違了。又如不善的作意起來，順益壞的習心令生，（習心者，一切壞的慣習的勢力現起，名爲習心。一切人大概任習心來作主，即是把慣習的勢力，當作自己的心，故云習心。）即違本來的好的心令不得顯。反之，如善的作意起來，順益好的心令其現起，即和壞的習心相違了。據此說來，作意這個增上緣，一順一違的力用，若是其大。我們內省的時候，於作意的善否要察識分明，不善的作意才起，便截住它。久之，念念是善的作意增上，生活內容日益充實，而與最高的善合一。作意一緣，順違的力用，如此重要，所以特別提出一說。自餘的增上緣，不及深詳了。

上來所說諸緣，由識的現起，是他本身具有內在的自動的力故，遂立因緣。由識的現起，是他的前念對於後念爲能引故，遂立等無間緣。由識的現起，是有所緣境，爲所仗托故，遂立所緣緣。除前三種緣之外，尚有許多的關係，如官能（包括神經系或大腦等。）及作意等等，對於識的現起都有很密切的關係。如果沒有這些關係，即識亦不得現起，（例如，官能太不發達的，即意識作用，亦曖昧而難見。官能，是許多關係中之一項。就這一項說是如此，旁的可以類推。）所以立增上緣。爲什麼要分析這些緣呢？因爲一般人多半把妄執的心，（亦名取境的識。）看作是獨立的實在的東西。佛家要斥破他們這種執著，所以把他們所計爲獨立的實在的心，分析爲一一的緣，於是而說此心是緣生的。欲令一般人知道，所謂心只是和電光似的，一閃一閃的，詐現其相，並不是實有的東西。如果說心或識是實有的，那麼，他即是有自體的。現在把他分析來看，只是眾多的緣互相藉待，而詐現爲心的相狀。可見心是沒有自體的，並不是實在的。若是離開諸緣，便沒有所謂心這個東西了。印度佛家當初所以說緣生的意義，只是如此，也應該是如此的。然而後來大乘有宗的創始者無著和世親兩位大師，他們便把從前佛家所謂緣生的意義，漸漸改變了。他們好像是把眾多的緣，看作爲一一的分子，於是把所謂心看作是眾多的緣和合起來而始構成的。這樣，便把緣生說變成爲一種構造論。好似物質是由眾多的分子和合而構造成功的。這等意義，在無著的書裡，尚不十分顯著，但其說法，已有這種趨勢。至於世親以下諸師，尤其護法師，便顯然是把從前的緣生說變成構造論的。拙著《佛家名相通釋》，敘述他們的說法，是很清楚的，決沒有曲解他們的意思。

我們要知道，緣生一詞是絕不含有構造的意義的，而且是萬不可含有構造的意義的。爲什麼說萬不可含有構造的意義呢？我們要知道，站在玄學或本體論的觀點上來說，是要掃蕩一切相，（此中相字，意義甚廣。世俗見為有草和鳥，以及桌子、几子等等的東西，固然是相，即不為有形的東西，而在心上凡所計度以為有的，亦名為相。）方得冥證一眞法界。（一切物的本體，名為法界。一者，絕對義，非算數之一。眞者，眞實。冥證者，冥謂不起推求和分別等。證謂雖無推求分別而非無知，蓋乃默然契會故。）如果不能空一切相，那就不作見眞實了。（眞實，謂本體。）譬如有一條麻織的繩子在此，我們要認識這種繩子的本相，只有把它不作繩子來看。換句話說，即是繩子的相，要空了它，才好直接地見它只是一條麻。如果繩子的相未能空，那便見它是一條繩子，不會見它是一條麻了。（繩子，喻現象。麻，喻本體。）由這個譬喻，可知在本體論上說，是要掃蕩一切相的。許多哲學家談本體，常常把本體和現象對立起來，即是一方面，把現象看作實有的；一方面，把本體看作是立於現象的背後，或超越於現象界之上而為現象的根源的。這種錯誤，似是由宗教的觀念沿襲得來，因為宗教是承認有世界或一切物的，同時，又承認有超越世界或一切物的上帝。哲學家談本體者，很多未離宗教觀念的圈套。雖有些哲學家，知道本體不是超脫於現象之上的，然而他的見地，終不能十分澈底。因之，其立說又不免支離，總有將本體和現象說成二片之嫌。他們都不知道，就本體上說，是要空現象而後可見體，所以墮入錯誤中。學者若了解我這段話的意思，才可明白緣生一詞，是萬不可含有構造的意義的。如果緣生一詞，含有構造的意義，那便是承認現象為實有的。從何見得呢？因為以構造的意義來說緣生，就是以爲一一的緣，互相關聯，而構成某種現象。這樣，並不是否定現象，只是拿緣生說來說明現象而已。如此，則承認現象爲實有的，便不能空現象了。不能空現象，即只認定它是現象，而不能知道它就是眞實的呈現。（眞實，謂本體。）換句話說，即不能於現象而透識其本體，猶之認定繩子的，（繩子，喻現象。）就不能於繩子而作麻來看。（麻，喻本體。）據此說來，在本體論的觀點上，是不能承認現象爲實有的，所以，講緣生一詞，是萬不可含有構造的意義的。我們要知道，緣生一詞，是對那些把心或識看作爲有自體的一般人，而和他說，所謂心或識只是眾多的緣互相藉待而詐現的一種虛假相，叫作緣生。此心或識分明是沒有自體，緣生一詞的意義，只是如此。我們玩味這種語氣，根本不是表示心或識由眾緣和合故生，而恰是對那些執定心或識爲有自體的一般謬見，假說緣生，以便斥破。譬如對彼不了芭蕉無自體底人，爲取蕉葉，一一披剝，令其當下悟到芭蕉不是實有的東西。我們說緣生的意義，也是如此。

或復有難：「說緣生故，才明心或識是沒有自體的。如此，即心或識根本是畢竟空、無所有的。因爲沒有自體的，便不能不說之爲空，但心識雖空，（心識，複詞。）而所謂一一緣的相，還復空否？」答曰：此須辨二諦義。依俗諦義，不妨施設眾緣，以明心識的現象，只是眾多的緣互相待而詐現，即此眾緣，雖復不實，但於俗情上，仍許有故。依眞諦義，於俗所計爲一切有的相，都說爲空，唯一眞實敻然絕待故。準此而談，所謂眾緣相，既是隨情假設，就眞理言，便不許有。應說一一緣相，如實皆空。（如實者，稱實而談之謂。）佛家大乘空宗的創始者龍樹菩薩作《中觀論》，他就把一一的緣相都遮撥了，都說爲空了。他爲什麼把眾緣都看作是空無的呢？因爲就眞諦言，不能不空眾緣的相。換句話說，就本體的觀點來談，只是一眞絕待。（一者，無偶。非算數之一。）一切一切的相俱泯，哪有眾緣相可得？須知，所謂緣的觀念，是由吾人在實用方面，承認有現實的物事，才起追求，以爲一現象之起，必有其因由，且非不待其他現象而得有者。如此，故有緣的觀念。若就眞諦言，於此不雜實用的慣習，即於一切物事，不作任何物事想，而皆見爲絕對的、眞實的，則緣的觀念，根本不存，云何有眾緣相可得？所以，緣生一詞，只對彼執心識爲實有的謬見予以遮撥。此絕不包含眾緣是實有的意義，這是絲毫不容誤會的。

我們要知道，佛家哲學對於修辭是非常謹嚴的。他們的言說，有遮詮、表詮之分。表詮者，這種言說的方式，對於所欲詮釋的事物和道理作徑直的表示。譬如在暗室裡，而對於不睹若處有椅的人，呼告之曰若處有椅，這就是表詮。遮詮者，這種言說的方式，對於所欲詮釋的事物和道理，無法直表，只好針對人心迷妄執著的地方，想方法來攻破他，令他自悟。仍取前例，或有迷人，於暗中椅妄計爲人、爲怪。（怪者，鬼怪。）這時候，我們如果從他所迷惑的地方去破他，就和他說，凡是人，應該是如何一個樣子，這暗中的形狀，絕不是人。又若是鬼怪，他必是非常變幻不測的東西，這暗中形狀，絕不是鬼怪。如此種種說法，斥破他的迷惑，終不直表暗中是椅，而卒令彼人自悟是椅。這便叫做遮詮。我們應知，緣生的說法，只對彼把心識看作是獨立的、實在的東西的人，用這種說法，以攻破他的迷謬的執著，正是一種方便，是遮詮，而不是表詮。如或以爲表詮者，將謂緣生爲言，是表示心識由眾多的緣，和合而始生的，好像物體是由多數分子和合而構成的。這便是世俗的情見，（迷妄執著的見解，名爲情見。）應當呵斥。故知辭有遮、表，不可無辨。無著和世親一派的學者（大乘有宗。）大抵把緣生一詞，作爲表詮來講，這是他們根本的錯誤，我將別爲文論之，在此不及多談了。

我們應知，玄學上的修辭，其資於遮詮之方式者，實屬至要。因爲一切學問（如玄學和科學等。）所研窮的理，可略說爲二：一曰，至一的理。（至者，極至。一者，絕對，非與二對之一。）二曰，分殊的理。分殊者，一爲無量故。至一者，無量爲一故。這二種理，（至一的和分殊的。）本不是可以析成兩片的，但約義理分際，又不能不分析言之。關於理的問題，我想俟《量論》中討論。現在要提及的，就是玄學所窮究者，特別歸重在至一的理之方面。（反之，科學所窮究者，特別歸重在分殊的理之方面。）這至一的理，是遍爲萬有的實體，而不屬於部分的，是無形相、無方所而肇始萬有的。無形相、無方所，好似是無所有的，然而肇始萬有，卻又是無所不有的，其妙如此。這理，至玄、至微，（虛而無所不包，故曰玄。隱而難窮其蘊，故曰微。）故名言困於表示。（云困，則不止於難也。）因爲一切名言的緣起，是吾人在實際生活方面，要應用一一的實物。因此，對於一切物，不能不有名言，以資詮召。（召者，呼召，如火之一名，即對於火之一物，而呼召之也。詮者，詮釋，於火之一物，而立火名，即已詮釋火是具有能燃性的東西，不同水和金等有溼潤和堅剛等性也。故名必有所詮。）此名言所由興。我們試檢查文字的本義，都是表示實物的，雖云文字孳乳日多，漸漸的抽象化，但總是表示意中一種境相，還是有封畛的東西，離不了粗暴的色彩。我們用表物的名言來表超物的理，（此中超物的理，即謂至一的理。此理，本不是超越於一切物之外而獨存的，而今云超物者，因一切物都是此理的顯現，而此理畢竟不滯於任何物。我們不能把它當作一件物事來看，故義說爲超物。）這是多麼困難的事。你想把這理當作一件物事來看，想徑直的表示它是什麼，那就眞成戲論了。所以，玄學上的修辭，最好用遮詮的方式。我說到這裡，有許多奧隱曲折的意思，很難達出。唯有和我同其見地的人，才知道個中甘苦。古今講玄學的人，善用遮詮的，宜莫過於佛家。佛家各派之中，尤以大乘空宗爲善巧。他們的言說，總是針對著吾人迷妄執著的情見或意計，（吾人任意識作用，爲種種虛妄的猜度，是名意計。）而爲種種斥破，令人自悟眞理。（此中眞理，即是前所謂至一的理。後言眞理者仿此。）因爲吾人的理智作用，是從日常實際生活裡面，習於向外找東西的緣故，而漸漸的發展得來。因此，理智便成了一種病態的發展，常有向外取物的執著相。於是對於眞理的探求，也使用他的慣技，把眞理當作外在的物事而猜度之。結果便生出種種戲論。（古今哲學家，一人一義，十人十義，百人百義，其不爲戲論者有幾？）大乘空宗以爲，眞理既不是一件物事可以直表的，所以就針對吾人的執著處，廣爲斥破。易言之，它就在吾人的理智的病態中，用攻伐的藥方。這樣，便使人自悟到眞理，因爲眞理本不遠離吾人，更沒有躲避的。只要吾人把一向的迷執撥開，自然悟到眞理了。佛家各派的言說，無有不用遮詮的方式，但大乘空宗，更把這種方式運用到極好處。我們細玩《大般若經》及《大智度論》、《中觀論》等，就可見他們是善用遮詮的。及有宗肇興，（謂無著和世親兄弟。）便把這種意義失掉了。他們有宗似是於眞理未能證解，我在《佛家名相通釋》一書裡面，曾批評過，此處不暇詳論。

我們要談本體，（本體一詞，後亦省言體。）實在沒有法子可以一直說出。所以，我很贊成空宗遮詮的方式。但是，我並不主張只有限於這種方式，並不謂除此以外再沒有好辦法的。我以為所謂體，固然是不可直揭的，但不妨即用顯體。（用者，具云功用。）因為體是要顯現為無量無邊的功用的，（桌子哪、椅子哪、人哪、鳥哪，思想等等精神現象哪，乃至一切的物事，都不是一一固定的相狀，都只是功用。譬如我寫字的筆，不要當它是一件東西，實際上只是一團功用，我們把它喚做筆罷了。）用是有相狀詐現的，（相狀不實，故云詐現。）是千差萬別的。所以，體不可說，（言說所表示，是有封畛的。體無封畛，故非言說所可及。）而用卻可說。（上來已云，用是有相狀的，是千差萬別的，故可說。）用，就是體的顯現。（譯者按：如大海水，顯現為眾漚，說見〈明宗〉。大海水，可以喻體。眾漚，可以喻用。）體，就是用的體。（譯者按：仍舉前喻，如一一的漚，各各以大海水為體。大海水，即遍與眾漚為體，非超脫於眾漚之外而獨在。）無體即無用，離用元無體。所以，從用上解析明白，即可以顯示用的本體。簡單言之，我們克就大用流行，詐現千差萬別的法相上，來作精密的解析，（如〈轉變〉中所說。）便見得大用流行不住，都無實物，即於此知道它只是眞實的顯現。（此中眞實一詞即謂本體，後準知。）易言之，我們即於無量的分殊的功用上，直見爲一一都是眞實的顯發而不容已。譬如我們解析繩子，知道他是無自體的。換句話說，他不是獨立的實在的物事，而只是痲的顯現。我們即於繩子的相上直見他是痲。由這個譬喻，可以了解即用顯體的意思。從來講印度佛學的人，都說有宗諸師，如無著和世親以及護法等，他們唯識論派的說法，就是即用顯體。這話果然是對的麼？吾獨以爲不然。須知，即用顯體者，正要說明流行不息的功用是無自體的。因爲，克就用上說，他是沒有自體。所以，即於用而見他的本體，譬如於繩子而見他是痲。（因爲繩子實無自體的緣故。）如果把流行不息而詐現萬殊的功用，看作是有自體的，那麼，更用不著於用之外，再找什麼本體了。如果把用說爲實在的，又再爲用去覓他的根荄，而說有本體，這樣，便把體和用截成二片，則所謂體者，已不成爲用之體。他只是超脫於用之外，而獨存的空洞的東西，便失掉了體的意義。我們要知道，有宗的唯識論，拿識來統攝一切法。（他們所謂識，或一切生滅的法，便是我所謂流行不息的和千差萬別的用。）他們已把我所謂用，看作實在的東西了。因此之故，他們更要爲識或一切法尋找根荄，於是建立種子。他們以爲一切識是由各自的種子爲因，才得生起。（如前念眼識，從他的種子而生，後念眼識，又別有他的種子。眼識如是，耳識乃至第八識，皆可類推。）一切物的現象，他們說爲是心上的一種境相，是和心同起的。但此境相必自有物的種子爲因，才得生起。（如眼識上色的境相，本是物的現象。這個物的現象，是從物的種子而生的。眼識上的境相如是，耳識上的境相，乃至第八識上的境相皆可類推。）換句話說，物的現象（即一切心上的境相。）是自有種子，而不是和心同一種子的。不過，心和物的種子，互相聯屬，而仍各自爲因，同時生起各自的果罷了。

以圖表之，如左：

心的種子（因）↔心（果）
物的種子（因）↔物（果）

據他們的說法，心和物（或云心的現象和物的現象。）各從自己的種子而生起。因爲物的種子對於心的種子是居從屬的地位。又一切心和物的種子都是含藏在第八識裡面，不是離開識而獨存的。他們說，每人有八個識，而第八識是含藏一切種子的，即第八識自己的種子，也是藏在第八識自體之內的，因爲第八識的種子和他所生的第八識，是同時而有的。易言之，能生的種子，和所生的第八識，是無先後之隔的。因此，可說能所相依而有，即第八識的種子，還是依附著第八識，沒有一個種子是離開識而孤存的。以此，完成其唯識的理論。實則他們的種子說，就是一種多元論。他們肯定有現象，（謂心的現象和物的現象。）又推求現象底根本的因素，才建立種子。殊不知所謂心和物的現象，並非實有的東西，而只是絕對的眞實（謂本體。）顯現爲千差萬別的功用。他們見不及此，卻把我所謂用看作實有的東西，又虛構所謂種子，來作這些實物的因素。這樣一層一層的虛妄計度，如何可說即用顯體？我們玩味大乘空宗的說法，他們只是於現象不取其相。易言之，即空了現象，才得於現象而皆見爲眞如。（眞，謂絕對的眞實。如，謂常如其性。印度佛家，稱一切法的本體曰眞如。）有宗無著以下諸師，他們根本不了解體和用的意義，根本不知道體雖無形無相，而是要顯現爲無量無邊的功用的，根本不知道用之外是沒有所謂體的。因此之故，他們一方面肯定有心和物的現象，又進而求其根本的因素，遂建立種子。他們所謂種子好像是隱在現象的背後，而爲現象作根荄的本體。但在另一方面，他們還沿襲著空宗以來的眞如的觀念。這裡所謂眞如，卻是絕對的、眞實的、不動不變的。他們雖說眞如是一切法的實體，但他們既不說種子即是眞如，又不說種子是眞如的顯現。那麼，眞如和種子，竟是各不相干的兩片物事，還說個眞如作甚？而且他們雖以種子爲心和物的因，但其因（種子。）和果（心和物，對種子而名果。）一爲能生，（種子是能生的。）一爲所生，（心和物的現象，是種子之所生。）也是劃成隱顯兩界的。（心和物是顯著的，而種子則是潛隱在第八識中的。）他們這種分析的方法，直是把日常生活裡面，分割物質爲段段片片的技倆，應用到玄學的思索中來，結果成爲戲論，如何可許即用顯體？

我們以爲，用之爲言，即於體之流行而說爲用，即於體之顯現而說爲用。因爲體以其至無、（無形相、無方所、無造作，故說爲無，實非空無。）而顯現萬有，（至無是體，顯現是體成爲用。）以其至寂（寂者，寂靜無擾亂相故。）而流行無有滯礙。（至寂是體，流行是體成爲用。）離流行，不可覓至寂的，故必於流行而識至寂。離顯現萬有，不可覓至無的，故必於萬有而識至無。所以說，即用顯體一詞，其意義極廣大深微，很難爲一般人說得。哲學家頗有於流行之外妄擬一個至寂的境界，於萬有之外妄擬一個至無的境界。（印度佛家哲學有些是近於此的。）這個，固然是極大的謬誤，卻還有些哲學家竟止認取流行的爲眞實，而不知於流行認取至寂的方是眞實，乃至止認取萬有爲眞實，而不知於顯現萬有認取至無的方是眞實。（王輔嗣解《老子》，言凡有皆始於無。其所謂有，即謂一切物。其所謂無，亦斥體而目之，非空無之謂也。有始於無，謂凡有，皆以無爲體耳。今滯於有者，不知有即是無，如泥執繩相者，不知繩即是麻。觸目皆眞，而滯有者不悟。）這種謬誤，更是不堪救藥。前者，只是求眞理而不得。後者，便敢否認眞理而不復求了。（許多否認本體的哲學家，皆屬於後者，一切唯物論者屬此不待言。）難言哉，體用也！哲學所窮究者唯此一根本問題。哲學家若於此未了，雖著書極多，且能自鳴一家之學，終是與眞理無干。我在本章之末，因論緣生爲遮詞，而推跡梵方空有二宗的得失，並略揭我的根本意思，就是即用顯體的主張，以作本章的結束。自此以下，可以說純是依據這個意思去發揮了。

第二章裡，雖不許有離心獨在的境，卻不謂境無，只以境與識不可分爲二片而已。然心的方面對境名能，境的方面對心便爲所。如此，則境畢竟是從屬於心的。

第三章，明妄執的心無有自體，易言之，即此心不是獨立的實在的東西。心既如此，則由此心而迷妄分割，以爲外在的境，其無自體及不實在，自然不待說了。

然前已有云，境並不是無有的。第三章雖云心無自體，然許心有因緣，即是此心有其本身的自動的力。可見心的相狀，雖不是實在的，卻也不是完全無有的。據此，心和境，既說為無自體，也就是畢竟空、無所有了。卻又說心和境都不是無有的，豈不自相矛盾麼？曰：否否。道理是難講的。試就世間的事物來取譬罷，如現前的繩子，從一方面的意義來說，繩子是有的，因為我們也承認繩子的相狀，是依著痲的顯現而始起如此所執的相，骨子裡不是空的。從另一方面的意義來說，繩子也是無有的，因為他是沒有自體的。繩子的本質只是痲，如果除卻痲，繩子相何在呢？所以說繩子無自體。我們由繩子這個譬喻來談心和境。一方面安立俗諦，說心和境都是依著眞實的顯現，而始起此妄計所執的相，並不是骨子裡全無所有的。一方面依眞諦的道理，說心和境都無自體。申言之，心和境雖有相狀詐現，但就實際上說，即此心和境的自體，都是畢竟空、無所有的。如上兩樣的說法，表面雖似矛盾，實非不相諧和的。但是，現在的問題，又要進一步，就是心和境既都不是完全沒有這回事，卻又說心和境都無自體，如果僅說到此而止，並沒有將心和境的所以然，與其當然的道理，給個澈底的詳細的說明。因此之故，我們要接著談〈轉變〉。（轉變一詞，見基師《成唯識論述記》。今用此詞，頗與原來的意義不同。轉字，有變易與變現等義。今連變字成詞，取複詞便稱耳。後凡言轉變者仿此。）

第四章　轉　變

從前印度佛家，他們把一切心的現象和物的現象，都稱名曰行。行字的含義有二：一遷流義，二相狀義。他們以爲一切心和物的現象是時時刻刻在遷變著、流行著，（故者方滅，新者即起，謂之遷變。故滅新生如此，無有止息，因說流行。）不是凝然堅住的東西，所以說遷流義。然而心和物雖都是遷流不住的，但亦有相狀詐現，好似電光在他那一閃一閃的過程中，非不詐現其相，所以說相狀義。物的相狀，是可感知的，心的相狀，不可感知，而是可以內自覺察的。因爲心和物具有上述的兩義，故都名爲行。這個命名，是很對的。我們亦採用此名。

印度佛家對於一切行的看法，本諸他們底超生的人生態度。超生謂超脫生死，即出世的意思。（此詞本《慈恩傳》。）只克就一切行之上來觀無常。觀字，有明照精察等義，比通途所謂思維的意義特深。無者，無有。常者，恆常。謂一切行，皆無有常，故云無常。易言之，於一切物，觀是無常，於一切心，觀是無常，因此說諸行無常。既作這種觀法，自然於一切行，無所染著了。他們（印度佛家。）的意思，只是如此。從釋迦傳授的《阿含經》，以至後來大乘的經典，都是此意。所以舊學（印度佛家。）說無常，即對於諸行有呵毀的意思，以爲心行不可執爲有實作用，物行不應執爲可追逐的實境。因爲心物諸行，都無有常的緣故。他們的看法，依據他們的人生態度，這是要認識清楚的。

本書談轉變，即於一切行，都不看作爲實有的東西。就這點意思說，便和舊說諸行無常的旨趣是很相通的了。但是，本書的意義，畢竟有和舊學天壤懸隔的地方，就是舊師於一切行而說無常，隱存呵毀，本書卻絕無這種意思。因爲我們純從宇宙論的觀點來看，（我們雖不承認有客觀獨存的宇宙，但在邏輯上，不妨把自我所賅備的一切行或萬有，推出去假說爲宇宙。他處，凡言宇宙者均仿此。）便見得一切行，都無自體。實際上這一切行，只是在那極生動的、極活潑的、不斷的變化的過程中。這種不斷的變化，我們說爲大用流行，這是無可呵毀的。我們依據這種宇宙觀，來決定我們的人生態度，只有精進和向上。其於諸行，無所厭捨，亦無所謂染著了。

以上，對於舊學諸行無常的說法，略作料簡。現在要敘述我們的意思。

在〈唯識〉裡，（即第二、第三兩章。）已明示心物諸行都無自體，因爲一切行的相狀，當現起的時候，（此中時候二字，是爲言說的方便不得不下此兩字，實則沒有時候可說。）只是一個變化，（此中變化二字，亦可省言變。以後每單用一變字。）並不是實在的東西。這變化的力用很偉大，是一發而不可阻遏的，也很奇怪，是沒有端緒可測度的。但是，我們於此要提出兩個問題，即一、誰個爲能變的呢？二、如何才成功這個變呢？我們先要解答第一問題，就不得不承認萬變不窮的宇宙，自有他的本體。（此中萬變一詞的萬字，只是極言變化的紛繁，是千差萬別的。曰千曰萬，只言其紛繁，非限於千數萬數也。宇宙一詞，即一切行之總名。）如果只承認有萬變不窮的宇宙，而不承認他有本體，那麼，這個萬變的宇宙是如何而有的呢？他豈是從空無中突然而有的嗎？談到此，又要問：宇宙是否有所謂空無的境界呢？（此空無二字，以下亦省言無。）我們的答案是，宇宙間決定沒有所謂無的，如果說宇宙間有個空空洞洞的境界叫做無，試問宇宙豈如破器一般，其間竟是虧闕的麼？這樣以日常習用的物事來推測宇宙，是極不合理的。如果說有個空洞的無的境界，是能涵容宇宙萬有的，（宇宙萬有一詞，以下亦省稱有。）無故不礙有，而有亦必於無中顯現。這等見解也是錯誤的。吾且問汝，若云無能涵容有者，尙有一個應該先決的問題，即所謂有者爲有自生耶，爲從無生耶？若云有從無生，無則既無，如何能生有呢？若無得生有者，則無已是有，又如何名無呢？且無既成有，則有與有同處不相容，如何說涵容呢？若云有自生者，有既自生，何須要個無來涵容？且一切有得互相爲依，無只是無，不任與有作依，又何須待此無呢？如上反覆推徵，宇宙間根本沒有空洞的無的境界。明乎此，則無能生有或有從無生的謬想，自然不會有了。

但是許多人每承認有個空洞的無的境界，這是什麼緣故呢？大概人們於日常生活裡所感攝的物事，而計執爲一個一個有的東西。這所計執爲一個一個有的東西，就是互相隔別的，因此，便覺得有個空空洞洞的境界來容受這些互相隔別的東西。總之，把渾全的宇宙割裂了，才見有空洞，此即空洞的無的觀念所由起。我常說，人們對於無的觀念，有總計無和別計無的兩種。總計無者，即上面所已說的，茲可不贅。別計無者，謂於日常所感和所思的物事，或計爲無。如我避寇入川，平日所有的書，現在一本也未帶著，我每欲看某書時，便不可得，這時候就說某書是無了。又如古今學者，所說的許多道理，我們對於某種道理自加思考，卻信不及了，便謂某種道理是無的。凡此等計，都屬於別計無。前面所說空洞的無的境界，是總計無。這種無，是根本沒有的，完全是從日常生活裡發生的一種迷謬觀念。但別計無，卻應承認是有其所謂無的。頗有人說，別計無亦並不是果無的。如索看某書，雖不在手邊，猶不能謂之無，此書還在另一地方是有的。又如某種道理，你信不及便說是無，也許是你的智力短淺不足以見此理，而此理確不是無的。這種說法，我認爲是偏見。如某書，縱在他處是有，而克就我手邊說，確實是無的。又如以道理論，許多道理，固然是由我們見不及而妄計爲無，卻也有許多道理竟是由古今人的淺見和妄說，而事實上確是無有此理的。如古云地是方的，這個道理，在今日公認爲無此理了。這種例子正不勝舉。所以別計無是有其所謂無的，並不是個迷謬的觀念。頗有哲學家討論無和有的問題，竟絕不承認有所謂無，而對於無，卻不分別總計和別計，竟一概不承認有所謂無，這猶未免失之籠統。實則別計無是不可遮撥的，並且這種無的觀念，是常和有的觀念相涵的。方於某事某理肯定而以爲有的時候，同時即有否定的方面而以爲此中所無的。這種無和有的觀念，是知識的最基本的範疇，所以不可遮撥。唯總計無，即以爲宇宙間有個空空洞洞的無的境界，這種無的觀念，實際上全是出於妄情推度之所虛構。若離開妄情，不會有這等境界了。所以說，總計無全是一種迷謬的觀念。關於無和有，我欲俟《量論》中詳說。今於此中，卻要斥破總計無，因為有這種無的觀念，便發生一個根本的迷謬，就是以為一切有是從空空洞洞的無中出生得來的。凡是持這種見解的人，便無法參透一切有的本體。假若見到體了，即知道眞理是無有定在的而亦是無所不在的。（此中眞理，即本體之別名。後言眞理者仿此。）眞理雖復本無形相，而是賅備萬德、具足眾理的，是其舉體顯現為無量無邊的功用，即所謂一切有的。（舉體之舉字吃緊，謂眞理悉舉其全體而顯現為功用，即用外無體。譬如水，悉舉其全體而成冰，即冰外無水。）誰謂有空洞的無呢？誰謂無能生有或有從無生呢？所以，這種無的觀念，是與眞理不相應的，故當斥破。從來持有空洞的無之論者，約分兩派：曰極端派，曰非極端派。非極端派者，即一方面仍依據常識，不否認現前萬變的宇宙，即所謂有，但不了解宇宙有他的本體，而以為宇宙是從空洞的無中出生的。中國自魏晉時代以來，凡是誤解老子哲學的人，多半屬於此派。（老子本人所說的無，實不是空洞的無。吾當別為《老子注》，此姑不詳。但老子的後學，多誤會老子的意思。）極端派者，不獨違反正理，他也很大膽的去違反常識。他不承認現前萬變的宇宙是有的，（大概看作如空中華一般，即以為事實上是完全沒有一切物事的。）所以違反常識。他根本不承認有所謂本體的，所以違反正理。我們要知道，無體即無用。照他的說法，應該否認常識所謂宇宙了。極端派的主張，卻是很澈底的，很一貫的。這派的思想，在中國一向無人倡導，在印度古時似乎很風行，就是主張一切都空的空見外道。佛家的經籍中，時常有斥破他們的話，甚至說道，寧可懷著如須彌山那般大的我見，但不可持空見而自高慢。人都曉得，印度佛家千言萬語，都是要破除我見的，而對空見外道，卻作如此的說法，可見他們是以這種見解爲大大的邪見了。總之，空洞的無的境界決定沒有的，只有不了解本體的人，才作這種無來想的。宇宙全是眞實的彌滿。眞實是恆久的、不息的，那有空洞的無呢？

還有許多哲學家，他們並不曾有意的作有出於無、或無能生有這樣的主張，並不說有空洞的無的境界。他們只把萬變不窮的宇宙，看作是客觀獨存的，只承認這個變動的一切行或萬有是實有的，但不肯承認有所謂本體，並且厭聞本體的說法。他們以爲本體只是觀念論者好弄虛玄而妄構一個神祕的東西來作宇宙的因素，這完全是一種迷謬罷了。他們的意思，大概如此。我覺得他們的評議，對於談本體的學者們，也可作一個諍友。從來哲學家談本體，許多臆猜揣度，總不免把本體當作外在的物事來推求，好像本體是超越於一切行或現象之上而爲其根源的。他們多有把本體和一切行或現象界，說成兩片。他們根本不曾見到體，而只任他的意見去猜度。因此，任意安立某種本體，（或以爲是心的，或以爲是物的，或以爲是非心非物的，總當作外在的物事來猜擬。即在唯心家言，亦是臆想宇宙和人生有個公共的本源，而說爲精神的已耳。其立論皆出於猜度，要非本於實證，與吾儕所見，自是天淵。當別爲文論之。）並組成一套理論，以解釋宇宙。其實，只是他們各自構造宇宙，絕不與眞理相應的，所以本體論上許多戲論，足以招致攻難，這是無可諱言的。

但是，談本體者，雖有許多任意構畫，我們卻不能因此置本體而不肯究，甚至不承認有所謂本體。譬如病者因食而噎，遂乃惡噎而廢食。這是自絕之道，雖至愚亦知其不可的。今若以談本體者多臆度和謬誤，遂乃不談本體，甚至不承認有本體，如此自絕於眞理，便與惡噎廢食無異了。如果承認變動不居的宇宙是實有的，而不承認宇宙有他的本體，那麼，這個宇宙便同電光石火一般絕無根據，人生在實際上說便等若空華了。如此，便與印度的空見外道，無甚異處。又復當知，宇宙從何顯現，是需要一種說明的。我們於此，正要找得萬化的根源，才給宇宙以說明。否則便與素樸的實在論者，同其淺陋。這是不能饜足吾人求知的願欲的。世間戲論者，以爲宇宙無所謂本體，只是變動不居的一切行或萬有，互相聯屬的全整體可說爲宇宙本體。爲此說者本不承有本體，而姑以萬有互相聯屬說爲整體，即謂之本體，此乃印度古時矯亂論者之流，不足與辨。夫整體一詞，爲各部分之都稱，若離一一部分，實無有整體可得。如言房屋，離一一椽及一一磚瓦等，實無有房屋可得。整體之言，唯有虛名，全無實義，如何說爲本體？猶復須知，各部分的現象變動不居，易言之，即是刹那刹那、故故不留、新新而起。孰發現是，孰流行是，孰主宰是？豈若龜毛兔角，但依想立，實無是事，可云無體。（豈若至此爲句。龜毛兔角，純由意想安立，實無此事，故不可說龜毛兔角有本體。今萬有界之各部分現象，其變動不居者確有是事，非如意想之龜毛兔角也，故言豈若。）既說故故不留、新新而起如是，非空非不空事，（非空者，新新而起故。非不空者，故故不留故。是事非空，故不同龜毛兔角但依想立，非不空，故知是事非實，應有本體，如下所云。）當知是事自有眞源。（眞源，爲本體之形容詞。）譬如臨洋海岸，諦觀眾漚，故故不留、新新而起，應知一一漚，各各皆由大海水爲其眞源。尼父川上之嘆，睹逝水而認眞常，神悟天啟，非上聖其能若是哉？如只認變動不居的萬有爲實在，而不承有本體，便如孩兒臨洋岸，只認其眾漚爲實有，而不知一一漚皆由大海水現爲之。此在孩兒固不足怪，成年人而持此見，非愚痴之極乎？總之，凡不承認有本體的見解，推至極端，還是歸於空洞的無的一種思路，雖復依據常識，而肯定現前變動的宇宙爲實有，但這個宇宙是從何顯現的，既不能有所說明，而不肯承認宇宙有本體。如此，則仍不能不說這個宇宙是從空洞的無中出生的。然則窮理到極至處，而能不墮入無見，（妄計無有本體的見解，曰無見。）此事眞不易哪。

綜前所說，理應決定宇宙或一切行是有他底本體的。至於本體是怎樣的一個物事，那是我們無可措思的。我們的思維作用是從日常的經驗裡發展來的，一向於所經驗的境，恆現似其相。因此，即在思維共相時，亦現似物的共相。（例如方，是一切方的物之共相，而思維方時，即現似其相。）若思維本體時，不能泯然亡相，即無法親得本體，只是緣慮自心所現之相而已。須知，本體不可作共相觀，作共相觀，便是心上所現似的一種相，此相便已物化，（心所現相即是心自構造的一種境象，此即物化。）而不是眞體呈露。所以說，本體是無可措思的。（此中所謂思，是就通常所謂思維作用而說。別有一種殊勝的思，是能滌除實用方面的雜染，而與眞理契會者，吾名之冥思。這種思，是可以悟入本體的，當俟《量論》詳談。）但是，本體所以成其爲本體者，略說具有如下諸議：一、本體是備萬理、含萬德、肇萬化，法爾清淨本然。法爾一詞，其含義有無所待而成的意思。清淨者，沒有染汙，即沒有所謂惡之謂。本然者，本謂本來，然謂如此。當知，本體不是本無今有的，更不是由意想安立的，故說本來。他是永遠不會有改變的，故以如此一詞形容之。二、本體是絕對的，若有所待，便不名為一切行的本體了。三、本體是幽隱的，無形相的，即是沒有空間性的。四、本體是恆久的，無始無終的，即是沒有時間性的。（此中恆久二字並不是時間的意義，只強說為恆久。）五、本體是全的，圓滿無缺的，不可剖割的。六、若說本體是不變易的，便已涵著變易了，若說本體是變易的，便已涵著不變易了，他是很難說的。本體是顯現為無量無邊的功用，即所謂一切行的，所以說是變易的，然而本體雖顯現為萬殊的功用或一切行，畢竟不曾改移他的自性。他的自性，恆是清淨的、剛健的、無滯礙的，所以說是不變易的。關於不變易和變易的問題，是極廣大、幽奧、微妙而極難說的。我在此中不暇詳論，當別為一書闡發之。如上略說六義，則所謂本體，應可明白了。

談至此，前面所謂第一問題，即誰為能變的問題，現在可以解答，就是把一切行的本體，假說為能變了。不過說到這裡，還要補充一段話。此中能變一詞的能字，只是形容詞，並不謂有所變與之為對。如果說能變之外，別有所變，那便劃分兩重世界了。又復應知，我們把本體說為能變，這是從功用立名。（功用亦省稱用。）因為本體全顯現為萬殊的功用，即離用之外亦沒有所謂體的緣故。我們從體之顯現為萬殊和不測的功用，因假說他是能變的。這能變的能字，就是從體之顯現爲用而形容之，以爲其能。所以說，能字是形容詞者。恐怕有人誤會，以爲本體是超脫於萬殊的功用或一切行之上而有創造萬有之勝能的，這樣誤解能字的意義，那便成邪見了。實則本體不可視同宗教家所擬爲具有人格的神，亦不可視爲如人有造作一切事之能的。本體只是無能而無所不能。他顯現爲萬殊的功用或一切行，所以說是無所不能，他不是超脫於萬殊的功用或一切行之上而爲創造者，所以說無能，故假說爲能變。

上來把本體說爲能變。我們從能變這方面看，他是非常非斷的。因此，遂爲本體安立一個名字，叫做恆轉。恆字是非斷的意思，轉字是非常的意思。非常非斷，故名恆轉。我們從本體顯現爲大用的方面來說，（用而曰大，讚美辭也，形容此用之至廣大而不可測也。）則以他是變動不居的緣故，才說非常，若是恆常，便無變動了，便不成爲用了。又以他是變動不居的緣故，才說非斷，如或斷滅，也沒有變動了，也不成爲用了。不常亦不斷，才是能變，才成爲大用流行，所以把他叫做恆轉。

以上略答第一問題，次入第二問題，就是如何才成功這個變的問題。要解答這個問題，我們須於萬變不窮之中，尋出他最根本的最普遍的法則。這種法則是什麼呢？我們以爲就是相反相成的一大法則。因爲說到變化，就是有對的、是很生動的、有內在的矛盾的，以及於矛盾中成其發展的緣故。我們要知，變化絕不是單純的事情，這個道理是不難理解的。（此中單純一詞，單者，單獨而無對，純者，純一而無矛盾。）如果說有單純的事情，那就沒有變化，除非有個死的世界，不會如此的，所以說變，決定要循著相反相成的法則。這種法則，我們依據《大易》卦爻的意思，可以圖表之，如下：

中國最古的哲學典冊，莫如《大易》。《大易》最初的作者，只是畫卦爻以明宇宙變化的理法。他們畫卦，每卦都是三爻。（每卦分三爻，曰初爻、二爻、三爻。爻字的含義，要訓釋便太繁，略言之，只是表示變動。）爲什麼用三爻呢？從來解《易》的人，罕有注意及此。我常求其義於《老子》書中。老子說：「一生二，二生三。」（此中生字是相因而有的意思。）這種說法，就是申述《大易》每卦三爻的意義。本來，《大易》談變化的法則，實不外相反相成。他們（《大易》的作者。）畫出一種圖式（就是卦。）來表示這相反相成的法則。每卦列三爻，就是一生二，二生三的意思，這正表示相反相成。從何見得呢？因爲有了一，便有二，這二就是與一相反的。同時，又有個三，此三卻是根據一，而與二相反的。（三本不即是一，而只是根據於一。）因爲有相反，才得完成其發展，否則只是單純的事情，那便無變動和發展可說了。所以，每卦三爻，就是表示變化之法則，要不外相反相成一大法則而已。

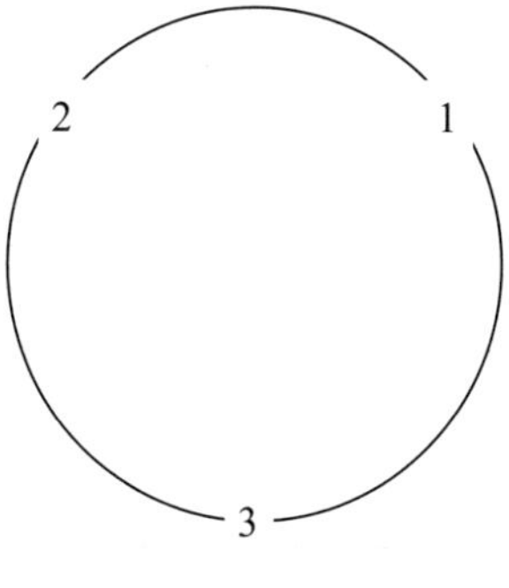

但是，卦的三爻，係從下而上，三爻，以次逐列。例如「乾卦」，其式如下：

我們在前所列的圖式，則以一、二、三，略作圓圖布之。此何以故？因爲變化是全體性的，是生動的，活躍的。圖中一、二、三的符號，不過表示功用的殊異和微妙，（相反相成，所以謂之殊異，所以謂之微妙。）並不是表示有互相對待的實在的東西，所以作爲圓圖，取圓神不滯的意思，切勿誤會爲循環的意思。至於《大易》的卦，三爻以次逐列，其用意如何，此中不暇論及了。

上來已說相反相成的法則，今次當談翕闢和生滅，便可甄明這法則，是一切的變化所共由之，以成其變了。（變化二字，亦省言變。）我們要知道，所謂變化，從一方面說，他是一翕一闢的。這一語中，所下的兩一字，只是顯動勢的殊異。（動勢，亦云勢用。）闢，只是一種動勢。翕，也只是一種動勢。不可說翕闢各有自體，亦不可說先之以翕，而後之以闢也。又從另一方面說，變化是方生方滅的。換句話說，此所謂翕和闢，都是才起即滅，絕沒有舊的勢用保存著，時時是故滅新生的。我們要了解變化的內容，必於上述的兩方

———

———

———

面，（翕闢和生滅。）作精密的解析，深切的體會，否則終是不堪窺變。

現在且談翕闢。什麼叫做翕闢呢？前面已經說過，本體是顯現爲萬殊的用的，因此，假說本體是能變，亦名爲恆轉。我們要知道，恆轉是至無而善動的。（無者，無形，非空無也。善者，讚詞，乃形容動之微妙。）其動也，是相續不已的。相續者，謂前一動方滅後一動即生，如電之一閃一閃，無有斷絕，是名相續，非以前動延至後時名相續也。不已者恆相續故，說爲不已。使其有已，便成斷滅，有是理乎？這種不已之動，自不是單純的勢用。（單純二字，注見前。）每一動，恆是有一種攝聚的，（攝者收攝，聚者凝聚。）如果絕沒有攝聚的一方面，那就是浮游無據了。所以，動的勢用起時，即有一種攝聚。這個攝聚的勢用，是積極的收凝。因此，不期然而然的，成爲無量的形向。形向者，形質之初凝而至微細者也。以其本非具有形質的東西，但有成爲形質的傾向而已，故以形向名之。物質宇宙，由此建立。這由攝聚而成形向的動勢，就名之爲翕。我們要知道，本體是無形相的，是無質礙的，是絕對的，是全的，是清淨的，是剛健的。但是，本體之顯現爲萬殊的功用，即不能不有所謂翕。這一翕，便有成爲形質的趨勢。易言之，即由翕而形成一一實物了。恆轉（即本體之別名。）顯現爲翕的勢用時，幾乎要完全物化？若將不守他底自性，這可以說是一種反動了。

然而當翕的勢用起時，卻別有一種勢用俱起。（與翕同時而起，曰俱起。）他是依據恆轉而起的。就這種勢用上說，便說是依據恆轉而起。若就恆轉上說，便應說這種勢用是恆轉的顯現，但恆轉元是沖虛無爲的，而其現爲勢用，卻是有爲的。由此，應說這種勢用雖以恆轉爲體，而畢竟不即是恆轉，如說冰以水爲體，而卻不即是水。這個勢用，是能健以自勝，而不肯化於翕的。（即是反乎翕的。）申言之，即此勢用，是能運於翕之中而自爲主宰，於以顯其至健，而使翕隨己轉的。（己者，設爲闢之自謂。）這種剛健而不物化的勢用，就名之爲闢。

如上所說，依恆轉故，而有所謂翕。才有翕，便有闢。唯其有對，所以成變，否則無變化可說了。恆轉是一，恆轉之現爲翕，而幾至不守自性，此翕便是二，所謂一生二是也。然恆轉畢竟常如其性，絕不會物化的。所以，當其翕時，即有闢的勢用俱起，（俱起，注見前。）這一闢，就名爲三，所謂二生三是也。前來已說，所謂變化，只是率循相反相成的一大法則，於此可見了。又復當知，此中所謂一、二、三，只是表示變動的符號，並不是有一二三的片段可分，更不是有由一至二，由二至三的先後次第可分。一只是表示體之將現爲用的符號，（此中將字，只是在言說上作推究之辭，事實上不是有個將現而未現的時候。）二和三都是表示用的符號，則以翕和闢，均是克就用上而目之故也。就一言之，於此尚不足以識全體大用，因爲說個一，只是虛擬體之將現爲用。就二言之，於此亦不足以識全體大用，因爲說個二，只是表示大用之流行，不能沒有內在的矛盾，絕不是單純的。因此，有個近於物化的翕。（此中近字，注意。非遂物化也，只是近之而已。）這個翕，似是大用的流行，須自現爲似物的式樣，來作自己運轉的工具，才有這一翕，（此中自己一詞，設爲大用之自謂。）所以就翕上看，便近於物化，難得於此而識全體大用了。只有三，（即是闢的勢用。）既是依據一而有的，卻又與二相反，而即以反乎二之故，乃能顯發三的力用，得以轉二使之從己。（己者，設爲三之自謂。）據此說來，三是包含一和二的。只於此，才識大用流行，也只於此，可以即用而識體。（所謂體，本不是超脫於用之外而獨存的，故可即於用而識體。）申言之，就是於三而識全體大用。我們即於三而說之爲體？也是可以的，（於用而見體，便只說體，猶之於繩而見麻，便只呼麻。）假若離了三，便無可見體。我們即於三之不可物化處？便識得這種勢用（即三。）雖是變動的，而其本體元是不變的。三之不可物化，就因爲他底本體是如此的。換句話說，恆轉之常如其性，即可於此而知了。在昔《老子》書中述卦爻之義，而說「一生二，二生三」，此是表示變化要率循相反相成的法則，這是無疑義的。但是，他們並未有詳細的說明。現在我們的說法，是否與《老》和《易》的旨意全符，這自然成問題，不過，大體上還是相通的罷了。吾人窮理到眞是的所在，即古人已先我而言之，更喜先後互相印證，無可與古人立異；但古人有所未盡者，應當加以發揮或修正。學問之事，期於求理之是而已。

照上所說，恆轉現爲動的勢用，是一翕一闢的，並不是單純的。翕的勢用是凝聚的，是有成爲形質的趨勢的，即依翕故，假說爲物，亦云物行。（行字，義見前。物即是行，故名物行。下言心行者仿此。）闢的勢用是剛健的，是運行於翕之中，而能轉翕從己的，（己者，設爲闢之自謂。）即依闢故，假說爲心，亦云心行。據此說來，我們在前面（〈唯識〉。）曾講過，物和心

（物亦對心而名境。）是一個整體的不同的兩方面，現在可以明白了，因爲翕和闢，不是可以剖析的兩片物事，所以說爲整體。（注意，此所謂整體，正是克就翕和闢的勢用上說。）但爲言說上的方便，有時說翕是一種勢用，闢又是另一種勢用。此所謂一種、一種云者，絕不是表示各自獨立的意思，因爲克就翕和闢的勢用上說，那就不是有實自體的東西，如何可說爲各自獨立？須知，這裡所謂一種一種，只是表示勢用的分殊，而此分殊一詞，雖含有不是單純的意義，但絕不含有可以剖爲二片或條然各別的意義，此乃必須明辨者。

從前吾國《易》家的學者，多有把物說爲向下的，把心說爲向上的。如漢儒云：「陽動而進，陰動而退。」他們以陰來表示物的方面，以陽來表示心的方面，其所謂進，就是向上的意思，所謂退，就是向下的意思。後來宋明諸師，也都持此等見解。因此，有人焉，以爲吾所謂翕，便是向下的一種動勢，吾所謂闢，便是向上的一種動勢。他們這樣比附的說法，尚有待修正之處。說闢是具有向上性，這和我的見解是無所違異。說翕是向下的，卻於理有所未盡。應知，翕只是個收攝凝聚的勢用。這種攝聚，是造化之妙所不期然而然的，克就攝聚的勢用而言，不定是向下的，但從他攝聚的勢用詐現的跡象而言，（跡象者，即現似有形質之謂。）便可說他有向下的趨勢了。然雖有此向下的趨勢，要不是決定如此的，翕本來是順從乎闢的，易言之，翕是具有向上性的。因爲翕是順從乎闢，而闢是向上的，則翕亦是向上的了。不過，翕確亦有向下的趨勢，是與闢的方面相矛盾的，亦即與闢的勢用形成對立的樣子。然雖對立，畢竟不爲二物，畢竟是相融和的。所以說他本是順從乎闢的，亦是向上的。如果偏說爲向下，那麼，翕和闢只是相反而無可相成了。這種說法是不應理的。

總之，翕和闢本非異體，只是勢用之有分殊而已。闢必待翕而後得所運用，翕必待闢而後見爲流行，識有主宰。如果只有闢而沒有翕，那便是莽莽蕩蕩，無復有物。（莽莽，空洞貌。蕩蕩，無物貌。）如此，則闢的勢用，將浮游靡寄而無運用之具，易言之，即無所依據以顯發闢的德用。所以，當其闢時決定有個翕，即爲闢作運用之具，若無其具，則闢亦不可見了。又復應知，如果只有翕而沒有闢，那便是完全物化，宇宙只是頑固堅凝的死物。既是死物，他也就無有自在的力用，易言之，即是沒有主宰的勝用，而只是機械的罷了，然而事實上宇宙卻是流行無礙的整體。我們把宇宙萬象分割成段段片片的東西來看，那是依托翕的勢用的跡象，而誤起分別，所以如此。實則彌滿於翕之中而運用此翕者，只是闢的勢用。夫闢，是有相而無形，（闢的勢用，非空無故，斯云有相，但此相非有質故，非有對故，復云無形。）是無所不在的，是向上的，（清淨而無滯礙，說爲向上。）是伸張的，是猛進的。夫翕，是成形的，是有方所的，（成形即有方所，而非無所不在的了。）是有下墜的趨勢的。據此說來，翕的勢用是與其本體相反的，（翕，元是本體的顯現，但翕則成物，故與其本體是相反的。本體是實有而非物的。）而闢雖不即是本體，（闢元是本體的顯現，故不即是本體。譬如水成冰已，而冰雖不失水性，究不即是水。）卻是不物化的，是依據本體而起的。它之所以爲無形，爲無所不在，爲向上等等者，這正是本體底自性的顯現。易言之，即是本體舉體成用。（舉體二字，吃緊。）譬如水，舉其全體，悉成爲一切冰塊，故水非離一切冰塊而獨在。本體之現爲功用，是舉其全體悉成爲一切功用。這種用是流行無礙的，是能運用翕而爲翕之主宰的。（闢名爲心。翕名爲物。今如吾心爲吾身之主，而交乎一切物，能裁斷不爽焉，即此而知闢是主宰。）此闢所以爲殊特。

或曰：「闢，固名爲用。翕，豈不名用耶？」答曰：翕自是用，此何待言？但是本體之現爲功用時，必起一種反的作用，即所謂翕者。以有此翕，乃得爲闢的勢用所依據以顯發焉，於是而翕乃物化，疑於不成爲用矣。我們只好於闢上識得大用。易言之，即唯闢可正名爲用，而翕雖亦是用，但從其物化之一點而言，幾可不名爲用矣。如前所說，必有闢故方見大用流行，亦即於流行而識得主宰。以其能轉翕而不隨翕轉，（如心能了別和運用一切物，而不爲一切物所引誘或陷溺。）即此而識主宰故。講到此處，更須申說一段話，即我所謂主宰是於闢的勢用運行乎翕的一切物之中，而能自裁決斷制，絕不會迷暗以徇物。易言之，即不爲物化，所以說爲主宰。這個主宰的意義，本是就用上才見得，不是把本體看作爲超越宇宙之上的一個造物主，而說名主宰。這是不容混淆的。我們誠然知道，本體顯現爲一切功用的時候，（此中時候一詞，是爲言說上的方便，而實無有時候可言。）即此流行無礙的功用，確不是亂衝的，卻是隨緣作主的。如生物的發展，由低等生物而至高尚的人類，我們可以見到闢的勢用逐漸伸張，而能宰制乎翕的一切物了。我們於用上，識得主宰的意義，便知道用之所以如此者，正以用之本體是具有剛健與明智及不可變易的等等德性。所以，本體現爲用時，這用才是具有主宰，而不是盲目的衝動的。如此，則謂本體上不必具有主宰義，這是不應理的說法。但若誤解主宰義，而或以爲本體是超越於宇宙之上。而能宰制萬有的一個造物主，遂名主宰，這等見解，便是大錯而特錯了。總之，主宰義是於用上見，是必有對而後見。（用則有對，如翕和闢對。易言之，即物與心對。）我們若攝用歸體，則唯是絕對，無可立主宰之名，若即用而顯示其本體，則主宰之義雖於用上見，卻可於此識得用之本體。申言之，即識得本體是剛健的乃至不可變易的了。所以，主宰一詞，亦可以目本體，因爲從用顯體的緣故。

現在要歸結起來，略說幾句。本體現爲大用，必有一翕一闢。而所謂翕者，只是闢的勢用，所運用之具。這方面的動向，是與其本體相反的。至所謂闢者，才是稱體起用。此中稱字，甚吃緊，謂此用是不失其本體的德性。譬如冰，畢竟不失水性，故云稱也。闢卻是和翕反，而流行無礙，能運用翕，且爲翕之主宰的。然翕雖成物，其實亦不必果成爲固定的死東西，只是詐現爲質礙的物，只是一種跡象而已。我們應知，翕闢是相反相成，畢竟是渾一而不可分的整體。所以，把心和物看作爲二元的，固是錯誤。但如不了吾所謂翕闢，即不明白萬變的宇宙底內容，是含有內在的矛盾而發展的，那麼，這種錯誤更大極了。（矛盾，是相反之謂。利用此矛盾，而畢竟融和，以遂其發展，便是相成。吾國《大易》一書，全是發明斯義。）哲學家中，有許多唯心論者，其爲說似只承認吾所謂闢的勢用，而把翕消納到闢的一方面去了。亦有許多唯物論者，其爲說又似只承認吾所謂翕的勢用，而把闢消納到翕的一方面去了。他們唯心和唯物諸論者，均不了一翕一闢是相反相成的整體。至我之所謂唯心，只是著重於心之方面的意思，並不是把翕的勢用，完全消納到闢的方面去。現在有些盛張辯證法的唯物論者，他們又把闢消納到翕的方面去，不知物和心（即翕和闢。）是相反相成的，不可只承認其一方面，而以他方面消納於此的。我們只能說，翕和闢不可析爲二片，近似二元論者所爲。但於整體之中，而有兩方面的勢用可說，這是不容矯亂的。一切事物，均不能逃出相反相成的法則。我們對於心物問題，（這是哲學上的根本問題。）何獨忘卻這個法則，（相反相成的法則。）而把心消納到物的方面去，如何而可呢？

談至此，或有難言：「如公所持，說翕爲物，說闢爲心，固聞命已。但吾人所知者，心理的現象於有機物若動物與人出生的階段中，始乃發現，而有機物固不能先無機物而有。我們試設想，地球尚未構成以前，與夫地體凝成，及其與諸天體相互之關係，而所有之溫度和空氣等等，尚未達到適宜於生物或動物和人類之生育的階段。（這種設想，在難者以爲是一種合理的推論，並不是個亂猜。）這時候，哪有心理的現象可說呢？（心理的現象以下亦省言心。）夫心，既是後於物而起的，而公卻謂物即是翕，心即是闢。那麼，健動的闢，就是後於凝聚的翕而起的。如何可說翕闢是一個整體的不同的兩方面，並且以闢爲能運於翕之中而爲其主宰呢？」按難者此等見解，只是囿於日常執物之習，而不可與窮神。（物之所以然者，謂之神。）如難者之意，直以物爲本原而已，不知凡有必始於無，（有者謂一切物。無者，至眞至實而無形聲可睹聞耳，非空無也。有始於無者，謂此無乃諸有之實體。）凡可象者，必以虛寂為極。（可象謂一切物。虛寂者，至常而無形礙曰虛，至幽而無擾亂曰寂。一切物之實體，唯是虛寂，故云虛寂乃物之極也。）泥象者，不能於象而悟虛寂。（如泥執冰相者，不能於冰相而悟其本為水。執物者，不能於物而見實體，其弊猶是。）滯有者，不能於有而證無。（準上可解。）如此固持唯物之見而牢不可破，實則一切物無定實，（非固定，非實在。）只依根本的物事即是一切物的實體所顯現之一種跡象而已。有人說，如果把物底自身說為一種跡象，那麼所謂物就是空空洞洞，無有內容了。事實上一切物都是活躍的，在無住的過程中發展著，一切物何嘗是空洞的東西呢？為此難者，只是蔽於近習，而不悟至理。從世俗的觀點來說，便把物界看作是絕不空洞的，是實在的東西。從眞理的觀點來說，所謂一切物，都是依著眞實即本體顯現之跡象，而假說名物。若克就物底自身言，卻是空，是無所有的，但不妨依眞實的顯現，假名為物罷了。譬如冰是水的顯現，故離水，別無有冰的自身。應說冰的自身是空，是無所有的。一切物是眞實的顯現，亦復如是。（但凡喻，只取少分相似，使人易曉。若執定此喻，以求與所喻的道理完全相肖，則反成迷謬。他處凡用譬喻者，皆準知。）

我們要知道，實體顯現為分殊的用或一切行的時候，（此本無時候可說，但為言詞之方便，須著此時候一詞。）一方面，決定有一種收攝凝聚的勢用，即所謂翕。這種收凝的翕，其端緒雖很微細，很深隱，而由微至著，由隱至顯，便成為一切物或物界了。然當其翕而成物時，另一方面，次定有一種剛健而無所不勝的勢用，即所謂闢。這個闢，是與翕同時俱現的，亦即是運行於翕或一切物之中，而主宰乎一切物的。闢不是超脫於一切物之外的大神，卻也不妨叫它作神，因爲它很微妙的緣故。闢本是和物同體，而於同體之中卻有分化，遂和物形成對立的樣子。我們可借用《大易》「乾」、「坤」二卦，表之如左：

☰乾

☷坤

「乾卦」三爻皆奇數，吾藉以表示闢。「坤卦」三爻皆偶數，吾藉以表示翕。翕即成物，物界是有待的，故用偶數。闢者神也，神無形而不可分割，故用奇數。翕和闢雖說是互相對立的，卻又是互相融和的。才說到闢，便涵蘊著翕了，仍用「乾卦」，表之如下：☰☷。才說到翕，便涵蘊著闢了，復以「坤卦」，表之如下：☷☰。從來講《易》學的人，或以爲「乾卦」三爻純陽而無陰，（陽謂乾，陰謂坤，下仿此。）「坤卦」三爻純陰而無陽，這是極大的錯誤。其實乾坤是互相錯的，（錯者，對待義。）而亦是互相綜的，（綜者，融和義。）不可把乾坤當作二元論去理會。說乾便涵著坤，說坤便涵著乾，其妙如此。

前面說過，翕和闢是不可分離的整體。不過，這個整體非是由各別的東西混同而成爲一合相，（一合相一詞，借用佛家《金剛經》語。）卻是一全整體而復現有分化，即有內在的矛盾，以遂其發展的。由有分化故說翕闢。如果只承認有翕的方面，（即物的方面。）而不承認有闢的方面，（即心的方面。）那麼，變化應該不可能，因爲孤獨無以成其變化的緣故。我們應知，無始時來有翕即有闢，有闢即有翕。變化的內容不能是孤獨的，而必有翕闢兩方面才成爲變化，這是不容疑的道理。泰初有翕，泰初即已有闢。我們把這個闢，說名宇宙的心。偉大的自然，或物質宇宙的發展，雖不是別有個造物主來創作，可是，自然或一切物並非眞個是拘礙的東西。它們（一切物。）內部確有一種向上而不物化的勢用，即所謂闢潛存著。不過，這種勢用，要顯發它自己，是要經過相當的困難。當有機物如動物和人類尚未出現以前，這種勢用，好似潛伏在萬仞的深淵裡，是隱而未現的，好像沒有它了。及到有機物發展的階段，這種勢用便盛顯起來，才見它是主宰乎物的。不要說動物，就是在植物中已可甄明這種勢用，如傾向日光及吸收養料等等，都可據以測驗植物具有曖昧的心理狀態。植物的心，實隱然主宰其形幹，而營適當的生活，這是無可否認的。所以，闢或心是到有機物發展的階段才日益顯著，卻不能因此便懷疑有機物未出現以前，就沒有闢或心這種勢用的潛存。一顆電子的振動，並不是循一定的規律的。電子總是在許多軌道中跳來跳去，它一忽兒在此一軌道上消失，一忽兒在另一軌道又產生，也不是有外力使之然的，這就是由它內部具有闢或心這種勢用爲之主宰。不過，這種勢用潛存乎一切物之中，而不易察見耳。天下唯潛存的力用，是最大的力用。淺識之徒，只能有見於顯，不能深察於微，因此，難與窮理。應知，闢或心的勢用，當其潛存的時候，如於有機物未出現，我們無從甄明它闢或心的時候，它確實普遍周浹於翕而將形的一切物，而無所不在。只是它的表現之資具如有機體尚未構成，所以不曾顯發出來，因此，說名宇宙的心。講到此，又有問云：「後來有機物上所發現之心，卻是物物各具一心。此與宇宙的心爲一爲二耶？」答曰：一一物各具之心，即是宇宙的心；宇宙的心即是一一物各具之心。譬如大海水遍現爲一一漚，即此一一漚，皆含有大海水全量。每一漚，都與大海水無二無別。一一物各具之心與宇宙的心，無二無別，亦復如是。

我們何以把闢叫做心。把翕叫做物呢？舊唯識論師，以爲心是能分別境物的，就說心只是分別的罷了。實則所謂心者，確是依著向上的、開發的、不肯物化的、剛健的一種勢用即所謂闢，而說名爲心。若離開這種勢用，還有什麼叫做心呢？舊師把心只看作是分別的，卻是從對境所顯了別之相上去看。易言之，是從跡象上去看，是把它當作靜止的物事去看，而不了解它的本身元來只是很微妙的一種勢用。舊師對於心的看法，是極粗淺的。我以爲流行無礙而不可剖析的，和剛健的與向上的勢用，即所謂闢，這才可說名心。須反躬深切體認，自可識得。如果只從他底跡象上看，以爲心只是分別的東西，如同鏡子一般，（鏡子照顯妍媸等境，也是分別的，卻是靜止的東西。）那就大錯而特錯了。心雖動而未嘗不靜，但絕不可當作靜止的東西來看。

關於物的解釋，舊師如護法等，則以爲一切物另有它的根源，（叫做相分種子，但是藏在第八識中，故不妨說唯識。）終未免把物看作實在的東西，這也是懸空謬想。實則所謂物者，並非實在的東西，只是依著大用流行中之一種收凝的勢用所詐現之跡象，而假說名物。若離開收凝的勢用，又有什麼叫做物呢？我們設想，造化的開端，（此中造化一詞，並不含有造物主來造作的意義。蓋以本體既顯現爲大用，即依大用之行，而假說名造化，須善會。又開端一詞，亦不當泥解，實不可找得最初之端也。）不能不有個收攝凝聚。這種收凝，其端甚微，而確是成形之始。萬物從無肇有，（此所云無，乃推想萬物尚未形著時，而說爲無，與前文以無言實體者不同。）由微至著，直從收凝中得來。收凝就是斂藏到極處。斂者，謂其力用收斂不發。藏者，謂其力用閉蓄不散。造化的力用，斂藏愈深愈固，則有成爲無量的積之可能。這裡所謂積，就是鬱積而將兆乎形的意思，易言之，有成爲形物的傾向，因此，亦名形向。每一個積或形向，可以說是物的最極小的分子。偉大的自然或物質宇宙，就是以這無量的積或形向爲胎萌。唯物論者把物質看作爲本原的，舊師也以爲物質有它的因素，（名相分種子。）這都是把物看成實在的，都是極大的錯誤。實則物並不實在，亦決沒有舊師所妄想的物質的因素。物者，只是我所謂收凝的勢用所詐現之跡象而已。收凝的勢用，名爲翕，翕即成物。（翕便詐現一種跡象，即名爲物。）所以，物之名依翕而立。

前面已經說過，所謂闢者，亦名爲宇宙的心。我們又不妨把闢名爲宇宙精神。這個宇宙精神的發現，是不能無所憑藉的。必須於一方面極端收凝，而成爲物，即所謂翕，以爲顯發精神，即所謂闢之資具，而精神，則是運行乎翕之中，而爲其主宰的。因此，應說翕以顯闢，闢以運翕。

蓋翕的方面，唯主受，闢的方面，唯主施。受是順承的意思，謂其順承乎闢也。施是主動的意思，謂其行於翕而爲之主也。須知，翕便成物，此翕也就是如其所成功的樣子，（意謂直是物化而已，此處吃緊。）只堪爲精神所憑藉之資具。若無此翕，則宇宙精神無所憑以顯。如果精神要顯發它自己，它就必須分化，而分化又必須構成一切物。它才散著於一切物，而有其各別的據點，否則無以遂其分化了。所以說翕以顯闢，只是理合如此，而翕之所以必須順承乎闢者，亦以其止堪爲闢之資具故。這個道理，須至後面（〈成物〉。）方好詳說。至於闢呢，它本是不物化的至剛至健的一種勢用。它是包乎翕之外而徹乎翕之中，是能轉翕而不隨翕轉的。（轉者，轉化義，如甲令乙相與俱化之謂。）所以說闢以運翕，所以說闢爲施，謂其行於翕而爲之主也。翕和闢，本是相反的，而卒歸於融和者，就在其一受一施上見得。受之爲義，表示翕隨闢轉。施之爲義，表示闢反乎翕而終轉翕從己。（己者，設爲闢之自謂。）所以，翕闢兩方面，在一受一施上成其融和。總之，闢畢竟是包含著翕，而翕究是從屬於闢的。爰以圖表之如右下。

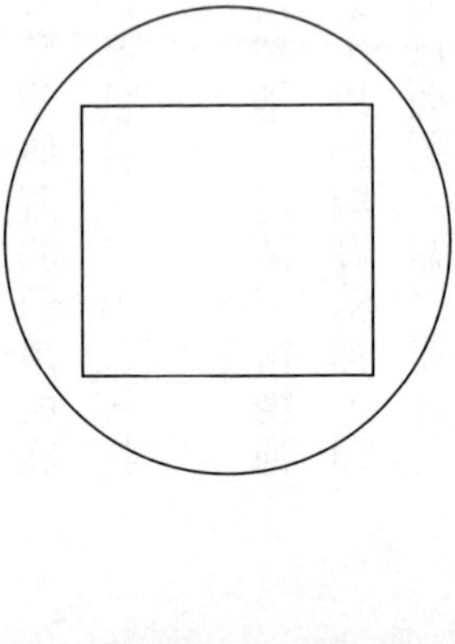

圖中，以方的相表示翕，物成即有方所故。以圓的相表示闢，心或精神是周遍流行而無滯礙故。闢是無定在，而亦無所不在，是包乎翕之外，而徹乎翕之中。觀於前列的圖，便可見得此意了。

準前所說，所謂物者，只是收凝的勢用，即翕之所詐現，並非有實在的物質，但因其現似滯礙的東西，卻又不妨名之爲物。然復須知，所謂物，也就如其所現的樣子。至於包含此物與滲透和運行此物之中者，別有所謂剛健的、開發的、不物化的一種勢用，即所謂闢，這個，決定不是從物的自身中產生出來的，而是與現似物相的收凝的勢用，即所謂翕，同時俱顯而不可剖分的。（此中同時一詞，恐有人誤計翕在先，闢在後，或先唯闢，後有翕，故言同時以防之。實則談理至此，無時間可說也。）申言之，翕和闢，只是恆轉舉體顯現爲此兩方面。（恆轉，即本體之別名。舉體云者，謂恆轉舉其全體而顯現爲翕和闢也。）所以，翕和闢不可看作爲各別的實在東西。若乃因其翕而成物，遂計物質爲本原的，而以闢或心爲從屬的，這種見解尤屬謬誤。須知，剛健的不物化的勢用即闢，是遍涵一切物而無所不包，是遍在一切物而無所不入。這種勢用，雖與翕而成形的物同爲恆轉的顯現，而闢確是不失恆轉的自性。（譬如冰，是水的顯現，而畢竟不失水性。）所以，於此而識得本體，亦即於此而可說爲本原的。我們要知道，所謂本體，是虛寂無形的。（無形者，只是無有形相耳，非空無也。）翕便成物，故與其本體有乖反的趨勢。（譬如冰，以流液的水爲本質，而冰相堅凝，卻與其本質相反了。）唯闢，則以其至健而不有，（不有者，無有形相，無有滯礙，無有和人一般的造作的意想。）至動而恆寂，（雖動而不失其虛寂，即動即寂故。）乃全與其本體相稱。（闢雖健動，而常穆然無形，默然虛寂，故稱其體也。）所以，於闢可說爲本原的，而翕畢竟是從屬的。唯物論者，只在顯著的跡象上著眼，而不能深察到微妙的地方，所以，武斷的堅持其唯物的主張。

或復難言：「如公所說，闢是剛健的勢用，但按之老子哲學，則以爲由無始成萬化。其第五章所云橐籥即以喻無也。橐籥之中空洞，故以喻無。然彼所謂無，卻是虛而不得窮屈，動而不可竭盡的。（參考王弼《老子》第五章注。）此與公所謂闢者，義旨亦有相似處，但老子不說爲剛健的，而只謂之無，又云用之不勤。這種意義與公所見又似大大的不同了，願聞其所以異同。」答曰：老子謂之無者，以其無狀無象，故說爲無耳，非眞無也。其曰用之不勤者，妙用無窮，周普萬物，而蕩然無所勞耳。老子說用之不勤，我亦何嘗於大用流行著得一勤字。使大化之行而有所勤勞，則造化亦將熄矣。但勤勞與剛健，二義迴別。勤勞，是拘執或留滯義。剛健，具有清淨、純固、堅實、勇悍、升進，與不可窮屈及無竭盡等義。須知，用之不勤者，正以其剛健故耳。剛健乃爲眾妙之門，何勞之有？老子只有見於用之不勤，而未深體夫用之所以不勤者，自是他有所未至。老子說道無，我亦何可於他所謂無之上，起一毫有相的執著，但無非眞無，故萬化由之以成。這個無狀無象的物事，才是至剛至健的，所以能成萬化，否則便是頹廢的無，又何妙用可言呢？老子只喜歡說無，卻不知所謂無才是至剛至健，我想老子尚不免耽著虛無的境界。闢是剛健的勢用，這種見地，我亦本諸《大易》，但是自家深切體認，見得如此，而後敢於說出。眞理是不遠於吾人的，須返躬體認始得。

附識：老子之時代，當稍在孔子後，而前於孟子。他的學問，實從孔子《易傳》之思想而出，終乃別抒己見，以自成一家言，蓋孔氏之旁支，《易》家之別派也。余在《語要》卷二中（〈答意國米蘭諾省大學教授書〉。）曾略談及之。

上來所說，關於翕闢方面已見大概。今次當談生滅。我們一說到變化，便知道它變化不是空空洞洞而無所有的，所以說一翕一闢。它變化是生生活活的勢用，具有內在的矛盾而發展著。我國的《易》學家，也都把宇宙看作是一個動蕩不已的進程。這種看法是很精審的。因此，當知我們欲解析變化的內容，僅拿翕和闢來說明它，還是不夠的，必須發現翕和闢在其生和滅的方面的奧妙，才算深於知變。所以現在要談生滅。

在談生滅之前，不能不先說剎那義。印度佛家分析時分，至極小量，方名剎那。如《大毗婆沙論》卷一百三十六說：「壯士彈指頃，經六十四剎那。」又說：「世尊不說實剎那量，無有有情堪能知故。」（世尊，即釋迦佛之名號。有情者，人之異名，人有情識故名。）詳《毗婆沙》所云：「壯士彈指頃，經六十四剎那。」這好像有剎那量可說了，可是，壯士彈指，是特別迅疾的。他那一彈指頃，是否經過六十四剎那，我們卻也無法甄驗。因爲剎那量，是小到何等的分限，古代既沒有某種器具可以表明它，現在的鐘錶也不能表明它。我們如何能定說「壯士彈指頃，經六十四剎那」呢？或謂：《毗婆沙》這種說法，不過顯示剎那量是小到不可說的罷了。

六十四者，多數之詞。以壯士彈指之迅疾，而經過六十四剎那，則剎那量眞是小之至極，而不可以言說形容了。所以，該論又說「世尊不說實剎那量」云云。據此，則剎那量，比於數學上的無窮小，或更爲細微而難說。一般人談到剎那，大概以爲是時分之極小極促而不可更析者。我們隨順世俗，也不妨如此說。但是，佛家大乘師談剎那義，或不許以世俗時間的觀念來說。易言之，剎那不是時間義。我們不可說剎那就是極小而不可更析的時分。窺基大師在他所著的《唯識論述記》卷十八說：「念者，剎那之異名。」據他這個說法，則以吾人心中一念才起之際，便是一剎那。這一念才起，即便謝滅，絕沒有留住的。此念，即是剎那之異名，所以，剎那不可說是時間。我們只觀察自己心中念頭倏起，而不可停留之一忽兒，這就是一剎那。（一忽兒，乃俗語，形容時分極促而不可把捉。）此則以剎那唯依自心而假說。今就我的意思來講，則在本章談變的觀點上，極贊同大乘師不許以世俗時間的觀念來說剎那的主張。因爲世俗所謂時間，畢竟是空間的變相。空間是有分段的，（如東、西等方。）時間也是有分段的。（如過去、現在、未來。）扼要言之，空間和時間，就是物質宇宙存在的形式。我們覺得物質宇宙，於一方面，有東、西等方的分布相，即此便名空間，而於另一方面，有過、現、未的延續相，即此便名時間。所以，有了物質的觀念，即有空時的觀念與之俱現。（俱現者，謂空、時與物質同時並著。）因此，空時的觀念，也是非常粗笨的。空間上，如由東到西，中間是有間隔的。時間上，如由過去至現在，中間也是有間隔的。據此說來，我們若依世俗時間的觀念，來說剎那。那麼，由前一剎那，到後一刹那，中間總是有間隔的。如此而談那刹，便成了一套呆板的架格，更有什麼法子可以窺見變化呢？所以，我在談變的觀點上，贊同大乘師不許以世俗時間的觀念來說刹那的主張。至如前面所述基師的說法，即以自心一念才起，說爲刹那，卻未免偏就心之一方面說，似亦未妥。我們要知道，哲學上的用語，是非常困難的。語言文字，本是表示日常經驗的事理，是一種死笨的工具。我們拿這種工具，欲以表達日常經驗所不能及到的、很玄微的、很奇妙的造化之理，（造化一詞，注見前。）其間不少困難是可想而知的。即如刹那一詞，在其元來的含義，本是一種至小而不可更析的時分。我們在談變的時候，自不能不利用此刹那一詞，以表示不斷的變化，是刹那刹那頓起的。然若因此而以世俗時間的觀念來理會此中所謂刹那，將把甚深微妙、不可測度的變化，箝入死的架格之內。（世俗所謂時間和空間兩系列，卻是一個死的架格。）甚至前後刹那之間，定有間隔，而變化也應中斷了。如此，既已無法理會變化。應知，本書所說刹那，只是一種方便的設詞，雖未嘗不以刹那爲至小至促而不可更析之時分，要是爲言說之方便計，才用此詞。學者於此，必須超脫世俗時間的觀念，以理會變化之玄妙，庶幾不以詞害意。

已說刹那，應談生滅。凡法，本來無有，而今突起，使名爲生。（此中法字，猶言事情。下言法者仿此。前面所說翕和闢或心和物，在此處則通名爲一切法。）例如我這現前一念心的現象，是以前本不曾有過的，而是現前一刹那頃突起的，就把這種突起，名之爲生。凡法生已，絕不留住，還復成無，名之爲滅。例如我現前一念心的現象，絕不會凝固的持續下去，畢竟滅無，故復言滅。生和滅本是世間所共知的事情，應該不成爲問題的。然而世間都以爲一切法生已，必住，久後方滅。易言之，一切事物既已生起，必有經久的留住，或相當時期的留住，絕沒有於率爾創生之時，即便壞滅的。（率爾者，突起貌。）雖復壞滅迅速，而此壞時，距其生時，亦必有個間隔的時分，就令是一瞬或一息的間隔，也是留住了一瞬一息的。斷不可說生的時候，即是滅的時候，（此中即是二字，乃顯其不二之義。他處凡言即是者皆仿此。）天下沒有這般矛盾的事情。世間的見解都如此，問題就在這裡發生了。一切法生已，果然得留住著嗎？關於這個問題，我是贊同印度佛家的見解，主張一切法都是剎那滅。怎樣叫做剎那滅呢？即凡法於此一剎那頃才生，即於此一剎那頃便滅，所以說，生時即是滅時。他一切法絕不會有一忽兒的時間留住的。（一忽兒，注見前。）世間見有常存的物，卻是一種倒見。我記得《阿含經》上，記錄著佛語諸弟子的一段話。（印度佛家經典，不獨大乘的經是僞托的，即小乘所宗的經亦多由其後學推演而成，不必果爲釋迦口說也。然群經之中，頗有出自釋迦弟子親承綸音而記錄之者，則《阿含經》是也。雖亦不無攙僞，然大體近實。當別爲文論之。）據佛說：「一切法，猶如幻化。於一剎那頃才生起，即便壞滅，決無有於此剎那頃得留住者。」釋迦這種說法，後來小乘、大乘之徒，都無異論。然而佛家以外之學者，猶於此義不能信解，因之起攻難者頗不少，如大乘的著述中，（《莊嚴經論》等。）多有答覆這種攻難的理論。直到現在，我們向人談到剎那滅義，還時時遇著非難。大概古今哲學家深於察變的，也都談到宇宙萬象，是時時捨其故而趨新。但是他們多半是很寬泛的說法，不過以很生動的、很警切的語句，來形容事物之不守故常而已。要之，都未能十分明了的、肯定的、嚴格的說到刹那滅。因爲依據刹那滅的說法，則一切法才生起的時候即便壞滅了，中間沒有一忽兒暫住的時間。一般人以爲，這樣說來，好像墮入空見，根本不許有東西存在，甚至連自己的身心都不許存在，所以，很惡聞刹那滅的理論。昔在舊京（北京。）曾遇一激烈的抗議者云：「如你所說，一切法都是刹那滅。現前有一塊石頭，此石頭是刹那滅的，即是不存在了。吾今者將拾此石頭打上你的頭腦，你能不覺得傷痛麼？」作這等抗議的人，根本不可與談哲學，因爲他們只從大化流行的跡象上去著眼，而不能理會大化流行之微妙。易言之，他們只看到事物，而不能了解事物之所以然者。其實，刹那滅的理論，並不似一般反對者所懷疑的那樣可惡。毋寧說，這種理論到是實事求是的。我現在且依據印度大乘的主張，並參以自己的意思，對於他們反對者所疑慮之處，一一加以解答如下：

一、汝計一切法，非是刹那頃才生即滅者，果如汝所計，則宇宙萬象，應該都是常住的了，然而現見世間沒有常住的東西。萬物有成必有毀，（成，謂一切形物之凝成。毀，謂壞滅。）有生必有死，有盈必有虛，（盈者盈滿，虛者衰絕。）有聚必有散。（凡物由多數分子互相愛合而成，曰聚。凡物破壞，曰散。）這個諸行無常的公理，是分明昭著，不可否認的，（諸行猶言萬物。行字，詳本章首段。）汝爲什麼怕聞滅之一字呢？

二、如汝說，並非不信諸行起已當滅，只是不信諸行才起即滅。這種思想是極大的錯誤。依照汝所計，諸行非是才生即滅者，即諸行生起已，雖不常住，而至少有暫時住，後乃壞滅。汝意只是如此。吾今問汝，若諸行生起已得有暫時住者，爲是諸行的自力能住耶？爲是諸行非自力能住，必待他力而後住耶？如此二計，皆將成過。何以故？如謂諸行自力能住，則彼應常住不壞，何故只暫時住，而不得常住耶？如許諸行因他力得住者，既離諸行之外，無別作者可說爲他，（作者，猶云造物主。）誰爲諸行作住的因呢？準前所說，諸行自住及因他住，二義俱不得成，故知諸行是才生即滅，沒有暫時住的理由可說了。

三、如汝說，雖無作者爲諸行作住的因，但是諸行生起已，卻亦未遇著毀壞諸行的因，所以諸行得住，如果遇有毀壞的因來時，諸行方滅。例如黑色剛硬的鐵，（以下省言黑鐵。）由有火爲壞因，黑鐵便滅，赤色軟熱的鐵，（以下省言赤鐵。）方乃新生。若壞因（謂火。）尚未至的時候，則黑鐵得暫時住。汝執定此說，維持其元來的主張，只是錮於膚見，不究理實。世俗以爲凡物之滅，必待有壞因而後滅，若未逢壞因，即得暫住。此實錯誤。須知，克就物言，則凡物不能無因而生。（即以物的本身自有力用現起，假說爲因。）但是，凡物之滅，卻不待有壞因而始滅，只是法爾自滅。（法爾一詞，本之佛籍，猶言自然。）不可說滅亦待因也。大用流行，是至剛至健，至神至怪，其流行也，一刹那頃頓起頓滅。刹那刹那，恆是頓起頓滅，絕沒有一毫死板的東西滯積著。易言之，即沒有陳舊的勢用留存下去，而總是新新突起的，所以說凡物之滅，原不待因。因爲一切物，核實言之只在大化遷流中。一切物，其自身根本是刹那滅的，還待什麼因呢？世俗以爲，黑鐵之滅，由於有火爲其壞因。殊不知，當黑鐵與火合，即是黑鐵壞滅的時候，也即是赤鐵生起的時候。（一剎那黑鐵滅，即此剎那赤鐵生。生滅時分，緊相接故，即不異時也。）據實而談，這火的功用，只是爲赤鐵之起，作一種牽引，可以說火是赤鐵之生因，（火爲赤鐵生因，只是一種牽引，並不是由火能創造這赤鐵出來。蓋赤鐵之起，實由其本身自有力用，故遇火緣而得起耳。）不可說火是黑鐵之壞因也。黑鐵之滅畢竟是法爾自滅，原不待因。易言之，即不由火壞滅之也。唯火之起也，則赤鐵與之俱起。若無有火，赤鐵必不起。由此，應說火有牽起赤鐵之功用。世俗不知此火爲赤鐵生因，而誤計火爲黑鐵壞因，眞是倒見。或復難言：「如謂黑鐵，不由火爲壞因故滅者，然世現見黑鐵不與火合時，黑鐵便住，及遇火合，黑鐵才滅。據此，黑鐵之滅，若非火爲壞因者，云胡黑鐵不與火合時竟不滅歟？」答曰：黑鐵不與火合時，汝見其不滅耶？實則黑鐵剎那滅故，汝不覺知。如前一剎那黑鐵滅已，後一剎那黑鐵，確是新起，而與前黑鐵，極相似故。汝先後所見不異，便謂前黑鐵猶住至後耳。或復問云：「誠如公言，黑鐵剎那滅不由火爲壞因者，現見黑鐵與火合時，但赤鐵生，黑鐵遂不復起。可見此火，仍是黑鐵的壞因。」答曰：火爲赤鐵生因，如前已說。黑鐵滅已，後不復起者，由赤鐵遇火爲緣而新生，黑鐵故不復生。二法是相違異的，無有於同時、同處，得有二法並生故。（二法，謂赤鐵和黑鐵。）然前剎那黑鐵之滅，是一事。前剎那黑鐵滅已，後剎那有無黑鐵復生，又是一事。此二事，不當併爲一談。今謂火於赤鐵爲緣，能牽令赤鐵生起，同時，即無前黑鐵復生之可能，是事誠然。但若謂前剎那黑鐵之滅，由火爲壞因，此則違理。黑鐵本不是常住的物事，雖不遇火或其他的東西爲緣，而實剎那剎那恆自滅故。總之，凡物之滅，皆不待因。這個道理須深切體認而後覺意味深遠。大化流行，剎那剎那蛻其故而創新。一切物都在蛻故創新的歷程中，所以，凡物之滅只是法爾不得不滅，非是要待什麼因而後滅的。既滅不待因，所以說，凡物剎那才生即滅。因其滅也，本無所等待故。

四、如汝說一切法得暫住，定非才生即滅者，吾且問汝，依汝所計，一切物容暫住，終當有滅。若滅已，得相續起否？若不承認凡物滅已得續起者，汝便墮斷見。若承認凡物滅已得續起者，汝則不應說一切物容暫住。所以者何？當物暫住之時，即是造化蛻故創新之機，已經中斷，如何得有續起的物事耶？據此說來，若許凡物相續起者，便應許凡物才生即滅。剎那剎那，前前滅盡，後後新生，化機無一息之停，故萬物得以相續起而不斷絕也。（翻者按：印度佛家說剎那滅義，並未著重化機不息的意思，只顯無常而已。本論明示化機是活潑潑地，卻別是一種精神。）

五、如汝計，凡說一切物才生即滅者，即是偏從滅的一方面看去。易言之，只見爲諸法滅盡，可謂墮入邊見。（邊者，偏執義。偏執滅故，即偏執之見。）汝作是計，只是不了我所說義。應知，如我所說，剎那剎那滅滅不住，即是剎那剎那生生不息。生和滅本是互相涵的。說生便涵著滅，說滅便涵著生。前面說過，變化是循著相反相成的法則。我們談到此處，仍用一、二、三來表示這個法則。如前一剎那，新有所生，就是一。而此新生法，即此剎那頃頓滅，此滅就是二。二（謂滅。）是與一（謂生。）相反的。後一剎那頃，又新有所生，此便是三。這三，不即是一，卻是根據一而起的，而與二相反。但是，到了三的時候，也還如前之一，亦自有個相反的，如前所謂二，（即又有個滅了。）乃復有反，如同此三。（即又有個生了。）如此說來，剎那剎那，生滅滅生，無有窮極。因爲方生方滅，方滅方生，才成變化。所以說，生和滅，是相涵的，是相反相成的。談生即有滅在，談滅即有生在。然而我輩著重談滅者，必知滅，而後知生而不有，而後見生生不息之妙。若生而不滅，則化機便滯而死矣。或復問言：「依一二三的式子衍下去，生已便滅，滅已續生，豈不成爲循環耶？」答曰：大化流行，實無所謂循環。剎那剎那，生滅滅生，即剎那剎那，都是創新而不用其故，根本沒有重規疊矩的事情。一二三的式子，正以表示造化之不守故常，如何妄計爲循環耶？但是，從大化所詐現之跡象上看，則續生之法，或與前法有其相似，幾乎可說爲循環。其實後法於前，亦只是相似而已，不可說後起是將前法重疊一番也。

六、如汝計，若一切物皆剎那剎那新生者，云何一般人於此剎那頃新生物事，而竟看作爲舊有的物事。汝這種疑問所由起，只是執其粗跡，而不究其隱微。前面說過，一切物由剎那滅故，才得相續起。如某物，前滅後起的時候，若不遇新的異緣，則後剎那續起者，恆與其前物相似。例如前所舉黑鐵，方其未遇火爲異緣，即此黑鐵，於前剎那滅已，而後剎那續起者，仍與前黑鐵極相似。在此等情形之下，便名爲相似隨轉。（中譯佛籍，多訓轉爲起，此借用之。似前而起，名相似隨轉。）由相似隨轉故，所以，對於現前一刹那頃新生的物事，而仍當作舊有的物事來理解它。實則，凡物都不是兀然堅凝的連持下來。易言之，即不是有獨立的自體，由過去至今，一向任持不捨。須知，凡物於每一刹那，都是蛻故創新。前刹那突起，即便壞滅，後刹那續生，亦復不住。如現前某物，（若筆和硯等。）吾人見爲猶是前物。其實，此物前前滅盡，現在一刹那頃續起的物，極似前物，故見爲前物耳。或復難言：「若一切物皆刹那刹那生滅相續者，云何不可覺知？」答曰：這種變化，至極微妙，至極迅速，所以不可覺察。汝若以不可覺察故，即不肯信刹那刹那生滅相續者，吾且問汝，如汝身體，息息新陳代謝，猶自視爲故吾，卻未嘗以其不可覺知，遽否認新陳代謝作用。一切物，刹那刹那生滅相續，不可覺知，又何足怪？

七、如汝計，凡物之初起，必皆有暫住的時候，決非初起即變異者。此實無有理據。若果如汝所計，則一切法，應有定形。所以者何？因爲一切法初起，既能住而不滅，便是有定形的東西，即不能由一狀態轉爲另一狀態。（此云轉者，改變義。）然而一切法，事實上都是刹那刹那滅故生新，而此新故遷移，只於冥冥中密密的運行，既不可尋其最初的端緒，更不可索其最終的邊際，根本沒有定形可得。例如由乳可至酪，這乳顯然不曾有它的定形，如有定形，它絕不會改轉成酪了。這乳所以無定形者，就因此乳初起即變，根本沒有暫住，所以不會有定形可任持著。或復難言：「由乳至酪者，以先經相當熱度，後經冷的空氣等等異緣，故乳轉變成酪。若乳不遇異緣，則能暫住而任持其定形。」此難，亦不應理。應知，熱度等等異緣，雖爲由乳轉變成酪所必需備具的條件，但是，乳的本身，是否堅住而有定形，是否為一成而不可變，這個問題確是特別重要。如果乳是能暫時堅住的，那麼，它就是有定形的東西。它既已任持它的定形，既是一成不變的東西，縱有任何異緣，也不能令它轉成另一狀態。易言之，即無法轉變成酪了。因為乳的本身，是才起即滅。易言之，即剎那剎那變異，根本沒有定形可任持，根本不是一成不變的。所以，此乳遇著異緣，便可轉為另一狀態，即是可以成酪了。我們要知道，由乳至酪，決非可以一蹴而至，中間經過無量剎那生滅，相似隨轉。唯其相似的程度，則剎那剎那，隨其所逢之緣，如熱度等等，逐漸微異。大概後一剎那續生之乳，與其前一剎那之乳，決定無有全肖者。及至成酪，則由前此許多剎那逐漸微異之遞集，至此，而乃顯其特異，即是成為酪了。世俗於此不察，以為乳之初起，便能留住不滅，後經多時成酪，乳相方滅。不知成酪以前之乳，已經無量剎那生滅，原非一物。特在成酪以前，其相似程度，未驟形其懸殊，故謂乳從初起便暫住而任持其定形。其實，這種看法，純是一種錯誤。

八、如汝計，凡物得由此移轉至彼，是名為動。如桌子，由室之東隅，移轉至西隅，以及天體的運轉，寒暑的往來，乃至一切一切，不可勝窮的動的現象，是彰明不可否認的。一切物既都不是不動的東西，那麼，一切物便非才生即滅。如果凡物生已，不曾暫住，那就根本沒有物了。既已無物，憑何來說動呢？據一般人的信念，以為沒有物質的動，是不能想像的。沒有動的物質，也是不會有的。所以，有物即已有動可說。因此，便無法否認一切物之存在，也就無法承認一切物是才生即滅的主張。汝持這種說法，只由不肯深窮眞理，故陷於謬誤而不覺。須知，汝所謂動，只是一種移轉的意義。這個移轉，在世俗之見，以爲是有個實物才移轉的，並且有其在空間上和時間上的經過的。又且一經移轉，物的狀態，即有一彼一此之不同的。例如桌子，於某時分，由東移到西。桌子的狀態，就因其移轉，而不必同於原來的樣子了。汝的意思，不過如此。我若隨順世間情見，並不否認汝的說法。但是，汝若把物看作是唯一的實在的，那就大錯而特錯了。前面已經說過，凡有必以無爲本，凡可象必以虛寂爲極。虛寂故無所滯，雖顯現爲萬象，而實泊然不離其本，斯即象而寂。無故未始有礙，雖顯現爲群有，而實蕩然不失其宗，斯即有而無。肇公作〈物不遷論〉，明示於一切物，不看作是物，不見有物底動的相，可謂證眞之談。汝若依據日常生活的經驗，來推測宇宙，以爲只有物質是實在的，遂不能於一切物而悟本無，（無者，無形而至神，是乃物之本體。若能於物，不作物想，而澈悟物之本體，即是於物而悟本無。）不能於一切物而證虛寂。（虛寂與無，非二也，言其無形則曰無，言其沖遠而無擾動相，則曰虛寂。虛寂與無，皆克指物之本體而言。）這樣，便見有物，便見有物底動的相，即已無法見眞理了。我們若是超脫世間情見，而唯眞理之求，將必悟到一切物都不是實在的東西。世俗所見爲實在的物，只是一種虛假相。一切物，在實際上說，都是剎那剎那滅壞，剎那剎那變異，哪有實在的物可得呢？據此說來，一切物既非是實在的，而世俗所見爲物之動，又如何解釋呢？須知，一切物雖不實在，而由剎那剎那，生滅相續，詐現相狀，宛爾推移，便見爲有物是在動著了。其實，物質既非實，動相自是假虛的。我們只承認萬物是依著變化不息的過程，而假爲之名。實際上無所謂物，更無所謂物之動。故汝欲以動來證明一切物非是才生即滅，這正是世俗迷妄的見解，非我所許。

九、如汝計，一切物若才生即滅者，即是剎那剎那頓變，不由積漸而至。然世共見，諸法皆由積漸而至盛大。如太空之中，泰初只是元氣布濩，混沌未分。今此太陽系統，亦不知經幾許時劫，分化、凝結，而後呈此粲著之奇。又如生物的官品，也都是由簡單而趨複雜。足見一切物，都是由漸變得來。汝持此論，適以證成我的說法。須知，一切物若初起即住，延持不滅者，便是一受其已成的定形，而無可復變了，更何所謂積漸而至盛大？唯其才生即滅，無有定形可守，所以說，諸物是剎那剎那頓變的。過去的東西，沒有存留到現在。現在的東西，亦絕不會存留到未來。每一剎那頃，都是頓變，造化就是這樣的新新不住，可謂奇怪極矣！然而諸物剎那剎那頓變，才得積漸而至盛大，因爲前剎那的物，才起即滅，後剎那的物，緊接著前滅的物而續起，必較爲增進些。譬如河流，前流方滅，後流續前而起者益見浩大。凡物生滅滅生而不已，所以進進益盛。（進進，張橫渠語。）假若初起便住，即已守其定形，何由漸至盛大？由此應知，所謂一切物的漸變，確是基於剎那剎那的頓變，而後形見出來的。王陽明先生說：「天地之化，合是有個漸的意思。」這話是不錯的，但不要忽略，若非剎那剎那頓變，也無漸變可說了。朱子說：「天地山川，非積小以高大也。」（《中庸章句》。）這是站在頓變的觀點上說，可謂深於知化。有人言，凡物不必捨故，而可以隨時添上新的東西，如過去的物事，點點滴滴集累起來，持續到現在，其間自必隨時加上新的分子，並且由現在拓展而立趨未來，也是隨時有新分子增加的。譬如轉雪球，愈轉愈大，就因依著故有的雪片，一轉一轉的，時時加上新的雪片，所以，雪球漸轉漸大。這種說法，總是要堅持故物不滅的主張。殊不知，故物不滅，則其創新的力用，已經停滯了，如何得有新的東西繼續而起？又如故物不滅，即已任持其定形，亦絕不容新分子加入，所以，不捨故物的說法，純是一種謬想。

十、如汝計，一切事物是時常轉變的，如由許多事實，甄明事物的數量上的變化，便變更他們事物的質量。例如水，在通常的氣壓之下，在攝氏表零度時，從液體變成固體了，在攝氏表一百度時，從液體變成氣體了。在這兩個轉變點上，單純的氣溫的數量上的變更，便引起水的質量上的變更。反過來說，質量上的變化，也變更他們的數量。但是，事物雖有轉變，而當其轉變的時候，只是物質由一狀態，變爲另一狀態，並不是物質的本身可滅。如果物質才生即滅，那便無許多轉變的事物可說了。汝這種見解，更是錯誤。須知，汝所謂物質只是一個概念。據實而談，離開一切轉變的事物別無所謂物質，還說什麼不滅呢？若克就一切轉變的事物，而說名物質。那麼，這些物質，正以其是才生即滅的，是剎那剎那不住的，才會由一狀態轉變爲另一狀態。如果物質初起便住，那便成爲凝固的死物，如何可以轉變？我國古詩有云：「維天之命，於穆不已。」這裡所謂天，不是宗教家所謂神或帝的意思，而是用爲最極的眞實之代語。命者，流行義。於穆者，深遠義。不已者，生滅滅生，恆相續起，無有斷絕也。此言眞實的力用之流行，恆是生滅相續，無有已止，所以嘆其深遠也。一切物生滅相續者，實際上元是眞實的力用之流行。這種流行，是莊子所謂「運而無所積」的。運者，猶言流行。無所積者，剎那剎那，都是才生即滅，沒有一絲兒舊的東西滯積著。大化之行，是至剛至健的，所以，剎那剎那，滅故生新。如果有故物停留，便是造化衰歇了，這是不會有的事情。我們應知，所謂物質不滅，並不是有個堅凝的常住的物質。但因一切物生滅相續，不可斷絕，及由生滅相續，而得由一狀態轉變爲另一狀態故，如是假說物質不滅，我亦贊成。

十一、汝等於諸物，時或起常見，時或起斷見。如於一木，今昔恆見，則計爲常，是起常見，忽焉睹其燼滅，遂又計爲斷，是起斷見。這樣，都有過失。若執諸物初起便常住者，應無後物復生；若執諸物滅已便斷者，亦無後物復生。應知，一切物才生即滅。剎那剎那，故故滅盡，說一切物無有常；剎那剎那，新新突生，說一切物無有斷。一剎那頃，大地平沉，即此剎那，山河盡異，這並不是稀奇事。

十二、汝等難云，一切物事，皆得名之爲法。其所以名法者，以具軌持二義故。持謂任持，不捨自體。如頃寫字的筆，此筆能任持它的自體，而不捨失，故說持義。軌謂軌範，可生物解。（此中物者，人也。言一切事物具有法則，可令人起解。）我國的古詩有云：「有物有則。」此言一切物之成，都是具有法則的，不是混亂無條理的。所以，可令人對它一切物起解。

如上軌持二義，確是吾人的知識所由成立的基礎，也就是科學所由成立的基礎。如果說，一切物是才生即滅的，是剎那不住的，那麼，一切物根本不曾任持它的自體。易言之，即根本沒有物了。既已無物，自無軌範可說。軌範必待物而始見，若無有物，即無軌範可令人生解也。如此說來，吾人的知識絕不可能，即科學無安足處了。汝這番問難，是很有意義的。吾將有以釋汝之惑。一者，凡物剎那剎那相續起故，雖無實物可容暫住，而詐現有物的相狀，條然（分殊貌。）宛然，（有物貌。）不是空空無所有也。又復當知，物相紛綸，雖云詐現，而現有其物，即物有其則。一切物相，既不是空空洞洞的全無所有，（譬如電光的一閃一閃，詐現延續的光相，雖非實在的東西，卻亦不是全無。）所以，也不是混混亂亂的沒有天則。可以說，物之現似有形，即是則之秩然不紊。二者，吾人底理智作用，應日常實際生活的需要，常常是向外去找東西，所以，理智作用不能理會造化的蘊奧。易言之，即不能明了一切物剎那剎那、生滅相續的活躍躍的內容。他總是把捉那剎那剎那、生滅相續所詐現的相狀，即是將那本來不住的東西，當作存在的東西來看。於是設定有一切物，便許一切物都是能任持他底自體，且自有軌範，可以令人起解的。故所謂軌持，只於不住的變化中，強作存在的物事來圖摹，本不可執為定實。然由此而知識乃非不可能，即科學也有安足處。這個意思，我本想留待《量論》詳說，此中不及深談。汝欲以一切物具有軌持二義，來難破一切物才生即滅的說法，這是沒有理由的。

如上所說，凡物才生即滅，都無暫住，此理絕不容疑。有人說，宇宙間本來沒有永久的東西，只有暫時的是眞實的。（羅素來吾國講演。）《易》學家姚配中說，一切事物是刻刻變化，只有暫時的存在。（見《姚氏易傳・乾卦篇》。此中引用，但本其意而易其詞。爲便利讀者計避免爻象等專門名詞故。）如此等說，俱未有眞見，實則一切事物，根本沒有暫住的。孔門傳授的《易傳》有云：「不疾而速，不行而至。」可謂深入理奧。因爲一切事物刹那刹那變異，只是法爾如此，（法爾猶言自然，曾見前文，然不直用自然一詞者，以其意義更深故。）不是別有個大神的力，來使一切事物很猛疾的變異。而所謂變異者，卻是極奇妙的迅速，每一刹那頃都不會停滯的。所以說「不疾而速」，又凡物刹那刹那變異故，前物已滅，本不曾行往於後，然後物續前而起，即其前雖無實物可以往後，而由刹那刹那，有物續生，宛似前物至後。所以說，「不行而至」。孔子這種說法，自是精於察變，後來只有莊子，善發揮他的意思。莊子〈大宗師〉云：有人怕舟失掉了，便把舟潛藏在險固的幽壑裡，怕山失掉了，便把山潛藏在淵深的大澤裡。這樣，可謂藏之甚固，舟和山不會有壞失之虞罷。然而夜半的時候，（喻冥冥中也。）居然有大力的怪物，（喻變化。）將那藏在幽壑裡的舟，與藏在深澤裡的山，一齊負著，疾走疾走，杳然無蹤。（喻變化神速，不可得其端倪。）舟和山都不知所在了。（凡物皆刹那才生即滅故。）這段話，極富理趣，後來只有郭子玄解釋得極好。據子玄說有一種無力的力，才是很大的力。這個就是變化。（謂之無力的力者，非可說爲造物主故。）變化的力，是能揭天地以捨故趨新。故的東西，絕不會有暫時停住，忽然已是新起的物事了。天地萬物，無時而不遷改。世間瞬息創新，而人或見爲舊。舟和山，瞬息變易，而人或視之若前。我與某甲才一交臂頃，某甲便已逝去了，即我亦不是故我了。而世人於此，皆莫之覺，謂現前所遇，皆可繫戀，以爲是存在著的，豈非大惑不解耶！由上所述，我國先哲的話，可見關於凡物刹那才生即滅的見解，是與印度佛家不期而遙契的。有人說，這種理論還不能得到證明。有人說，確已迎著證明時期的曙光了。近代物理學家，豈不承認物質已消滅了嗎？

綜前所說，我們解析變化的內容，於一方面，說翕和闢；又於一方面，說生和滅。因爲闢是流行無礙的一種勢用，所以，是刹那才生即滅，無有暫住的。翕是收攝凝聚的一種勢用，雖詐現物相，而實非固定底質礙的東西，所以，亦是刹那才生即滅，無有暫住的。如此說來，翕和闢，都是倏忽生滅，好像空中華一般。因此，有許多哲學家，對於宇宙的看法，頗不一致了。如印度的佛家，便把生滅的世界，說爲無常，而隱存呵毀，因有厭離或超脫的意思。（小乘直是厭離，大乘別是一種超脫的觀念。）他們印度佛家以爲生滅的萬法，是依著不生不滅的實體而有的。順流，則惑苦紛紜。（順者隨順，流謂生滅。）證本，則一極寂靜。（本和一極並謂實體。）所以，有超越生滅，而安住不生滅的實際的蘄向。（實際，即實體之別名。）我國儒家哲學的思想，則以爲絕待的太易，舉其全體而顯現爲分殊的大用或生滅的萬象，（此中太易，即實體之異名。生滅，即謂翕和闢，都是生滅滅生而不已，故言生滅，則翕闢不須另舉。）即於生生不息，而見爲至誠，（生滅滅生，即是生生不息。至誠，亦實體之別名。）此非超越生生不息的萬象而獨在，故於生生不息的萬象，直作至誠觀，便於相對中見絕對。）於流行而識得主宰。（準上可知。）因此，不言超脫，而自無不超脫；不起厭離，則以本無可厭離故。觀法無常，而日新盛德，於是可見。（孔子《易傳》說：「日新之謂盛德。」大化流行，時時更新，故日日新。）滅故所以生新，大化無有窮盡，森然萬象，皆一眞的顯現也。（一者，絕待義，不與二對。一眞即謂本體。）我嘗說，識得孔氏意思，便悟得人生有無上底崇高的價值，無限的豐富意義，尤其是對於世界，不會有空幻的感想，而自有改造的勇氣。

有人說，我的哲學是援儒入佛的。這話，好像說得不錯。其實，個中甘苦，斷不是旁人所可知的。我從前有一個時代，是很傾向於印度佛家思想的。我的研究佛家學問，絕不是廣見聞、矜博雅的動機，而確是爲窮究眞理，以作安心立命之地的一大願望所驅使。我嘗問無著和世親一派之學於歐陽大師，也曾經服膺勿失的。其後，漸漸素開百家之說，佛家和其他（連孔家也在內。）一概不管，只一意反己自求。我以爲，眞理是不遠於吾人的，決定不是從他人的語言文字下轉來轉去，可以得到眞理的。所以，我只信賴我自己的熱誠與虛心，時時提防自己的私意和曲見等等來欺蔽了自己，而只求如陳白沙所謂「措心於無」，即是掃除一切執著與迷謬的知見，令此心廓然，無有些子沾滯。如此，乃可隨處體認眞理。久之我所證會者，忽然覺得與孔門傳授之《大易》的意思，若甚相密契。因此，才把舊日所依據無著和世親一派的主張而造作的《唯識學概論》，全毀其稿，又誓改造《新唯識論》，以救其失。我之有得於孔學，也不是由讀書而得的，卻是自家體認所至，始覺得和他的書上所說，堪爲印證。這個甘苦，也無法向一般人說了。我於佛家，所極注重的經典，莫如《阿含經》（涵養的工夫，有可與孔門相通處。）、《大般若經》（掃除一切錮於習染的知見，及於一切物，無所取執。）、《涅槃經》（破一切所執已，始直顯一切法的眞常的本體。）、《華嚴經》（此經於現前所見的一一物事，皆說爲神，就是泛神論的意思。又示人以廣大的行願，可以接近入世的思想。佛家演變殊繁，此經卻別具特色。）。這幾部經，都與儒家的《大易》，有可以融會貫通的地方。（注意有可以三字，非全同。）我想將來別爲論述，此中不及詳談。一般人說我是援儒入佛者，這等論調是全不知道學問的意義和甘苦。須知，此理不是可以隨便援這家入那家來說的。我嘗語諸生云：學者自家做窮理工夫，卻要尋著根本問題，次第引生許許多多的枝節問題，相引以至無窮。吾人解決此等問題，常有賴於平日所讀百家之書，藉資引發，久之，豁然貫通。自家思想，成了偉大的體系。亦自覺得，對於百家之說，或有所同，或有所異；或於眾異中有一同，或於眾同中有一異，或於小同中有大異，或於小異中有大同。然無論同異如何，而自家思想畢竟不是浮泛或駁雜的見聞所混亂湊合而成的，（此處吃緊。）畢竟是深造自得的，畢竟是自成偉大的體系的。到此境界的時候，出口說話，自可貫穿百氏，辨異取同，左右逢源，不存彼此的封畛。此方是觀其會通，此方是蹈於大方，此方是契會眞理，而無私家門戶見，但此等境界又的的確確與俗學爲比附之說者絕不相侔。此意自難爲一般人說得，因論儒佛二家的宇宙觀不必同，而縱言及此，似傷枝蔓了。（翻者按：熊先生說及此時，初不主錄入本書，翻者以爲錄入亦好。）

有人問：「翕和闢，刹那刹那，生滅滅生，是名大用流行。（大用，亦云功用。）此功用是渾一的，如何成爲各別的個體？」答曰：恆轉顯現爲功用，本是渾一的全體。但是所謂渾一，並不是一合相之謂。（一合相，借用《金剛經》語。相者相狀。一合者，謂其混同爲一，密合而無分化。）而確是萬殊的，是重重無盡的，但互相涉入，而成爲渾一的全體。以圖式表之如右下：

圖中每一◯，表示一個功用。此一個功用，即是具有一翕一闢的兩方面，故◯內作∽，以表翕闢。☯和☯相銜者，顯示互相涉入，不可分隔也，然而如上所言，雖明功用是萬殊的，但若就物言，則每一個體，當具有無量的功用。譬如張人或李人，以及桌子、椅子等等，他們各各是一聚無量的功用。今試問某一聚無量的功用，何以互相攝持，而成爲個體？這個道理，我在此不欲談。容俟後面（〈成物〉。）再說。

我從前的筆記中，嘗究明變化的道理，略說以三。其一曰：變者，非動義。（變化一詞，亦省云變。）動者，移轉義，是先計有空間和時間，並計有個動的物，即由具有質量的東西，依其在空間上有所經之距離，和時間上有所歷之久暫，而由一狀態遷移轉化爲別一狀態。如此，便叫做動。今此所謂變者，係克就大用流行而言，此是超時空的。易言之，時空的形式，是與物質界俱時顯現的，而在這大用流行的觀點上說，卻是完全沒有時空的。大用流行，根本不是具有質量的東西，即不可當作一件物事來猜擬。所以說，變非是動。我們若以動的意義來理會這個變，那就要墮入千重迷霧了。孔門傳授的《中庸》一書有曰：「不動而變。」這句話的意義，是很深遠的。所謂變，是要向無物之先去理會它。（此語吃緊。但所謂無物之先的先字，不是時間義，不是說宇宙有個無物的時候在變化的開端之前，而只是要把世間所計執為有物移轉的觀念遣除淨盡。所以，義說無物之先。）不曾有物移轉，而法爾有這樣奇妙的變。（法爾一詞，見前。）吾國先哲所謂神化的意義，就是如此。（神者，理不可窮，妙不可測，故說為神，非宗教家所云上帝也。）大凡唯物論者，聞我所說變不是動的意義，都會驚怪的。他們談變，總是計有物界，而說一切物的質和量的遷移轉化名變。（他們有量變質，及質變量的說法。）殊不知，這樣說法，只是見為有物移轉，只是俗所謂動，而實不當謂之變。縱許他們的說法，不是全無科學上的根據，但是，科學卻不能直接體認流行無住的變，而只是抓住著那無住的變所詐現之跡象，當作存在的東西來理解他。謹嚴的科學家，當然會嚴守科學底範圍，而不至挾一萬能之見，以武斷一切也。須知，有物移轉，還是一個機械觀。如果把物的移轉，看作是活躍躍的變，那就迷謬不堪了。譬如一種機器的動，我們從它底動相上看，它也是活躍躍的，但如看穿了它只是一副機械在那裡轉動，才曉得它是死東西了，一絲兒活氣也沒有了。有些唯物論者，自詡深於談變，並反對機械觀。殊不知，汝等既是有物移轉的觀念，又如何不是機械觀呢？又何曾窺到變呢？變，是要向無物之先去理會，所以說變非動義。

二曰：變者，活義。我們如果曉得變不是俗所謂動的意義，不是有物移轉的意義，那麼，就可知道變只是活的意義了。此所謂活的意義，是極深廣、極幽奧、極難形容的。我們只好略陳下之六義，以見其概。

一、無作者義，是活義。（作者猶云造物主。印度外道，有計大梵天爲作者，有計神我爲作者，佛家皆不許。中國儒道諸家的思想，亦皆遮撥神教，皆不承認有作者。）若有作者，當分別他底自性是染汙，抑是清淨。作者底自性是清淨的，他決定不會作出染汙的物事來。作者底自性是染汙的，他決定不會作出清淨的物事來。然而世間現見眾生有染有淨，究是誰之所作呢？又若有作者，當分別他是恆常的法，抑是無常的法？如是無常法，他就不應名爲作者，因爲他同一切所作的物事，同是無常法的緣故。如是恆常法，他便無有作，以其體是恆常，故無造作，若有造作，便非恆常，仍墮前所說無常法不應名作者之過。又若建立作者，以之成就萬有，即此作者亦非不待成就，應更建立一更高的作者。於是輾轉相待，便墮因明所謂無窮過。又若由作者肇造萬物，他應該預定模型，並須用作具。如此，則作者也是很呆笨的守著一定的方式去作了。反覆推徵，作者義不得成立。因爲變不是有個作者來造作的，所以說變才是活的，是不受任何的限定的。

二、幻有義，是活義。爲什麼說幻有呢？前面已說，變是沒有作者來造作的，既無作者，如何起變？他不是從空無而起的，無不能生有故。應知雖無作者，而法爾本有功能，亦名恆轉。

由此恆轉，顯現爲大用流行，即說爲變。今克就變來說，他底動勢，（即所謂翕和闢。）純是剎那剎那詐現的，決沒有暫住的。此變的動勢之本體，即是恆轉。若離開恆轉來說，動勢沒有自體的，所以把變或變的動勢，說爲幻有。（俗所謂心和物，都依此動勢而立稱，哪有實在的東西。）這裡幻有一詞的含義，本不含有好和壞的意思。這個詞語，是表示事實如此。因爲變只是這樣的幻有，我們就目它以幻有，用不著參加好和壞的意思上去。從前理學家最怕把萬有說爲虛幻。殊不知，所謂幻有確是事實如此，何須怖畏？尤復當知，幻有才是活的。譬如雲峰幻似，剎那移形，頓滅頓起。譬如風輪乍轉，排山蕩海，有大威勢。你看幻有的物事是這樣活潑潑地，何等詭怪呢？

三、眞實義，是活義。前面克就變或變的動勢而言，則說爲幻有。這是一方面的看法。但如深透此變，或變的動勢之源底，他即是絕對的恆轉之顯現。易言之，恆轉即是變底實體，因此，我們便從變的實體上理會，說變是至眞至實的。宇宙間，只有眞實的物事才是亙古亙今活躍躍的。所以說一華一法界，一葉一如來。這種無窮的靈妙的神趣，非天下之上智，誰能領會及此啊？（法界和如來二詞，皆用爲絕對眞實之代語。一華一葉，莫非全眞，莫非至神。）

四、圓滿義，是活義。萬變不齊，一切都是眞實的、全的顯現。所以隨舉一事一物，莫不各各圓滿，都無虧欠。譬如大海水顯現爲眾漚，每一漚都以大海水全量爲體，毫無虧欠。莊子說：「秋毫比較泰山不爲小，泰山比較秋毫也不爲大。」因爲泰山的實體是絕對的、全的；秋毫的實體，也是絕對的、全的。秋毫和泰山，各各圓滿，有什麼小大可分呢？小大只存乎吾人的情見，非可與眞理相應也。王船山先生說：「大化周遍流行，是無往而不圓滿的，譬如藥丸，（藥丸，是和合百味的藥而成的。）隨拋一粒丸子，總是味味具足的。」此說很有見地。這個道理，隨處可徵，即就文字來說，一字中持一切義，一名中表一切義。如一人字，必含一切人及一切非人，否則此字不立。故言人字時，即已攝持全宇宙而表之，不能析爲斷片，謂此唯是此無有彼也。若眞可析，則非圓滿。以不可析故，圓滿義得成。我們嘗說，億萬劫攝在一刹那，無量涵於微點。這話毫不稀奇，隨在無非圓滿，所以說之爲活。

五、交遍義，是活義。恆轉既已舉其全體，顯現爲萬殊的妙用，喻如帝網重重。（帝網一詞，係佛家經書中的典故。據說天帝的冠冕，以珠結網，重複一重，即爲極多重數的網，互相遍布也。此可以喻無窮的妙用之分殊相。）所以，眾生無量，世界無量。據常識的觀點來說，好像宇宙是一切人共同的。其實大謬不然。各人自有各人的宇宙，但互不相礙。如我與某甲、某乙，同在這所房子裡。實則我是我的這所房子，某甲是某甲的這所房子，某乙又是某乙的這所房子。我們三人的房子，並不是同一的。如我坐在這所房子的中間，某甲站在西隅，某乙臥在東窗下，三人所見的這所房子，各各不同樣式。即令三人成排的站在中間，各各所見也不能相同的。又如我對於這所房子，很感覺得寂曠虛寥，某甲或與我適得其反，乃至某乙之所覺，又不同於我和某甲。如此，可見這所房子，不是三人共同的。或有難言：「你們三人所見的房子雖不一，但是，這所房子的本相，或者是一的，只由你們各自識上，仗此房子所現的相，成爲各別了。這樣說來，這所房子的本相，仍不妨說爲三人共同的。」答曰：這所房子的本相，是一、是多，也很難說。如說是多，若離開三人仗它房子所現的相而外，要更進一層，來證明它的本相是多，卻無從去找證據了。如說是一，而三人仗它所現的相確是不一了。因此，我們如果假定這所房子是有它底本相，那麼，它就是亦一亦多的。換句話說，它是多不礙一，一不礙多的。我們不要偏執它的本相是多，也不要偏執它的本相是一。至若克就我們各自識上仗它所現的相而言，那就顯然各有各的房子，不能說是一了。然各人的房子同在一處，宛然似一，仍是多不礙一。總之，眾生無量，宇宙無量，這是不可測度的道理，很詭怪的，就是這無量的眾生，或無量的宇宙，各各遍滿於一法界，互相不礙。（此中借用一法界一詞，猶云大宇宙，乃爲言說方便而假設之詞。）譬如張千燈於一室之內，這千燈的光，各各遍滿於此一室，互不相礙，所以說爲交遍。大用流行，至活而難擬議，即此可見。

六、無盡義，是活義。無窮的妙用，即是絕對的眞實的顯現。這是個不憂匱乏的。《易傳》說爲「生生不息」，又說「德盛化神」。後儒說爲「不容已」。「不容已」三字，形容造化最妙。（造化一詞，詳前。）眞實的流行，自然是不容已。他是法爾萬德具足，無有所待的，如何可已？力用盛大，不容已故，即無竭盡，故說無盡。無盡才是活的。如上，略說活義粗罄。

三曰：變者，不可思議義。此云不可，與言不能者大大的不同，亦與言不必者迥異。若云不能思議，則只是不能而已，非有所不可也。若云不必思議，則有姑置之意，更無所不可也。今云不可思議，此不可兩字，甚爲吃緊。欲明不可之由，必先解說何謂思議。思者，必行之謂。議者，論議之謂。心行者，心之所游履曰行。此心思考一切義理時，多方推度，如游履然，故云心行。論議者，不必出諸口，著諸紙墨，始稱論議。凡在思考中，一切推窮、辨析等等，都應叫做論議。總之，思議是發自量智。（量智見〈明宗〉。）量智是從日常生活的實用中練習出來的。所以，憑量智來思議的時候，他總要作種種構畫。這種種構畫，自然不免有許多臆測和亂猜的地方，即令本實測以游玄，運思有則，避免了多少臆測和亂猜的思議，而他畢竟不能深入所思議的物事的底蘊，至多只能作一概然之想，以爲他大概是如此如此的罷。我們誠然不可不信賴我們思議的能力，曾經發現許許多多的道理，但亦不可把思議的能力推崇得太過。萬物的本眞，造化的祕奧，畢竟不是思議所可相應的。我們以無倒妄的思議，來窮究所謂變，大概可得到兩個原則：一曰「一，故神」。此所謂一，不是算數的一，卻是絕對的，即以一來表示實體。因爲變，是實體的顯現，由絕對的一，而顯現爲無窮的萬殊的變，所以說爲神。若非是一，即是有待的東西，便不能現爲無窮的勝用。二曰「兩在，故不測」。此中兩在一詞，即顯變，不是單純的勢用。如翕和闢，及生和滅，都是同時現爲兩方面，而相反相成的。唯其詭異如此，所以說爲不測。我們憑思議來了解所謂變，只能得到上述兩個原則。但是，這裡所說的兩個原則，也只是作一個概然的測度，以爲大概是如此如此的。至於變的實際，並非思議可以與之相應。尤復須知，我們研窮道理，到極至的地方，是絕無道理可說的。可是，我們的量智作用，一向熏習於實用方面而發展出來，恆是持著向外找東西，或種種構畫的態度。他總是不安於無道理可說，卻要從多方面來尋找道理，思議就是如此的詭怪。試就上述第一原則，作如下的思議：實體是絕對的，爲什麼要顯現爲無窮的萬殊的功用或變呢？這正是無道理可說的。愈思議，愈要糊塗。又試就上述第二原則，作如下的思議：所謂變，必定是有個翕和闢及生和滅兩方面的相反相成。夫變，既不是別有個作者使之然，何故能如此呢？這也是無道理可說的。他法爾如此。我們就說他是如此。若更要層復一層的去找道理，終歸無道理。愈思議，愈要糊塗。須知，窮理到極至的地方，是要超脫思議，而歸趣證會。

證會一詞，其意義極難說。能證即所證，冥冥契會，而實無有能所可分者，是名證會。這種境界，必須滌除一切情見，（凡知見之不能與究極的眞理相應者，皆名情見。）直任寂寥無匹的性智恆現在前，始可達到。（寂寥，無形貌及虛靜貌。無匹者，絕待義。性智即是吾心之本體，故云無匹。）我們說到變，已經窮至萬物的本源和造化的祕奧，眞是窮理到極至的地方。如果向這裡馳逞思議，或尋找道理，不但無法透入實際，還要無端的加增許多不相干的迷惘，所以說變是不可思議的，這裡，只有證會才可相應。從來儒者所謂與天合德的境界，（儒者所言天字皆用爲實體之別名，非謂造物主。）就是證會的境界。吾人達到與天合一，則造化無窮的蘊奧，皆可反躬自喻於寂寞無形、炯然獨明之地，而非以己測彼，妄臆其然也。用思議來測變，便是把他當作外面的道理，來推測他，是謂以己測彼。今此證會的境界，便見得這個道理不在我的外面，當下默然自喻，故與以己測彼者，絕不同途。證會，才是學問的極詣。思議，畢竟是膚泛不實的。或有問言：「如公所說，思議遂可廢絕否？」答曰：我並不曾主張廢絕思議。極萬有之散殊，而盡異可以觀同；（盡者，窮盡。）察眾理之通貫，而執簡可以御繁；研天下之幾微，而測其將巨；窮天下之幽深，而推其將著。思議的能事，是不可勝言的。並且思議之術日益求精。稽證驗以觀設臆之然否，求軌範以定抉擇之順違，其錯誤亦將逐漸減少，我們如何可廢思議？不過思議的效用，不能無限的擴大。如前所說，窮理到極至處，便非思議可用的地方。這是究玄者所不可不知的。或復難言：「如公所云，變是不可思議，卻已思議它了，如何復言不可？」答曰：我們憑量智來思議所謂變，縱是無倒妄的思議，也只能作一個概然的測度，以爲它大概是如此如此的，畢竟不能親入它的底蘊。易言之，任思議來測變，所得畢竟膚泛。譬如一杯熱水在此，我們也可思議它是熱的，但其熱度淺深的意味，則非親飲者不知。由此譬，可見變的實際，是要證會，方才眞解。若只任思議，便不濟事。本來，證會，是要曾經用過思議的工夫，漸漸引歸此路。（證會。）唯恐學者滯於思議之域，不復知有向上一機，所以說不可思議。不可者，禁止之詞，戒其止此而不更求進，故言不可，以示甚絕。常途以不可思議一語，爲莫名其妙的神祕話頭，若作此解，便非我立言的意思。總之，我們誠欲於流行而識得寂然之體，及於虛靜之中而驗夫翕闢之萌，與無生而生、滅即不滅之幾，倘非反己證會，何由可得實解？我在前面（〈唯識上〉。）已經很詳悉的說明了宇宙萬有，不是離我的心而獨在。易言之，即我人和宇宙，不是各有本原。由此可見，萬物所以生成的道理，只要返在自心體認。（體認，猶言證會。）《阿含經》所謂身作證，就是在己身上，實證這個道理，不同於思議的膚泛。可是，證會的意義，向人道不得。王陽明先生云：「啞子吃苦瓜，有苦不能說。你若要知苦，還須你自吃。」可謂善譬。（如何得到證會，《量論》當詳。）

本章主要的意思略說如上。現在要將印度佛家唯識大旨，稍加論次。印度佛家的立說，大概以人生論爲骨幹，（他們對於人生，偏有一種特殊的感觸。）卻把本體論或宇宙論及認識論，都包含在人生論裡面來說。大乘空宗諸師，宗《大般若經》，而造《中觀》等論。他們掃蕩一切迷謬的知見，令人自悟空理。（空者，遣除淨盡義。一切迷妄分別都空故，眞理方顯，即由此義，名眞理爲空理。此即本體之別名。）其所持說，大抵偏於本體論及認識論等方面者爲多，也可以說他們只是站在認識論的方面來說話。雖則他們的本意，是在顯示本體。但是，他們不同亂猜的哲學家，妄構本體是如何如何的東西，而只是破除一切迷謬的知見，直使見盡情亡，庶幾自識眞理。（見盡者，妄見斷盡也。情亡者，虛妄分別俱泯也。眞理即謂本體。）所以說，他們只是站在認識論的觀點上來說話。外道有許多解釋宇宙的見解，他們一切遮撥。因此，不欲對於宇宙予以解釋，只令人掃除一切知見，即於宇宙萬象，不作宇宙萬象看，而直見爲眞如。（眞如，即謂本體。）這就是空宗的大旨。

其後有宗巨師，如無著、世親，始唱唯識論。無著作《攝大乘論》，以藏識中種子爲一切物的因。（藏識，後詳。）這裡才有解釋宇宙的說法。無著之弟世親，作《三十唯識頌》等，始有較精密的宇宙論。今敘次其說：一曰現界，二曰種界，三曰眞如。

先談現界，略以二義。一、他們所謂現界，是眾生各各別具的，並不是一切人所共同的。二、他們所謂現界，不是一個整體，而是析爲各個獨立的分子，即所云八識是也。八識者，一、眼識，了別色故。二、耳識，了別聲故。三、鼻識，了別香故。四、舌識，了別味故。五、身識，了別觸故。六、意識，了別一切法故。七、末那識，向內計執藏識爲自我故。八、藏識，含藏無量種子故。每一人，皆具有此八識。而每一識，又不是一整體，復析爲心和心所。（心上所有的各種作用，名爲心所。）心是一，爲多數心所之統攝者。心所乃多，而同依一心，成爲一聚。如眼識，由心與其多數心所合爲一聚，名曰眼識。耳識，乃至第八藏識，均可類推。如上所述，八個識各各析爲心及心所。乃復將每一心析爲二分，曰相分、見分。（相分，相當於俗所謂物。見分，相當於俗所謂心。更有內二分之說，但可併入見分，故不別談。）並將每一心中之每一心所，亦析爲二分，曰相分、見分。綜前所述，將八個識析而言之，只是一切心及一切心所。又將一切心和心所析而言之，只是無量見分及相分。歸結起來，這無量的見分、相分，通名現界。（現前顯現，故云現界，相當於俗云現象界。）所以說，他們所謂現界，是析爲各各獨立的分子。

次種界者。前所云現界，或無量的見分相分。決定不是無因而生的，故應建立種子，爲現界的因。（種子名義，參看第三章談因緣處。）各人底現界，均不是一整體，如前已說。可知現界的因，根本是差別的。易言之，現界是許多獨立的分子，就由於親生現界的種子，有那麼多。如眼識，是析爲各個相分、見分的，此眼識的每一見分，從它自己的見分種子而生，其每一相分即某種色境，從它自己的相分種子而生。眼識如是，耳識乃至第八藏識均可類推。這樣說來，種子是萬殊的。印度輕意菩薩《意業論》言：「無量諸種子，其數如雨滴。」（《瑜伽論記》五十一第七頁引。）足見他們底種子說，確是多元論。

又次，眞如者。佛家無論何派，都說萬法底實體名爲眞如。唯識論師不得有異。然唯識家建立種子爲現界之因，其言種子（種子，亦省稱種。）且立法爾本有種。（亦省稱法爾種。）此法爾種，既是現界根源，如何又別立眞如？又准彼義，亦不可說眞如顯現爲法爾種，彼說眞如是不生不滅法，是恆常法，無有起作故。（參考《大般若》等經。）

總之印度唯識論，頗似繁瑣的哲學。他們承認有現界，卻把現界分析爲多數的分子。（即八個識聚，或無量見分、相分。）因此，更建立衆多的種，說爲現界一一分子的因。又建立藏識來含藏一切種，以完成其唯識的理論。他們這樣的一套宇宙論，純是無謂的穿鑿。尤可異者，他們既立法爾種，說爲現界的根源，卻又承用不生滅或恆常的眞如，說爲現界的實體，亦不知何以解於二本之嫌？我以爲空宗不談宇宙論，只令人剝落一切迷妄的知見，方好冥悟實體。這等意思，確甚深微。無著派下諸師的說法，便增迷惘。我在本章裡面，一方面，依翕闢和生滅，施設宇宙萬象，迴異空宗不談宇宙論；另一方面，說翕闢和生滅都無實自體，而只是恆轉的顯現。易言之，即於宇宙萬象，不取其相，而皆見爲眞實，（恆轉和眞實二詞，皆實體之別名。）仍與空宗密意有相通處。這是我要鄭重申明的。

卷中

第五章　功能上

前章（〈轉變〉。）克就變言，則說爲一翕一闢之生滅滅生而不息。若乃斥指轉變不息之本體而爲之目，則曰恆轉。恆轉勢用大極，（此大，不與小對。）無量無邊，（雖是實有，而無質礙故，說無量。無封畛故，說無邊。）故又名之以功能。此在前章是所未及深詳的，今當廣說。尤其是印度佛家所見差謬處，須予以繩正。

在本章開端，關於體用兩字的意義還須申說一番。此本前章所屢用的名詞，而其間義蘊尙有未及委細剖白處，所以補陳於此。用者，作用或功用之謂。這種作用或功用的本身只是一種動勢，（亦名勢用。）而不是具有實在性或固定性的東西。易言之，用是根本沒有自性。如果用有自性，它就是獨立存在的實有的東西，就不可於用之外再找什麼本體。

體者，對用而得名。但體是舉其自身全現爲分殊的大用，所以說它是用的本體，絕不是超脫於用之外而獨存的東西。因爲體就是用底本體，所以不可離用去覓體。

印度佛家，把宇宙萬象即所謂色法和心法通名法相，謂色心法雖無定實，而有相狀詐現，故名法相；把一切法相底實體，名爲法性。（性者，體義。）他們印度佛家所謂法性，即我所云體，其所謂法相，我則直名爲用，而不欲以法相名之。但依用之跡象而言，有時也不妨說名法相。（西洋哲學家分別現象與實體，亦近似佛家法相、法性之分。）

我爲什麼把一切法相說名爲用呢？這個道理，須虛懷體究便自見得。試就法相上說，如心的現象是剎那剎那、別別頓起，我們可以說它是一種作用或功用，新新不住的詐現，絕沒有理由可以說它是實在的東西。舊唯識師說心的自體即是了別。（詳基師譯《成唯識論》。）他們便從對境了別的這一徵象上認取，以爲心就是如此的一個東西了。推跡他們的意思，所謂心者，雖非有質，而不能不承認它是實在的，因爲明明有對境了別的一個東西故。殊不知，了別的這種相狀，絕不可當作是實在的東西。這個只是詐現的一種跡象，我們由此跡象，窮核其本相，只可說爲一種健行的作用或功用，也可說爲一作用或一功用中之健行的一方面。（每一作用或功用，是具有翕闢兩方面的。健行即是闢，此闢可說爲一種作用，乃偏舉之詞，也可說爲一作用中之一方面，乃賅其全而顯此一分之詞。）我們若要隨俗施設此心的現象或這種法相，只好依健行的勢用上假立。（即依闢上而假立之。）實則健行的勢用，元是剎那不住的，根本沒有如俗所計爲實在的東西。所以心這種法相，我們不可定執爲實有如此的法相，只說爲稱體顯現的功用而已。（體，本寂然無形，而顯現動勢，即名爲用。稱字吃緊。體成爲用，而全不失其體之自性，譬如水成爲冰，而不失水性，故曰稱也。）

又如物的現象，佛書中名爲色法。在常識的方面，當然把一切物看作是很實在的，如桌子、椅子，乃至山河大地，及諸天體，何一非實在的物事？然而，哲學家如印度諸師把物質析至極微，科學家把物質析至元子、電子等。這樣一來，所謂桌子、椅子乃至天體諸大物，都不成爲實在的物事了。然則，極微或元子、電子等，由現在說來，卻是物質宇宙的基本。我們就認定這些細分，是實在的東西，其果然否？（印度勝論師名極微爲細分。今所謂元子、電子等，亦得名細分也。）這種疑問，也不難解釋。我們不妨直下斷案曰：電子等等細分，都不是實在的。設將來發現有物比電子等等更爲基本的細分者，我亦敢斷言不是實在的。試旁徵科學家的說法，則或以爲我們對於電子等等，與其形容爲一種微粒，不如形容爲一種波動，比較妥當。實則，微粒說者把電子等等當作有質的小顆粒，如槍彈然。這個解釋固然不對，而純持波動說者，亦不必符合於實際。即復說爲亦波亦粒，不過兼取兩義，別無所進。總之，微粒說與波動說，只是吾人主觀方面對於所謂電子等的本相所圖摹之一種情形，謂有得於其本相，是乃大誤。我們應知，電子等物事，但隨俗施設耳，並非實有如是物事。以理推徵，電子等等，亦如前所說心法，只是詐現的一種跡象。我們由此跡象而推求其本相，只可說爲一種凝攝的作用或功用，也可說爲一作用或一功用中之凝攝的一方面。（凝攝即是翕，蓋與闢相反相成者。義詳上卷〈轉變〉。）凝攝之勢，轉益增盛，宛爾幻似吾人所測爲微細波浪，而多數波群，或有時幻似吾人所測爲微粒。以故，被吾人叫做電子等等。其實，此類微細物事，只是依凝攝作用而有之一種跡象而已。我們如果把物的現象執爲定實，以謂誠有如是法相，便大錯特錯。總之，我們在這裡，把物的現象（亦云法相。）和心的現象（亦云法相。）看作是稱體顯現的大用之兩方面。所以，心和物根本沒有差別，也都不是實在的東西。

用之一詞，其意義似不待訓釋，說來便很明白的。但如欲加以訓釋，反覺甚晦而難明。用，亦曰作用，作者動發義；亦曰功用，功者能義。不過，這裡所謂動發和能，其意義又是極難宣說的。動發者，謂其變動而無所留滯，（無留滯，即沒有東西存在。）發生而不可窮竭也。（才生即滅，才滅即生，故無窮竭。）動發的本身，只是勝能。勝者殊勝，讚辭也。這種勝能的意義，是極其微妙而難以言語形容的。常途（如物理學家。）所謂能力，是可施以實測的，今此所謂勝能，便不是實測的方法所可及的。這個勝能，只好說為無力之力，無能而無不能。我們說它是刹那刹那變動，而不曾有一毫留滯，刹那刹那發生，而沒有窮竭和斷絕。這種動發的勝能，實際上竟是確爾沒有東西存在，而又熾然起動，熾然發生，不是空無。既熾然起動，熾然發生，不是空無，而又確爾沒有東西存在，如此詭怪至極，所以說為無力之力，無能而無不能。這種無力之力，無能而無不能，才是至大至健而不可稱量的，至神至妙，含藏萬德，具備眾理，而不可思議的。這種勝能，是無有所謂空間時間性的，是圓滿周遍一切處，而無有一毫虧欠的，（此中一切處言，只是為言語方便而施設之詞，理實無有處義。）是顯現千差萬別，而復無固定形相可求的。這種勝能，我們若要說它是有，它又確是沒有實質、沒有色相，如何可說為有？若要說它是無，它又確是眾妙之門，萬善之長，是無所住而恆新新創生的，如何可說為無？所以，這種勝能是俱離、有無相的。物理學上所謂能力，卻與此中所謂勝能，全不相應。因爲他們（物理學家。）所謂能力，可以說爲實有的事情之一種跡象，而畢竟不即是實有的事情。（此中實有的事情，即斥指所謂功用之翕的方面之動勢而目之，只對跡象而說爲實有耳，非如俗所計有實物也。他處凡言實有的事情者皆仿此。又此實有的事情，不妨假名爲宇宙。捨此，亦非別有物界可名爲宇宙故。）因爲實有的事情，雖復熾然起動，而實寂然無物曾至，（曾謂過去。凡物剎那滅故，無有由過去至現在者，是但有剎那剎那詐現之動，而實沒有動的物，即動而無動。）雖復熾然發生，而實湛然無物現住。（凡物剎那滅故，無有現在得住者。其沒有動的物，與動而無動諸義，準上可知。）故知繁然妙有，畢竟泊爾虛無。我們體會到這裡所謂勝能的意義，則通常所有運動速度，和放射種種粗笨的概念，都要掃除淨盡了。所以，物理學上所謂能力，只是圖模宇宙的跡象，（宇宙見前注。）並非宇宙眞個如此。譬如伸一指端，若以非常猛疾的速度，令其不住而周轉，則恍若見有動輪，實則這種動輪，並非實有，只是虛假的跡象。物理學家所謂能力，是實測所可及的東西，這個也和上述的動輪一樣虛假。我們在玄學上把宇宙萬象還原到一大勝能。這種能的意義，本極微妙難言。我們斷不可以物理學上能力的意義，來了解此中所說的能。這是千萬須得嚴辨，而不可起一毫誤會的。有人說，照這樣來講勝能，未免把一切法相或宇宙萬象看作空洞無物了。其實，這並不須驚怖。元來只是大用流行，哪有固定的法相？

本論雖不妨假說法相，而實不立法相，卻只談用，這是與印度大乘根本不同的地方。須知，大乘空有二宗，關於所謂法相的說法，亦復爲二。空宗是要空法相，此云空者，即是遮撥的意思。他們空宗欲人自悟空理，（空理，即謂一切法的本體，亦名眞如，即是空諸妄想執著之相所顯底眞理，故名空理，非謂理體空無。切須善會。）因此，不得不遮撥一切法相。如第三章中所舉喻，若於繩相執著爲實有者，即於繩而但起繩相想，不復能於繩而直見其本唯是麻。今於一切法相執著爲實有，則亦於法相而但作法相想，不復能於法相，而直見其本唯是如。（如者，具云眞如。）易言之，即不能空法相，而直透澈其本體。（透澈，即證會的意思，非同浮泛的了解。）所以，空宗要遮撥法相，以便悟入實際。（實際，亦眞如或本體之別名。）這種意趣，甚深微妙，從來幾人會得？

《般若心經》者，從《大般若經》中甄綜精微，纂提綱要，而別出之小冊也。《大般若經》是空宗所宗主的根本大典，所謂群經之母也，而《心經》採撮《般若》旨要，足見其爲法門的總持。《心經》開宗明義，（開宗者，開示宗要。）就說照見五蘊皆空。這句話的意義，廣大無邊，《大般若》全部，無非發揮此意。五蘊者，法相之別稱。綜一切法相而計之以數，則說有五，析一切法相而各別以聚，則說爲蘊。（蘊者，積聚義。）五蘊者：一色蘊，即通攝一切物的現象。如俗所計，內而根身，外而物質宇宙，總攝色蘊。（色蘊，本無內外封界可分，但世俗計有內外耳。）受、想、行、識四蘊，則舉一切心的現象而析別之，假說此四蘊。大乘空宗說到心的名數，原是根據小乘。小乘初說六識，謂眼識、耳識、鼻識、舌識、身識、意識。（識者，心之別名，他處準知。）至於第七識及第八識，小乘當初雖無其名，而已有其義。（詳《成唯識論》。）大乘自無著唱有教，始分明說出八識的名目。但是，既說有六識或八識，還是各各獨立的六個或八個呢，抑是僅作爲六方面或八方面的說法呢？小乘於此問題，大概是無甚明確的表示，不同大乘無著一派直析八識爲各各獨立。然大乘空宗在其隨順世俗而說到心識的時候，卻是假析爲諸聚來說，如眼識爲一聚，耳識爲一聚，乃至第六意識爲一聚，並且於每一識聚中，又各各析之爲心、心所。這也是小乘以來相沿的說法。試就眼識舉例，眼識這一聚中，應分別說爲心，及心上所有的心所法。心是主，心所則是依托於心，而與心相應合以取境的各別作用。這些作用，不即是心，而只是依屬於心，因此，說爲心上所有之法，而省稱心所。心是一，以是諸心所法之主故，不容有多。心所則有多，受、想等等作用法爾差別故。（法爾猶言自然。）眼識一聚之中，析爲心、心所。耳識乃至第六識均可以此例知。既略釋心、心所名義，再說受等四蘊。受是心所之一，而名爲受者，謂於境而有苦樂等的領納故，故說名受。（受者，領納義。）此即以情的作用，假立受蘊。想亦是心所之一，而名爲想者，謂於境取像故。如緣青時，計此是青，非非青等，於境取像，即成辨物析理的知識，此即以知的作用，假立想蘊。行亦是心所法之一，而名爲行者，謂於境起造作故，故說名行。（行者，造作義。）此即以意的作用，假立行蘊，但行蘊中不單是行之一心所，尚有很多的心所法，都包含於行蘊，此不及詳。（參看吾著《佛家名相通釋》部甲。）前受、想、行三蘊，只是一切心所。最後識蘊，則非心所法，而只是心法，即通眼等六識聚中，各各心法，總立識蘊。如上五蘊，總結說來，不外心物二種現象，受等四蘊皆屬心的現象，色蘊即是物的現象。故總五蘊言之，不外心物兩方面。

上來已說五蘊名義，今釋經旨。經言五蘊皆空者，謂一切法相都無實自性故，即皆是空。如以色蘊言，此色法無有獨立的實在的自體故，即色法本來是空，竟無所有。如以受蘊言，此受心所法，無有獨立的實在的自體故，即受心所法，本來是空，竟無所有。乃至以識蘊言，此諸心法，無有獨立的實在的自體故，即諸心法，本來是空，竟無所有。（文中言乃至者，中間略而不舉故。）《大般若經》卷五百五十六有云：「如說我等，畢竟不生，但有假名，都無自性。（凡人皆自執有我相，不悟我者只是依五蘊而起之妄執耳。若離五蘊，則我果何在耶？故云我者，只是假名，求其自性便不可得。）諸法亦爾，但有假名，都無自性。何等是色，既不可取，（色本空無，有何可取。）亦不可生。」（色本空無，如何有在？）何等是受、想、行、識，既不可取，亦不可生云云，《大般若》全部，此類語句，不可勝引，與上述《心經》的意思，都是互相發揮的。我們要知道，空宗唯其能空法相或五蘊相，所以於法相或五蘊相，而皆證空理。（空理，詳前注。亦可省云空。）易言之，即於一一法相或一一蘊相，無所取著，而直透澈其本體。（本體即空理。）《心經》說五蘊皆空，這裡空字，實含有兩種意義：一是說，五蘊法都無自性故，名之以空。（此云空者，即是空無義。）一是說，既知五蘊法都無自性，便於一一蘊相，遣除情見執著，而直證入其離諸戲論之清淨本然，亦說爲空。（此云空者，即謂空理，非空無義。

清淨本然，亦空理之代語。）此中二義，本是相關聯的。若諸法有實自性而不空，即無由於法相而見空理故。（《心經》，基師有幽讚，而依護法之見地作解，不盡可據。）

《心經》復云：「色不異空，空不異色。色即是空，空即是色。受、想、行、識，亦復如是。」此中空言並含二義，復同前釋。一者，如俗所計，空謂虛通無物之境，本謂空無，故舉空言，便與色異。世間情見，執色爲有故，今依眞諦道理，解析此色，析至極微，更析至鄰虛（極微，更析之便無有物，名曰鄰虛。鄰虛者，近於虛而無所有也。）故知色法，本自空無，何曾實有？《經》故說言：「色不異空，空不異色。」若色與空互異者，即色法應有實自性。今既不爾，故知色與空，互不相異。既色與空互不異，所以又申之曰：「色即是空，空即是色。」此中即言，明示色和空是一非二，因爲色法無實自性的緣故。色和空，稱名雖復不一，而核實竟無差別。色本空無，是義決定。受、想、行、識，將復云何？須知，小乘以來所謂受、想、行、識四蘊法，只是依眾生虛妄分別的方面而言。（此中分別一詞，係作名詞用，即心或識之別名。）此虛妄的心，是與其本來底眞實的心，不可混雜而談，要當提出來別說。我們應知，虛妄的心是待因緣、次第緣、所緣緣及增上緣，才幻現心相。如前第三章談緣生處，可以覆按。這種心既析爲眾緣，則此心法便無有自性。既無自性，即是畢竟空，無所有，所以《經》中才說至色與空互不異，及互相即的四句，接著就說：「受、想、行、識，亦復如是。」此明心法，亦同於色法，本是空無。如上所說，都是遮撥法相。

二者，空謂空理，由法相空故，即於法相而識空理。如色法，非異彼空理別有自性故，故說色不異空。此空理非離異色法而獨在故，故云空不異色。由色與空理互不異故，遂申之曰，色即是空，謂此色法即是離相寂然之眞理故。（眞理，即空理之異名。離相者，即謂眞理自身是遠離吾人一切虛妄計度所執相故。）又曰空即是色，謂離相寂然眞理，即是色法之實相故。（此云實相，即本體之代語。下仿此。）如上所說，色與空理，有互不異，及相即四句，受、想、行、識，例色同然。故云，亦復如是。綜前所說，由於色心諸法相都空故，（此云空者，空無義。謂不計執有是色心等相故。）因即於一一法相，而皆見爲空理。

既於諸法相，而直透悟其寂然無相的本體，所以，《經》復說言：「是諸法空相，不生不滅，不垢不淨，不增不減，是故空中無色，無受、想、行、識。」此承上文而申之也。諸法空相者：通色法及心法而言之，故云諸法。空相者，相謂實相，（詳前注。）即諸法的本體，是空諸妄執所顯得故，故云空相。（如於色法，不妄執爲實有如是色相，而直透悟其寂然無相的本體，即此本體，是空諸妄執所顯得之實相也。以由空諸妄執所顯故，亦云空相。）凡法本無今有，名生。生已，壞盡，名滅。空相者，是離言絕待，（言說是表示物事或某種東西的。而所謂空相，絕不可當作外在的物事或東西來想。言說不能和它相應，所以說爲離言。它不是有物可與之爲匹的，故云無待。）法爾本有，（法爾，猶言自然。自然者，無所待而然之謂。本有者，本來有故，非昔無今有故。）既非一向無而今始生，故云不生。凡法有生，則有滅，既無有生，即亦無滅，故云不滅。障染名垢，翻此名淨。所謂空相，恆如其性，不受染汙，譬如太虛，雖雲霧四塞，而虛性恆時自爾，不受雲霧阻礙，故云不垢。然又言不淨者，以淨必待垢得名，既本清淨，恆無有垢，即淨之名，亦無所待以立，故云不淨。體相益廣名增，翻此名減。空相，至大無外，不待增益始廣，故云不增。凡法可增則可減，此既無增，即亦無有減損，故復言不減。如上略明諸法空相遠離生滅、垢淨、增減等相，即是泯除有對的差別的法相，而直證入絕對的無差別的實相。所以，《經》復說言：「是故空中無色，無受、想、行、識。」空中者，謂於空相或實相中，唯是一眞絕待，（一眞之一是無對義，非算數之一也。）離相寂然。（所謂實相者，雖本實有，而非如俗所計外界的物，即非有形體與方所等，故云離相。寂然者，唯是沖虛寂寞，無可形容。吾人一切虛妄計度與戲論。只是作霧自迷，都與它不相涉。）故約實相言，即無有色法可得，亦無有受、想、行、識等法可得。此《心經》綜括《大般若》全部深密的理趣，而以極簡約的文字表達之者也。

我在這裡引用《心經》一段文字，加以解釋，欲令讀者了然於空宗的根本意思。所謂嘗一臠肉而知一鼎之味，睹梧桐一葉落而知天下之秋。讀者由《心經》這段話，確是可以明白空宗的旨要了。我嘗說，空宗的認識論，是對於吾人的知識或情見等，極力大掃蕩一番。易言之，即是要將無始時來，在實用方面，慣習於向外找東西的量智作用，排斥令盡，（令盡者，令其無復存留也。量智，見上卷〈明宗〉。）而返諸固有本來離染的性智。（空宗所謂般若者，即智義。而不逕譯爲智者，其義深微，恐濫常途所謂智故也。今本論所謂性智，即相當於空宗所謂般若或智義。）唯其如此，空宗所以要把那量智所行底境界，即情見所執爲實有的法相，一切剝奪淨盡，使外無可逐之境，即內而狂馳之情見，亦與之俱熄。我們要知道，情見本無根的，若把情見所攀緣或構畫的東西，一一遮撥盡，情見也無可孤存了。唯情見消亡，即於法相不起執，而得透入諸法實相。空宗在認識論方面的主張，是我在玄學上所極端贊同的。不過，我們還可以假施設一外在世界或經驗界，不屬玄學領域，（本無外界，只是假設。）在這裡對於情見或知識，不妨承認其有相當的價值。只是這種情見與知識，要加以鍛鍊和改進，毋令陷於迷謬。（迷者，於物無知。謬者，知見錯誤。）尤要者，在使情見轉爲正見，（此中正見一詞，意義甚深。常途所謂毋迷謬者，非此境界。）易言之，即使情見轉爲性智的發用。說到這裡，我有無限的幽奧的意思，很難說出，且待寫《量論》時再談。

空宗的全部意思，我們可蔽以一言曰：破相顯性。（此云相者，謂法相。性者，實性，即本體之異名。後仿此。）空宗極力破除法相，正所以顯性。因爲他的認識論，是注重在對治一切人底知識和情見。（以下，省稱知見。）所以破相，即是斥駁知見，才好豁然悟入實性。知見是從日常現實生活中熏習出來的，是向外馳求物理的，絕不能返窺內在的與天地萬物同體的實性。（此中內在的一詞，絕不含有外界與之爲對的意義。須善會。）所以，非斥駁知見不可。這個道理，我將來作《量論》時，便要詳說。我和空宗特別契合的地方，也就在此。古今許多哲學家，各自逞其思考，來組成具有體系的說法，以鳴一家之學，皆自謂有當於眞理。不悟他的思考，正是一種情計。妄情計度，曰情計。但凡言情見或情計者，此情字之意義，甚淵廣難言。大概理智作用是由向外逐物而發展來的，所以，總是有取或有得。有取者，謂有所追求與執著。有得者，謂有所獲得，好像有個東西爲其所得者然。如此，即不能蕩然亡相而冥冥內證也。（此義深隱難言。凡有取或有得，即名情見或情計。他處凡用此詞者，皆仿此。）絕不是如理思維的一種冥思，或思現觀。如理思維一詞，見《深密》等經。如，謂相應。其思維恰恰與眞理相應，而無顚倒推度者，名爲如理。儒家《大學》所謂「知止而後有定，定而後能靜，靜而後能安，安而後能慮，慮而後能得」，此等思慮，由定靜中發，即無倒妄，故云得。得亦如理之謂。冥思者，以離虛妄分別故，說之爲冥。思現觀一詞，見《大論》等。現，謂現前明證，非意想猜度故。觀者，分明照察，無有迷謬故。如理之思，方名現觀。此思現觀之名所由立也，非克治惑染盡淨，神智超脫，無由得思現觀。哲學家難達此境，很多學者所成立的具有體系的說法，簡直如蠶作繭自縛，無緣窺見眞理。從來哲學家各用其知見以解釋宇宙，卒至知見愈出，即解釋愈多，而吾人與萬物渾然同體的不屬形限的本原，乃益被障礙，而無可參透。（此中本原，即本體之形容詞。自本體言之，無物我可分，故云同體。凡有形者，即有分限。本體雖顯現爲一切形物，而其自身是無形限的，故云不屬形限。）我嘗說，哲學或玄學，如果不是以馳逞戲論爲務，而是在發現眞理，那麼，我們於此，便不可信任自家的知見用事，直須在這裡（謂玄學。）關閉此一道門。

（謂知見。）才有玄覽之路。（玄覽一詞，借用《老子》，此中用為窮究眞理之意。覽者，窮究義。玄，謂眞理。與《老子》本義不必符。）尤其是對於哲學界，或古今哲學家，許多紛紜複雜的知見和說法，就得用空宗大掃蕩的手段，務期斬盡葛藤，方得回機向上。（向上，猶云直透本原，見前注。）如果一任駁雜的知見，先入為主，那就無入眞理分。（分讀份。）總之，我們在本體論方面，對於空宗滌除知見的意思，是極端印可，而且同一主張的。不過，我要附加一句話，我所謂滌除知見，並不是說要對於世間一切知識全不理會，只是不隨它轉去。（此中理會一詞，只是求知道的意思，但時或用之以代體認一詞，則其含義甚深。）

空宗認識論的主張，是要滌除知見，所以，於法相或宇宙萬象都說為空。他的意思，是空了法相，才好於法相而深澈其實性，否則拘執虛假的跡象，而不究其眞。（虛假的跡象，謂一切法相。眞，謂實性。）這些話在前面屢經說過。我們要知道，依據空宗的說法，是無有所謂宇宙論的。他雖有無量無邊的言說，但是，善學者如究其旨，則不外如前所說破相顯性四字。他只站在認識論的觀點來破除法相，便於法相所由形見，絕不究問。（此中見字讀現。形見者顯現義。）易言之，即不肯說眞如實性顯現為一切法相。（此中眞如，即是實性，特累而為複詞耳。）我們玩味空宗的語勢，在空宗可以說眞如即是諸法實性，而絕不肯說眞如顯現為一切法。現在把這兩種語句，並列如左：

甲　眞如即是諸法實性
乙　眞如顯現爲一切法

甲乙二語，所表示的意義，一經對比，顯然不同。由甲語玩之，便見諸法都無自性，應說爲空。因爲諸法的實性，即是眞如，非離異眞如別有諸法之自性可得。（非字，一氣貫至此。）故知諸法但有假名，而實空無。

由乙語玩之，諸法雖無自性，而非無法相可說，由法相即是眞如的顯現故，故於一方面應以一切法會入眞如實性，此即攝相歸性。如於繩而直見爲痲，即是以繩相會入痲。《大般若》卷五百六十二說「一切法，皆會入法性。不見一事出法性外」云云。法性，亦眞如之別名。這方面的說法，畢竟與甲語的意義（即空宗的意義。）是恰恰相符應的。另一方面，由法相即是眞如的顯現故，（喻如繩相即是痲的顯現。）雖克就法相言都無自性，（喻如繩相，本非離痲而別有繩的自性。）而有功用詐現，跡象宛然。（眞如顯現爲功用。此功用，非離眞如別有自性，原是剎那不住，故云詐現。）固不妨施設一切法相，（法相者，即依功用詐現的跡象而得名。）由此假立現界，（現者，顯著義，略當俗云現象界。）亦不妨假立物界，或外在世界。這方面的說法，與前面所說攝相歸性的意思，在表面上看來好像極端違反，其實是可以融通的，因爲後一方面的說法，雖是隨順世間，而要其歸，仍在不壞法相而談實性。（壞者毀壞。）甲語便完全毀壞法相，乙語則不然，法相仍可施設，但明其無自性，只是眞如的顯現，則即法相而見爲眞如。宗門古德云：「信手所捫，皆是眞如。」儒家孟子所謂「形色即是天性」，亦同此意。故云不壞法相而談實性，此與攝相歸性的密意，終無背反。

如上所說，甲乙二種語勢，甲是說明空宗的意思，而乙則隱示本論有與空宗不同處。（此中隱示二字，因爲乙語實係本論的意思，而文中不曾直標本論，故置隱示二字。）空宗的根本大典，經則《大般若》等，論則《大智度中百十二門》四論。我們綜會這些經論的全盤意義，要不外如上述甲語之所說明者。凡屬具眼的人，自當承認我這種看法是沒有錯誤。因爲空宗的密意，本在破相顯性，已如前說。在空宗只破毀法相，便不肯施設法相，所以，依他的說法，是絕不談及宇宙論的。古代印度外道，大概各有他一套的宇宙論。如梵天及大自在天等計，以爲宇宙萬有是由作者爲因而得起的。（作者一詞，見上卷。）數論，則以心物諸現象，是由自性及神我併三德等爲因，而得起的。（參考吾著《佛家名相通釋》部甲。）順世外道則以極微爲一切物的本原。（此云一切物，亦賅心的現象而言。）勝論說明宇宙則以實德業等互相依而有，不同一元、二元諸論。勝論解析一切物，說有九實，所言實者，其意義即謂是實有的東西，而析爲九種，故云九實。如堅勁及流液等等物質現象，固皆名實，即所謂我和心意，亦皆名實。德者，一一實上所具有之德。業者，作用義，謂有取、捨、屈、伸等法，是屬於實德上之業用故。實德業等，不相離而相屬。其立論大概如此，其方法頗尙解析，自餘各派的說法，茲不及詳。總之，外道都承認有離我人的心而獨立存在的宇宙。其解釋雖復各有異點，而其計執實有外境，（即所謂獨立存在的宇宙。）則是彼此所共同的。他們外道這種迷妄的執著，其過患遂不可勝窮。由僻執實有外在的宇宙故，即無法返證絕對的無外的空寂本性。（本性，即謂本體。但克就吾人而言，則爲吾人所以生之理，故名爲性。此乃本有，不由後起，故云本性。空寂者，離諸染著曰空，眞淨曰寂。無外者，此乃遍爲萬物實體，更無有外。絕對，可知。返證者，內觀名返，默然自識名證。）由不見自本性故，即於眞理無知故，（眞理與本性，非二也。就其在人言之，曰本性。就其爲萬有之原言之，曰眞理。）迷惑熾然。（譬如霾霧，蔽塞太空，迷惑勢力盛大，亦復如是。）其心恆是紛擾狂馳，（此言心者，即依迷惑的習氣，說名爲心。）向外追求種種可欲樂境。（如目之於色，口之於味，四肢之於安逸，乃至意念之於名利權勢等等，皆自以爲是可欲樂之境也。）追求不已，長無饜足。人生純爲一大苦聚，（眾苦之會曰苦聚。）因爲人生迷失其與萬物同體的空寂本性，所以至此。

空宗爲對治外道惡見故，（見不正故，名惡。眾生由不正見，淪陷無已，故呵以惡見。）根本不談宇宙論，因爲空宗把心物諸現象都說爲空，即已無有所謂宇宙故。如《大般若》經第一會中，說二十空，謂內空、外空等等。（內空者，如心法。念念起滅不實故，是內空。根身，如浮漚不實故，亦是內空。外空者，如世所執外在物質世界，元非實有故。）此二十空，名義殊繁，總略言之，只是於一切物行，（行字，見前〈轉變〉，下準知。）及一切心行，一一諦觀下去，

（諦者實義，遠離虛妄計度，如理觀照，是名諦觀。）但覺都是空無，都無所有。乃至最後，反觀意念，猶取空相，（如意識中，猶作一切都空之想，即是有空相存，故云取空相。取者，執著義。）即此空相，復應遣除，是名空空。夫空相亦空，更何所有？雖復涅槃、法性、至眞至實，（涅槃一詞，具有眞常寂滅等義，乃法性之別名，今與法性一詞合用，爲複詞。）然恐人於涅槃起執故，則說無爲空。（無爲，亦法性之別名。）

《大般若》五百五十六云：「時諸天子，問善現言：『豈可涅槃亦復如幻？』善現答言：『設更有法勝涅槃者，亦復如幻，何況涅槃？』」是則法相，固不可執，若復於法性起執者，雖性亦相，故應俱遣，一切皆空。遍大地上，古今談玄之家，空脫至極，誠莫有如空宗者。淵乎微哉，嘆觀止矣。（會得二十空義，《般若》全部在是，然不讀《般若》全部，則於二十空，只從名詞上粗略玩過去，畢竟無所了解。）由空宗的見地看來，印度外道，乃至其他哲學家，各持一套宇宙論，只是憑他的臆想或情見來妄構，實際上決沒有那一回事。空宗的說法，自世諦觀之，（世者世俗。諦者實義。世俗共許爲實有的，曰世諦，亦云俗諦。）好似奇怪，其實，並不稀奇。據現代物理學的說法，我們可以把物質還原爲電氣，也不能承認物質宇宙爲實在的了。雖則電氣還是有物，核以空宗的理趣，還是隔得無窮的遠。然而只把粗笨的實質的觀念，和外在的物理世界即物質宇宙的觀念，概行打消，則可以隨順深入空宗的理趣，這是無疑義的。可是一層，我們要知道，空宗的談空，畢竟不是空見。（空見者，謂只計一切都空，是其見解一味偏滯於空故，故云空見。）在空宗的密意，只是要空一切法相，易言之，只欲人於一切法相之上，而能遠離一切法相，以深澈其眞實本性。（此中遠離云云，即於法相而不起執之謂。）法相是千差萬別的，若於法相而不執爲法相，得悟入其眞實本性，便離差別相。法相是生滅無常的，若於法相而不執爲法相，得悟入其眞實本性，便離生滅相。法相是變動不居的，若於法相而不執爲法相，得悟入其眞實本性，便離變動相。廣說乃至無量義，恐繁且止。總之，空宗密意唯在顯示一切法的本性。（此中一切法，猶云一切物。他處用法字者皆準知。）所以，空宗要遮撥一切法相，或宇宙萬象，方乃豁然澈悟，即於一一法相，而見其莫非眞如。空宗這種破相顯性的說法，我是甚爲贊同的。古今談本體者，只有空宗能極力遠離戲論。空宗把外道，乃至一切哲學家，各各憑臆想或情見所組成的宇宙論，直用快刀斬亂絲的手段，斷盡糾紛，而令人當下悟入一眞法界。（一切法的本體，曰法界。眞者不虛妄義。一者絕對義。）這是何等神睿、何等稀奇的大業！

我和空宗神契的地方，前面大概說過了。但是，我於空宗還有不能贊同的地方。這種地方確甚重要，今當略說。

空宗的密意，本在顯性。其所以破相，正爲顯性。在空宗所宗本的經論中，反反覆覆，宣說不已，無非此個意思。然而，我對空宗，頗有一個極大的疑問，則以爲，空宗是否領會性德之全，尙難判定。（此中領會一詞，即自知之謂。但此種知的意義極深，是無有能知和所知的相狀可得的。性德者，性之德故，名爲性德。或性即德故，名爲性德。夫性，無形相、無方所，本無從顯示，而心之所可自喻，言之所可形容者，唯其德耳。德者，得也，謂性之所以得成其爲是性也。除卻德，便無所謂性了。全字，甚吃緊。性本萬德具足，毫無虧欠，但人不能不囿於其所習，而難自喻其性德之全。）空宗詮說性體，（性體者，性雖無形，而非空無。以非空無故，說有自體。方言性時，即是克指性之自體而目之也，故以性體二字，合而成詞，即性即體故。）大概以眞實、不可變易及清淨諸德而顯示之。極眞極實，無虛妄故，說之爲眞。恆如其性，毋變易故，說之爲如。一極湛然，寂靜圓明，說爲清淨。（一極者，絕對義。湛然者，深沖義、微妙義。寂靜者，無擾亂故，無作意故。圓明者，無迷暗故。）如上諸德，尤以寂靜，提揭獨重。如在凡位，不由靜慮工夫，即無緣達到寂靜境地，便長淪虛妄，而障其眞、障其如、障其圓明。故自小宗，迄於大乘，有三法印。印可決定是佛所說法，非非佛法。（此中法字，姑從寬泛解釋，謂佛氏所說一切義理。）其第三法印，曰涅槃寂靜。（涅槃，注見前。）可見印度佛家各宗派，都是以寂靜言性體。換句話說，性體就是寂靜的了。

本來，性體不能不說是寂靜的。然至寂即是神化，化而不造，故說爲寂，（凡有造作，則不寂。因爲化之本體，是虛寂而不起意的，故無造作，而萬化皆寂也。）豈捨神化而別有寂耶？至靜即是譎變，（譎者，奇詭不測。）變而非動，故說爲靜，（因爲變之本體，是虛靜無形的，故不可以物之動轉而測變。世俗見物動則不靜，此變不爾，實萬變而皆靜也。）豈離譎變而別有靜耶？夫至靜而變，至寂而化者，唯其寂非枯寂而健德與之俱也，靜非枯靜而仁德與之俱也。

健，生德也。仁，亦生德也。（即生即德，曰生德。）曰健曰仁，異名同實。生生之盛大而不容已，曰健。（盛大，猶云至大至剛。盛者，剛強義。）生生之和暢而無所間，曰仁。（和者，生意融融貌。暢者，生機條達貌。間者，阻隔義。）《大易》之書，其言天德曰健，（此云天者，乃性或本體之別名。天德，猶上文所云性德。）亦名爲元。（《易》之〈乾卦〉，乾即健義，即以健德，顯示性體。乾亦名元，非於健德之外別有元德可說也。此釋與舊來易家多異，當別爲論。）元者，仁也，爲萬德之首，（《易》云眾善之長。）萬德皆不離乎仁也。性地肇始萬化，（地者依持義，假說性體爲萬化所依持，故云性地。）暢達無虧，是名亨德，仁之通也。性地肇始萬化，含藏眾宜，（眾宜者。不拘一端，不守一定之宜故。）是名利德，仁之制也。（制者，裁制得宜。）性地肇始萬化，永正而固，（正者，離迷暗故，不類倒故。固者，離動搖故，毋改移故。）是名貞德，仁之恆也。（恆無惑障故。）《易》之言天或性，則以元、亨、利、貞四德顯示之。四德，唯元居首。亨、利、貞乃至眾德，皆依元德發現，成差別故。老子云：「元德，深矣、遠矣。」（王輔嗣以元訓玄，實誤。）又曰：「生而不有，（元德，生德也。其生也，本眞實不容已，而非有心故生也。非有心故生，即生而無生者可得。生者。猶言生起的物事，根本沒有生起的物事，則生即無生，故曰生而不有。）爲而不恃，（生生化化，德用無窮，未始無爲也。生而不有，化無留滯，又何嘗有爲乎？爲而無爲，故云不恃。）長而不宰，（含藏眾德，故說爲長。無形無意，不可說同宗教上之造物主，故云不宰。王輔嗣云：有德而不知其主也，亦言無所謂主耳。）是謂元德。」（老子之學出於《易》，其書實發明《易》義，當別論之。）夫元德者，生德也。生生不息，本來眞故、如故。生而無染，本圓明故。生而不有，本寂靜故。是則曰眞、曰如，言乎生之實也。（實，謂無有虛妄。）曰圓明，言乎生之直也。（直，謂無有迷惑。宇宙人生，不是由盲目的意志發展的。）曰寂靜，言乎生之幾也。（至寂至靜之中，生幾萌動，而滯寂者，則遏其幾焉。）是故觀我生，（觀我生一詞，借用《易．觀卦》語。夫吾與天地萬物生生之理，豈可向外推求哉？亦返之我躬而自觀焉，乃自喻耳。）因以會通空宗與《大易》之旨。吾知生焉，吾見元德焉，此本論所由作也。（自觀，自喻，而後參證各家之旨，得其會通。未有不由自喻，而雜拾諸人，可以通斯道也。程子曰：「吾學雖有所受授，而天理二字，確是自家體認出來。」學者宜知。）

附識：古德有云：「月到上方諸品靜。」（諸品，猶言萬類。月到上方，乃極澄靜圓明之象。萬類俱靜，寂然不動也。）此只形容心體寂靜的方面。（心體，即性體之異名，以其為宇宙萬有之原，則說為性體。以其主乎吾身，則說為心體。）陶詩云：「日暮天無雲，春風扇微和。」以此形容心體，差得其實，而無偏於滯寂之病。「日暮天無雲」，是寂靜也。「春風扇微和」，生生真機也，元德流行也。

談至此，空宗是否領會性德之全，總覺不能無疑問。空宗於寂靜的方面，領會得很深切，這是無疑義的。但如稍有滯寂溺靜的意思，便把生生不息眞機遏絕了。其結果，必至陷於惡取空，（空者，空無。取，謂取著。惡者，毀責詞，謂妄計著一切皆空，成不正見，故呵爲惡取。）至少亦有此傾向。我雖極力讚揚空宗大掃蕩的手勢，但是，這種手勢也須用得恰到好處，若用之太過，恐於本原上不免有差失在。（於本原差失者，即謂其不見性德之全。）空宗說涅槃亦復如幻，又說勝義空、（義最殊勝，名爲勝義。空者空無。）無爲空。（無有造作，故名無爲。空義同上。）夫勝義、無爲，皆性體之別名也。涅槃，亦性體別名也。此可說爲空，可說爲如幻乎？雖則空宗密意，恐人於寂靜的性體上，而計著爲實在的物事然者，故說空，說如幻，以破其執，非謂性體果是如幻。然如此破斥，畢竟成過。說性體虛寂，不應執爲實物有可也，（虛者，無形名虛，非以無有名虛。寂者，離擾亂相故。實物有者，謂意想中，如有實在的物事然。）直說爲空、爲如幻，則幾於空盡生生性種矣。（性種者，性即種故，名性種。性者，生生不息眞機。俗以物種爲能生，故假說性體名種。）後來清辨菩薩（空宗後出之大師也。菩薩，猶言大智人。）作《掌珍論》，便立量云。（量者，三支論式。三支者，宗、因、喻，詳在因明。）

無爲，無有實。（宗）
不起故。（因）

似空華。（喻）

此量直以無爲性體，（複詞。）等若空華，極爲有宗所不滿。如護法菩薩，及我國窺基大師，皆抨擊清辨甚力。（詳基師《成唯識論述記》。）平情論之，清辨談空，固未免惡取，然其見地，實本之《大般若經》。《般若》破法相，可也，（亦可不毀法相而談實性。）乃並法性亦破，空蕩何歸？清辨承其宗緒，宜無責焉。吾嘗言，空宗見到性體是寂靜的，不可謂之不知性。性體上不容起一毫執著，空宗種種破斥，無非此個意思。我於此，亦何容乖異？然而，寂靜之中即是生機流行，生機流行畢竟寂靜。此乃眞宗微妙，迥絕言詮。（眞宗，猶云眞宰，乃性體之別名。）若見此者，方乃識性德之大全，空宗只見性體是寂靜的，卻不知性體亦是流行的。吾疑其不識性德之全者，以此。夫以情見測度性體，而計執爲實物者，此誠不可不空。但不可於性體而言空。若於性體而言空，縱其本意並不謂眞無，但亦絕不許說性體是流行的，是生生不息的。空宗的經論俱在，其談到性體或眞如處，曾有可容許著流行或生生不息等詞否？若談性體，而著此等詞，則必被呵斥爲極謬大錯，無稍寬假。不獨空宗，凡印度佛家各宗派，罔不如是。但空宗說涅槃亦復如幻，設更有法勝涅槃者，我說亦復如幻，何況涅槃。如此談空，雖用意切於破執，而終有趣入空見之嫌疑。（門人棲霞牟宗三。頗疑空宗談本體，不免淪空之病，亦非無見。）吾嘗言，談到眞理，須是如實相應，不貴爲激宕之詞。眞理不是要說得好聽，它是如此，我們就以很平易的話，來形容它是如此。（注意形容二字，眞理不是一件物事可直下道出。）若措辭稍涉激宕，必其中有所偏，非應眞之談也。印度佛家，畢竟是出世的人生觀。（世者，遷流義，又隱覆義。墮世中故，隱覆眞理，故有隱覆義也。出者出離，謂眾生以感染故。墮在世間，生死輪轉，當修道斷惑，出離生死，是名出世。）所以，於性體無生而生之眞機，不曾領會，乃但見為空寂而已。謂空宗不識性德之全，非過言也。我常以我之所體認，參之孔氏的話頭，甚覺其可相印證。孔子嘗曰：「仁者靜。仁者壽。」又曰：「仁者樂山。」孔子所謂仁，即斥指心體而目之也。（心體，即性體之別名。見前附識中。）仁者，即謂證得仁體的人。（證者證知。仁體呈露時，即此仁體炯然自明，謂之證。得者，保任義。即此仁體，恆時為主於中，毋有放失，謂之得。）靜者，遠離昏沉、囂動等相。壽者，恆久義。（此言恆久，即眞常義，不與暫對。）山者，澄然定止貌。是則性體寂靜，孔子非不同證。然而，孔子不止說個寂靜，亦嘗曰：「天何言哉？四時行焉，百物生焉，天何言哉？」夫孔氏所言天者，乃性體之別名。無言者，形容其寂也。至寂而時行物生，時行物生而復至寂，是天之所以為天也。談無為空者，何其異是耶？《中庸》一書，孔氏之遺言也。其讚性德云：「《詩》曰：『德輶如毛，毛猶有倫，上天之載，無聲無臭』，至矣！」輶者，微義。毛，輕微義。倫，跡也。上者，絕對義。上天，謂性體。載者，存義。此引《詩》言，以明性體沖微無形。若擬其輕微如毛乎，毛則猶有倫跡也，無可相擬。理實，性體不可睹其存，而實恆存。唯其存也無形，乃至聲臭俱泯焉，其可執之以為有物乎？夫無聲無臭，空寂極矣，而有存焉。則空者，空其有相之執耳，非果空無也。涅槃如幻之雲，何與此甚異耶？

總之，在認識論的方面，空宗滌除知見，不得不破法相。唯破相，乃所以去知見，而得悟入法性。這點意思，我和空宗很有契合處，不過，我不妨假施設法相。在上卷裡，依大用流行的一翕一闢，而假說爲心和物。這是我與空宗不同的地方。這個不同處，所關不小。在本體論的方面，空宗唯恐人於性體上妄起執著，例如印度外道以及西洋的哲學家，大都是把本體當作外在的物事來猜度。這樣一來，誠無法見眞理。像空宗那般大掃蕩的手勢，直使你橫猜不得、豎想不得。任你作何猜想，他都一一呵破，總歸無所有、不可得。（「無所有、不可得」六字，《般若經》中恆見，讀者勿浮泛作解。）直使你杜絕知見，才有透悟性體之機。這點意思，我又何曾不讚許？不過，空宗應該克就知見上施破，不應把涅槃性體直說爲空、爲如幻。如此一往破盡，則破亦成執。這是我不能和空宗同意的。昔有某禪師，從馬祖聞即心即佛之說。（此中佛謂性體。心謂本心，非妄識也。本心即是性體，故云。）後別馬祖，居閩之梅嶺十餘年。馬祖門下有參訪至其地者，某因問馬大師近來有何言教。參者曰：「大師初說即心即佛，近來卻說非心非佛。」（恐人聞其初說，而執取有實心相，或實佛相，故說雙非，以遣之。）某呵云：「這老漢又誤煞天下人。儘管他非心非佛，吾唯知即心即佛。」其後，馬祖聞之曰：「梅子熟了也。」（某禪師居梅嶺，故以梅子呼之。）這個公案很可玩味。我們不要聞空宗之說，以爲一切都空，卻要於生生化化流行不息之機，認識性體。我們不要以爲性體但是寂靜的，卻須於流行識寂靜，方是見體。本論上卷第三章，已申明即用顯體的主張。這是我和空宗根本不同的所在。

或有難言：「空寂是體，生生化化不息之幾是用。印度佛家之學，（空宗在內，不須別舉。）以見體爲根極，中土儒宗之學，只是談用。今公之學，出入華梵，欲治儒佛而一之。其不可強通處，則將以己意而進退之。公之議佛，得毋未足爲定讞歟？」曰：惡是何言？誠如汝計，則體自體，而用自用，截然爲兩片物事。用是生化之幾，不由體顯，如何憑空起用？體唯空寂，不可說生化，非獨是死物，亦是閑物矣。須知，體用可分，而不可分。可分者，體無差別，用乃萬殊。於萬殊中，而指出其無差別之體，故洪建皇極，而萬化皆由眞宰，萬理皆有統宗。本無差別之體，而顯現爲萬殊之用。虛而不屈者，仁之藏也。（仁謂體，下同。藏者，含藏。體本至虛，而其現爲生生化化，不可窮屈，由其至仁含藏萬德故也。）動而愈出者，仁之顯也。（動而不暫留，新新而起，故云愈出。此正是仁體顯現。）是故繁然妙有，而畢竟不可得者，假說名用。（萬有不齊，故云繁然。妙有者，萬有之本體，法爾虛寂，至虛至寂，而現爲萬有。此理非思議所及，故謂之妙。但克就萬有而言，即此萬有，都無自體，故云畢竟不可得。何以故？萬有，非離異其本體而別有萬有之自體故，又皆是刹那刹那詐現，無物暫住故。）寂然至無，無爲而無不爲者，則是用之本體。（寂然者，虛靜貌。至無者，無形相、無方所、無作意、無迷亂等相，故云至無。無爲者，非有意造作故。無不爲者，謂雖不起意造作，而法爾含藏萬德，現起大用故，成妙有故。）用依體現，（喻如無量眾漚，每一漚，都是大海水的顯現。）體待用存。（喻如大海水，非超越無量眾漚而獨在。）所以，體用不得不分疏。然而，一言乎用，則是其本體全成爲用，而不可於用外覓體。一言乎體，則是無窮妙用，法爾皆備，豈其頑空死物，而可忽然成用？（頑空者，謂其全無所有，故以頑鈍形容之。頑鈍一詞的意義，即無用之謂。）如說空華成實，終無是理。王陽明先生有言：「即體而言，用在體。即用而言，體在用。」這話確是見道語。非是自家體認到此。則亦無法了解陽明的話。所以，體用可分，而又不可分。這個意義只能向解人說得，眞難爲不知者言也。

上來所舉難者的說法，正是印度佛家的意思。他們印度佛家浩浩三藏，（佛家典籍，分經、論、律三藏。）壹是皆以引歸證見諸法實相爲主旨。（實相，即本體之異名。）《法華玄義》引《釋論》云：「大乘但有一法印，謂諸法實相。」《勝鬘》等經說「澈法源底」，猶云澈了一切法之實相。源底，亦實相之形容詞也。此不獨大乘爲然，《阿含》已說眞如，小乘無一不歸趣《涅槃》。難者所謂見體爲根極是也。我國玄奘法師，於印度大乘有宗，最爲顯學。其〈上唐太宗皇帝表〉於孔學頗示不滿。表中有云：「竊聞六爻深賾，局於生滅之場；（孔子之哲學思想在《易傳》。《易》每卦六爻所以明變動不居之義，幽深繁賾極矣。但其所明只拘於生滅的範圍。易言之，即只談法相，而未能悟入一切法之本體。生滅，即克就法相而言之也。奘師之意如此。）百物正名，未涉眞如之境。」（此就孔子之《春秋》而言也。《春秋》推物理人事之變，始於正名，而不容淆亂，萬世之大典也。然未涉及眞如，其失與《易》同。奘師總以孔子爲不見體也。）難者謂儒家只談用，其說實本之奘師。夫奘師所以薄孔氏爲不見體，而獨以證見眞如歸高釋宗者，此非故意維持門戶。奘師本承印度佛家之學。印度佛家所謂眞如性體，本是空寂的。雖其所云空寂並非空無，而是由遠離妄情染執，所顯得之寂靜理體，說名空寂，然亦只能說到如是空寂而止，萬不可說空空寂寂的即是生生化化的，生生化化的即是空空寂寂的。（萬不可說，至此爲句。）更申言之，只可以孔德言體，（孔德一詞，借用老子。王輔嗣云：孔，空也。以空爲德，曰孔德。）而不可以生德言體。（生德詳前。）只可以艮背來形容體，（《易．艮卦》曰：艮其背。艮，止也。背，不動之地也。止於不動之地，曰艮背。佛書談體，曰如如不動是也。）而不可以雷雨之動滿盈來形容體。（《易．震卦》之象曰雷雨之動滿盈。儒家以此語，形容本體之流行，盛大難思，可謂善於取譬。但在印度佛家，則不可以流行言體。）因爲他們印度佛家只見體是空寂的，絕不容有異論。他們內部雖有分歧的宗派，而關於這種根本見地，大概從同，玄奘依據自宗的觀點，當然以爲孔子不曾見體。因爲孔子談體，顯然與印度佛家有極不同處故耳。

孔子繫《易》，曰「易有太極」。（太者，至高無上之稱。讚嘆詞也。極者，至義，謂理之極至。）六十四卦之義，（《大易》全書，分爲六十四卦。）皆此一極之散著，（一極即太極。一者，絕待義，下同。）又無不會歸此一極，謂《易》不見體可乎？《春秋》本元以明化，董子《繁露．重政》云：「元，猶原也。」此則與《易》義相會。《易》曰：「大哉乾元，萬物資始。」《春秋》建元，即本斯旨。一家之學，宗要無殊。（宗要者，宗謂主旨，要謂理要。）《春秋》正人心之隱慝，（慝，謂邪惡或迷妄。隱，謂惡習潛存也。《春秋》別白是非，明正善惡，其辨甚嚴。）順群化以推移，（春秋明三世義，謂人類由據亂世而進升平世，尚有國界，由升平世而進太平世，則世界大同，而經濟制度與文化等等，皆隨世殊異。）其義據則一本於元，（由元言之，則萬物一體。故世界終歸大同。元者，萬物之本眞，純粹至善者也。其在於人，則爲本心，而抉擇是非或善惡者，即此本心爲內在的權度。）謂《春秋》不見體，可乎？玄奘所以說《易》、《春秋》不明體者，因爲孔氏只是於用識體，只是於流行識體。故善學《易》、《春秋》者，宜心知其意。若印度佛家，則言體必遺用，必不涉及流行。玄奘不悟自宗之失，反以孔氏爲不見體，所謂守一家之言而蔽焉者也。吾嘗言，大用流行，雖復變動不居，其中自有個常生常寂的眞實物事在。我們克就大用流行的相狀上說，這個確是刹那刹那詐現，都無自性。然而，由此可以悟入大用流行底本體。因爲用上雖無自性，而所以成此用者，即是用之實性，此乃絕對眞實的、常生常寂的。用之流行，（實則流行即用之別名，但立詞須有主語，故云用之流行。）雖是千變萬化，無有故常，而所以成此流行者，即是流行之主宰。流行是有矛盾的，（詳玩上卷〈轉變〉。）於流行而識主宰，便是太和的。（克就流行的方面而言，如物與心是矛盾的，然心畢竟能不物化，而使物隨心轉。就因爲心的勢用，是不曾失掉他底本體的德性，所以能主宰乎物。因此，可以說心即是本體。由心即是體，故能宰物而不隨物轉，所以消釋矛盾，而復其太和之本然。太和者，和之至也。太者，讚詞，無可形容，而贊之曰太也。孔子所謂仁，即太和是也。此非灼見本體不能道，但此意深遠，難與俗學言。玄奘之智，不足及此，況其他乎？西哲如黑格爾之徒，只識得矛盾的意義，而終無由窺此仁體。）流行是變化密移的，於流行而識主宰，便是恆常的。流行是萬殊的，於流行而識主宰，便是無差別的。流行是虛幻的，於流行而識主宰，便是眞眞實實的。流行是無有所謂自在的，於流行而識主宰，便是一切自在的。我們應知，用固不即是體，而不可離用覓體。因爲本體全成爲萬殊的用，即一一用上，都具全體。故即用顯體，是爲推見至隱。（見讀現。用現而體隱。現者，即隱之現，非有二也。）離用言體，未免索隱行怪。（隱謂體，專以空寂言體，而不涉及生生化化之大用，是謂索隱，見趣一偏，出世之行，未免於怪。）印度佛家之學根本處，終成差謬。

難者曰：「公謂印度佛家離用言體，恐非彼之本意。」答曰：汝若欲爲彼解免者，吾且問汝，吾前已云「寂然至無、無爲而無不爲者，則是用之本體」，此句中吃緊在「無爲而無不爲」六字，而與印度佛家天壤懸隔處，尤在「無不爲」三字。我於體上說個「無不爲」，這裡便與王陽明所云「即體而言，用在體」同其意義。所以，我們不是離用言體。汝試熟思，印度佛家三藏十二部經，他們談到眞如性體，可著「無不爲」三字否？他們只許於體上說名無爲，斷不許說「無爲而無不爲」。因爲自小乘以來，本以出離生死爲終鵠，所以，他們所趣入的本體，（此中趣入二字：趣者，投合義，投入而與之合也。入者，冥然內自證知也。）只是一個至寂至靜、無造無生的境界。及大乘空宗肇興，以不捨眾生爲本願，（大乘本願，在度脫一切眾生，然眾生不可度盡，則彼之願力，亦與眾生常俱無盡，故終不捨眾生也。）以生死涅槃兩無住著爲大行，（小乘怖生死，則趣涅槃，而不住生死，是謂自了主義。儒者議佛家自私自利，小乘誠然，大乘則不住生死，而亦不住涅槃。惑染已盡故，不住生死，隨機化物，不獨趣寂故，不住涅槃。此大乘之行，所以爲大。）雖復極廣極大、超出劣機，（劣機謂小乘。）然終以度盡一切眾生，令離生死爲蘄向，但不忍獨趣涅槃耳。（就大乘不捨眾生及涅槃亦不住之意義上說，似有接近儒家的人主觀之可能。然畢竟未離出世思想的根荄，終與儒家異轍。）空宗還是出世思想，所以，他們空宗所證得於本體者，亦只是無相無爲，無造無作，寂靜最寂靜，甚深最甚深，（無相至此，並出《般若經》。）而於其生生化化、流行不息眞幾，終以其有所偏主，而不曾領會到。（偏主，謂出世思想。）所以，只說無爲，而不許說無爲無不爲；所以，有離用言體之失。夫言無爲者，謂其非如作者起意造作故，故說無爲。（作者，謂具有人格的神，宗教家所謂造物主是也。）言無不爲者，謂其具有無量無邊妙德，（德而曰妙，無可形容故。）所謂生生化化流行不息眞幾，德盟之謂也。由具無窮盛德故，所以顯現爲萬殊的大用，所以至無而妙有。因此，說無爲而無不爲。我們言體，卻不離用，剛剛是與印度佛家相反的。

或復難言：「佛家小乘，專主趣寂，誠哉有體無用。但大乘修行，（修者，修爲。行者，行持或行履。此行，作依持故，能遠有所到，得至佛位，即名行持。此行，是其所切實踐履，無虛妄故，即名行履。修行者，所修之行，曰修行，或修即是行，故名修行。）則有六度、萬行，（行而曰萬，言其行不一端也。六度者：一曰布施，以己所有施諸人，而不存施與想，對治慳貪故。二曰淨戒，護持正戒，恆不放逸故。三曰安忍，忍受一切困辱，堪能任重道遠故。四曰精進，發起淨行，勇悍無退故。五曰靜慮，遠離惛沉散亂曰靜，明察一切法曰慮，恆處定故。六曰般若，智義是般若義，於一切法，無橫計故。無妄執故，證見一切法實性故，是名般若。以此六法，離生死岸，而到彼岸，即所謂涅槃，是名為度。）乃至法雲地，勝用無邊，（大乘修行，從見道以往，凡有十地。第十地，曰法雲地，謂證得眞如實性故，名得法身。如是具足自在，如雲含水，能起勝用，故地名法雲。）如何說彼大乘有體而無用耶？」這個疑難，也須解答。今當申明我所說義，方好繩正他們的支離。（他們，謂大乘。）須知，吾所云用，原依本體之流行而說，如澈悟眞性流行，（眞性，即本體之異名。）是為即體成用，（謂即此體，全成為用，非體在用之外故。）即用呈體，（體本無相，而成為用，則有相詐現，故說即此用，可呈現其體也。）則體用，雖不妨分說，而實際上畢竟不可分。此理非由猜度，試即俗所謂宇宙而言，我們落實見得萬象森羅，皆是大用燦然，亦皆是眞理澄然，（澄然者，虛寂貌，以於用見體故。）云何體用可分？又就人生行履言，全性成行，（性即體。全者，言其無虧欠也。吾人一切純眞、純善、純美的行，皆是性體呈露，故云全性成行。）全行是性，（如此心，隨時隨事，總能收斂。

不惛沉、不散亂、這便是行，也就於此行處，認識本來清淨性體，故云全行是性。）亦見體用不可分。（行，即用之異名耳。既全性成行，全行是性，則體用不可分，甚明。）我們體認所及，卻是如此。今觀大乘談體處，只是無爲、無造，無有生生，無有神化。（神化一詞，謂變化微妙不可測，故說爲神。）佛家於體上不言神化，無有流行，甚且說，譬如陽焰，乃至如夢。《大般若經．法湧菩薩品》言：「諸法眞如，離數量故，非有性故，譬如陽焰，乃至如夢」云云。夫眞如，爲諸法本體之別名。此本無相、無對，更無數量，但說爲非有性，如焰、如夢，究不應理。眞如雖無相，而實不空，云何非有性？焰夢並是空幻，都無所有，豈可以擬眞如？《經》意雖主破執，而矯枉過直如此，終是見地有未諦處。審其言，則體爲空寂而無可成用之體，是其由修行所起勝用，只欲別於小乘自了生死，故不得不修此大行。（大行，即勝用。）但彼大乘所謂自在勝用，終不許說即是眞性流行，彼於眞性上，不容置流行兩字故。如果說眞性是流行的，則可以說自在勝用，即是眞性的發現，易言之，就是即用即體。今彼說眞性，唯是無爲無作，（唯字注意。）則應許自在勝用，但依眞性起，而不即是眞性呈露。（則應至此爲句。）由斯，體用不得不二。據此說來，大乘自空宗時，其在談行履的方面，於所謂大行勝用。（大行勝，用作複詞。）與眞如性體，並不曾融成一片。吾前云，全性成行，全行是性，正明體用不二。審空宗所說，已不如此。這種支離，直到後來有宗無著世親一派，愈演愈不堪。此意且俟後文再談。總之，大乘所自別於小宗者，其根本意思，只是無住涅槃，（生死、涅槃兩無住著，是名無住涅槃。此義沖遠，學者宜曠懷深玩。）無如其出世思想。不曾改變，故其證會於眞如性體者，只見得是空寂無爲的境界。關於這種根本意義，大、小乘是沒有多大區別的。

或復問言：「如公所說，印度佛家離用談體，然則其所證見爲空寂或寂靜等德者，皆非性體之本然，（然謂如此，本來如此曰本然。）而爲其情見所妄構歟？」答曰：汝所計，亦非是。佛家斷除惑染，止息攀緣，（心有所思時，必構畫一種境相，如所謂概念或共相等者，正是心上構畫的境相。即此構畫，說爲攀緣。）泯絕外緣，入於無待。（攀緣止息，即不見有外在之境，故云泯絕外緣。夫俗所謂知識者，必心有所緣，而始生其知。此所緣相，即對待相，即現似外境相，故此知，非眞知也。眞知者，渾然內自證知，無能所，無對待，無內外，遠離一切分別相故。故泯外緣，即入無待，當下即是，非由意想安立。）默默之中，獨知炯然，（此知之體，獨立無匹，恆默恆知，無所待故。）明明之地，一寂澄然。（明明云云，牒上獨知而言也。恆知恆寂，無作動相，獨體之妙如是。）佛家於此，親證爲空寂眞常。離一切相故，名空。離諸惑染故，名寂。本非虛妄故，名眞。本無變易故，名常。佛家親證如是，故說如是。我們體認所至，亦自信得如是。更參稽儒家的說法，曰無聲無臭也是空寂的意思。曰誠、曰恆性，（恆有三義：曰不易義，性恆是善，不可改易故。曰不增減義，一味平等故。曰不息義，無間斷故。）也是眞常的意思。我常說，儒佛所證會於本體者，實有其相同而無所異，約大概來說，並不爲附會的。可是一層，如將儒佛兩家的學說，仔細推勘，他們儒佛兩家又有天壤懸隔的地方。佛家證到本體是空寂的，他似乎是特別著重在這種空寂的意義上。（著重二字，吃緊。）易言之，不免有耽空滯寂之病。善學者如其有超脫的眼光，能將佛家重要的經典，（言經，即包括論籍在內。）一一理會，而通其全，綜其要，當然承認佛家觀空雖妙，而不免耽空；歸寂雖是，而不免滯寂。（此中觀空一詞：觀者，如理照察義。觀空者，謂照了一切法，都無自性故，皆是空故，因得澈悟一切法之本體。又復應知，本體，無相無爲，復不可執著爲實物有。此體純淨，空諸執故，亦名空理。如是種種觀察諸法空義，是名觀空。歸寂者，佛家各派皆歸趣涅槃寂靜，離諸擾亂相故。）夫滯寂則不悟生生之盛，耽空則不識化化之妙。此佛家者流，所以談體而遺用也。儒者便不如是。夫空者無礙義，（不獨無質，並無些微相狀可得，故云無礙。）無礙故神，神者言乎化之不測也。（非思想所及，曰不測。）寂者無滯義，（滯者，昏濁沉墜，而不得周遍，不獲自在。無滯反此。）無滯故仁，仁者言乎生之不竭也。（無窮無盡曰不竭。）故善觀空者，於空而知化，以其不耽空故。妙悟寂者，於寂而識仁，以其不滯寂故。我們於儒家所宗主的《大易》一書，便知他們儒家特別在生生化化不息眞幾處發揮。他們確實見到空寂，如曰「神無方，易無體」、（神者，形容變化之妙。易者，生生不息之謂。無方，謂無有方所。無體，謂無有形體。）曰「寂然不動」。（不動，謂無有浮囂動擾等相。寂然，沖虛貌。）寂義，既有明文，無方、無體，正彰空相。（非以無有名空，乃以無方無體名空。此與《般若》之旨全符。）我們須知，不空則有礙，而何化之有？不寂則成滯，而何生之有？唯空寂始具生化，而生化仍自空寂。

（此語吃緊。雖復生化無窮，而未始有物爲累也。）《大易》只從生化處顯空寂，此其妙也。佛家不免耽空滯寂，故乃違逆生化，而不自知。總緣佛氏自始發心求道，便是出世思想，所以有耽空滯寂、不悟生化之失。然若疑佛家證見本體爲空寂眞常，亦非眞見，且疑其爲情見妄構者，此則甚誤。本體是眞、是常，絕待故曰眞，德恆故曰常。（德恆者，謂其德眞恆，不可變易。）空寂者，言其離一切相，（亦云無礙。）離一切染，（亦云無滯。）清淨微妙，（清淨謂寂，微妙謂空。）其德至盛而難名，姑強字之曰空寂也。（空與寂，並是強名，直須忘言默契始得。）本體法爾恆然，（恆然者，言其亙古亙今，恆是一味空寂故。）但凡夫純任情見作主，所以不能證體。佛家唯靜慮之功，造乎其極，（靜慮者，禪定之異名。遠離昏沉囂動，而恆在定，故名爲靜。遠離虛妄計度，於一切法，如理觀照，故名爲慮。）故於空寂本體，得以實證。他這種證會，確不是情見妄構，而是冥然如理，無可置疑的。（冥然，謂無虛妄分別。如理謂與眞理相應。）

或復難言：「本體唯其是空寂的，所以亦是生化的。如果不悟生化，恐其所見之空寂終是情見妄構，而不得空寂之本相。若眞見空寂，何竟不了生化？豈有無生化之空寂體耶？如只見爲空寂而不悟生化，這種空寂必是情見所妄構，決定不得空寂本相，可知已。這種疑難殊不應理。情見妄構時，便極不空寂。如何可許情見得構成空寂相？」須知，此等問題不是憑量智推求可以下評判的。（此中量智，謂理智作用，或知識，亦即是情見。）我們至少須得有一種清明在躬、志氣如神的生活。縱不易常如此，也須不失掉此種生活的時候很多，常令此心，廓然離繫，破除種種見網，（一切依情見所起的推求或知識與見解等等，總名爲見，亦云見網。網者，網羅，不得開解。凡一切見，皆即是網，故名見網。）方是空寂的眞體呈露。到此，則本體之明卻會自知自證，易言之，即他自己認識自己空寂的面目。（此中兩用自己詞語，皆指本體而言，亦即是本心，亦即上卷〈明宗〉所云性智。）我們如果至此境界，才算有了根據，庶幾可以評判佛家證見空寂的本體，是確然證到，抑是情見妄構之一大問題。（「我們」至此爲句。）若是自家沒有根據，而徒任情見來評判此等問題，直是說廢話，有什相干？總之，我們體認所及，確信得性體（亦云本體。）元自是空的，諸法一相，本無相故；（諸法云云，用《大般若經》語。克就諸法言，則幻現千差萬別之相，若克就諸法之本體言，則唯是一相而已。一者，無差別義。此中一相，實即無相。無者，非無有之謂，乃法爾實有，而無相狀可得也。無相即是空，空諸相故，非以無有名空。）性體元自是寂的，本來清淨，不容增減故。（凡法可增益、可損減者，即不自在而失其寂。性體恆是圓滿自在的，無可增減，所以恆寂。）我們玩味佛家經典所說，便覺得佛家於性體之空寂方面，確是有所證會，但因有耽空滯寂的意思，所以不悟生化。或者，他們（佛家。）並非不悟生化，而只是欲逆生化，以實現其出世的理想。推跡他們的本意，元來是要斷除由生化而有的附贅物。（附贅物，謂眾生從無始來所有迷執的習氣。）這種附贅物，本是無根的，而確足以障礙性體。他們要斷除這種附贅物，乃不期然而然的至於逆遏生化了。有人說，小乘確是逆遏性體之流行，（流行，即謂生化。）大乘似不然。此說非是。大乘之異於小者，只是不取自了主義，其願力宏大，將欲度脫一切眾生，而眾生不可度盡，則彼亦長劫不捨世間、不捨眾生。大乘之大也在是。吾昔常據《華嚴》等經，謂其不必是出世意思。其實，大乘本不捨世間，但終以出世爲蘄向。我們如取融通的講法，雖於理無悖，然要不是佛家本旨，則又不可不知也。

有問：「佛家何故偏有出世思想？」吾語之曰：古代印度民族大概富於出世思想者多。（其原因，非此中所及論。）玄奘法師言：「九十六道，（印度外道的學派，有九十六種。）並欲超生。（謂超脫生死。）師承有滯，致淪諸有。」（有者，三有，即三界之異名。佛家說有欲界、色界、無色界。欲界，即人類與諸動物之世界。色界者，有微妙色故。無色界者，並微妙色亦不可得。然色界、無色界，均有諸天雲。凡屬三界眾生，皆不得出離生死。奘師意謂，外道拘守自宗，不聞正法，故雖欲超生，而終淪沒於三界中也。）據此，則古代印度人多懷出世思想，蓋不獨佛家而已。有人說，佛家欲逆遏本體之流行，歸於不生不化。這種理想，果能做到，宇宙間便一無所有，只合強名爲不可思議的寂滅界。這樣清寧之極，豈不比有人有物的世界好得多。有人說，佛家並不是要人物滅無，他只是要斷除由生化而有的附贅物，如種種迷執習氣。如果眾生都成佛，都已把種種迷執斷除了，性體便解脫障礙。他之所求，不過如此。如上二說，各是一種看法。我在本書中不欲深論。但有可明白斷言者，按之佛家經典，（包括各宗派而言。）他們佛家語性體，絕不涉及生化。這是很可注意的，也不是由我們任意曲解的。有人說，佛家的說法，每是四處不著腳的，難執一定之義以論定他。然而，會通其義旨之全盤體系來說，他們總歸趣出世，是無容置疑的。他們語性體不涉及生化，也是很分明確定的。

說到此，我又要回復到前面的話。佛家證見性體空寂，其爲確然親證，自不容疑。或且不妨說，因爲他們佛家耽空滯寂之故，足見其於空寂，證會獨深，但於生化德用，則不免忽略，或雖有證解，而其出世思想，終以逆遏生化爲道。如此，畢竟是有所偏蔽在。吾於前文裡，頗疑空宗不曾領會性德之全者，意亦在此。夫性體廣大，（此中廣不與狹對，大不與小對，乃至廣至大而無有匹也。）具足萬德，冥冥證故，迥絕言詮，斯無得而名焉。（冥冥者，無分別義。證者，親證。親證者，即性體上有昭然自明自了之用，所謂本心之明是也。然正親證時，無一毫分別相，言詮所由絕也。既言詮不及，即性德無可爲之名。凡名，必於眾德之中，特別有所注重處，始爲之目。既未起分別，便無特別注重處可目故。）若乃隨順證量，而起知慮，（證量者，現量之別名，上所云親證是也。證量無分別相，及起知慮，則分別著矣。）則將離其渾全，而致察其所特別注重處。由不可名，而至可名。（性德之渾全，不可名者也。於萬德渾全中，而標其特別注重處，始有可名。）故語性德者，曰空、曰寂，實就所注重處而名之耳，不可謂性體無生無化也，如其無生無化，則性體亦死物矣！故談空寂而不悟生化，要非識性德之全。然有不可不知者，凡談生化者必須眞正見到空寂，乃爲深知生化。性體離一切相故說爲空，離一切染故說爲寂。於其寂而可識神化之眞也，於其空而可識生生之妙也。從來哲學家談生化者，大概在生化已形處推測，而不知生化之眞須於生化未形處體認。所謂在生化已形處推測者，這種看法似是把生化看作是一種綿延或持續的生力之流。其實，這是從生化已形處看，便似如此。殊不知，生化的本體元自空寂。（此處吃緊。）其生也，本無生，其化也，本無化。因爲生化的力用才起時，即便謝滅，不是起和滅的中間有個留住的時分，更不是一種持續和擴張的生力之流，如柏格森氏所謂如滾雪球愈滾愈大。（「更不」至此爲句。）依據滾雪球的譬喻來講，雖時時刻刻創加新的雪片，卻總有故的雪片不滅。生化果是如此，則其生也便非生而不有，其化也便非化而不留。實則，生化之妙，好像電光的一閃一閃，是剎那剎那、新新而起，也就是剎那剎那，畢竟空，無所有。所以說，生本無生，化本不化。然而，無生之生，不化之化，卻是剎那剎那、新新而起，宛然相續流。（吃緊。）又好似電光的一閃一閃，雖本無實物，而詐現有相。因此，或誤計度爲有一種綿延或持續的生力之流，如此誤會，便是從生化已形處推測，不可得生化之眞了。更有很粗笨的思想，以爲只有物質才是生生化化的，不悟物質只是由生化詐現的跡象，實際上並無所謂物質。唯物論者，其神智囿於現實世界或自然界，因妄計有物質才生化。殊不知，如有物質便成滯礙，何能生化？唯虛故，不窮於生，（空諸相故，亦云虛。）唯寂故，不窮於化。此理確然易知，而人情狃於所習，遂不能悟及。此誠無可如何者。復有妄計宇宙是由一種迷暗的勢力，爲生化之原者。如古代印度的數論，雖建立自性爲本原，然必由三德合故，始成生化。三德者：曰勇（相當能力的意義。）、曰塵（相當物質的意義。）、曰暗（即是一種迷惑，佛家亦謂之無明。）。他們數論以爲生化必依勇和塵，固與唯物論者同其錯誤，然而，他們似更看重暗德。此暗的勢用，於三德中實居最要。據數論師的說法，宇宙所以生生化化而不已，元來不是有何意義，有何目的，其實就由於一種暗，才會如此的。後來西洋的學者如叔本華，也說有盲目的意志，與數論所謂暗者略同。這一派的思想，謂其無所見歟，他確也見到人生後起的狂惑追求的習氣。人生也就把這種習氣，當作了他的本來面目。人生從無始來，便喪其眞，這是難得避免的一種失陷的悲劇。不過，他們數論師等誤以這種經驗，（謂狂惑追求的習氣。）來推測宇宙生生化化不息眞幾。如此。極是倒見。所謂鑄九州鐵，不足成此大錯也。

生化，只是空寂眞常的本體中，有此不容已之幾。（此語吃緊。）眞故，萬德具足，不得不生化。常故，萬德貞恆，不得不生化。（恆故無息。無息故生化不窮。此理宜深心理會。）空故，上德不德，其生化本無心也。（上德者，德至盛而難名，故曰上。不德者，不自有其德也。德盛自生化，非有心於爲生化也，只是理合如此，非如人之有心去造作。）寂故，靜德圓遍，其生化不可窮也，我們知道性體是空寂眞常的，也就知道性體是生生化化的。生化只是個德盛不容已，（此語吃緊，亦無可多置詞。）不是有所爲的，（人情妄有追求，才是有所爲。生化，只是眞理合如此，不是有心去追求什麼，故不可以吾人妄情去猜測。）不是盲暗亂衝的。（有所爲，才盲暗亂衝。無所爲者，反是。）德盛不容已，自是明智的，（只不是有心去造作，而確不是亂衝的，所以說爲明智。）是自然有則而不可亂的，（驗之物理人事，任何繁賾，任何詭變，都不是無規則可尋的。）是雖起滅萬端、變動不居，而畢竟不失其恆性的，（恆性者：恆謂恆常，性者德性。此理不可滯物而索解，須脫然神悟始得。宇宙本體雖是生化無窮的，而自具有眞實、剛健、空寂、清淨、昭明等等不可變易的德性，名爲恆性。譬如水，其生化元無固定，如或凝冰、或化汽，但水具溼潤的恆性，則始終不變易。由此譬況，可悟生化無窮中自有恆性的道理，是故斥言生化則是詐現無實的。若即生化而會其恆性，則是徹體眞常的。唯其有恆性而生化，所以不是頑空。唯其生化而有恆性，所以不是一味散動，卻是即動即靜的。近人柏格森《創化論》的說法，不曾窺到恆性，只妄臆爲一種盲動，卻未了生化之眞也。）是其流行成物，而畀物各正的，（生化之妙，約每刹那言，是才起即滅的。通多刹那言，則後起續前。故假說流行，流行故成萬物，而畀萬物各得其正。如天成其廣大，地成其博厚，人有其良知良能，都是眞實的顯現，都無不正。因爲流行的本體，是萬物各各全具的，故乃各正。參看上卷〈明宗〉第一節按語，大海水與眾漚喻。）是於流行中有主宰的。（如吾心，是流行不息的，而其應萬感，別恆有主而不亂。於此，可識生化流行中，自有主宰在。）所以，宇宙生生化化不息眞幾，絕不是迷暗的，而確是明智的。我們如果依據自家迷惑的習氣來推測生化，便已墮入邪見坑裡，與實際的道理（謂生化。）全不相應。這是學者所應虛懷滌慮，進而深究的。總之，如印度佛家見到性體空寂，便乃耽空滯寂，至於逆遏生化，這個固不免智者之過。但是，談生化者若非眞正見到空寂的本體，剝盡染習，則其於無生之生、生而不有，不化之化、化而不留，如斯其神者終乃無緣窺見。亦將依據有生以來逐物之染習，以爲推測、僻執戲論而已矣。夫以有取之心而妄臆生化之原，其不相應也何疑。（有取之心，謂習心也。習心常有所追求，常有所執著，故云。）故知，爲學未窮至空寂處，（空，非空無之謂，乃以無形無相名空。寂，非枯寂之謂，乃以無染汙無囂亂名寂。前文可覆按。）則惑習潛存，（必證得空寂本體，保任涵養而勿失之，惑習便自伏除。否則惑根蘊積於中，反障其空寂本體矣。）任情卜度，都無智炬，逞臆尋求，難探道要，障眞理之門，絕生民之慧。人生悖於至道，安於墮沒，甚可悲也。（墮沒者，謂其墮落淪溺，幾於喪失其生命也。）然而，見到空寂，必求免於耽空滯寂之弊。然後知空者不容已於生，但生而不有仍不失其空之本然耳；寂者不容已於化，但化而不留仍不失其寂之本然耳。是故上智盡其所以生之理而無所虧，體其所以化之理而無所掛。（掛者，掛礙。）無所虧、無所掛者，其德日新而不已也。體其所以化，盡其所以生者，則直與法界爲一，而未始有極也。（法界即本體之異名。）學至於此，方是究竟。

本論原本公世時，讀者已有問言：「是書〈轉變〉一章，實爲全部綱領旨趣所在。即於大用流行而顯其本體，是謂眞如，亦云恆轉或功能等，（尚有許多別名，故置等言。）即於本體生生化化不息眞幾，顯爲大用，要由相反相成，故說翕闢。（本體不是僵死的物事，卻是總在生生化化的一個物事。即此生化，說爲大用，而此大用，實由相反相成，故說爲一翕一闢。詳在上卷〈轉變〉。）即於翕闢頓變、刹那不住，故說生滅。（亦詳〈轉變〉。）眞如本體，（四字，係複詞。）法爾恆存，（法爾，猶言自然。）不是依他故有的，不是本無今有的。此體本常，常故說無生，（恆自存故，云無生。）常故說不化，（不化者，謂其德貞恆，不可易故。）然而此體底自身，卻是生生化化的一個物事，絕不是僵固的物事。所以，顯現爲萬殊的大用。由此說無生而生、不化而化。雖復生化無窮，而其顯爲翕闢都無實物，刹那生滅無物暫住。故知生而不有，化而不留，畢竟本來空寂也。《新論》之旨，其談生化，明明含攝《大易》，而究竟空寂則宛轉歸諸《般若》矣。世謂公之學，糅雜儒佛。不知公亦自承否？」余應之曰：自《新論》初版問世以來，世之以糅雜儒佛議吾者，吾聞之熟矣。世之所執者，儒佛二家門戶之見也。吾之所究明者，眞理也。眞理是至易至簡的，亦是無窮無盡的，是無窮無盡的，亦是至易至簡的。易簡者，言其無差別相，是萬法本體故。無窮無盡者，言其爲用萬殊故。哲學要在於萬殊證會本體，所以爲眾理之總會，群學之歸宿也。此體，非戲論安足處所，只要各哲學家都得滌除情見淨盡，他們到這裡（本體。）自有相同的證會。佛經所謂諸佛同證，我們在理論上是應該承認的。（事實上哲人雖得盡除情見。）有人否認同證之說，以爲各哲學家總不免有或蔽或通，或見似或見眞，或見淺或見深，或見偏或見全，絕不會有同證的。因此，哲學上只好聽其各說各的道理，而無可觀其會通。這種理論，是吾所嘗聞的。哲學界如此的現象，也是無可諱言的。其實，哲學界如此的現象，就因爲各哲學家每爲情見所封，故於眞理不得同證。如一群患目盲的人，無由共睹天日。大凡眞能滌除情見者，必須上智始能之。古今上智極少，而中材爲多。中材於此理（謂本體。）爲蔽爲通，及其見似見眞，見淺見深，見偏見全之別，則一視其有無滌除情見工夫，及其用功純一與否以爲斷。（純一者，不問曰一，不雜曰純。）可是一層，人生梏於形氣，（形氣，謂身體及環境。）縛於習染，欲其滌除情見，此極難能，矧欲滌除盡淨，談何容易哉？（情見，即緣形氣與習染而始有。）所以在哲學家中欲覓幾個堪認爲彼此完全同一證得眞理，而無一毫互不相應處的，恐終不可得。這個情形並不是眞理太詭怪，或故意隱伏令人不可同證，而只是人各爲其情見所蔽，才不獲同證。然而此理，畢竟是人人本來同具的。其在人，便名爲性智，（參看上卷〈明宗〉。他（性智。）總會發露的，即此發露，假名智光。哲學家如果能保任這種智光，以對治情見，自然會與眞理相應，易言之，即此智光會自照也。（智光之體，即是眞理。非離智光別有物名眞理。）假若哲學家都能恆時保任這種智光，（恆字注意。）則彼此同證決無問題。唯其不恆保任，所以不獲同證。然雖不恆保任，卻不能道他們絕無智光發露時。因此，他們於眞理，容有所見，（容字注意。）只其介然之明不勝情見之蔽，終自組成一套戲論，而其一點明處反晦而不彰。此所以陷於蔽而不通，或見似而不眞，或見淺而不深，或見偏而不全，總緣其乍露之明，不勝其重錮之蔽，故成差謬。所以說，哲學家只是各說各的道理，紛紛無有定論。戲論既多，如何可得公是處耶？大凡人之情見雖甚複雜，而衡量見趣，亦可粗別爲幾種。（見趣者：見趣謂趣向。凡人所持之見，或如彼，或如此，即是有所向也。如唯物、唯心諸論，其見不同，即其趣向異故。即見即向，說名見趣。）哲學上有多少派別，即是見趣有多少種類。試取一部哲學史或哲學概論而披閱之，便可略知其概，毋庸詳述。凡治哲學的人，於其見趣較接近者，則黨同而益張之，（各人的情見，絕不會全同，只有較接近的。）於其見趣互異者，則攻伐不遺餘力。於是門戶之見始成。下流的哲學家，就縛於門戶見，竟忘卻了哲學之本務是在求眞理。（竟忘二字，一氣貫下。）哲學所以沒進步，此是一大原因。

據此說來，哲學上只是家自爲說，各執情見，各逞戲論，無可觀其會通，達於眞理之域乎？這種看法也是錯誤。吾前已云，性智是人人本來同具的。雖情見錮蔽，要不無智光微露時。因此，我們應相信任何哲學家縱未免戲論，也不會全無是處。而且古今來，於眞理確有所見的哲學家，何曾絕無？我們只不要封執門戶見，更不要忽視東方哲學的修養方法，（如中國儒家、道家，及印度佛家等。）努力克治情見，常令胸間廓然無滯礙，（此語吃緊。）久之，神解超脫，自然洞達性眞。（性眞者：此理生來本具曰性，無有虛妄曰眞，即謂吾人與萬物同具之本體。）自家既有正見，而復參稽各哲學家之說，其有的然證眞者，則吾因得同證，而益無疑無謬。其或蔽歟，則遮其蔽，而誘之以通。其所見失之似歟，則繩其似，而引之趣眞。（似之害，乃過於蔽。）其所見失之淺歟，則就其淺，而導之入深。（淺與似微異。似之失亂，淺之失膚，其障眞則同。）其所見失之偏歟，則融其偏，而擴之得全。（偏之一字最害事，見地稍偏一點，便步步入歧途，至與眞理完全相背。所謂差毫釐、謬千里是也。）如此治學，方乃觀其會通，庶幾不迷謬於眞理。會通者，必其脫然超悟之餘，將推闡其旨，猶不肯守一家言或一己之見，而以旁通博採爲務。固已自有權衡，於眾家知所抉擇，旁蹊曲徑，令入通途，非漫然牽合，紛然雜集之謂也。（紛然，亂貌。）哲學家所患者，自家沒有克治情見一段工夫，即根本沒有正見，如是而言哲學，入主出奴，固是不可，即或涉獵百家，益成雜毒攻心，膚亂成說，橫通持論，其誤已誤人尤甚。故哲學所貴在會通，要必爲是學者，能自伏除情見，而得正見，然後可出入百家，觀其會通。須知，會通一詞，是異常嚴格的。會通的境地，是超出一切情見和戲論的。只有會通，才可發明眞理。若稍存門戶見，便陷於某一家派的情見之中，而每爲眞理之障了。

時人識得學問的意義者已甚少，其於《新論》妄以糅雜儒佛相攻詆，固無足怪。實則《新論》不唯含攝儒家《大易》，其於西洋哲學，亦有借鑑。西洋談形而上學者，要皆憑量智或知識去構畫。明儒以向外求理，爲朱子後學根本迷謬處。其實，朱派不盡如此。獨西洋談本體者，確犯此病。《新論》劃分本體論的領域，明此理是無對的，非外在的，不可以量智推求而得，（量智僅行於物理世界，不能證得本體。）此正救西洋哲學之失。印度佛家除有宗唯識論師外，餘皆掃蕩法相，似無宇宙論可言，（後詳。）頗嫌其不爲科學知識留地位。（如果根本不談宇宙論，即無由施設物理世界或外在世界，科學便無立足處。）《新論》則明大用流行，如所謂翕闢之妙，生滅之幾，依此施設宇宙萬象，（但不可執爲定實。）即仍有宇宙論可說。其於所謂宇宙之解釋雖與西洋哲學異旨，而非不談宇宙論，則有精神相通處。《新論》於西洋學術上根底意思頗有借鑑，要自不敢輕於持論。若乃儒佛二家號爲互異，但究其玄極無礙觀同。本體是空寂眞常的，佛家證見如是，儒家亦自見得。（參看前文。）但佛家於空寂的意義特別著重，儒家於此只是引而不發。（如曰「寂然不動」，曰「無聲無臭，至矣」。只是一語，輕描淡寫過去。佛家則千言萬語，反覆申明，總是令人觀空趣寂。）本體是生生化化流行不息的。儒家《大易》特別在此處發揮。佛家於體上只說無爲，絕口不道生化。（有問，儒家既言生化，如何又道「寂然不動」？答曰：無形故寂然。無有散亂昏擾等相，故云不動。此正顯其空寂。空寂，故至神至妙，故生化不測。誰謂空寂是死體耶？此何疑？）兩家在本體論上底說法，明明有不同處，究以誰爲是耶？吾以爲二家所說皆本其所實證，都無不是。此在前文已經說過。但是二家各有偏重處，就生出極大的差異來。儒家本無有所謂出世的觀念，故其談本體特別著重在生化的方面，雖復談到空寂，卻不願在此處多發揮，或者是預防耽空滯寂的流弊，亦未可知。佛家起自印度，印人多半是有出世思想的。（覆按前文。）佛家經論處處表現其不甘淪溺生死海的精神。他們佛家本有出世的希求，所以勤修萬行，斷盡諸惑，要不外觀空趣寂，（大乘誠重悲願，然爲衆生不悟空寂始起悲願，否則亦無悲願可言。）故其談本體，特別著重空寂，而不涉及生化，抑或欲逆遏生化，故不言之耳。吾嘗云，佛家原期斷盡一切情見，然彼於無意中始終有一情見存在，即出世的觀念是也。我這個說法，每爲治佛學者所反對。若輩可以在大乘經籍中，舉出義證，證明佛家並沒有所謂出世的意思。其實，大乘是從小宗中演變出來的。他們大乘的說法，都是對治小宗的思想。（對治者，如醫用藥，對症而治之也。）小宗只求自了生死，大乘則誓願不捨衆生。（覆按前文。）小宗貪著涅槃希求速證，益於世間生厭捨想，大乘故示不捨世間，用破小執，如

《華嚴》、《維摩》諸經，皆有深意。我們卻不可尋章摘句來講，失掉大乘期願度脫一切眾生的本意，（不可二字，一氣貫下。）須會通佛家各派的重要經論，即綜貫其整個的意思來說，佛家畢竟是出世的思想。（但是大乘對治小宗的意思，確是一個大轉變。由此，也可漸漸放棄出世思想，與此土儒家接近。）所以，佛家談本體，不涉及生化。這個態度並非偶然，當與其出世思想有關。竊意此亦是佛家之一偏。

然而儒佛二家所說的，皆本其所實證，而不爲戲論，只是各說向一方面去。會而通之，便識全體。佛家說空寂，本不謂空是空無，寂是枯寂，故知此體空寂，元是生生化化不息真幾。不空不寂，只是滯礙物，何有生化？儒家言生化亦非不窺到空寂，只不肯深說。故二家所見，元本一理，法爾貫通，非以意爲糅雜也。嘗謂儒佛二家，通之則兩全，離之則各病。儒家立說雖精審，然若不通之以佛，則其末流恐即在動轉或流行中認取。如後來程朱學派有向外求理之嫌，陽明學派有就發用上說良知而陷於猖狂妄行者。乃至西洋哲學中談變或談生命者，多認取盲目的衝動爲生化之本然，未識空寂妙體，終無立本之道。在佛法未入中土以前，老子治《易》而崇無，蓋已有見於此。佛家立說雖甚深微妙，然若不通之以儒，則唯蕩然出世，耽空滯寂，走入非人生的路向，似不應理。（此約佛家本義而談。若近世學佛者，自是習認虛僞，尚說不到出世。）故證空而觀生，則生而不有之妙油然自得也；歸寂而知化，則化而不留之神暢乎無極也。斯義也深遠哉，吾誰與言之耶？或曰：「若是，則與昔者三家合一之論，奚若？」（三家謂儒、釋、道。）

曰：似不可亂眞，吾前已言之矣。言三家合一者自己無有根據無有統類，比附雜糅而談合一，是混亂也。會通之旨則異是。體眞極而辨眾義，辨眾義而會眞極，根據強而統類明，是故謂之會通。混亂者，尋摘文句而求其似，此不知學者所爲耳。會通則必自有正見，乃可以綜眾家而辨其各是處，即由其各是處以會其通。夫窮理之事，析異難矣，而會通尤難。析異，在周以察物，小知可能也。會通，必其神智不滯於物，非小知可能也。私門戶而薄會通，大道所由塞也，學術所由廢也。時俗固可與言學乎？或曰：「公之學，已異於佛家矣。其猶可以佛家名之否？」答曰：吾始治佛家唯識論，嘗有撰述矣。後來忽不以舊師持義爲然也，自毀前稿。久之，始造《新論》。吾唯以眞理爲歸，本不拘家派，但《新論》實從佛家演變出來，如謂吾爲新的佛家，亦無所不可耳。然吾畢竟遊乎佛與儒之間，亦佛亦儒，非佛非儒，吾亦只是吾而已矣。

綜前所說，吾與印度佛家，尤其大乘空宗，頗有異同，已可概見。至若有宗（具云大乘有宗。）持論，本欲矯空宗流弊，而乃失去空宗精要意思。此亦可謂不善變已。今當略論之如後。

有宗之學原本空宗，而後乃更張有教，以與之反。（言更張有教者，蓋小乘多持有教，見下注。大乘有宗雖亦談有，而與小乘異旨，故云更張。）考有宗所依據之《解深密》等經中，判釋迦說教有三時，（參考《解深密經．無自性相品》。但此下述經，頗省易其辭，而義則無變。）謂初時爲小乘說有教。小乘教中大概明人空，易言之，即謂沒有如俗所執爲實在的人或實在的我，只是依五蘊即色心諸法，而妄計爲人或我已耳。然猶未能顯法空道理，如於五蘊諸法，即猶執爲實有的，而不知法相本自空無，故此未證法空但名有教。第二時爲發趣大乘者說空教。謂大乘空宗所依據之《般若經》，說一切法都無自性，即法相本空，故名空教。然是有上、有容。未爲了義，謂更有勝教在其上故，故云有上。此當容納他勝教故，故云有容。他勝教者，謂下第三。第三時爲發趣一切乘者即大乘有宗說非有非空中道教。妄識所執實我實法本皆空無，應說非有；然諸法相如心法、色法，皆有相狀顯現，眾緣生故，不可說無。又此諸法相皆有眞如實性，更不可說是空。由此應說妄識所執是誠非有，但法性法相畢竟非空。此與《般若》一往談空者不同，故名非有非空中道教。詳此所云三時教，本有宗假托佛說，隨機感不同，教亦差別，（「本有」至此爲句。）以示自宗有所依據，便於抯反對者之口爾。（判教之說，吾素不取。釋迦歿後，佛家分成許多宗派。此是學術思想自然演變之不能免者，而必一一歸之釋迦，謂其於某時說某教，又爲之抑揚於其間，其假托之情，自不可掩，然當時結集經文者，原爲對付異派計，後人乃信爲誠然，便大誤。）但於此極可注意者，則有宗判定空宗爲不了義教，固已明明白白反對空宗的說法。這是不容忽視的。不過，有宗以其所謂非有非空的說法，來對治空宗末流之弊，用意未嘗不是，而他們有宗自己所推演的一套理論卻又墮於情見窠臼，如何可折伏空宗。我們現在欲評判有宗的得失，姑從兩方面來看他。一從本體論的觀點來看，二從宇宙論的觀點來看。把他們的得失刊定，才好顯示本論的意思。但在敘說有宗的義旨時，爲求讀者容易了解起見，只得力避太專門的名相，而於義旨則決無漏失，這個是可以負責申明的。（舊著《佛家名相通釋》部乙敘述有宗義極詳明，可與本論參看。）

先從本體論方面的觀點來審核有宗的說法。他們有宗確有和空宗不同處。這個不同處，我們可就《寶性論》中找出證據。（《寶性論》，係原魏天竺三藏勒那摩提譯。）該論〈本爲何義說品〉第七，「問曰：余修多羅中，（按修多羅謂經籍。）皆說一切空。（按指空宗所宗經而言。）此中何故說，有眞如佛性。（按《寶性論》即屬有宗。佛性亦是眞如之別名。）偈言：處處經中說，內外一切空。（按內空、外空等，可覆看前文。）有爲法如云，及如夢幻等，（按以上謂空宗。）此中何故說，一切諸眾生，皆有眞如性，而不說空寂。（按以上謂有宗。）答曰：偈言，以有怯弱心，（按此第一種過。因空宗說一切空，眾生聞之便起怖畏。既一切空，無所歸趣，故有怯弱心也。）輕慢諸眾生，（按此第二種過。如一切空之言，即眾生都無眞如佛性，本自下劣，故是輕慢眾生。）執著虛妄法，（按此第三種過。既不信有眞如，則唯執著一切法皆是虛妄而已。又可云若談一切空，而無眞實可以示人，故外道等皆執著虛妄法，無可導之入正理也。）謗眞如實性，（按此第四種過。凡執著虛妄法者皆不知有眞如性，故妄肆謗毀。）計身有神我。（按此第五種過。如外道等由不見眞如故，故妄計身中有神我也。）爲令如是等，遠離五種過。故說有佛性。」

據《寶性論》所言，足見從前空宗所傳授的一切經典處處說空寂，及至有宗崛起，其所宗主的經典便都說眞如實相，（實相，猶云諸法實體，與眞如連用，爲複詞。）不似以前盛宣空寂的意味了。《寶性論》特別提出這個異點來說，很值得注意，簡直把有宗一切經論中談本體的著重點和空宗談本體的著重點之互相不同處宣布出來。

《大般若》說七空，（詳第二分，即二十空之省略。）乃至二十空，（詳《大般若》初分。）於一切法皆以空觀，除遣其相。後來有宗廣解眞如，（參考《大論》七十七。）如其所宗之《解深密》及《瑜伽》、《中邊》等論皆說有七眞如，乃至十眞實。（眞實，亦眞如之別名。）言七眞如者，非眞如體可差別爲七種，（非字，一氣貫下。）但隨義詮別故，說之爲七。如第一云流轉眞如，謂眞如是流轉法之實性故，非即流轉名眞如。（流轉法者，謂色心法是刹那生滅，相續流故，故云流轉。）乃至第七云正行眞如，（正行謂聖者修道，發起正行。此中經文有道諦一詞，今不引用，恐解說太繁。）謂眞如是正行所依實性，或正智所行境，即智所依實性故，亦非即正行名眞如。十眞實者，隨義詮別，復說以十，用意同前，毋須繁述。總之空宗一往遣相，即眞如實相亦在所遣。有宗自謂矯空之偏，故說一切法相皆有眞如爲其所依實性，攝相從性，一切眞實。空有二宗，其異顯然。

或有難言：「《大般若經》便已處處說眞如，何曾是到有宗才拈出眞如來說。」答曰：善學者窮究各家之學，須各通其大旨，（注意各字。）不可尋章摘句而失其整個的意思。（不可二字，一氣貫下。）《大般若》非不說眞如，要其用意所在，完全注重破相。若執眞如爲實物有者，（實物有謂人情於經驗界的物事執爲很實在的，以此成爲心習，將聞說有眞如，亦當作實物來想。如或計為外界獨在的，或計為很實在的東西，可以想像得到的。）亦是取相，便成極大迷妄。故《般若經》的大旨只是空一切相，而欲人於言外，透悟眞如。（言外二字，注意。）所謂離相寂然，才是眞實理地。空宗的著重點，（著重二字，吃緊。下言著重者，仿此。）畢竟在顯空寂。這個著重點就是空宗整個的意思所由出發，及其所匯集處。我們於此領取，方不陷於尋章摘句之失。否則，將謂《般若》已說眞如，有宗亦何所異。殊不知，空宗有其著重點，確是他獨具的面目。

再說有宗。他們雖盛顯眞實，亦何嘗不道空寂。如《解深密經》及《瑜伽》（卷七十七。）皆說有十七空，《顯揚論》（卷十五。）說十六空，《中邊》亦爾。（《中邊述記》卷一可參考。）此外，眞諦譯有十八空論。（以上諸空義，皆見於有宗經論中，實則有宗都根據空宗《般若》的二十空義而採撮之。學者但識其大意可也，至其一一名相，茲不及詳。）可見有宗亦談空寂，但其著重點畢竟在顯眞實，遂乃別具一種面目。學者將有宗重要的經論，任取一部來玩索，便見得有宗立說之旨與空宗正是兩般。我們要知，本體是眞常的，故名眞如；（絕對的眞實，故名眞。常如其性，故名如。）是無相的，是離染的，亦說為空寂。不見空寂而談眞如，恐墮取相，而非證眞。重顯空寂，（重者，偏重。）又懼末流將有耽空滯寂之患。空宗首出，故以破相而顯空寂。有宗繼起，乃不毀法相而說眞實。（眞實，即謂眞如，他處仿此。）其著重點，各有不同，亦自各有其故。（故者，所以義。）

綜前所說，空有二宗談體各有著重點，此其不同處固也。然復須知，佛家自小乘以來，於體上只說是無爲，絕不許說是無爲而無不爲。所以，他們佛家是離用談體。這個意思前面已經說過。他們有一共同點，即是不許說本體顯現爲大用。（如本論所謂翕闢和生滅的流行不息，即大用之謂。）易言之，即不許說眞如顯現爲宇宙萬象。須知，所謂宇宙只是大用上之增語，非離大用別有物界，可名宇宙故。（非字，一氣貫下。）增語者，語即名言。夫名言所以定形，如白之名言即以規定白之形相，與青等異也。而形本無實，故名言者只由立意造形。如所謂白者，求其實質本不可得，縱說爲光子或電子，畢竟亦無實，故知白者只是意中起想，造作形相。想者，取像義，然非全無所依。要依大用流行，方乃起想，施設名言，但無有與此名言相應之實物，只是於大用流行中，亦即於本來無物之地，無端增益許多名言叫做宇宙萬象，故云增語。要之，由本體顯現爲大用，始可施設宇宙萬象。易言之，由眞如體全成用故，即依用相差別（用則詐現衆相故。）而有種種增語。（如說宇宙萬象。）如果不許說眞如顯現爲用，即無有宇宙論可講。印度佛家，從小乘各部至大乘空有二宗，於體上都只說是無爲，不肯說是無爲而無不爲。易言之，都不曾說此本體是生生化化的物事，即不能說此本體是顯現爲大用的（生化流行便是體的顯現，便名大用。）若於體上只說無爲，不許說無不爲，只說恆常不變，不許說生化流行，此體便無有顯現，只是頑空的，便無大用可說。）所以，他們印度佛家在本體論上的見地，最好是對宇宙論純取遮撥的態度。從小乘以來，都是根據釋迦說五蘊等法，此即用一種剖解術或破碎術，把物的現象和心的現象，一切拆散了，便無所謂宇宙。如剝蕉葉，一片一片剝完，自無芭蕉可得。但是，小乘雖用剖解術，猶未談到畢竟空、無所有。及至大乘空宗，便說得澈底了。他們所以遮撥宇宙萬象，雖是用意在破除相縛以顯眞如，（相縛二字，宜深玩。相即是縛，故名相縛。如執著宇宙萬象爲實在的，此即相縛。由此便不能於萬象而透悟其本體即眞如。）然亦由其不許說本體是生生化化的物事，而只許說是無爲的、無起作的。所以，只好把宇宙萬象極力遮撥。不過，他們一往破相，在理論上都無過患。

大乘有宗矯異空宗，頗談宇宙論。但是，他們有宗將宇宙之體原與眞如本體（眞如本體，係複詞，他處彷此。）卻打成兩片。此其根本迷謬處，容後詳談。有宗所以陷於這種迷謬不能自拔者，就因爲有宗談本體雖盛宣眞實，以矯空宗末流之失，然亦以爲本體不可說是生生化化的物事，只可說是無爲的、無起作的。因此，他們有宗所謂宇宙，便另有根原。（如所謂種子。）

有人說，《涅槃經》以常、樂、我、淨，四德顯體。無變易故名常，斷一切苦，故名樂，是內在的主宰，故名我，離一切染，故名淨。《涅槃經》以此四德來顯體，很分明的是與空宗偏彰空寂的意義不同了。余以爲，《涅槃》自是有宗的經典。但是，四德只明眞如是不變的，是自在的，是離垢染的，（常即不變義，我即自在義。樂與淨，即離垢染義。）亦不曾說眞如本體是生生化化的。這裡很值得注意。

綜前所說，有宗在本體論上始終恪守小乘以來一貫相承之根本義，即本體不可說是生生化化的是也。有宗雖自標異空宗，而這種根本的理念仍與空宗不異。所以本論和有宗在本體論上的見地，也是不能相同的。本體是絕對的眞實，有宗云然，本論亦云然。但在本論，所謂眞實者並不是凝然堅住的物事，而是個恆在生生化化的物事。唯其至眞至實，所以生生化化自不容已。亦唯生生化化不容已，才是至眞至實。生化之妙難以形容，強爲取譬，正似電光的一閃一閃，剎那不住，可以說生化是常有而常空的。然而電光的一閃一閃，新新而起，（唯其剎那不住，故是剎那剎那、新新而起。）又應說他是常空而常有的。常有常空，畢竟非有。常空常有，畢竟非無。非有非無，是猶此土。老聃所謂「惚兮恍兮其中有象，恍兮惚兮其中有物，窈兮冥兮其中有精，其精甚眞其中有信」者耶。（「是猶此土」至此爲句。惚恍，形容本體無相也。有象、有物，形容其生生化化而非空也，非謂有實物或實象也。窈冥，深遠之嘆，言本體無相深遠不可得而見也。精者，言乎生化的力用，至神而不竭，至妙而無疵也。曰眞、曰信，眞極之理於生化而驗之也。信，驗也。）我們不能捨生化而言體。若無生化，即無有起作，無有顯現，便是頑空。何以驗知此體眞極而非無哉？

或曰：「生化是用，不當於體上說，體無生化故。」答曰：信如斯言，體用截然分離，此正是印度佛家差謬處。汝猶不悟，何耶？體者，對用得名。要是用之體，非體用可互相離異故。如若所謂用者非即是體之自身底顯現，則體本不爲用之體，只是離異於用而別爲一空洞之境。如此，則體義不成。（本來空洞，不起用故，依何名體？）佛家常以眞如本體，喻如虛空。如《佛地經論》云：「清淨法界者，（按即眞如本體之別名。）譬如虛空，雖遍諸色種種相中，而不可說有種種相，體唯一味」云云。詳佛家自小乘以來談本體，都只說是無爲、無起作，即無有生化的物事。這樣的本體，自同虛空一般。虛空是無起作的，是無生化的，而所謂宇宙萬象或諸色種種相，雖依虛空故有，畢竟不即是虛空自身底顯現，以虛空無生化故。眞如本體亦如虛空，所以眞如只是遍諸色種種相中，（遍字注意，謂其隨處皆遍，無有空缺。似是宇宙萬象所依托的一個世界。）不能說眞如現作諸色種種相也。這樣一來，形上的本體界與形下的現行界，似成對立，不可融而爲一。（現行界猶云現象界，即所謂宇宙萬象或諸色種種相。形上、形下兩詞，本之《易．繫傳》。理之極至，說名上。形者，昭著義。眞極之理，昭著不無，故云形上。形下者，萬有紛綸，跡象昭著，故亦言形。又即克就跡象目之爲下。然跡象非別於眞極而爲實有，只是眞極之流行而已。故在《大易》，形上、形下，約義分言，本非二界。而世之言哲學者，每與《易》義相違。）

第六章　功能下

談至此，更要從宇宙論方面的觀點來詳核有宗的說法。吾前屢云，空宗破相，意在顯體。但他們空宗因爲一往破相，即於法相只有遮撥，而無施設，所以說他們是不談宇宙論的。有宗恰恰和空宗相反。他們有宗開山的大師就是無著、世親兄弟。無著的學問大抵參糅小乘談有一派，（小乘原分二十部，雖互有異同，但從大端上看來，此二十部總不外空有二派。空派，漸演而爲大乘空宗。有派，則自無著、世親始成大乘有宗。）並資藉大乘空宗，而後張其大有之論。（雖復談有，而超過小乘故，謂之大有。）其初期立說，實以三性義爲綱要。三性之談，本始於空宗。三性者：一、遍計所執性。遍計謂意識。意識周遍計度，故云遍計。所執者謂遍計之所執，如依五蘊而計爲我，實則於一一蘊上本無我相，但由意識妄計執著爲有，故說此我相是遍計之所執。又如依堅白等相而計爲整個的瓶子，實則堅等相上都無瓶子，亦由意識妄計執著爲有，故說此瓶子相是遍計之所執。舉此二例，可概其餘。二、依他起性。他，謂眾緣。如世間計執心或識是實有的，不悟心法只依眾緣而起。云何眾緣？一者因緣，謂此心法不是無因而憑空得起的，故說有因緣。二者所緣緣，若無所緣的境界，心亦不起，故說有所緣緣。三者次第緣，如前念識能引生後念識，故說次第緣。四者增上緣，如官能等爲識所憑藉以起者，故說增上緣。增上者，扶助義。據此，則所謂心法本無自體，只依眾多的緣而起，故名爲依他起性。此中據空宗義，其所謂因緣尚無後來有宗所謂種子義，故此云因緣但從寬泛的說法。又復應知，心法既說爲依他起性，而色法即物質現象，亦是依他起性，自不待言。當知，色法上可假說有因緣及許多相關聯的增上緣，參看吾著《佛家名相通釋》。三、圓成實性。此謂眞如。圓者圓滿，謂眞如體遍一切處，無虧欠故，說爲圓滿。成者成就，謂眞如體本自恆常，非是生滅法故。宇宙萬象都是有生有滅的東西，即名生滅法。今此眞如則非是生滅法，故名成就。實者眞實，亦云眞理，謂此眞如是一切法眞實性故，猶云宇宙的實體，故名萬法眞理。如上已說三性名義。

按《大般若經》言，慈氏（佛呼彌勒也。）應如是知，諸遍計所執，決定非有。（按可細看前文。）諸依他起性，唯有名想施設言說。（按想者，取像義。如謂青唯是青而非白等，或甲唯是甲而非乙等。名者，詮召義。如色之一名即以呼召色法，而詮釋其爲質礙物也。吾人於一切事物，本由想立名，復因名起想。由名想故，種種言說紛然而起，凡情緣名想言說而主執著，即計爲有實現行界或宇宙萬象。實則一切法，不論心法或色法，都是依他眾緣而起的。故一切法都無自體，本來空無。申言之，一切事物都是互相緣而有，都不是獨立的實在的東西，即眾緣亦是假設，根本無有實在的東西叫做緣，如《中論》等廣說其義。故說一切依他起法，本來空無，唯有隨情所起之名想，及依名想施設種種言說而已。據實而談，名想言說都無有與之相應的實物，純屬虛構。奇哉奇哉！空宗對於依他起性的說法，元是如此，極須認清。）諸圓成實，（按諸字謂一切法。諸圓成實，猶云一切法的圓成實性。）空無我性，是眞實有。（按空者，空一切執著相也。無我者，此我字即是執著義。凡由遍計的意識，所計執爲實有的東西而絕不與眞理相應者，通名法執，亦名爲我，亦名法我。諸哲學家不能證見圓成實性者，皆以倒妄計度，成法我相。而圓成實性本來寂淨，離諸戲論，畢竟無有如彼遍計所執法我相故，故說無我性。遍計所執法我相，如實是無，但法我相空已，而圓成實性畢竟不空，故說是眞實有。）推跡空宗始說三性的意思，他們空宗以初性（遍計所執。）只於妄情上有，而實際上本無。這種見地自是誠諦，爲什又說依他起性呢？須知，凡妄情之所執，（妄情即謂遍計。）亦必有其所依而後起此所執。譬如執有現前的桌子，這個桌子只是妄情之所執，根本完全沒有如所執的這種桌子。事實誠然如此。但是，人情總不得無執，將轉計云，桌子縱然是所執，而此所執豈無所依，憑空得起？如說眼識但得黑色，乃至身識但得硬度，都不可得桌子。所以這個桌子是現量證明沒有的，（此云現量，若順俗釋，即是依據感官經驗的知識。在因明，則謂之五識現量。）不容諍執。然而，黑色乃至硬度，通攝色蘊，此皆現證的物事。（現證，俱云現量所證得。）即此又可見一切法相確然不是無有的。故所執相宜遮，而一切法相究不可遮。否則桌子的所執相全無所依，如何得起？又如依色等蘊而執爲實人或實我相，固是妄情所執。（實人，猶云實在的人。實我，仿此。）但色蘊法不可說無，前已略示。受蘊乃至識蘊諸心法是內自覺知的，亦不可說無。由斯，色蘊等等法相一一皆是實有。故所執相如人我相，得依之以起。凡情計執，大底如此。總之，人情迷執，根深蒂固。雖說初性（遍計所執。）以對破其所執，卻只破得膚表的一層，而一切法相之執乃是根株所在。此根不拔，即無由見眞理。（眞理，謂眞如。）由是事故，故於一切法相，若色、若心，並說爲依他起的，足見色和心都不是實有的。解析心法，但依眾緣詐現，云何有實心？解析色法，亦依眾緣詐現，云何有實色？又復當知，本依色心，假說眾緣。色心自性空故，眾緣亦都無自性，是故一切法相本來皆空，唯有名想都無實義。（佛書中言無實義者，猶云無實物。）故承初性而談次性，（依他起性。）極有深意。初性但遣所執，次性盡遣所執之所依一切法相，然後一眞之體揭然昭顯，故終之以第三性。（圓成實。）夫於法相而計爲法相，則不能睹其本眞。（本眞，謂一切法相之實體，即圓成實性是也。）情存於有相，故不得無相之實也。（本體是眞實有，但無相狀。）次性遣相，而後可顯圓成，此《般若》了義也。空宗說三性，實則初及二並在所遣，（遣者除遣，他處準知。）唯存第三。（此中意云初二性並遣，即離一切相，乃於一切法而皆目爲圓成實。古德有云，信手所捫，莫非眞如，妙符斯旨。）

或有問言：「空宗一往破相，即眞如涅槃，亦說如幻如化，此則三性俱遣，寧有第三性可存耶？」（眞如涅槃，複詞也，即是圓成實。《般若經》說：涅槃如幻如化。」是第三圓成實性，亦在所遣。）答曰：《經》意恐人於圓成實性而起執故，故說如幻如化，以破其執耳，豈眞謂圓成實可撥爲無哉？但其偏於破相，語勢嫌過，易滋流弊，是可議耳。總之，空宗談三性，不但遣初性，（所執。）即依他起（以下，或省云依他。）亦必俱遣。此處所關，極端重要。因爲依他不遣，即是執法相或現界爲有，（現界，俱云現行界，猶云現象界，即是宇宙萬象。）以此與圓成實性或本體界成爲對立，即依圓二性不得融而爲一。（依圓二詞，均係省稱。）如此便成戲論。我們細玩《大般若經》及《中觀》等論，很分明的是遮撥一切法相，密示圓成。（圓成，係省稱。密，謂密意。法相不空，即無由見圓成，故遮撥法相，方令透悟眞體。此空宗祕密意趣也。）故空宗三性，依他與所執俱遣，（所執，初性之省稱。）由遣依他故，即於法相不見爲法相，所謂萬象森羅元是一眞法界，其妙如此。（一眞法界，即圓成之別名。）故遣依他者，乃即依他而悟其本是圓成，故無依圓二性對立之過，此空宗所爲不可及也。

有宗自無著始盛張三性義，以自鳴爲非有非空中道之教，矯異空宗。蓋有宗以爲，三性中初性純是所執，是誠非有。依他不應說無，圓成則是眞實有。故通依圓，總說非空。彼有宗自謂空有雙彰，（所執非有，是彰空義。依、圓非空，是彰有義。故云空有雙彰。）所以與一往談空者異撰。其用意未嘗不是，然而有宗談三性雖原本空宗，而其歸卒與空宗絕異者，則因有宗關於依他性的說法根本與空宗違反。由此，二宗遂劃鴻溝。空宗說依他，元是遮撥法相。有宗說依他，卻要成立法相。（在上章前面曾云，兩宗對於法相的說法不同，至此便可對照。）遮撥法相，卻是不談宇宙論。成立法相，便有宇宙論可講。兩宗的分歧只從依他性出發。

有宗因爲要談宇宙論，根本就要改變空宗依他性的說法。這個改變的步驟，也是逐漸完成的。當初似猶未甚失空宗之旨，如有宗所宗的《解深密經》有云：「如眩翳人，眩翳衆相或髮毛輪等相，差別現前。依他起性，當知亦爾。釋曰：『謂眩翳人似毛輪相，非實似實故，喻依他起非有似有。』」（見《一切法相品》，參看唐圓測疏。）詳此中非有似有的意思，即只說爲幻有，並非完全遮撥。雖已稍異空宗，但其乖違猶不顯著。迨後，無著創發唯識之論，即於依他起性而改變空宗遮詮的意義，因建立種子，使緣起說一變而爲構造論。（緣起一詞，與依他起一詞，含義全同。依他之他，即目衆緣。諸法依採衆緣而起，曰緣起，亦曰緣生。他處用此詞者，準知。）這樣一來，有宗便陷入情見窠臼，卻把空宗的精意完全失掉了。今略爲勘定如下：

一、有宗首變遮詮義者。空宗談緣起，本是遮詮，此在上卷第三章後段業已說得很詳明，讀者可以覆按。我相信，凡有神解的人讀過《般若經》及《中觀》等論，當然明了空宗談緣起的意思只是一種遮詮。云何遮詮？謂由執實法相，不了眞理故，（眞理，謂圓成實。）故依剖解術破除法相，即明示一切法相都無自體。無自體故，即是空。唯由法相皆空故，方可於此透悟圓成實性。此空宗善巧處也。空宗的緣起說，絕不是表詮的意義。易言之，即不是要說明一切法由衆緣會聚而構成的。如果以爲一切法是由衆緣會聚而始構成，則是執定有一切法而爲之下解釋，即明其所由成就。這樣只憑意想來安立宇宙，妄加猜度，便不能透悟法相本空，即是不能於法相而洞澈其源底。（源底，爲本體之形容詞，亦即圓成實性之代詞。）所以，哲學家談本體者爲得爲失，就要看他在宇宙論方面是否善用遮詮。此中有無限意思很難說出。我對於空宗的偏尙遮詮，本不敢完全贊同。然而，由其說當下便除遣法相而證實相，（實相，謂本體，亦即圓成實性。）這裡確是不二法門。雖復有其短處，（謂於宇宙萬象，有偏於遮撥之嫌。）而長處究不可掩。我希望治哲學者，都肯一受空宗的洗禮。

緣起說本導源釋迦，小乘經典中益盛張之。夫言緣起者必須安立幾種緣，所謂因緣、次第緣、所緣緣、增上緣是也。青目師云：「一切所有緣，皆攝在四緣，以是四緣，萬物得生。」（見《中論釋》。）據小乘毗曇說，心法待四緣，方乃得起。（四緣，可覆看前談依他性一段文。）色法亦待二緣，謂因緣及增上緣。（如一棵樹的生起和長盛，有它本身能生的力用，可假說為因緣。人工的培植和水土、空氣、日光、歲時等等關係，均是增上緣。）大概小乘師談緣起者，頗有以為諸法（心法和色法。）待眾緣會聚始起。（頗有二字，顯小乘中不皆持計此者。）如此言緣起，便是表詮的意義，顯然承認諸法是有，而以緣起義來說明諸法所由成就。這與後來大乘空宗遮詮的意義，便天淵相隔了。我且把表詮、遮詮二種意義，對比如下：

表詮承認諸法是有，而以緣起義來說明諸法所由成就。

遮詮欲令人悟諸法本來皆空，故以緣起說破除諸法，即顯諸法都無自性。（亦云無實自體。）

如上所說，遮表二種意義，判若天淵。小乘有部談緣起，既是表詮的意義，（有部者，此派計執諸法實有，故云有部。）所以，大乘空宗欲遮其執，便非根本把所謂緣一一破斥不可。如果把緣破了，則彼妄計有從緣而生之諸法，乃不待破而自空。這個眞是霹靂手段。龍樹菩薩在其所造的《中論》裡面，即將四緣一一破盡。（參考《觀因緣品》。）今不暇具述，略撮其旨，敘以二義如次。

一曰：緣者，由義。若法由彼生故，此生即說彼法與此法作緣，此法望彼法爲果。若爾，是果固待緣成，即緣亦待果得成。如無有果，則緣義不成，以緣名待果而立故。

既緣待果成，今應問汝：緣中先有果耶，先無果耶？若緣中先有果，便不應說果從緣生，果已先有故。若緣中先無果，便不應說緣能生果，緣中本無果故，無則不能生有故。如汝計，雖緣中先無果，而有生果之能，故果後時得生者，此不應理。緣中既有生果之能，應一切時恆生其果，而世共見無有此事。如穀子有生芽果之能，在倉庫時奚不生芽果耶？

綜前所說，緣中先有果、先無果，二俱不成，故知無有從緣所生果。既無從緣所生果，則緣義不成。何以故？果無即緣亦無故。

二曰：眾緣與所生果都無自性。何故都無自性？由緣待果而成故，即緣無自性。又果亦待緣而成故，即果無自性。由眾緣與所生果都無自性故，故知緣起唯是假說，都無實事。

空宗遮撥因果，（所謂眾緣之緣，即相當於常途所謂因，故緣亦得名因也。問四緣中初列因緣，何耶？答：因義有寬狹。從寬泛言之，一切緣皆名爲因。從狹義言之，唯於生果係最親切的有力者，方名因。故四緣雖並得名因，而初之因緣則取義特狹，學者宜知。）至爲卓絕。古代學者都計執實有因果，並以爲因是決定能創生果的。空宗獨正其謬。在古代有此稀奇的創見眞令人有不知所以讚嘆之想。又復應知，如我所說，（即在本論所說。）一切法都是才生即滅、沒有剎那留住的。（覆玩上卷〈轉變〉。）如此，則根本無有所謂一切物，從何而說有定實的因果耶？應知，因果法則只是隨情計假立，縱許由生滅滅生不已故，有跡象詐現，情計依之作物解，乃施設因果。然既曰跡象，即了無一法當情，（猶云絕沒有一物相當於情見所計執的那模那樣的存在著。易言之，即是本來無一物也。）將以何物目之爲因？復有何物可字曰果？故知因果唯隨情計假立，都無實事。空宗以遮詮的意義談緣起，自是誠諦。

大乘有宗還是根據小乘有部的意思宋反空宗。他們大乘有宗談緣起，首先把空宗遮詮的意義改變殆盡。他們比元來小有（俱云小乘有部。）更要變本加厲。這個變本加厲處就在因緣義的改造。緣這一番改造，有宗逐漸完成極有統系的唯識論。其理論雖宏博精嚴，但構畫愈工，違眞愈甚，畢竟如蠶作繭自縛，乃墮入遍計所執而終不自悟。我嘗說，有宗全盤錯誤，只於其談緣起或依他起性處便可見。他們（有宗。）談依他性，所以鑄成大錯者，根本就在因緣義的改造。元來小乘談緣起，其於因緣尚是寬泛的說法，大概猶就一切法互相關係間立論。如此法得生，由彼法與力故，故說彼法爲此法作因緣。是所謂因緣，實際上與增上緣無甚差別。（小乘說有六種因，實皆相當於增上緣。參考基師《唯識述記》等書。）如此，雖未得空一切法相以透悟本眞，然若但依俗諦作如是計，尚無有過。獨至無著菩薩，（大乘有宗開山人物。）一方依據小有，一方矯異大空。其談緣起，乃特別改造因緣義以組成一套宇宙論，實則陷於臆想妄構，未可與空宗並論也。尙考無著造《攝大乘論》，始建立功能，亦名爲種子，（種子亦省名種。）復建立阿賴耶識，攝持一切種。（種子爲數無量，故云一切。依佛家說，人各一宇宙，故每人皆有八個識。其第八識曰阿賴耶。阿賴耶者，含藏義，謂含藏一切種故。）於是，以種子爲宇宙萬有的因緣。（因緣亦省稱因。宇宙萬有，即諸行或一切法之總名。西洋哲學家推求宇宙之本體，說爲第一因，亦同此旨。）《攝大乘論》有言，於阿賴耶識中，若愚第一緣起，（按緣起者，謂種子爲因緣。一切法得生起，故云緣起，即指目種子也。賴耶識中種子是一切法的本因，故名第一緣起。愚者，言其不了。此中意云，若不了悟賴耶識中種子，是萬法本因者，便起如下各種迷謬分別。）或有分別自性爲因，（按數論建立自性爲心物諸行之因。）或有分別夙作爲因，（按夙作猶云夙世所造作，亦云先業，如尼乾子等，計先業爲諸行之因。）或有分別自在變化爲因，（按婆羅門等計有大自在天，能變化故，故爲諸行之因。）或有分別實我爲因，（按僧佉等計有實在的神我爲諸行因。）或有分別無因、無緣，（按自然外道及無因論師，並空見外道等，並計一切法無有因緣。）復有分別我爲作者、（按勝論立神我，謂其有造作力用。）我爲受者。（按數論立神我，謂其受用諸境，如色聲等物，是神我之所受用故。）譬如眾多生盲士夫未曾見象，復有以象說而示之。彼諸生盲，有觸象鼻、有觸其牙、有觸其耳、有觸其足、有觸其尾、有觸脊梁。諸有問言，象爲何相？或有說言象如犁柄，或說如杵，或說如箕，或說如臼，或說如帚，或有說言象如石山。若不解了此緣起性，無明生盲，亦復如是。（按謂，若不解了種子爲諸行之因者，即由無明成盲，不悟正理。將於宇宙的本體或因緣，純任臆想亂猜，亦如盲人猜象也。無明亦云無知。）據無著這一段話來看，他的因緣義確與小乘不同了。小乘因緣，尚是據一切法相互相關係間立論，到無著手裡卻將因緣義改造，而成爲玄學上最根本的原因。他建立種子做因緣，可以說是一種多元論。他以爲各派哲學談到宇宙緣起一大問題，都是胡猜亂想，只有他的種子說是爲誠諦。（如上所引。）由他的說法，向外界去覓因的，（如自性及梵天神我等計。）固是邪計，而主張無因無緣者，亦是戲論。他建立賴耶識來含藏種子，即由此賴耶中一切種爲心物諸行生起之因。所以，宇宙不是無因，亦不是有外法爲因。他以此完成其唯識的理論，抑可謂精密已。

問：「賴耶識亦八個識中之一也。賴耶中含藏餘七識各各種子，故餘七識得生，（餘七識者，以第八識望前七個識，故置餘言。各各二字注意。每一識皆自有種，不雜亂故。）賴耶亦自有種否？」（賴耶，係省稱。）答：賴耶從其自種故生，誰謂賴耶無種？問：「賴耶是所生果，賴耶之自種是能生因，如何果得藏因？」答：因果同時故，（若因先果後，則果不能藏因。今說因果同時，故果得藏因。）又互爲能所故，（約生義言，賴耶是所生，其自種是能生。約藏義言，賴耶是能藏種子的，而賴耶自種及餘一切種，都是以賴耶爲所藏的，故云互爲能所。）故彼所計，（彼者，謂無著及其後學。）於理論上非不成立。

有宗本以一切衆生各具八識，（各有八個識也，雖此說小宗已有端緒，要至大有始成體系。）而每一識都可析爲相、見二分。如眼識，其所緣青等色即是相分，而了別此青等相之了別作用即是見分。（合此相、見二分，通名眼識。）眼識如是，餘耳識（所緣聲是相分，了別此聲相者是見分。）乃至第八賴耶識，各各有相見二分，類準可知。（乃至者，隱含鼻等識，文從略故。謂鼻識所緣香是相分，了香相者是見分。舌識所緣味是相分，了味相者是見分。身識諸所觸境是相分，了觸相者是見分。意識緣一切法時，必變似法之相，是名相分，了一切法者是見分。第七識緣賴耶見分爲我時，必變似我之相，是名相分，計執有我相者是見分。如上已說前七識，各各相、見二分。至賴耶識相分，則析以三部分：一器界，即俗云自然界或物界是也。二根身，即清淨色根，非世俗所謂肉體也。肉體本屬器界，但能扶助根身，與根身和合似一故。三種子，賴耶自己種子及前七識種子，皆藏於賴耶自體內，而爲賴耶之所緣。如上三部分，通是賴耶識之相分。問：根器自是相分，如何種子亦名相分？答：根器各從種子生，種子本不應與根器同類，但以其爲賴耶見分之所緣故，故亦名相分耳。凡爲所緣時，即是相故，舊師之意蓋如此。至賴耶見分，有宗經典則說爲極深細，而爲吾人所不可知云。）據彼有宗所謂一切識、或一切相見，通名現行，（現者，現前顯現義。行者，相狀遷流義。）亦可總稱現行界。（以今哲學上術語言之，即是現象界。）彼既肯定有現界，（現行界之省稱。）故進而推求現界的原因，於是建立一切種子爲現界作根源。種子潛隱於賴耶識中，自爲種界。現界雖從種子親生，但現行生已，即離異種子而別有自體，如親與子，截然兩人。所以，種現二界，元非一體。無著言種子具六義，其一曰果俱有。果謂現行，由種子爲因，現行方起，故現望種而名果。俱者，兩物故言俱也，謂種子與其所生現行果法，一爲能生、一爲所生。彼此相待而有故，故云果俱有。（參考《瑜伽》、《攝大乘論》及《成唯識論》。）種現對立，成爲二界，此自無著創說，傳授世親。爾後眾師紛出，於此都無異論。

┌現行界（一切識或一切相見）……果（所生）
└種子界（一切種子）……因（能生）

附識：依有宗義，前七識（現行。）是各各有自體的，而其各各種子則潛在賴耶識中，是種與現明明不為一體。至賴耶自種，雖與餘識種同伏藏賴耶自體，然為賴耶見分之所緣，名為相分。則賴耶自種及餘識種，只是與現行賴耶識，具有相依，要非一體。（現行賴耶識，係複詞。）所以說種現對立，成為二界。此義判定，則其妄構易見。

無著在《攝論》中，只說一切識各各有自種，（各各二字注意。如眼識有自種，耳識乃至賴耶識，均可例知。）但每一識，復析以相、見二分。此二分種爲同爲別，則自世親以後之十師，遂成諍論。（世親是無著異母弟，初治小乘學，無著誘之入大，遂稟無著，弘唯識論。十師，皆世親後學。）護法折衷眾義，說根器及五塵相，皆與見別種。（根、器，皆賴耶相分，均是色法故，故各有自種，而不與賴耶見分共一種生。五塵，謂五識所緣色、聲、香、味、觸是也。此五塵相，亦各有自種，非與五識見分同種。若第六意識緣一切法時，其所變似法之相純由見分變現者，此相是與見分同一種生。故二分種，同別合論。本論茲不暇詳。參考吾著《佛家名相通釋》。）吾國窺基，乃一遵護法，但由相見別種義言之，頗有二元論的意義。

因（一切相分種）……………………果（一切相分）

因（一切見分種）……………………果（一切見分）

如上所說，無著學派只爲把因緣改造爲玄學上底最根本的因緣，所以建立種子，說名因緣。但是，他們最大的謬誤，就是劃成種現二界。我們依據明解的覺證，（明解，是心所法之一，即依性智而起者，下卷方詳。）不能承認有兩種世界。如果說，萬化本隱之顯，種界隱現界顯，道理是合該如此的。此復不然，隱顯不可析以能所，別爲二界。隱者，其化幾之新新不息者耶。（化幾者，言乎乍起之動勢也。動勢，一刹那頃，才起即滅，無暫住時。刹那刹那皆然，故曰新新。滅滅不已，即是生生不息。化幾之妙如此，斯理甚微。感官經驗所不及，故曰隱也。）顯者，其化幾不已之跡象耶。（如燃香楮，猛急旋轉，便見火輪，俗名旋火輪。此旋火輪，本非實有，只是刹那刹那、新新不絕之動勢所詐現耳。）故顯者隱之跡，隱者顯之本。（謂隱是顯的本相，而顯非異隱別有自體。）隱顯可假說本跡，而不可析以能所，不可別爲二界。斯義也，後有聖者起，當不疑於吾言也。無著諸師談種現，明明劃分能所二界，如何不是謬誤。

本來，他們無著派的種子說，全由情計妄構。易言之，即依據日常實際生活方面的知識，來猜想萬化之原，如此而構成一套宇宙論，自不免戲論了。他們所謂種子，也就是根據俗所習見的物種，如稻種、豆種等等，因之以推想宇宙本體，乃建立種子爲萬物的能作因。（能作因一詞，本自小乘。此借用之，不必符其本義。作，猶云造也。蓋謂種子能造起萬物，故說名能作因。）這正是以情見猜測造化，如何應理？（造化一詞，解見上卷〈轉變〉。）據他們的說法，種子是各別的，是一粒一粒的，且數量無窮的。輕意菩薩《意業論》云：「無量諸種子，其數如雨滴。」這無量數的種子，不止體類不同，（種子的自體，有類別者，如無量的眼識種子是同類，若望耳識等等種子便是異類。又準相見別種家言，眼識無量見分種子是同類，若望眼識相分種子便是異類。眼識種如是，餘各識種皆可例知。）還有性類不同。（種子性類別者，謂諸種子有是無漏性，有是有漏性。無漏者，清淨義、純善義。有漏者，染汙義。如後另詳。如眼識無量種子，其性同者爲同類，性異者爲異類。餘各識種，皆可類知。）如是各別的種子，都潛在賴耶識中。如果某一同類的種子要生果法，（果法，即目諸識或一切相見，如眼識相見種子將要生眼識相見，乃至賴耶識相見種子將要生賴耶識相見。）也不能憑孤獨的力用，卻須逢遇眾多的緣力會合才行。故以心法言，不是單從因緣而生，必待次第、所緣、增上諸緣。（此諸緣義可覆看前文。）舊說心法具四緣。以色法言，亦不是單從因緣而生，要待許多的增上緣，舊云色法具二緣。這樣說來，便是眾緣湊集在一堆兒便有果生，道理上似猶說不通。因此，世親以後的唯識師乃唱士用果義，（士用果者：士者士夫，猶言人也。所謂果法之生，由因緣上具有似人的造作力用，故能生此果，即名此果曰士用果，參考吾著《佛家名相通釋》。）即以因緣（種子。）名為作者，（作者，猶云似彼有造作力用的人，顯示因緣有能造起果法之作用故。）以旁的緣（次第及所緣與增上等緣。）名為作具。（作具，猶云工具。凡作者，必待作具，方能有所造作。因緣必仗次第等緣，方得造生果法。故說次第等緣，是因緣所仗之作具也。）如此，則所謂緣起者，不是眾緣堆集便能生果。因為堆集只是亂湊在一塊兒，沒有一個具有作用的東西主於其間，如何有造生果法的勝用？現在把因緣（種子。）說為作者，旁的緣說為作具，由作者（因緣。）具有造作的作用，復仗托作具（旁的緣。）才顯其作用。所以，得生果法。這樣說來，確然可以言之成理，足以補救無著創說時疏略的地方。然而，緣起說自無著以後，顯然變成構造論。這和空宗遮詮的意義，極端相反。南北極相去之遠，猶未足為喻也。

無著雖建立種子為一切法的因緣，（此云法者，即謂色心諸現象。）但種子是從何而有的，當時並未提出這個問題。不過，據前文引述《攝大乘論》的一段話來細玩，他（無著。）為對治外道各派哲學談本體論或宇宙論的種種謬誤，因此建立種子為萬法之本。足見他所謂種子，應該是法爾本有的。（法爾，猶言自然。不可更詰其由來，故云法爾。本有者，本來有故，不從他生故，非後起故。）後來世親派下諸師，要究詰種子的由來，於是有主張是法爾本有，亦有主張是從現行熏習始起的。（此中現行，謂前七個識。熏者，熏發，習者，餘勢之續起不絕者也。俗云慣習，或習氣，實即餘勢不斷絕者是。此謂前七識起時，雖即謝滅，但有一種續起的餘勢，不可斷絕，還投入第八賴耶識中成爲種子。此種子能爲因緣，生起後念諸識，或一切相見云。）至護法師，始折衷二家義，主張本新並建。夫言現行熏種者，只承認有新熏種，不立本有種。若爾，無始創起的現行便無種子，墮無因論。故應建立本有種。現行從種生已，即有勢用，熏生新種投入賴耶，故新熏種義應成立。又現行熏生新種時，並得熏發賴耶中潛存的本有種，令其增長。由此，本新二類種子，皆由心造，所以完成唯識的理論。（現行，即心之別名。現行能熏生新種，又熏長本種。所以說，一切種均由心造。）照無著派下諸師的說法，種既生現，（現者，現行之省稱，後仿此。）現復生種，似已稍變無

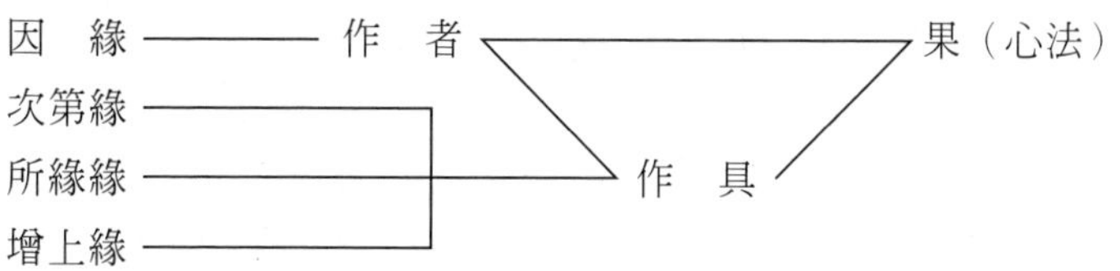

附圖一

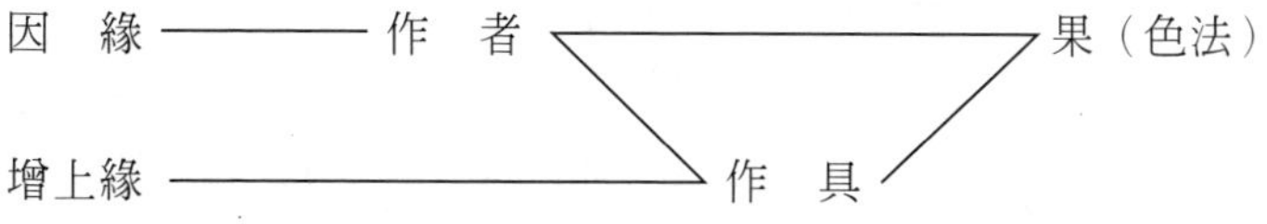

附圖二

著元來的意思。他們世親後諸師談緣起，還是一方以種子爲潛在的世界，一方以現行爲顯著的世界。不過，這兩種世界是互相爲緣而生的。易言之，潛界雖爲現界作根源，而現界也是潛界的根源了。他們的花樣雖多了一點，而種現二界對立，仍是如故。並且，種界是一粒一粒的積聚著，現界是段段片片的拼合著，（所謂八個識，又各各析成相、見等分，明明是截作許多片片段段，卻又拼合攏來。）也是遵守以前的說法。他們說種現互相爲緣，只是把二界加以穿紐，而現界自是顯現的萬象，種界自是潛伏的主體，（無始現行，要從本有種生，畢竟種子是主體。）總是兩重世界對立著。這種臆想穿鑿，（穿鑿謂立意求通，而不合理實。）分明是戲論。又復須知，他們所謂新熏種，即習氣是也。既建立本有種，便不應以後起的習氣與之混同，徒增無謂的矯亂。有人說，依據有宗新熏種的說法，則是現行眼識，（現行眼識，係複詞。）才對青等相起了別時，便熏生青等相分種子，投入賴耶識中。此種子能爲因緣，生起後來的青等相。這個說法，總未免太荒誕。（有宗說青黃赤自等色相，是實塵法。易言之，即實在的物質。）但如說現行眼識緣青等相時，雖即謝滅，卻有一種習氣續生，潛伏而不自覺。因此，以後眼識緣青等相，便由習氣加入，能知現境似前青相，並且由習氣故，便於青等相妄計爲果樹或青菜等物，卻不能見到此青等是一種生生不息的神用顯現著，和這種顯現的美麗。（用而曰神。言其不測也。）由此可見，吾人由習氣故，不可證見宇宙實相，常自妄構一個宇宙。（如果樹等也。）所以習氣的勢力，不可否認。但在有宗諸師，拿習氣和他們所說的本有種混同在一起，謂其能爲諸法之因，

（如上所說爲青等相生起之因。）便有荒誕之譏了。上述的說法，我認爲是審諦的。他們既立本有種，就不該以後起的習氣與之混同。既在理論上不能饜人之心，而於習氣亦乏親切的體認，誠當予以辨正。

綜上所說，有宗因改定因緣義，遂將緣起說變成構造論。這是佛家哲學思想上很大的一個變遷，從來竟無人辨析得，（均以爲空有二宗談緣起，似無異旨的。）也算怪極。

二、有宗墮二重本體過。有宗既建立種子爲現行作因緣，其種子即是現行界的本體，前引無著《攝論》文，（《攝論》，即《攝大乘論》之省稱。）可爲明證。因爲《攝論》遮撥外道各宗的本體論，（如數論的自性等等。然後揭出自家的種子說，即以賴耶識中種子爲諸行之因。（諸行，猶云心物萬象。）以此避免無因及外因等過。（向外界去覓本體，如自性等計是謂外因。無因論者謂諸行本無有因。凡此，皆佛家所力破者。）他們的種子說在本體論上可以說爲多元論或二元論。（種子是各別的，無量數的，故是多元。種子性別，或是有漏性，或是無漏性，說見前文。是則約性類分，可謂二元。又種子體別，一切相見各別有種子故，亦見前文。是則約體類分，亦是二元。）只爲立賴耶識以含藏之，故不爲外因耳。要之種子自是現界的本體，按諸他們的理論，確是如此。他們明明以種子爲現界的根源，與西洋哲學家談本體者，思路正復類似。（西哲於本體和現象，無法融而爲一，有宗的種現二界，亦然。）

爲什麼說他們有宗有二重本體呢？他們既建立種子爲諸行之因，即種子已是一重本體。然而，又要遵守佛家一貫相承的本體論，即有所謂眞如是爲萬法實體。佛家說眞如，亦名無爲法，絕不許說眞如或無爲法底本身是個生生化化或流行不已的物事，只可說他是無起作的。這點意思，是佛家各宗派所共同一致。本卷在以前評空宗時業經說過。有宗談眞如，亦不敢變更這個意思，復如前說。（須覆看前文。）

空宗談三性，依他亦是所遣，即遮撥宇宙萬象。（覆玩前文。）他們只從空寂的方面來顯眞如，唯破相而後空理自彰。（相者，法相。空理，眞如之別名。均見前。）故從宇宙論方面的觀點來衡量他，（空宗。）他並無理論上的矛盾。有宗卻不然，他們有宗談依他，既改變空宗遮詮的意義，而持構造論。於是，一方講宇宙論，要建立多元的和生滅不斷的種子，來作諸行的因緣。（他們種子本身，是生滅滅生，相續不斷的。參考《瑜伽》等種子六義。吾著《佛家名相通釋》解說詳明。）這個種子自然是諸行或宇宙的本體了。另一方又談眞如，只許說是不生滅，或無起作的。這卻別是一重本體了。如是二重本體作何關係，有宗也無所說明。眞如本身既不可說是生生化化或流行的物事，種子之中如本有種法爾有故，不可說是眞如現起的，以眞如自體無起作故。後來以習氣名新熏種，其非眞如所顯，尤不待言。據此所說，種子自爲種子，眞如自爲眞如，此二重本體，既了無干涉，不獨與眞理不相應，即在邏輯上也確說不通了。向來推崇有宗的人，總謂其理論嚴密、系統宏整。這般人只是入他網罟中，無出頭地。若是具眼人，疏通他的理論，提控他的系統，就會發現他這一套理論和系統，純是情計妄構。雖復施設條目，繁密可玩，畢竟成爲戲論。其悖於眞理已甚矣。總之，有宗種現二界對立，已是謬誤，既立種子爲諸行因，此種又不即是眞如現起，眞如直是閑物。所以說，有宗有二重本體過。

如上略以二義，繩正有宗緣起說的謬誤，可見有宗實不曾證體，即不悟體必成用，遂墮入戲論。這便是本論不得不作之故。我們依本體論和宇宙論的觀點，來審核空宗，覺得空宗只談本體是空寂的，玩其意旨，絕不許說本體亦是生化流行的。所以，空宗不免有遺用談體之失，我在前文裡已經說過。然而，空宗遮撥宇宙萬象，令人自悟空寂的眞體，卻沒有本體和現象不得融而爲一之過。有宗一方談眞如本體（四字，係複詞。）是不動不變的，一方建立種子爲現界因緣，並且以種現二界對立。後來諸師，又以種現互相爲緣，而二界對立則如故。他們有宗的種和現，卻是有生滅的和變動的兩重世界。今試問，不動不變的眞如與這兩重世界作何關係，卻也無法說明。又此兩重世界，（種和現。）互爲能生所生，譬如穀子生禾，禾又生新的穀子一般。（穀子喻本有種，禾喻現行。世親後之諸師，主張現行熏發習氣，即入賴耶識中爲新種，如禾從穀子而生，又能生新的穀子。）這種說法純是依據日常經驗的知解，來構畫宇宙。因爲他們根本不曾證得本體，即不悟體必成用，所以有此戲論。

有宗談三性，只爲將依他起（即緣起。）完全更變空宗的意思，於是陷於邪謬而不自悟其非。他們有宗反對空宗不談宇宙論的意思，本未可厚非，無奈他們只恃情計構畫，竟成作霧自迷。又復應知，空宗原來的精意，是在於法相而識法性，（法性，即本體之別名。）於現象而識眞如，（現象，猶言法相。眞如，即法性。）但欲達到此種勝解，（勝解者，謂最殊勝的證解，與心所法中勝解異義。）必於法相或現象無所取著，（取著猶言執著。）蕩然無相而後能證見無相之相。（法性眞如，不可執一切法相以求之，以眞如自身本無形相故。然雖無形相，要不是空無的，故應說有無相之相，唯能蕩然除遣一切法相之執，而後能證見及此耳。）故空宗遮遣依他，最有深意。若執實有依他起法，即是取著一切法相。由取著一切法相故，則無由於一切法相而見爲眞如，亦即無由除遣遍計所執相。（三性中，初所執相實依次性即依他起法而始有的。何以故？由於依他起法即一切法相而計度爲有，故惑相轉增，名爲所執。此處須深心體會。）有宗不深究空宗的意思，只見他空宗遮遣依他，即無宇宙論可講，於是極反其說，卻將依他起義即緣起義變成構造論。既建立本有種爲現行因，復以現行爲實有法，謂能生新種，即以種現互爲緣說明宇宙所由構成。他們有宗純依情見來構畫一套宇宙論，如何可悟眞如？我昔者常斥駁有宗三性之談，謂其根本謬誤，就在說依他處。當時曾招佛家學者許多非難。自唐代玄奘、窺基盛宣有宗，二百餘年，號爲顯學。五代之後，雖講習者稀，然佛門俊彥遊意斯宗者，究代不乏人，要皆篤志守文，無有知其戾於至理者。余生正法久衰，將秉孤炬以破千載之暗，固知其難也。

上來評判空有二宗，其說已詳。本論所與二宗異同之故，也可概見。現在還要略申本論的主旨，以作本章的結束。

本論的旨趣是在即用顯體，這是上卷（第三章。）已經說過的。爲什麼可以即用顯體呢？許多學者每云體不可說，只好依作用顯示之。這句話等於空說白道。我們應先理會體用二詞的意義，是可以分作二片的物事呢？抑是畢竟不可分爲二片的呢？這個問題眞正重要。如果說體用是可分的，那麼體自爲體，用自爲用，如何可云即用而顯體？我願好學深思的人不要忽視此個問題。

說到這裡，我還要把體用二字的意義重複訓釋一番。體字，具稱之就是宇宙本體。（或云萬法實體。）讀者隨文取義，宜不致誤會。用字，在上章開始的幾節文中曾訓爲勝能等義，並嚴切申明這種勝能與物理學上能力的意義截然不同，（讀者須覆玩上章開始各節。）似不須再說了。然而，吾猶欲嘵嘵者，因爲在西洋哲學或玄學上，大概分別現象與實體，佛家有法相和法性之分，吾國《易》學有形上、形下之分。（形上、形下，注見前，須覆玩。）他們這些名詞的意義，還得刊定一番。

據我的意思，西洋哲學上實體一詞，與佛家所謂法性，（法性，具云萬法實性，猶云一切物的本體。）《易》學所謂「形而上者謂之道」，都是指目宇宙本體之詞。儘管他們對於本體的解悟各有不同，因之說法亦異，然而他們所用的名詞，如實體、如法性、如形上，都是以爲有所謂宇宙本體而爲之稱。名言雖異，所指目則同，所表示的界域則同，這是不可忽的。譬如杯子一詞，其所表示的杯

西洋哲學	佛家	易學
現象（即宇宙萬象或亦云宇宙）	法相	形下
實體	法性	形上

子，常途看作是一件固定的東西，哲學家看作是一聚複雜的事情。解說雖互不同，然而杯子一詞所表示的界域，仍是相同。（界域者，即所謂杯子這個東西顯然別於其他的東西。）哲學家方其解說杯子時，並不曾離開杯子這個東西來說話，常途亦然。兩方（哲學與常途。）對於杯子一詞所表示的界域，不能謂之有異。舉此譬況，可見實體與法性、形上諸詞，名言雖異，所指目同也，所表示之界域同也。我嘗遇人言，西洋談本體者與吾儒佛不同旨，因之以爲本體之體字不便通用。吾詰之曰，如君之爲人，某甲譽爲君子人也，某乙又以爲小人而毀之，則君之姓字，在甲乙二人口中，將不可通用乎？吾於此，忽不憚辭費者，有以也。

現象、法相、形下，（《易》曰：「形而下者謂之器。」謂之二字無忽，言形下即是器也。器者，猶言法相，亦猶言現象也。）名言異而所指目同，所表示的界域無弗同，此不待繁釋者。

本論不盡沿用實體和現象，或法性和法相等詞，而特標體和用，這裡卻有深意。我以爲，實體和現象，或形上和形下，或法相和法性，斷不可截成二片的。因此，我便不喜用現象、法相、形下等詞，雖復時沿用之，要爲順俗故耳。因爲，說個現象或法相與形下，就是斥指已成的物象而名之。（已成的物象，以下省云成象。）我人於意想中，計執有個成象的宇宙，即此便障礙了眞理。（眞理，謂本體。）易言之，乃不能於萬象而洞澈其即是眞理呈現。因爲，他只於萬象而計爲萬象，即不能掃象以證眞，這就是理障。（障礙眞理，故名理障。）哲學家常把本體和現象或形上和形下，弄成兩界對立的樣子，就因爲不能除遣成象的宇宙之故。說到這裡，我是很贊同空宗的。他們空宗除遣宇宙萬象，而直透眞理，可謂單刀直入。不過，他們有很大的缺點，就是談體而遺用，因此偏於掃象，而無法施設宇宙萬象。有宗則與世間哲學家同墮情見窠臼，妄構想一個成象的宇宙，而無以透悟空理。（空理，即眞理之別名，注見前文。）本論所以特別發揮用義，確是體悟有得而後敢言，（體悟者，屛除情見推度而默與理契也。）自信可以避免諸家的過誤。

用之一詞，亦云作用，亦云功用，亦云勢用，亦云變動，亦云功能或勝能，亦云生生化化流行不息眞幾。（或省云生化，或省云流行，皆用之目。）它（用。）可以有很多的別名，是列舉不盡的。

設有問言：「由何義故，名之爲用？」應答彼言：所言用者，略以二義顯示。一者，克就一翕一闢的動勢名之爲用。翕闢只是一個動勢的兩方面，並不是實在的物事，故名爲用。二者，此一翕一闢的動勢是才起即滅的，是無物暫住的，是新新而起的，是流行不息的，（刹那刹那，前滅後生，故云流行。）故名爲用。綜上二義，可知克就用言，應說大用流行是非空非不空的。云何說非空呢？翕闢成變故，刹那頓現故。變動之力，昔未嘗留以至今，今亦不可留以往後，刹那刹那，都是頓現，（詳上卷〈轉變〉。）譬如電光一閃一閃，勢用盛故，故說非空。云何非不空呢？翕闢非有實物故，刹那刹那都不暫住故。既不暫住，即無實物，譬如電光一閃一閃，赫赫輝爍地，實即寂寂默默地，畢竟無所有故，故說非不空。

體用二詞的意義，略如上述。我們要知道，體用二詞，只是約義分言之，實則不可析爲二片的物事。如果把體看作是一個沒有生化的物事，那麼這個體便是頑空的，如何可說爲眞實？（頑空者：無生生不測之神，故曰頑；無萬變不窮之德，故曰空。）佛家談體，絕不許涉及生化，所以我說佛家是離用談體。（覆看前文。）我們從宇宙論的觀點來看空宗，則空宗在這方面，（即宇宙論方面。）卻不談用。（空宗純然除遣一切法相，故不談用。）但如何有個無用之體，終是說不通。（空宗只顯體是空寂，不言生化，故是無用之體。）有宗談宇宙論，建立種子和現行。據彼計，種子本身是才生即滅，才滅又即生，恆相續流的。（每一種子，皆是如此。）現行界則每一現從其自種生起時，都不暫住。但繼起之現，又各從其自種而生，和過去之現相續。故現界也是恆相續流的。（但現行，有不定恆相續的，此姑不詳。）詳彼種與現，略當本論所謂用義，（略字吃緊。蓋彼之種現由妄想構畫，本非眞有見於用。但彼自是在用上猜測，惜無眞見，故任猜度而衍種現二界之論，彼未嘗不自以爲發揮用義，而不知其適成戲論也。）但如彼計，種和現是同爲生化流行的兩重世界，和那本無生化流行的眞如了無干涉。這是前面屢經說過的，既體（眞如。）用（種和現。）條然，劃若鴻溝，欲不謂之戲論，奚其可哉？抑不止有宗犯此過，凡哲學家將實體和現象說成二片，不得融而爲一者，皆與有宗同病也。

余嘗默然息慮，（慮者，俗云思想或推求等也。）游心無始，（游心者，縱心於虛，故曰游。息慮而後可虛懷以契眞。故息慮者，無妄慮耳，冥與理契，亦非無慮。無始者，泰初冥漠，故托言之以形容無物之地耳。）而知體用畢竟不可分爲二片。使其可分，則用既別於體而獨存，即是用有自體。不應於用之外更覓一物說爲本體。又體若離於用而獨存，則體爲無用之體，不獨是死物，亦是閑物。往復推徵，體用畢竟不可分，是事無疑。今當以二義明不可分：

一曰，即體而言用在體。夫體至寂而善動也，（寂者，寂靜離染，無囂動相。寂，非與動爲對待之詞，此體恆寂故。善字，讚詞也。此言動者，亦非與寂爲對待之詞。此體恆寂亦恆動故。）至無而妙有也。（無有方所，無有時分，無有形相，無有作意，故曰至無。動而不已，詐現相狀，故曰妙有。動不已者，非謂前之動勢延留至後，乃前動才起即滅，後動續生，刹那刹那，皆滅故生新。大化無有休歇，故云不已。動勢本無形礙，但由相續不已故，詐現有相。後當別說。）寂無者，是其德恆常而不可易也。動有者，是其化至神而不守故也。非恆德將焉有神化？（德恆，故化神。）無神化，何以顯恆德？（以上吃緊。）唯具神化與恆德，故稱爲體。體者，絕對的眞實義。其德恆，其化神，所以爲眞實之極也。然而，寂無則說爲體之本然，（本者，本來。然謂如此。本來如此，理絕言思，故云本然。）動有亦名爲體之妙用，本然不可致詰，妙用有可形容，是故顯體必於其用。誠知動有，元無留跡，則於動有而知其本自寂無矣。故夫即用而顯體者，正以即用即體故也。（兩即字吃緊，正顯體用不二。）所以說用在體者，在字須活看，（在字如不善會，將以爲說用在體者，如云乙物在甲物中。若爾，體用猶爲二物，便是大錯特錯。）意云此用即是體之顯現，非有別異於體而獨在的用故。

二曰，即用而言體在用。（在字詳前注。意云由體顯現爲萬殊的用，亦非有別異於用而獨在之體故。）此與前義本一貫，特返覆以盡其蘊耳。前就體言，本唯一眞而含萬化，（一眞之一，是絕待義。）故用不異體。（用非與體爲二，云不異。）今就用言，於茲萬化皆是一眞，（萬化，喻如衆漚。一眞，喻如大海水。萬化皆是一眞，喻如衆漚一一皆攬大海水爲體。）故體不異用。（體非與用爲二，云不異。）由體不異用故，故能變與恆轉及功能等詞，是大用之殊稱，亦得爲本體或眞如之異名。以體不異用故，遂從用立名。

綜上二義，可知體用雖若不一而實不二。攝動有歸寂無，泊然無對；會寂無歸動有，宛爾萬殊。故若不一。然寂無未嘗不動有，全體成大用故；動有未嘗不寂無，大用即全體故。故知體用畢竟不二。

誤解體用義的人，或以爲本體上具有一種作用，即由此作用生起宇宙萬有。如此卻將體和用及萬有析成三片了，此便大誤。須知，所謂用者即是體之顯現。（所謂體者，雖復本無方所、無形相，然而不是空無，更不是死物。它確是顯爲翕和闢的種種動勢的，故云顯現。這些動勢，本是刹那刹那，方生方滅，方滅方生，如此流行不已的。即此動勢，說名爲用。）故體不是離開群動而別有物。（群動具云種種動勢。）體是全成爲群動的，易言之，體是全成爲萬殊的用的。若離群動（或萬殊的用。）而求有所謂體，便與宗教家臆想有個超越萬有的上帝，同其迷妄了。

體既不是離用而別有物，用也不是以體爲能生而自爲所生。所以體和用，只隨義別故，有此二名，絕不可截然分能所，如有宗所謂種和現也。有宗元來建立本有種子，爲現行或萬有的體原，而其種子是有自體的，故對現行而說名能生，至現行從種生已。便是實有的物事。易言之，現行也是有自體的，故對種子而說名所生。他們種現是一能一所，分成二界。本論所云體用，卻不是如此的。

如上所說，即體即用，故體用畢竟不二。復有問云：「克就用言，唯有翕和闢的動勢，宛爾詐現，剎那不住，憑何施設宇宙萬有？」應答彼言：翕闢動勢都無實物，剎那剎那，生滅滅生，迅疾流駛，幻現跡象，如旋火輪，（如燃香楮，迅轉則見火輪，此火輪本非實有，而宛如實物。）即依跡象假說宇宙萬有。（以下、省云宇宙，或省云萬有。）其實，只有新新而起絕不暫住的動勢，何曾實有宇宙？應知，萬有本來空無，唯依動轉跡象，（此中動者，謂翕闢的動勢。轉，謂前滅後生，相續流轉。）假立心物諸名，亦假說宇宙。故眞了用義者，不應妄執從用發生萬有，以萬有本無故，唯依用即動勢而假說之故。（注意。）在前面已經談過，哲學家不應計執有個成象的宇宙，因爲宇宙或一切物，只是依不住的動勢而施設的增語。（增語，曾見前文。）唯有名言，都無實事。本論不喜用現象或法相等詞，而直談用，（說見前。）此中正有深意。

如實談用，（稱實而談，無謬誤故，故云如實。）此用是非空非不空的，已如前說。我們從非空的一方面來談，大用流行（用而曰大，讚詞也。）雖本無實物而有跡象詐現，依此跡象可以施設物理世界或外在世界，如此便有宇宙論可講，亦可予科學知識以安足處。（如果完全遮撥物理世界，科學知識便無立足處了。）這是本論和空宗迴不同的地方。有宗雖談宇宙論，但是他們有宗種現二界的說法，純是情見妄構，甚至把眞如說成與種現二界絕無干涉的另一無爲法界，尤不應理。有宗根本不解了即體即用的勝義，只是馳逞戲論。我們要知道，絕對即涵相對，（絕對謂體，相對謂用，相對即是絕對的內涵，非離絕對而別有相對的世界故。）相對即是絕對，（於相對而識絕對，以一切法皆是絕對的顯現故，非離相對而別有絕對的世界故。）然不妨克就相對義邊，假說宇宙。（克字吃緊，直指相對而說故。翕闢相反而成變化，依此假說宇宙。）蓋無生之生，雖復生而不有，（本體不從他生，更不是本來無有而今始生的，故曰無生。本體自身是個生生不息的物事故，無生而有生也。即依生義，而名爲用。但才生即滅，沒有任何物事存在，是生而不有也。）然自其生生不已言之，宛然流行而有則焉。（方生方滅，方滅方生，故云生生不已。生生之流詐現有形，故云流形。有形即有則，此宜深思。流形一詞，本《易．乾卦》。）不動之動，雖復動而不留，（本體是無待的，無方所的，無形相的，非如實物有移轉故，故云不動。本體底自身是個變化不可窮竭的物事，故不動而有動也。即依動義，而名爲用。但動勢是才起即滅，無物暫住，故云不留。）然自其動動相續言之，宛然見象，而成理焉。（前動方滅，後動即起，故恆相續。見續現。由動相續，故現物象。形物皆具有理則，故云成理。）所以，本論從大用之非空的方面來說，可以施設宇宙萬象，即科學知識也有安足處了。

我們談用，又從非不空的方面來看，大用流行，雖復生滅宛然，（生滅不已之跡象，現似形物，故云宛然。）而實泊爾空寂。何以故？如實談生滅義，極於刹那，才生即滅。（詳上卷〈轉變〉。）夫才生即滅，是本無有生也。既無有生，即亦無滅。若爾，生滅性空，（沒有生起一件物事，是生無自性。無生便無滅，是滅無自性，故云生滅性空。此中空字是空無義。）便應於生滅宛然，澈悟本來空寂。（此中空字，非空無之空，乃以無形礙及無障染名空。寂者，清淨義，離擾亂相故。此中意云，由了生滅的法相本空無故，即於法相而澈悟本來空寂的眞如法性也。）然則，一眞常寂，不礙萬變繁興；（一眞之一，絕待義，非算數之一。體恆空寂，曰常寂。）萬變繁興，元是一眞常寂。良由萬變至神無方，並非另生一實有的物事，可以離異一眞而獨存，（並非二字，一氣貫至此。無方者，無方所。本無有物，何方之有？）故乃於萬變而悟一眞耳。如其執有物界，又從何澈悟一眞耶？故知遣相而實相斯存，（遣相，謂不計執有實物界或宇宙萬象也。實相，謂本體。）觀變而不變可悟，（變，用也。不變，德也。誠知用非實有，則無執物之迷，故乃於用而見本體之恆德矣。）斯乃至人超悟之境，非情見所測也。夫宇宙萬有，本自空無。（萬有唯依大用流行之跡象而假設，本無所謂萬有故。）哲學家如此，猶多不悟，矧乃欲其了知大用無實，是事誠難。（無實二字吃緊。大用流行，剎那剎那，都不暫住，本無形相可求，故非實有。非實有故，即等若空無，故云非不空也。此中理趣深微，讀者宜虛懷沉玩。）不了用之無實，即不了神變無方，正是實相無相也。（不了二字，一氣貫下。實相，體之異名。此體至眞至實，而無形相可得，故云無相。神變即大用之稱。無方，具云無方所，與無相義同。此言於無方之變，識得無相之體，以非有實作用，別異於體而獨存故，乃即用即體故。）所以，本論從大用之非不空的方面來說，卻是即用而見體。因此，在科學上所施設的宇宙萬有或外在世界，在玄學上不得不遮撥。同時，玄學也要超過知識而趣歸證會。這個意思，俟《量論》再詳。

從來佛家學者，莫不盛宣緣起義。實則空宗談緣起，本以遮撥法相，（或現象界。）易言之，即明萬有本空而已。（空者、空無。）此意在前面屢經說過。我們從宇宙論的觀點來看空宗，空宗雖不曾談用，但其遮撥法相的意思，我們在玄學上也與之同契。獨至有宗談緣起，一反空宗遮詮的意思，而變成構造論。他們有宗確是計執法相為實有，易言之，即計執有成象的宇宙。他們並且憑臆想構畫宇宙，析以二重，所謂種界和現界是也。他們因為計執有此種現二界，才以緣起義來說明之。如說此緣彼而得生，彼亦緣此而得生。這樣說來，總構想有成象的宇宙，不能理會到淵然無象之實際理地，易言之，即不能澈悟生生無住之神。本論所說體用不二的意義，在篤信有宗的學者看來，根本是無法了解的。他們有宗學者每詆我為無知，為邪見，我亦願受之而無諍。眞理本自昭著，但迷者不悟，我們只期能悟者同悟而已。

或有問言：「如公所說，本體是沖寂無形的，但寂非枯寂，卻是生生不住的。（若生已有住，便成死物。唯其不住，故生生不已也。）即此生生不住，說名為用，亦復依用施設萬有。據實而言，萬有本自空無，是將使人起空見也，奈何？」答曰：全體大用，圓成而實，（本來圓滿，毫無虧欠，故曰圓。本來現成，不依他有，故曰成。絕待故，無妄故，故曰實。）云何言空？凡情迷失本眞，無我計我，（證眞，則萬物同體。本無所謂小己或自我，然人皆於無我而妄計有我。）無物逐物，（證眞，即唯大用流行。本無有如俗所計現實界的物事，然人皆於無物而追求種種物。）遂至以本空者（空字，是空無義，下仿此。）計為不空，（凡情計有內我和外物，此即以本空者為不空。）本不空者反計為空。（凡情不悟眞體，即於本不空，而計為空。）世尊憫群生顚倒者，以此。

談至此，還有一個問題須附帶說及，就是我國哲學上自兩宋以來的理氣問題。這個問題，由宋明迄今，還是不曾解決。從來哲學家關於理氣的說法，雖極複雜，但根本諍端不外理氣是否截然為二之一大問題。此中諍論極多，幾於家自為說，人持一見。我現在不欲徵引儒先的說法，更不暇評判他們儒先的短長。（將來容有旁的論述。）只好本我的意思予理氣以新解釋。我先要審定理氣二字的意義。

氣字，當然不是空氣，或氣體和氣象等等氣字的意義。常途每以形氣二字連用，（形氣二字的意義，有時用得很寬泛。宇宙萬有亦總云形氣。）這裡的氣字，猶不即是形氣之稱，至後當知。我以為，這氣字只是一種生生的動勢，或勝能的意思。（此中勝能，不是物理學上所謂能力，在上章開始幾節中，有一節談及此，可覆看。）此氣是運而無所積的。（運者，動義，或流行義。動勢生滅相續，故云流行。剎那生滅，無物暫住，故云無所積。）動相詐現，猶如氣分，（分讀份。）故名為氣。（言氣，即顯無實物故。）詳核此所謂氣，正是本論所謂用。至於萬有或形氣，唯依動轉的跡象，假為之名，非離一切動勢，有實形氣。

理字，本具有條理或法則的意義，但不可如宋明儒說是氣上的條理。宋明儒中，許多人把氣說為實有的，因以為理者只是氣上的條理。如此，則理的本身竟是空洞的形式，只氣是實在的。明儒持這種見解的更多，即在陽明派下，也都如是主張。他們陽明後學一面談良知，（即本心。）不得不承認心是主宰，一面談氣是實有，理反是屬於氣上的一種形式，頗似心物二元論，甚乖陽明本旨。我在此處不欲多作評判，只說我對於理氣的解釋。我以為，理和氣是不可截然分為二片的。理之一詞，是體和用之通稱，氣之一詞，但從用上立名。氣即是用，前面解釋氣字的意義時，盡說得明白。理之一詞，何以是體用之通稱呢？因為就體而言，此體元是寂然無相，而現似翕闢萬象，（翕闢即是萬象，複詞耳。現者，顯現，或現起義。似者，以萬象不可執為定實，故置似言。）即眾理燦然已具。（萬象，即是眾理故。）故此體，亦名為理。又體之為言，是萬化之原，萬物之本，萬理之所會歸，故應說為眞理，（佛家說眞如名眞理。）亦名實理，（程子每言實理，即斥體言之。）也可說是究極的道理。（此中道理，係複詞。道字亦作理字解。）就用而言，翕闢妙用，詐現眾相，即此眾相秩然有則，靈通無滯，亦名為理，即相即理故，（兩即字、明其不二。）或相即是理故。（比上語較徑直。）前所云理，當體受稱，是謂一本實含萬殊。後所云理，依用立名，是謂萬殊還歸一本。理雖說二，要自不一不異。體用義別故，故不一；即用即體故，故不異。析理期詳，俟諸《量論》。

在本章之末，還須與有宗簡別一番者。本論從用顯體，即說本體亦名功能。（功能亦名勝能，勝能的意義，說見上章初幾節中。）但是，有宗建立種子，亦名功能，自無著創說時，即以功能爲現界或一切行的本體。（一切行，謂心和物。）無奈他們有宗把能和現分成二界，不可融而爲一，（功能，亦省稱能。現界，則亦省云現。）易言之，即是體用截成兩片。這個謬誤在前面駁辨甚詳，本可不贅，然而就名詞上看，我所謂功能是斥體而目之，無著等所謂功能，也是一切行的本原。（本原一詞，即是本體的別名。）誠恐有人誤會，竟以此同彼。（此者，本論所謂功能。彼者，無著等所謂功能。）今略舉數義，以相簡別。

一曰，本論功能即是眞如，無二重本體過。有宗功能是潛在於現界之背後，爲現界的因素。若僅如此，尙爲一般哲學家所同有的過誤，（體用說成二片，哲學家多犯此過。）不幸有宗又本佛家傳統的思想，別立無起無作的眞如法界，（無起，猶言無生。無作，猶言不動。眞如法界，係複詞。）過又甚焉。本論攝用歸體，（用即是體之顯現，非別異於體而自爲實在的物事，故用應攝入體，不可將體用析成二片。）故說功能即是眞如，會性入相，（性者，體之異名。相，謂用，義旨同上，但更端言之。）故說眞如亦名功能。以故，談體無二重過。

二曰，本論依功能假立諸行，（行字，見上卷〈轉變〉。諸行，謂心和物諸現象，俗所謂宇宙萬象是也。）無體用分成二界過。據有宗義，功能是體，以其爲現行之因故；（現行，即諸行之別名。諸者，心物諸行繁然不一，故言諸也。現者，諸行相狀，現前顯著，故言現也。）現行是用，以其從功能生起故。然彼現行生已，便有自體，乃與功能對立而成二界，如前已駁。本論依功能翕闢假說心和物，故非實有諸行界與功能並峙。（故非二字，一氣貫下。諸行界，猶俗云現象界。）以故，無體用析成二界過。

有宗
- 功能（亦名種子。種子復分二類，曰相分種、見分種。）
　　因
　　｜
　　果
- 現行
  - 相分（相當俗所謂物。）
  - 見分（相當俗所謂心。）

附說：功能為因，現行為果。能現各有自體，互相對待，成為二界。又現行是相分與見分之都稱，易言之，即相分與見分合名現行。

本論　功能
- 翕（假說爲物。）
- 闢（假說爲心。）

附說：離翕闢外，無所謂功能；離功能外，亦無所謂翕闢。此須善會。翕闢，只是同一功能的兩方面，（這兩方面的勢用，是相反相成的。）不可看作是兩種實有的物事。（此處吃緊。）故夫於翕闢而悟其生而不有，即本無生；於翕闢而悟其動而不滯，（未始有物，故無滯積。）即本無動。（詳玩上卷〈轉變〉。）然則生動之極，兀然空寂，（即用見體。）空寂之至，油然生動，（舉體成用。）其斯為誠之不可揜，神之不可測也夫。（非離功能別有真如，於此宜悟。）

三曰，本論功能是渾一的全體，但非一合相的，亦非如衆粒然。（一合相二詞，係借用，不必符其原義。假如有一件呆板的物事，純是一味合同，其間絕無分化可言，便名一合相。衆粒，謂如世間稻等種子，爲各各獨立的粒子，不得互相涵攝爲渾一之全體。）有宗功能說爲粒子性，是各各獨立的，是多至無量數的。這些衆粒，必須有貯藏的地方，所以建立阿賴耶識。（賴耶含藏種子，說見前文。）這種說法，也可謂之多元論。殊不知，一切物的本體，元是絕對的，元是全的，既曰多元，便是相對的物事，如何可以多元來談本體？此固不待深論，而得失易見。本論功能，亦稱大用或功用，又曰生生化化流行不息眞幾。（流行一詞，見前。）這個元是渾一的全體，（渾者，渾全。一者，絕待。）是遍一切時及一切處，恆自充周圓滿，都無虧欠的。（此中時和處，乃設言之以形容其圓滿之極。實則談到圓滿的全體，本來是絕待的，是超時空的，哪有時處可說？）不過，這個全體並不是一合相，不妨說是無窮無盡的部分互相涵攝，互相融貫而成爲渾一的全體。（此中部分一詞，須善會。常途言部分，是有實物可剖成部分的，此則不可當作實物來想。又每一部分可強說爲一單位，易言之，即強說爲一個功能。但切忌誤會，以爲功能果眞是各別的東西。須謹防此種謬想。大凡談理至玄微之境，便覺語言文字都是死的工具，不堪適用。此意難言。）譬如大海水，（喻渾一的全體。）實則只是無量的眾漚。（眾漚，喻各部分。）互相融攝而成渾全的大海水。（曾航海者，方見到大海水只是眾漚。）我們說功能是渾一的全體，而仍於全中見分，於分中見全，並不道是一合相。此處最關緊要。

問曰：「全中見分，喻如大海水元是一一的漚，此義易了。分中見全，義復云何？」答曰：如於眾漚中，隨舉一漚，便涵攝無量無邊的漚。易言之，即此一漚便涵攝全大海水。汝於此事，猶置疑否？若無疑者，應知於渾全的功能中假說眾分，（猶言一個一個的或許許多多的功能。）於眾分中隨一功能皆涵攝無量無邊的功能。易言之，任舉每一功能，都見是全體的，所謂一微塵即遍全法界，（此中全法界，亦可云全宇宙。）理實如是。

復次每一功能都具有內在的矛盾而成其發展。這個矛盾，可以說為互相反的兩極，一極假說為翕，一極假說為闢。翕則疑於物化而實為闢作工具，闢則守其不可物化的本性，而為運翕隨轉之神。（隨轉者，謂翕亦隨闢轉也。唯闢能運翕，故矛盾終歸消融，而復其本性矣。）翕闢兩極，以其互相反而恰互相成，這也奇怪。由此應知，變化不是如機械的動作的，其間宛然有一種自由的主宰力，就是闢極。這個闢，是運行乎翕極而為之主。此闢是具有明智的力用，（明智者，無染汙故，故說為明，虛靈無礙故，故說為智。）不過此種明智，是至微妙而不可知，（說為不可知，已是可知了，只為眾生錮於情識，故對眾生說不可知。）但絕不能說他是沒有明智的。如謂其非明智，便把這闢只看作是迷暗的力用，那就根本不識得造化之眞了。我們要知，大用流行（或云變化。）是沒有預定的計畫的，因爲本無作者的緣故；（作者，謂宗教家所云創造世界的上帝。）也不可道是沒有計畫的，因爲有主乎翕中之闢，此闢底本身就是湛然明智，能隨在作主的，絕不是亂衝的，故可以說是有計畫。但無所謂預定，即不是有個能計畫者。（如有預定的計畫，即是有個能計畫者。須知，翕闢成變，即於闢上說名計畫，不是離翕闢之變外，別有個能計畫者，此處宜虛懷體究。）總之，每一功能都具翕闢兩極，沒有一個功能只是純翕而無闢，或只是純闢而無翕的。（沒有二字，一氣貫下。）說至此，還要補充一段話，就是兩極一詞，須申說其意義。極者，極端。我說翕和闢是兩極端，只形容其相反的意思，非謂其如一物體之有二端，其二端不可同處也。物體可分爲上下或南北等二端，其二端是有方所之異而互相隔遠的。今此云兩極端，則是兩種絕不同的勢用。（或云動勢。）一是收凝，而有物化的傾向的；一是剛健和開發，而爲虛靈無礙之神，恆向上而不肯物化的，故說爲兩極端。（亦省云兩極。）實則此兩極只是同一功能之故反的動勢，（故反者，謂若故意爲此相反之動也，非謂其果有意，蓋言似之耳。功能之表現其自身，蓋不得不如此，所謂法爾如是。）這種不同的動勢（翕和闢。）是互相融合在一起，絕不是可以分開的。須知，功能的本身，就是這兩種動勢。離此兩種動勢外，無所謂功能。勢用雖殊，（殊者，謂有翕和闢之不同。）元非異體。（只是一個功能。）所以翕闢兩極，不可當作物體之有上下或南北兩極來想。上下等是各異其方所的，而此則沒有方所之異，（根本不可當作實物來想，哪有方所可說？）所以兩極一詞的意義，絕不容誤會。

復次無量功能互相涵攝而成為渾一的全體。（此通就一切功能言之，是全體。）又復每一功能都涵攝無量無邊功能。易言之，任舉一個功能，它便涵攝一切功能，即是全體。（此克就每一功能言之，各各都是全體的。）是等義趣，如前說訖。今次應說一切功能互為主屬。（屬者，從屬，從屬於主故。）如甲能（功能，省稱能，下準知。）對乙能乃至無量能而為主，乙能等等則對甲能而為其屬。同時，乙能亦對甲能乃至無量能而為主，甲能等等則亦對乙能而為其屬。於甲能乙能互為主屬如是，餘一切能，均可類推。由一切能互相為主屬故，所以說一切能不是一合相，而又是渾一的全體。主和屬元來各各有別故，故不是一合相。主和屬互相涵攝故，故為渾一的全體。又由一一能都為主故，即都是自由的，或自在的。由一一能都為屬故，即非是散漫而不互相涵攝的。總之，一切功能既非一合相，而仍是渾一的全體，是即於相對見絕對。既是渾一的全體，而畢竟非一合相。是即於絕對見相對。體用不二的意思，即此可見。綜前所說，本論功能雖不是一合相，而絕非具有粒子性。易言之，絕不可當作各各獨立的粒子來設想，尤不可妄臆其有貯藏的處所，此是本論與有宗天壤懸隔處。

附說：功能非一合相，不妨說為一個一個的。但所謂一個一個的，又絕不可看作是如衆粒然。易言之，即此無量功能確是渾一的全體。或有問言：「所謂渾一的全體，是否即一個一個的相加之和？」答曰：於全體中不妨說有許多部分，（部分，謂一個一個的功能。）但全體絕不是各部分相加之和。如果各部分元來是各各獨立的，今若聚合在一起，則必如一盤散沙然，何可成為全體？然則，全體何故不即是各部分相加之和，畢竟未易素解。為釋此難，復將體用義一作分疏。本體是一，而其顯為用也，則不能不萬殊，所謂各部分者，即克就用相上言之耳。（相者，相狀。）用相雖有各部分之殊，但其本體元無差別，故克就各部分言，此各部分畢竟是互相融攝而為渾一的全體。何以故？由即用即體故，非用離體別有物故。所以用相雖殊，（殊者，謂不是一合相，而是許多部分。）要非不相融攝，非不為全體。因為攝用歸體。即一一用相都無差別故。此義深微，只有大海水與眾漚喻。最便形容。一、大海水可以喻體。二、大海水全顯為眾漚，可以喻體全顯為萬殊的用，即所謂一個一個的功能。三、眾漚可以喻無量功能。（即各部分。）四、眾漚互相融攝而為全體，可以喻一一功能互相融攝而為渾一的全體。綜上所說，可見大海水與眾漚喻，善形容體用。於此透悟，則全體何故不即是各部分相加之和，其義豁然無疑矣。此處正文，融體歸用，所以只就用相上立言，故只說到部分互相融攝而為全體，便隨宜而止。至全體何故不即是各部分相加之和，則恐泥執用相者不能攝用歸體，必橫生滯礙，故復將體用分疏一番，期善學者深思而自得之。總之，本論談體用，有時須分疏，（如說體無方無相，用則詐現有相，體無差別，用則萬殊。又如說體顯為用。如是等等，皆見體用二詞的意義，不可混淆。）有時須融會，（或融體歸用，或攝用歸體，皆融會之謂。）此在讀者隨文會義。至理不可方物，（不可以形物比方之也。）說得死煞，便不是。

復次功能是渾一的全體，但非一合相。即於全中見分，而可以說爲一個一個的。又每一功能都具翕闢兩極，皆如前說訖。復有難言：「所謂每一功能都具翕闢兩極者，此意每一功能，就是翕闢二勢和合在一起的一個單位。據此，則甲單位與乙單位，以及無量的單位，都是各各釐然分立的，他們各個單位雖得互相融通，互相感攝，而說爲全體，但是在另一方面，似乎已把他們各個單位說成各自獨立的，終令人見分易，而見全難。」答曰：來難意思，未免滯礙。至理玄微，不容夾雜日常分析物事的觀念，以相擬議。如應者言，（借用佛典語。應謂契應正理。）功能本自渾全而又不可計爲一合相，功能不妨說分而又非如眾多粒子然。（有宗甚謬誤。）此處不容以情見猜測。至汝所云每一單位，若就其翕之一方面言，則收凝而有物化之傾向，似成一極小的圈子，（注意似字。這種圈子初不必顯著，及其漸著，及其著也，或即被人叫做極微，或亦云電子等。）故謂之翕。同時，此翕中即有虛靈無礙之神，或剛健的力運行其間而爲之主，便謂之闢。每一個翕既似形成一極小圈子，若有粒子性者然。（注意似字，及若有等字，非實成粒子故。）因此，則運於翕中之闢的勢用，也就和此翕同一小圈子，而這個圈子其實也只是一個動圈。如此一翕一闢之和合而成一圈者，假說爲一個功能，亦得謂之一單位。無量的功能，每個都是如上所說。我們應知，功能所以非一合相者，其妙就存乎翕。有翕便有分化，才不是一合相。假使沒有所謂翕就無從顯出對待，無有萬殊可言。據此，則翕是分化的，每一個翕，是自成一極小圈子。今試克就闢言，此闢是否眞個隨翕而分成各個的圈呢？應知，闢的勢用雖運於一切翕之中，恆隨各個的翕而分成各圈，但闢的本身確是渾一的。可分與不可分，於此都不妨說。（闢的勢用，既不同實物，不妨說不可分。它是隨一切翕，而皆運乎其間的，亦不妨說可分。）有難：「如此說來，闢似成二。一、隨各個翕而成爲各圈的；二、統一的。」此難大誤。統一的闢即是隨各個翕而成爲各圈的闢；各圈的闢，也即是統一的闢。豈其有二？然則，翕何故有？應知，翕並不是別有來源。此翕和闢，是同一本體。可以說，翕的本身即是闢，不過爲顯發闢的力用之故，不得不有資具。所以，本體之動自然會有許許多多的收凝的勢用，（許多字，吃緊。不是只翕成一團也。）才收凝便有成形的傾向，即此謂之翕。所以，翕是一種反動，故與闢異。我們可以數來表示翕闢的意義。

--翕
一闢

--是偶數，是有對的意思。因爲翕便近於物化，故成有對。一是奇數，是無對的意思。因爲，體顯爲用，雖用之爲言，不外一翕一闢，而翕則近於物化，便不守其體之自性，（此之謂反。）幾乎不成爲用。唯闢則不捨其體之自性，可以說闢即體之如其自性而呈顯；只有闢才是大用流行，也可以說闢即是體。因此，說闢是無對。又復須知，翕闢二勢畢竟相反相成。闢能轉翕從己，（己者，設爲闢之自謂。）翕終順闢，於此可識渾全。綜上所說，於全體中，不礙分化，於分化中，可見全體。法爾如是，何庸疑難？

四曰，本論功能、習氣，不容混同。有宗立義最謬者，莫如混習氣爲功能。他們有宗計一切功能，綜度由來，可爲二別。一者，本有功能，謂無始法爾而有故。無始，猶云泰初，或泰始。佛氏云無始者，因凡情皆計有初始，而實不可知其始期，故曰無始。法爾，猶言自然。自然者，無待而然。二者，新熏功能，謂前七識一向熏生習氣故。前七識者，大乘說每人都有八個識，一眼識、二耳識、三鼻識、四舌識、五身識、六意識、七末那識、八阿賴耶識。此八識，俟下卷當詳。一向者，佛家承認每人的生命是恆存的，推其前則無始，究其後則無終，故此言一向者，乃約無始以來而說。習謂慣習，氣謂氣勢。習氣者，謂慣習所成勢力。熏者，熏發，如香熏物，便有香氣發生。前七云云者，謂前七識起時，各各能發生習氣，以潛入第八賴耶識中，令其受持勿失，而復爲新功能也。有宗說前七識是能熏，第八賴耶識是所熏。前七中，如眼等五識取外境故，故能熏發習氣。第六意識攀緣一切境故，能獨起思構故，故能熏發習氣。第七末那識，恆內自計執有我故，故能熏發習氣。唯第八賴耶識，則受持前七所熏發之習氣，故名所熏。習氣藏賴耶中，即成一種新的勢力。能生未來之一切心物諸行，故名新熏功能。有宗中談功能由來者，自世親以後，或主唯本有，或主唯新熏，至護法折中眾義，主張本新並建。中國玄奘及其弟子窺基並宗之，遂成定論。參考基師《成唯識論述記》。吾著《佛家名相通釋》，徵述尤詳。這種說法，甚不應理。須知，功能原唯本有，無別新熏。所以者何？功能爲渾一的全體，具足萬德，無始時來法爾全體流行，曾無虧欠，豈待新生遞相增益？設本不足，還待隨增，何成功能？故知本新並建，徒爲戲論。尙考有宗根本謬誤，則在混習爲能，故說本外有新。（習氣，亦省云習。功能，亦省云能。後皆仿此。由不辨能習之殊故，故說習氣爲新熏功能，以別於本有功能。若了習氣非可混同功能者，則知功能唯是本有，而無所謂新熏也。）其實，有宗所謂習氣，我亦極成。不過，習氣是如何才有的，有宗於此似欠說明。他們有宗只說習氣是由前七識各別熏生，（據有宗說，眼識可析爲相、見二分。相分即色境，見分即了別色境的作用。此二分合名眼識。此眼識起時絕不是空空過去，卻能熏生一種習氣，投入賴耶中，是爲新功能。由此爲因，得生後念眼識相、見二分。故與本有功能無異。眼識如是，耳識乃至第七識，皆可例知。）而於所以熏生之故，則猶未詳，此亦是其粗疏處。

我固承認習氣是有的，但我之言心，不許剖成八個。因此，無所謂前七各熏。我以為，凡人意念乍動之微，與發動身語或事為之著者，通名造作，亦名為業。（發動身語者，謂意念乍動，曰意業。即由意業轉強，而發為口語，曰語業。發為身體上之動作，曰身業。後二業，即已見之行事。）一切造作，不唐捐故，（猶云不虛費。）必皆有餘勢續起而成為潛存的勢力，（注意一切字，及皆字。）是名習氣。這千條萬緒的習氣，所以各各等流不絕者，（注意各各字。等流，謂各各習氣的自身均非固定的，都是刹那刹那、生滅滅生、相續流去，故云等流。等者，似義，後起似前曰等。）就因為人生有儲留過去一切作業，以利將來之欲。（業曰作業，取複詞便稱。）這個欲雖不顯著，而確是凡有情識的生類所同有的。如其無此欲，則一切作業才起即滅，都無續起的餘勢。以彼造作或業起時，無儲留此作業之希欲故，故業一滅便無餘勢。人生常依據過去，以奔趨茫茫不測之當來，（當來，猶言未來。）必不甘過去都消逝無餘，以致絕無依據。所以，凡業起時，必恆有保留之希欲與俱。因此，所作業雖方生方滅，而此業滅時即有餘勢續生，名為習氣。（業方滅時，即其餘勢續生，而生滅之間，亦無間隙。）此習氣恆自潛伏等流，而成為吾人生活的潛力。申言之，一切習氣恆互相倚伏，成為吾人生活的內在的深淵，可以說為習海。習海是我人所取資的，亦能淪沒吾人的。吾人本來的生命，（此中生命一詞，直就吾人所以生之理而言，換句話說，即是吾人與萬物同體的大生命。蓋吾人的生命，與宇宙的大生命，實非有二也。故此言生命是就絕對的眞實而言。世俗用此詞，其含義自別，切勿誤會。後凡言生命者，皆準知。）必藉好的習氣，（後云淨習。）為其顯發之資具，如儒者所謂操存涵養，或居敬思誠種種工夫，皆是淨習。生命之顯發，必由乎是。然亦以有壞的習氣，（後云染習。）遂至侵蝕生命，且直取而代之。（謂染習為主，是直取生命而代之也。）不幸人生恆與壞習為緣，常陷入可悲之境，故哲學對於人生的貢獻，要在詔人以愼其所習。（孔門的克己，印度佛家的斷惑或破執，都是去壞習。東方哲學的精神，只在教人去壞習。壞習去，然後眞性顯。）要之，習氣自為後起，本不可混同功能。嘗以為能習二者，表以此土名言，蓋有天人之辨。天者，非如宗教家所謂造物主，乃即人物之所以生之理而言也。易言之，即一切物的本體，說名為天。人者，謂眾生自無始有生以來，凡所自成其能而儲留之，以自造而成其為一己之生命者，於此言之，則謂之人耳。功能者，天事。習氣者，人能也。以人混天，即以後起同所本有，而吾儕始將人類從無始來，拘執形氣，乃淪溺現實生活中，凡所遺留的一切壞習，認為天性。（此中形氣一詞，謂眾生之身，及其身所接之天地萬物，總名形氣，眾生拘執形氣，其生命便完全物化了。）因此，無從自識性眞，而人乃無復性之可能，（人生役於形，囿於染習，便失其性。誠能復還其性眞，即自得於性分內，而無盲以逐物之患。）此眞人道之大患也。有宗能習不分，是誠千古巨謬。本論特嚴能習之辨，略舉三義如下：

一曰功能即活力，習氣但為資具。功能是宇宙的本體，（功能本大用之稱，然即用即體故，故說功能是體。）亦即是吾人的本性。（性字義，訓釋不一。然董子曰，性者生之質，其義爲妥。質，實也，程子所謂實理是也。吾人之生，本於一個眞實的道理，即名此生的實理曰性。此性是法爾本有的，曰本性。）人之生也，形氣限之。這句老話表示人生有物化的危險，很難超脫，固非全屬無稽之談。殊不知，從人生的本性來說，（此中本性即謂功能。以其在人而言，謂之本性，後仿此。）畢竟是不墮於形氣的，是夐然超脫的。（夐然，絕待也。）因爲本性上毫無障染，（譬如太陽，雖有雲霧起爲障染，而其赫然光明之體，恆自若也。雲霧何曾障礙得它、染汙得它。本性無障染，義亦猶是。）毫無滯礙，（流行不息，而無所住著。）毫無虧欠，（德用圓滿。）所以可形容之，而說爲吾人固有的活力。這種活力是精剛勇悍能主宰形氣，而不拘於形氣的。（精者，純潔無染。剛者，至健不撓。勇者，銳利而極神。悍者，堅固而無不勝。此四德者，在一般人的塵凡生活中，本難發現，但四德乃本性固有，元無損減。吾人才提醒，便呈露。）吾人具大有的無盡藏，而無待求足於外者，就是這種活力。（大有，見《周易》。有者，富有。大者，至極之稱。）可惜人每役於形，而迷失其寶藏。吾人試反驗之胸次，若有些子掛礙在，（掛礙，即是物化了。）便失掉元有的活力。（活力如何可失掉，只吾人自甘物化，以致本性不得顯發，故云失掉。）只有將此活力涵養得充盛，才於此見自本性。易言之，即於此識得功能妙體。（功能，即是一切物的本體。此體具眾妙故，故云妙體。）

附說：明儒王船山詩有云：「拔地雷聲驚筍夢，彌天雨色養花神。」筍之生機在根，潛藏於地，若夢夢然。春雷震而筍夢驚，則生機勃然不可御。人生固有活力，錮而不顯，猶筍夢也。必其能自警覺，而本有活力始條達不可遏。雷聲，喻提醒警覺之功。春氣生養萬物，雨澤甚厚，常有密雲流布，故云彌天雨色，此喻學者涵養工夫深厚。警覺為入道初幾，此則功行圓熟。花之神即活力是也。二句盡有次第，此詠涵養活力的意思，深可玩。

習氣無論爲好爲壞，都是自形生神發而始起的。（形生神發者，形謂身、神謂心。此身既生，即有心作用發現。於是有一切作業。即凡作業，皆有餘勢等流，名爲習氣，故習氣非本有。）此習氣既起，便和吾人的生命緊相繫屬。（生命即功能，亦即前云活力。活力只是形容詞。）以功能既賦予於吾人，而爲吾人之本性，即說爲吾人所固有的充盛的活力，即此活力，亦名爲生命。）生命元是法爾無爲的，（法爾，見前。此中言無爲者，生命的運行是自然的，是默運未嘗息而畢竟無作意的，故曰無爲。非謂其兀然堅住，始名無爲也。）必需資具，才得顯發，譬如電力必賴有傳電和發光的資具，才得呈現出來。（資具，謂如電線和電燈泡子等。）如果無有資具，電力雖未嘗不在，卻不會顯發了。（因明學謂凡喻只取少分相似，若泥執此喻，以求與所喻之理全相印合，則謬誤不堪，學者宜知。）習氣是人爲的，此習氣卻是生命所仗的資具。如果沒有習氣，生命也無以顯發他自己。我們要知道，習氣無論好壞，卻有一種通性，即每一習氣之潛存者，皆有起而左右將來生活之一種傾向。這種傾向正是一切習氣的通性，（一切者，習有好壞，今賅好壞而言，故云一切。）如操存涵養等工夫，（操存、涵養，並本孟子。操者操持，存者存主。吾人的生命，即此本心是已，常持守此心，而不令放失，即日用萬端都任本心作主，不令私意或私欲起而蔽之，此便是操存工夫。涵養，亦云存養，識得本心以誠敬存之。於物感未交時，中恆有主，不昏不昧。物感紛至時，中恆有主，常感常寂。非涵養工夫深純，不克臻此。涵養與操存，義亦相近。其微異處，當別詳。）此類作業所成習氣，（操存涵養等工夫，即是吾人自己努力向上的一種作業，其萌於意，與發於身語者，無非清淨。這種作業的餘勢潛存者，是為淨習。）無障染性故。（淨習之性，非障礙，非垢染。）其潛力恆使吾人生活日益向上故，（唯淨習具此傾向。）吾人本來的生命，恆賴有此淨習而後得顯發。故說習氣但為資具。（此中談淨習，舉儒家操存涵養等義為例者，取其簡要，於人生日用極切。佛家談修行工夫，其名相過繁，然與儒者操存涵養義，大旨非無融通處，但其歸趣究不同耳。）人生如果拘於形體，囿於染習，而淨習不起，則生命不得解脫於纏錮之中，而幾於完全物化矣。（拘形骸，囿染習，即生命被纏錮。）所以，生命必仗淨習為資具，而後得脫然無累。然則，染習不得謂之為資具歟？曰：此亦不然。染淨之分，其幾甚微，而其流則相差極遠。染習之所以成乎染者，唯當其作業時，稍徇形骸之私，便與本來的生命相違礙，（吾人的生命，是渾然與天地萬物同體的，初非小己之形骸所得私也。今吾人乃拘執小己之形骸而自私焉，故違礙本來的生命。）此等作業之餘勢潛存，（餘勢，名染習。）恆有使吾人生活日究乎汙下的傾向，（染習具此傾向。）此染習之所以迥異乎淨也。然凡習（凡者，通染淨言之。）要皆於生命爲資具，染習只是不良的資具而已。但人生的通患，常是把資具當作了本來的生命，（注意。）不獨染習乘權，是取生命而代之的，即淨習用事，亦是以人力來妨礙天機，（人力，謂淨習。天機，謂生命。）以後起的東西（謂淨習。）誤認爲本來面目，（謂生命。）人生之喪其眞也久矣。所以前哲用功，染習固克治務盡，即淨習亦終歸渾化。程子說：「明得盡時，渣滓便渾化。」此意極深微。淨習者，所仗以達於本體呈露之地也，本體呈露方是明，必使本體毫無蔽障方是明得盡，至此，則淨習亦渾融無跡，即習乃轉化而成性也。程子所謂渣滓，即指習言。習雖淨，若未渾化，猶是渣滓也。孟子談工夫，以勿忘勿助長爲極。助長，即是習心未渾化故。佛家談修行，其究亦歸無所得，至此，則淨習渾化無跡也。此義幽深，非淺智所及。夫如是，乃不至役於資具而喪其眞。

附注：孟子云勿忘勿助長者，謂吾人涵養的工夫，必於本心（即本體，亦即生命。此心是不物化的，故是吾人的生命。）念念保任之，勿令放失，故云勿忘。又保任之功，須隨順本心昭靈自在之用，不可著意把持，而欲助其長盛。如欲助長，則是自家習氣用事，斯時本心已被障礙，而不得顯發矣。此中義蘊，深廣無邊，若於此未曾用功者，亦自不知所謂。

二曰功能唯無漏，習氣亦有漏。（唯者，此外無有之謂。漏，謂染法，取喻漏器，順物下墜故。有漏、無漏，相反得名。亦者，伏無漏二字。習氣不唯是無漏，亦通有漏故。）純淨義，升舉義，都是無漏義。升舉猶云向上。雜染義，沉墜義，都是有漏義。功能是法爾神用不測之全體，吾人稟之以有生，故謂之性，亦云性海。（此性至大無外，含藏萬德，故喻如海。）性海元是光明晃曜，無有障染，（自性無滯礙故，云無障，亦無他法能障自性故，云無障。自性無垢汙故，云無染，亦無他法能染自性故，云無染。）故說功能唯無漏性。（此中性字，是德性之性。與上文性字不同。上性字即功能之別名，此中性字則功能上所具之德性也。以後準知。）是以物齊聖而非誣，（微塵芥子，同佛性故。）行雖迷而可復。（人生無惡根故。）若有宗計功能，通有漏無漏者，（有宗析功能爲各別的，已如前說。彼計一切功能，有是有漏性，有是無漏性，故概稱功能即通此二。）則是鄙夷生類，執有惡根，可謂愚且悍矣。（有宗功能分本有、新熏二類。其本有功能亦有是有漏性者，即是斯人天性固具惡根。）故本論所說功能，與有宗截然異旨，學者宜知。

唯夫習氣者，從吾人有生以來，經無量劫，一切作業，餘勢等流。萬緒千條，輾轉和集，如惡叉聚。其性不一，有漏無漏，釐然殊類。（劫者時也。輾轉，相互之謂，和集者，一處相近名和，不爲一體名集。無量習氣互相附著，成爲一團勢力，故言和也。然又非混合而無各別，故言集。惡叉聚者，果類有不可食者名無食子，落在地時多成聚故，梵名惡叉聚。此喻習氣頭數眾多，互相叢聚。）無漏習氣，亦名淨習。有漏習氣，亦名染習。夫習所以有染淨異性者，揆厥所由，則以吾人一切作業有染淨之殊故。染業者，如自作意，至動發諸業，（作意，謂意業。此以意欲創發，乃至計慮、審決等心理的過程，通名作意，與心所法中作意義別。動發，即見之身語而形諸事爲，此業便粗。）壹是皆徇形軀之私而起者。此業不虛作，必皆有餘勢潛存，名有漏習。（餘勢二字吃緊。）凡業雖當念遷滅，然必有餘勢，續起不絕。如香滅已，餘臭續生，絲竹停奏，餘音入耳。又如春日猶寒，嚴冬之餘勢也，秋時厲暑，盛夏之餘勢也。凡物皆有餘勢，何況有生之物靈長如人，其所作業餘勢強盛，自非物質現象可比。佛家向以人之知慮，迄於行爲等等造作，萌於意者爲意業。自意而發諸身體動作者爲身業，自意而形諸口語者爲語業。雖復分別說爲意業、身業、語業，要之總名造作，亦名爲業。凡業皆有餘勢，等流不絕。以此餘勢爲過去所慣習故，故名爲習。此習遺於種族，即名種族經驗，亦即心理學上所謂本能。其播於社會者，謂之風氣。總之，人生一切造作或業，決非過去便散失，都有餘勢等流，謂之習氣。而人每忽焉不察，須沉心體之自見。下言淨習，亦可準知。又一切業徇形骸之私而起者，通成染習。此處須深玩。染即是惡。須知，惡本無根。吾人本性無染，何故流於惡耶？只徇形骸之私，便成乎惡，王陽明先生所謂「隨順軀殼起念」是也。人之生也，形氣限之，有了形骸，便一切爲此身打算，即凡思慮行爲，舉不越此一身之計，千條萬緒之染業皆由此起，須反身切究，始覺痛切，否則粗心昏氣，於此茫然不省。淨業者，如自作意至動發諸業，壹是皆循理而動，未嘗拘於形骸之私者。此業亦不虛作，必皆有餘勢潛存，名無漏習。一切淨業，皆是循理而動。淨即是善。循理者，即凡意身等業，壹皆順從乎天性本然之善，而動以不迷者也。《中庸》所謂率性是也。率性即不役於小己形骸之私。孟子以強恕爲近仁。恕者，即能超脫乎一身之外，不在一身利害得失上打算，唯理是從。不以己身與萬物作對，而通物我爲一者也，故曰近仁。仁之爲德，生而不有，至公無私，即性也。強恕則復性之功猶未即是性，故以近仁言之。（強字吃緊。）意身等業，皆不外乎強恕之道，即業無不淨，而動皆率性。此等淨業之餘勢等流，便名淨習。凡習染淨由來，大較如此。乃若染習行相，難以殫詳。（此中行相謂習氣現起而行趣於境，有其相狀，故云行相。下言行相者皆準知。染習行相不一，故難詳也。）

淨習行相，復難窮析。各舉其要，染淨相翻，都以三本。染習三者，曰貪、曰瞋、曰痴。是三爲一切染業本，（三者自身即染業，由此引生其他種種染業，故說爲本。）舊稱此爲三毒。貪者，染著相，謂於自身及一切所追求境，皆深染著，不能蕩然無繫故。（染著二字，須自省深切始知之。）瞋者，憎恚相，謂於他有情不能容受故，每懷憎惡故。（有情者，眾生之異名，以有情識故名。）痴者，迷暗相，謂於眞理無證解故，即於宇宙本原或人生眞性曾不自識故，於一切事不明析故，於諸所作任倒見故。（見解不正，曰倒。）此三本惑，（三者又通名爲惑，是一切惑之根本，故云本惑。）一切染業，依之得起。廣說其相，當俟下卷。要之，此三都非本來清淨性海中所固有，只因拘於形骸而始有的。易言之，即吾人的生命，纏錮於物質中，而吾人只是頑然一物，所以無端而起種種惑相。（無端二字吃緊，惑無根故。）物交物，故染著生；（吾人拘於形，故自成爲一物，以此物與他物交，則有染著，如顏料之於絲然，欲免於染不得也。）物相排拒，故憎恚生；物本拘礙，故迷暗生。總之，吾人受拘形骸，或淪溺物質生活中，（物質生括無可歸咎，只淪溺便成大咎。）才有一切惑業，（即染業。）成爲惑習。（即染習。）惑習潛存，復乘機現起而爲新的業，則惑益增盛。此人生所以陷於物化之慘，無由復其性也。

淨習三者，曰無貪、曰無瞋、曰無痴。是三爲淨業，復爲餘淨業所依。（餘者，猶云旁的種種。）無貪者，離染著相，對治貪故。無瞋者，柔和相，（混然與萬物同體，故心恆慈柔和悅。）對治瞋故。無痴者，明解相，（隨順性智故，游心虛寂故，常自精察自己知見迷謬處，而自繩正之，因得進於明解。性智，見上卷〈明宗〉。）對治痴故。舊說此三，名三善根。（一切淨業，依引三者而起，故此三爲萬善之本。）亦俟下卷，詳說其相。儒者強恕於三善根亦是階梯。三善根者，所以對治三毒。三毒要依身見起，（身見係佛家名詞，陽明所云隨順軀殼起念，亦同此旨。）三善根則必破除身見。初唯順性，而起對治，（順性順字，吃緊。三善根皆淨業，猶未即是性，只是吾人順自本性，不爲形役，而努力對治三毒，初時用功，正是勉強，不勉強，則將隨順軀殼起念，而無由順性矣。）終乃一任眞性流行。（至此則淨業或淨習，亦渾化無跡而與性爲一矣。此中理趣淵微，非凡夫境界。）故三善根初幾，非不由強恕。強恕正所以伏除身見故。（恕則推己及人，未嘗囿於一身之私。）對治三毒，從強恕入手最切近故。對治貪，莫妙於恕，能恕則必克治一己染著之私矣。對治瞋，莫妙於恕，能恕則己所不欲，勿施諸人矣。對治痴，莫妙於恕，何以故？恕則能超脫於形累與情計之外，而神智獨伸，痴自盡矣。故曰強恕，是三善根階梯也。我們要知道，一切淨業或淨習，如強恕與無貪等三善根，乃至種種，都是順性而起的修爲，故說爲業或習。此業或習，乃性之所由達也，（此中意義，煞是難言。若非自己曾用功於此，而又切究華梵諸先哲意思能會其通者，無從明了此意。容當別爲講詞。）雖復名業或習，而性即行乎其中。一旦功行純熟，（功行者，即淨業或淨習之都稱耳。純則無染習之雜，熟則臻於自然，更不待著力也。）則業或習乃渾化而與性爲一矣。如舟中扶舵者，即身即舵，此其譬也。（扶舵者之身，喻淨業或淨習。舵喻性。舵仗扶者之身而動，恆不失其主宰。扶者之身，爲舵作運行的工具，而與舵完全協合如一。故曰即身即舵，非其身與舵可分離也。）是故習有染淨，淨習順性，染習則與性違。染淨消長，吉凶所由判，（染長則淨消，喪其生理，凶道也。淨長則染消，全生理之正，吉道也。）然生品劣下者，則唯有漏習一向隨增，淨習殆不可見。前面已經說過，功能者天事也，習氣者人能也。人乘權而天且隱，（吾人所稟之形，與其所造之習，通謂之人。已成乎人矣，則人自有權，而其天性反隱而難顯。易言之，即後起的東西來作主，而固有的生命竟被侵蝕了。）故形氣上之積累，不易順其本來。（習與形氣俱始，故是形氣上之積累。染習則恆與形氣相狎，而違拂其固有生理。淨習雖與天性相順，然即在人類欲其捨染趣淨亦極難，故云不易盡順本來。）愚者狃於見跡（見讀現，見跡謂染習。）而不究其原，（不悟眾生本性皆善。）因眾生染習流行，遂以測生理之固有汙疵。（有宗立本有有漏功能，與儒生言性惡者同一邪見。）果爾，即吾於眾生界將長抱無涯之戚。然嘗試徵之人類，則通古今文史詩歌之所表著，終以哀黑暗、蘄高明，爲普遍之意向。足知生性本淨，運於無形，未嘗或息。悠悠群生，雖迷終復。道之云遠，云如之何。險阻不窮，所以徵其剛健；（無染習之險，何以見克治之健。）神化無盡，亦以有夫「剝」極。（物之生，不能皆靈而無蠢。人之習，不能盡善而無染。蠢與染皆缺憾也，《易》之所謂「剝」也。然天道無擇於長育，聖哲常垂其教思，故神化無盡也。）若有小心，睹宇宙之廣大，將恐怖而不可解。《易》道終於「未濟」，不爲凡愚說也。（《大易》之書爲六十四卦，而以「未濟」終焉。此義宏遠。萬物之變，萬化之不齊，如欲一切躋於一個極好的境地，而絕無所謂不好者存，則是有絕對而無相對也。將絕對之名。又何待而立乎？須知，眞理恆存，正以其有乖反乎眞理者，而益見眞理之不息而至尊。人生希望，唯存乎常處缺憾而蘄求不已之中。未濟，誠終古如斯矣，夫何憂何懼。）

三曰功能不斷，習氣可斷。（可者，僅可而未盡之詞也。）功能者，體萬物而非物，（體萬物者，謂其遍爲萬物實體。非物者，功能的自身，本無形相，雖爲一切物之本體，畢竟不即是一切物，故不可以執物之見而測功能。）本無定在，故乃無所不在。窮其始則無始，究其終則無終，既無始無終，便是恆常。故說功能永無斷絕。（此中所謂恆常，卻非凝然堅住之謂。功能自體元是生生化化流行不息的，以其不息，故謂恆常。）

或復計言：「如人死已，形銷而性即盡，（性即功能，盡者滅盡。）豈是人所具功能得不斷耶？」應答彼言：形者，凝爲獨而有礙；（獨者，成個體故。）性者，本至一而無方。（至一者，絕對義。無方者，無有方所故，不限於某一部分故。）人物之生也，語性則一原，成形則不能不各獨。形者質礙物，固非復性之本然已。但此性畢竟不物化，其凝成萬有之形，即與眾形而爲其體。自眾形言，形固各別也；自性言，性則體眾形而無乎不運，乃至一而不可剖、不可壞。不可剖與壞者，貞也，性之德也。若乃人自有生以後，其形之資始於性者，固息息而資之，（資始者，由形言之，形乃資於性以始也。形之初生，固資於性以始，形既生矣。則猶息息資於性也。）非僅稟於初生之頃，後乃日用其故，更無所創新也。（性者，萬物之一原。由甲物言之，則甲物得性體之全，以成爲甲也。由乙物言之，則乙物亦得性體之全，以成爲乙也。丙物，乃至無量物，皆可類知。要之，性體非限於一物，而凡物之生，實無一不資於性體以有其生也。性體，是無盡的寶藏，凡物皆息息資之以生，非僅於初生時一次資之而已。故吾人的生活，息息創新，以性體爲其源泉故也。）易言之，是性之凝爲形，而即以宰乎形，運乎形者，實新新而生，無有歇息之一期。然形之既成，乃獨而有礙之物，故不能有成而無壞。但不可以形之成乎獨且礙，而疑性之唯拘乎形中，遂謂形壞而性與俱盡耳。（吃緊。）性者，備眾形而爲渾一之全體，流行不息。形雖各獨，而性上元無區別。（一己與人人乃至物物，據形則各獨，語性唯是一體。）形雖有礙，而性上元無方相。（方相者，形也。性則所以成乎此形者，而性本無形。）以形之必壞，而疑性亦與形俱盡者，是不知性者大化流行，原非有我之所得私，執形以測性，隨妄情計度而迷於天理之公。死生之故，所以難明耳。故功能無斷，理之誠也，如其有斷，乾坤便熄。豈其然哉！

習氣者，本非法爾固具，唯是有生以後，種種造作之餘勢，無間染淨，（造染則有染勢，造淨則有淨勢。）無分新舊，（舊所造作者，皆有餘勢潛存。新所造作者，亦皆有餘勢潛存。）輾轉叢聚，成爲一團勢力，浮虛幻化，流轉宛如。（宛如者，流動貌。）雖非實物，而諸勢互相依住，恆不散失。（此處吃緊。）儲能無盡，（習氣不散失，即是儲留無盡的勢能。）實侔造化之功；（王船山云：習氣所成，即爲造化。）應機迅速，是通身物之感。（物感乎身，而身應之，即由習氣應感迅速。）故知習氣雖屬後起，而恆輾轉隨增，力用盛大。吾人生活內容，莫非習氣。（吾人存中形外者，幾無往而非習，此可反躬自察者。明儒唐一庵云：自生身以來，通髓徹骨，都是習心運用。俗人有俗人之習，學者有學者之習，古今有世習，四方有土習。眞與習化，幾成天作，每向自己方便中窩頓，凡日用睹記、討論，只培溉得此習。中間有新得奇悟，闊趨峻立，總不脫此習上發基。）吾人日常宇宙，亦莫非習氣，（各人的宇宙不同，即由各人宇宙由自己習氣形成之故。如吾人認定當前有固定之物名以書案，即由乎習。若捨習而談，此處有如是案乎，無如是案乎，便有許多疑問在。）則謂習氣即生命可也。宗教家說，人有靈魂，雖死後亦不散失。吾謂靈魂即無量習氣互相結合的體系而已。儒者說，人死後有知氣存，見《禮經》。

知氣蓋即習氣的複合體。謂之知者，習氣自是一團虛妄分別的勢用，潛存而未現者，雖不明了，要非無知，故云知氣。總之，衆生只任有漏習氣作主，故習氣便成爲生命，而本來的生命反被侵蝕了。然則，習氣將如功能，亦不斷乎？曰：功能決定不斷，如前說訖。習氣者，非定不斷，亦非定斷。所以者何？習氣分染淨，上來已說。染淨相爲消長，不容並茂。如兩傀登場，此起彼仆。染習深重者，則障淨習令不起，淨習似斷。（非遂斷絕也，故置似言。）又若淨習創生，漸次強勝。雖復有生以來，染恆與俱，而今以淨力勝故，能令染習漸伏乃至滅斷。（始伏之，終必斷。）斷於此者，以有增於彼，（染增則淨斷，淨增則染斷。）故概稱習，則僅曰可斷，而不謂定斷也。爲己之學，（哲學要在反求諸己，實落落地見得自家生命，與宇宙元來不二處而切實自爲，無以習害性。孔子曰：古之學者爲己，正就哲學言。）無事於性，（性上不容著纖毫力。）有事於習，（修爲便是習。）增養淨習，始顯性能，極有爲乃見無爲，（性是無爲，習是有爲，習之淨者，順性起故，故極習之淨，而徵性之顯。）盡人事乃合天德，（人事以習言，天德以性言，準上可解。）習之爲功大矣哉！然人知愼其所習，而趣淨捨染者，此上智事。凡夫則鮮能久矣，大抵一向染習隨增，而淨者則於積染之中偶一發現耳。（如孟子所舉乍見孺子入井而惻隱之心，此即依性生者，便是淨習偶現。）若乃生品劣下者，則一任染習縛之長軀，更無由斷。其猶豕乎！繫以鐵索，有幸斷之日乎？故知染習流行，儻非積淨之極，足以對治此染，則染習亦終不斷。要之，淨習若遇染爲之障，便近於斷。（近字注意，淨習雖無全斷之理，然間或詐現，而不得乘權，則其勢甚微，故已近於斷。）染習若遇淨力強勝，以爲對治，亦無弗斷。故習氣畢竟與功能不似也，功能則絕不可計爲斷故。

綜前所說，性和習的差別處，較然甚明。（性謂功能，注見前。）有宗乃混而同之，是所謂鑄九州鐵不足成此大錯也。今此不寵習以混性，亦不貴性而賤習。（性是眞實，習本虛幻。然虛幻法，畢竟依眞實法而起，既起便有勢用，如何賤視得？）雖人生限於形氣，故所習不能有淨而無染，此爲險陷可懼。（一流於染，即墮險陷。）然吾人果能反身而誠，則捨暗趣明，當下即是。本分原無虧損，染汙終是客塵。（本分謂性。染習雖障礙本性，然本性要不因染障而有改易，故云無虧損。譬如客塵雖障礙明鏡，然明鏡實不因塵障而有改易，故拂拭塵垢，則鑑照朗然如常也。）墜退固不由人，戰勝還憑自己。人生價値，如是如是。使其生而無險陷，則所謂大雄無畏者，又何以稱焉？（佛號大雄無畏者。就因爲他與眾生同在險陷之中，他卻能首先戰勝險陷，而自拔出來，並且不捨眾生，而願盡拔出之，以一己與眾生同體故。孔子：「己欲立而立人，己欲達而達人。」與佛同一心事。）

本論所謂功能，和有宗根本異旨，在上面所陳諸義中，已可概見。現在要把根本大義重行提示，以作本章的結束。

一、體用二詞，雖相待而立，要是隨義異名。（注意。）實非如印度佛家以無爲及有爲，析成二片，（有爲者，以心物諸行，皆有起滅故，有變動故，故名有爲。）亦非如西洋哲學家談實體及現象，爲不可融一之二界。（融一者，具云融通爲一。）

二、至眞至實，無爲而無不爲者，是謂體。無爲者，此體非有形故，非有相故，非有意想造作故。無不爲者，此體非空無故，法爾生生化化、流行不息故。

從其生化流行，彰以用名。然用即是體，非用別成一物，與體對待，若親與子，非一身也。（非字一氣貫下。）何以故？生而不有，化而不留，流行而無故之可守，一無形無相無想之本然也。（無故可守者，謂雖發現生化而實無物，焉有故物可守？）即用即體也，誰謂有異體而獨存之用耶？

無形者，空寂也。（空者，以無形無染名空，非以空無名空。下準知。）無相者，亦空寂也。無想者，亦空寂也。空寂復空寂，離諸滯礙，含藏萬有，具備萬德或萬理，無可稱美而讚之以至神。神故生，神故化，神故流行不息，是故稱之以大用也。用也者，言乎其神也。即體即用也，誰謂有異用而獨存之體耶？

是故用外無體，體外無用，體用只是隨義異名，二之則不是。

三、用也者，一翕一闢之流行而不已也。翕闢勢用，剎那剎那，頓起頓滅，本沒有實在的東西。然而剎剎勢速，宛有跡象，如旋火輪。（剎剎，具云剎那剎那。勢速者，前剎那方滅，後剎那即生，新新而起，其勢迅速。夫滅故生新，流行不住，雖無實物，而有跡象，如燃香火，猛力旋轉，見有火輪，輪雖非實，宛爾不無。）因此，不妨施設宇宙萬象。

四、宇宙萬象，唯依大用流行而假施設。故一切物但有假名，都非實有。（不獨現前桌子、椅子，乃至日星、大地，都是假名而無實物。即元子、電子等等，也都不是有實在的東西，也只是假名。）云何世間執有日用宇宙？（亦云現實世界。）應知由習氣故，見有實物堅執不捨。人生從無始來，染習熾然，於彼神化，無證解故，妄執化跡爲實事故。（化跡者，猶言大化流行之跡象。實事，猶言實物。）故一切法，隨情不妨施設，謬執終成過患。（隨順世間情見，曰隨情。邪謬執著，曰謬執。）

五、窮神順化，即於流行而識主宰，於跡象而見眞常，故不待趣寂，（印人厭離世間，趣向寂滅，非吾所許。）而生無非寂也。生生之妙，無有留滯，所謂生而不有，生亦寂也。

上來假設功能，以方便顯示實性。今當覆取前章〈轉變〉。談心物而未及盡其義者，鄭重申之，曰〈成物〉、曰〈明心〉、以次述焉。

卷中後記

【釋體用】《新論》綱要即體用義，讀者仍多茫然，今更略爲闡述。治哲學者須於根本處有正確了解始得。若根本不清，即使能成一套理論，亦於眞理無干，只是戲論。哲學上的根本問題，就是本體與現象，此在《新論》即名之爲體用。體者，具云本體。用者，作用或功用之省稱。不曰現象而曰用者，現象界即是萬有之總名，而所謂萬有實即依本體現起之作用而假立種種名。（天地人物等名。）故非離作用，別有實物可名現象界，是以不言現象而言用也。

本體現起作用，（亦云體現爲用，或云由體成用。）此語須善會，不可妄計體用爲二。哲學家往往誤計本體是脫超於現象界之上，或隱於現象界之背後而爲現象作根原，此乃根本迷謬。《新論》談體用，正救此失。

體是無方所、無形象，而實備萬理、含萬善，具有無限的可能，是一眞無待，故說不易。用者，言乎本體之流行，狀夫本體之發現。因爲本體是空寂而剛健，（空寂之空，非空無義，以無方所、無迷暗，故名空。寂者寂靜，極虛靈故，無昏擾相故。剛健則力用至大至強至神。）故恆生生不已，（刹那刹那，新新而生，不守其故。）化化不停，（刹那刹那，變化密移。）即此生生化化，說爲流行，亦名作用或功用。

克就體言，是一極絕待，無方無相。（無方所，無形相。）克就用言，是幻現相狀，宛爾萬殊。（大用流行，有跡象現，如電光之一閃一閃，而似有物事如赤色者現。此赤色，即是閃動之跡象，亦云相狀。本體之流行幻現相狀，義亦猶是。既有相狀，便宛爾成衆多之相，非是一相，故云萬殊。所謂萬有，即依流行之相，而假立種種名。）

體，喻如淵深停蓄之大海水。

用，喻如起滅不住之衆漚。

曾航行海洋者，必見大海水全體現作衆漚，不可於衆漚外別覓大海水。又衆漚各各以大海水爲其體，（各各二字注意。）非離大海水而各有自體。（非字，一氣貫下。）

體與用本不二而究有分，雖分而仍不二，故喻如大海水與衆漚。大海水全成衆漚，非一一漚各別有自體。（漚之體即是大海水故。）故衆漚與大海水本不二。（宗教家說上帝造世界，而以上帝爲超越於世界之上，即能造與所造爲二。哲學家談實體與現象，往往有說成二界之嫌，其失亦同宗教。）然雖不二，而有一一漚相可說，故衆漚與大海水畢竟有分。體與用本不二而究有分，義亦猶是。漚相，雖宛爾萬殊，而一一漚皆攬大海水爲體故，故衆漚與大海水仍自不二。體與用雖分而仍不二，義亦猶是。體用義，至難言。如上舉大海水與衆漚喻，最爲方便。學者由此喻，應可悟入。哲學家或只承認有現前變動不居的萬象爲互相聯繫之完整體，即計此爲實在。如此計者，實只知有現象界而不承認現象之有其本體，是猶童稚臨洋岸，只見眾漚而不知有大海水。

或雖計有本體，而不免誤將本體說為超脫乎現象界之上，或隱於現象界之後，致有二重世界之嫌。其於體用之本不二而究有分，雖分而仍不二者，從來哲學家於此終無正解，此《新論》所由作。

已說體用，再克就用言之，則用非單純的動勢，必有兩方面，曰翕曰闢。（翕闢只是方面之異，自不可看作截然二片的物事。）闢乃謂神，（神即心。）翕便成物。（現似物質，而非果有實質。）物有分限，神無分限。（心是無在無不在。《華嚴經》七處徵心，十番顯見，形容得甚妙。）神遍運乎物而為之主，此理之常；物亦可以乘勢而蔽其神，此事之變。（物成，即不能無墜退之勢。無機物猶不得發現心神，植物似已發現心神而仍不顯著，乃至人類猶常有心為形役之患。物能障蔽心神，乃後天事勢所有，不容否認。但神終為物之主，可以轉物而不為物轉，究是正常之理。）然神畢竟主乎物，（宇宙自無機物而有機物，有機物由植物而動物，而高等動物，而人類，乃至人類中之聖哲，一層一層，見心神逐漸顯著甚大，確爾官天地，宰萬物。）而事勢終亦不越乎常理矣。自《新論》問世以來，讀者每不尋其底蘊與條貫，輒為不相干之攻難，故復撮要言之。

【釋體常義】本體真常。老子言常道，（道者，本體之目，常者真常。）佛氏言真如。（佛說真如，亦本體之目。真謂真實。如者，常如其性，不變易故。論與疏皆云，真即是如，言眞實即不變易，不變易者言其常也。）西洋哲學之中否認本體與夫以動變言本體者，可勿論；若其以眞常言本體者，亦與東哲眞常意義，有相通處。至其陳述所見，有仁智淺深等等不齊，其思想各成體系，則吾《大易》所謂「一致而百慮」也。（本體眞常是一致處，而向下所見各不同是百慮處。）余於眞常意義，體究數十年，若道本體不是眞常的，則虛妄法何得爲萬化根源，何以名爲本體？若道本體底自體是眞常的，卻又當深究。須知，一言乎本體，它便不是空無的，故有其自體可說。但此眞常之云，既以不生不滅、不變不動爲義，則此本體便是兀然堅凝的物事，它與生滅變動的宇宙互相對立，如何可說爲宇宙本體？吾於此，苦究數十年，直至年將半百而後敢毅然宣布《新論》，以體用不二立言者，蓋深深見到、信到，不能把本體底自體看作是個恆常的物事。而恆常者，言其德也。吾取一譬，如《易》之「坤卦」，以地方爲言，後人遂謂《易》言地之自體是方的，此實錯誤。方者，言地德也。方故，承「乾」而無邪曲，此地德之所爲美也。（吾《讀經示要》已解明。）以此例知，曰眞、曰常，皆從本體之德以彰之也。

儒者言天何耶？天者，本體之目即眞常義。《中庸》卒章，引《詩》曰：「德輶如毛，毛猶有倫，上天之載，無聲無臭。」至矣。此以虛無言天德也。（無聲無臭，即是虛無義。）虛無者，無形無象、無染汙、無作意故名，非空無之謂也。言誠，即眞實義，亦言其德也。言剛健、言生化，亦言其德也。言元亨利貞，皆言其德也。德字義訓曰德者得也。若言白物具白德，則以白者，物之所以得成爲是物也。今於本體而言眞常等等萬德，則眞常等等者是乃本體之所以得成爲宇宙本體者也。若無是諸德，何得肇萬化而成萬物，即本體之名，無可立矣。

德字含二義，曰德性、曰德用。德性之性，不可以西文性質字譯，此性字極靈活也。德用之用，亦不可以西文能力或作用翻，此用字極靈活也。此等名詞，望細心斟酌，勿便姑置。（此答賀自昭書。眞常等義，以本體之德言，而非以本體之自體言，此宜深究。若暗於此者，不可通《新論》。）

【釋理】宋儒似有云，理雖散在萬事，而實管乎一心。（語句或稍不同，不能全憶，而意實如此。）每聞學者好舉此語，實不澈也。由此說，理仍純在事物上，心能管統事物之理而心猶不即是理也。凡宗守朱子之學者皆主此說。若如我義，心物根本不二。就玄學上說，心物實皆依眞理之流行而得名。（眞理即本體之名，佛家以眞如名爲眞理。伊川、朱子好云實理，亦本體之名。）此義見透，即當握住不鬆。因此在量論上說，所謂理者，一方面理即心，吾與陽明同；一方面理亦即物，吾更申陽明所未盡者。程子曰理在物，科學家實同此意。如此，則先肯定實物，再於物上說有個理，是乃歧物與理爲二也。自吾言之，物之成爲如是之物即理也，不可將物與理分開。據常識言，即執物而求其理，智者卻於萬物而識眾理散著。由此見理世界實無所謂物的世界也。你謂然否？吾欲《量論》中詳談理。老當昏世，恐未能也。《新論．功能下》有一段談理氣，而說理之一詞，通體用而言。用之一名，核以吾義則先儒所謂理氣之氣亦即是用，而用亦即是理，固不當離理與氣而二之也。

伊川云：「沖寞無朕，萬象森然已具。」以吾義通之，沖寞無朕，說爲一理。萬象森然，不可徒作氣來會。當知萬象森然，即是無量無邊的眾理秩然散著也。（萬象云云，即無所云用，用即眾理散著。前言用亦即是理者，以此。）沖寞無朕，而萬象已具，是一理含無量理，故言體而用在。又當知，萬象森然，仍即沖寞無朕，故言用而體在。是無量理本一理也。一爲無量，無量爲一。宇宙人生眞蘊，如是而已，妙極。

哲學談到形而上之理，自是眞眞實實的物事。佛家云眞理，伊川云實理，意義深微。如非眞實，何能備萬德而肇萬化乎？空洞的形式，無實體而靡所寄，且無能生德用，將別假材料而與之合以成物。不悟空形式與頑笨材料，二本相離，又如何結合耶？前儒言理氣，已多誤。程朱猶未免支離，後學更甚，今更不堪問矣。（答賀自昭。參看上卷〈唯識上〉談理處，及下卷〈成物〉談範疇諸文。）

卷下之一

第七章 成物

常途提及一物字，總以爲物者物質，即是有對礙的意義。（對者礙義，凡物有實質故，故名對礙。質即是礙故。）印度唯識論師說器界及五塵並有對礙，順俗諦故。器界相當於俗云自然界。五塵者，色聲香味觸也。案彼所說，器界則是第八識見分所變相分。每人各有第八識，非共同也。人之一生有死期，而此第八識無死期。遠從無始，以至未來，不知其盡也。器界即是第八識見分所變現之相分，非離第八識而獨在，故成唯識。（然諸論師如護法等，則許此相分有自種子，非與見分同種生云。）五塵則是五識見分各自所變現之相分。如色塵是眼識見分所變相分，聲塵是耳識見分所變相分，乃至一切所觸塵法，是身識見分所變相分。但此云五塵是有對礙。易言之，即具有實質之物。世或誤解，當別爲辨。（據護法等義，此等相分亦各各有自種子，非與見分共一種生。）諸見變相，（識有八聚，即是見分有八，故置諸言。）元非憑空突起。舊師蓋建立本識，以含藏一切種。第八識亦名本識，種子亦省云種。此言一切者，謂八識聚各各見分、相分，皆各有自種。數無量故，今通言之，復以一切相種依一切見種挾帶力故，得生相。謂相種雖親生相分，而必由見種挾之以起，始得生相也。以見種於相種爲主故。是故舉果賅因，而說一切相是一切識之所變現。舊師樹義蓋如此。（此中識者，即謂見分。）因果者，相、見二分，對彼所從生之各自種子而言，即名爲果。相、見種子，對其所生之相、見二分而言，則名爲因。有問：「相種得見種挾起，而始生相。應云此相從種子變生，何名識變？」答曰：克就因位言，應説種變。若通果位言，可云識變。然今此中欲顯舉果，便已賅因。故説相分依識變現，非不隱含種變義也。又此中據二分立義，與《三十論》談因變果變義者頗異。然非不可會通，當別爲論。夫謂人各具一本識，含藏一切種，是生心物諸行。（行字義，見上卷〈轉變〉。）如其説，則與外道神我論同其根底，且爲極端的多我論者。（從來談佛法者，皆謂佛家破我。實則佛家之本識，非神我而何？眾生各各有一本識，即是多我論。至其破我之云，乃是因吾人於我起執，故施破斥耳，非眞破我也。於我而起執，即起惑造業，長溺苦海。所以破我，實破執也。）印度唯識哲學，畢竟不脫宗教思想。因爲此派哲學，根本未曾變更神我觀念。（當別爲論。）

附識：佛家説每人有八個識，而於每一個識可析為二分，曰相分及見分。此二分或各有種。第六識等，其相分亦有與見分同種生者，故置或言。參考《佛家名相通釋》。例如眼識，以圖表之，如左：

眼識見分種（因）←→眼識見分（果）

眼識相分種（因）⟷眼識相分（果）

眼識如右圖。耳識乃至第八識，均可例知。然一切識雖皆析言相、見二分，但諸識相分，有非物界所攝者。故此中不論。（此中物界，亦云物質宇宙。）如第六識獨起思構時，必變似所思之相分。詳在《佛家名相通釋》。但此相分，雖是心上所緣之境，而此境究不是物質的。第七識計有自我，必變現一似我之相分。此相非物質的不待言。第八識相分有三部分：曰種子，曰根身，曰器界。種子是第八識中所藏，非其所變。但第八見分以種子爲其所緣之境，故得名相分。根身據云有自種，亦說爲第八見分所變。然是清淨色，極微妙故，即不同常途所謂物質。故唯器界相當俗所謂物質宇宙。除第八所變器界以外，五識所變色等五塵，亦皆是物質的。學者如欲詳究舊師相分義，可參看《佛家名相通釋》。

舊師（印度唯識師。）以本識中種子說明物界所由起，（雖彼亦以種子說明心界所由起。今在本章但約物之方面言。）適成戲論。詳彼所執本識既同神我，而本識中種是爲具有能生的力用，而沉隱以爲萬有根原的實體界。（亦名種子界。）此一切種所生一切相、見，差別顯現，是爲現行界。（差別者，言其萬殊。）種現二界對立，純是一種謬妄的猜想。中卷屢經破斥，此姑不贅。總之，舊師的見地與其立論的根本旨趣，是我所不能贊同的。因此，舊師所以說明物質宇宙的一套理論，也是我所視爲戲論的。

附識：有問：「相、見二分之名詞作何解者？」答曰：見者，識別了解等義。相者，相狀或境相義。云何言分？須知，舊師談心，只是用一種剖解法。他把心剖作二分，甚至可以剖作三分或四分。不過，第三第四兩分，均可攝入見分。遂以相、見對開，而說二分。詳在吾著《通釋》。見分，就能緣方面言。常途所謂心，即見分是。相分，就所緣方面言。常途所謂物，即相分是。（但據舊義，八識各別。故意識等相分，有不可攝屬於常途所謂物者。見前段附識中。）舊師之論，本不許有離心獨在的物。故破除外物之觀念，而把物名為相分，即是當作心之一分。然而用剖解法，析成多分，如將物質破作段段片片者然，終成過誤。彼亦知其不妥，故又云以相攝入見，名為一識。（詳基師《述記》。）然既已破之，又復拼合攏來，適見其輾轉自陷也。舊師理論上之缺憾，往往如此。

上來略敘舊義，加以駁斥。今次當申述我底本旨。我以為物質宇宙是本來無有，而不妨隨俗建立。我要說明這個意思，又非從宇宙眞際說起不可。（中譯佛籍以眞際為眞如異名。眞如又即本體之異名。眞際者，眞謂眞實，無虛妄故。窮理至此方是究竟，故說為際。）眞際者，恆轉也。（恆轉即本體之異名。見上卷〈轉變〉。）恆轉是至無而健動的。無者，無形，非是空無。無形故絕待，絕待故至眞至實，眞實故健。無形而健，故生化無窮，亦名為動。夫有形者域於形。域於形者即凝固而為死物，無健德可言，無生化可言。唯無形而實不空者，其德至健。而生生化化，無有窮竭。即此生化，亦名爲動。健以動，故無所留滯。化而恆捨其故，生而不有其成。此莊生所謂運而無所積，乃恆如其寂無之本性，（詳玩〈轉變〉、〈功能〉諸章。）是故我說恆轉亦名眞如，非異恆轉別有無爲法可名眞如也。又此恆轉，亦截然不同舊師所謂種子。舊師種子是擬物的觀念。（彼所謂種子，實依世間草木等種子，比擬而構成此觀念也。）其爲妄構不待言。本論所云恆轉，則直就生生化化不息之實體，而強爲之目，所以異彼種子。這段話的意思，本已散見中卷。因爲在本章中要將常途所計執爲實有的物質宇宙，給它一個正當的解說，就不得不從根本原理上鄭重提示一番。（根本原理一詞，乃指眞際而言。）

在中卷裡面曾經說過，恆轉亦名功能。又復說言，功能是渾一的全體，但不是一合相，而是有分殊的。（即全中有分。）雖是分殊的，而亦不是如各別的粒子然，（即不同舊師種子。）卻是互相融攝，成爲一體的。（即分中見全。詳在第六章〈功能下〉。）設復有問：「功能本是渾一的全體，如何而有分殊？」應知功能自體備萬德，具眾妙，是一切圓滿，無所虧欠，無有滯礙的。如何可以呆板的物事來猜擬它？

功能既有分殊，即不妨於全體中假析言之，而說爲一個一個的，或許許多多的功能。換句話說，即是一爲無量。（就其爲全體而言，是謂一。於全體中見分殊，而說爲許許多多的，是謂無量。以至一而含無量，故云一爲無量。）亦復應知，無量功能互相即，（一切即一。一即一切。）互相涉，（一切入一。一入一切。）而爲渾一的全體，非一一功能各各成獨立而不相涉不相即之小粒子。（非字一氣貫下。）應復說言，無量爲一。

現在，且克就分殊方面言。即無量功能中，每一功能均具翕闢兩方面。易言之，即每個一翕一闢的動圈，假說爲一個功能。夫闢固無形，而翕亦未始有質也。翕闢，只是同一動勢的兩方面，元非實在的東西。故假說爲動圈。這種動圈的形成，就因爲翕的勢用，是盡量收凝。我們可以把每個收凝的動勢，均當作一單位。這種單位，不可說是凝成了一小顆粒，也不是成爲一道圈子的相狀。然而，我們謹防人把它（收凝的動勢。）當作做小顆粒來猜想。所以，勉強用動圈一詞來形容之。（圈字，是把每個收凝的動勢，均當作一個單位的意思，並不謂每個收凝的動勢，是各成一道小圈子。此處難措辭，須善會。）每個動圈裡面，均有闢的勢用，彌滿充周於其間。因爲闢是無封畛的，是無定在而亦無所不在的，因此，應說翕不是離闢而孤起的。申言之，翕的本身亦是闢。並不是異闢而別有來源。本體是舉其全體顯現爲翕和闢。闢則沖寂剛健，而無方相，乃如其本體之自性。翕的勢用是收凝，將有物化之懼，殆不能保任其本體。然此收凝的勢用，其本性要不異闢，以本體無二故。但闢要表現它自己，不能沒有資具。否則闢的動勢，只是浮游無據，將何所藉以自表現耶。因此之故，闢的勢用，決定與收凝的勢用，（即翕。）恆相俱有。但闢的勢用本無差別，而翕則是有差別的，是多至無量的。每個翕之中，皆有闢的勢用周運其間。所以，就每個翕上說，可以當作一單位，可以名爲動圈。實則每個動圈之中，均有闢的勢用在，決沒有純翕而無闢的這種動圈。元來闢是無差別，本不可以動圈言。但因其與翕不一不異，即從翕而說爲同一動圈。（不異者，翕闢無二體故。不一者，翕是收凝而將成物，闢是健行而無形故。）前面所云，每個一翕一闢的動圈，假說爲一個功能。實則功能所以有分殊，而可說爲一個一個的者，只以翕之故，才有分殊耳。

就功能之收凝的方面而言，便謂之翕。翕故成爲動圈。動圈一詞即表示每個收凝的動勢，可當作一單位，如前說訖。夫翕者，於至無而動之中，始凝而兆乎有者也。至無者，言乎體也。至無而動，則體之顯現而爲萬殊的妙用也。妙用之行，必有其收凝的一方面。此收凝即有之幾兆，所謂翕是也。動勢之始凝，本無形也，而已凝焉，則有之幾也。形物著見，名之爲有。（見去聲。）收凝之勢，雖未成乎形，而已爲形物所自始，故曰始凝而兆乎有也。

如前已說，物質宇宙是本來無有，而又不妨隨俗建立者。稱體而言，（此中稱者，如實相應之謂。）一眞無寄，（一者，絕待義。）寂然清澄，無形無象，聲臭俱泯。既已言詮不及，亦復心行罔措矣。故說物質宇宙本來無有。當知，是如實說。（理實如是，即說如是。名如實說。）然稱體起用，（狀體曰無。以無相無染故，非空無也。不無，故全成爲萬殊的用。）喻如大海水全成爲眾漚。此中稱字吃緊。一一用上，皆具全體，譬如一一漚各以大海水爲體，故曰稱也。（他處用此詞者，皆準知。）不能不有所收凝，（收者，收斂。凝者，凝聚。他處準知。）上文所謂始凝而兆乎有者是也。凝而兆有，故物質宇宙不妨建立。

夫凝者，本於無。（凝者具云收凝，即翕之代詞。下仿此。無謂體。全體成用，用不孤行，必有其收凝之一方面。故凝亦用也。而用非與體爲二，乃即用即體。豈異於無，而別有凝者存耶。）無者虛也。（至眞極淨沕穆無形，故虛。）虛，至一也。（無對故至一。）虛而之凝，（此語須善會。即虛而凝，非可索虛於凝之外。即凝而虛，無可求虛於凝之前。此理須沉思深體之。）遂以成多。故一立而數起。（有一則有二，有二則有三。自此以往，而數不可勝窮矣。）虛以含萬有，而數乃無不賅。（眾理備也。）知虛凝本一致，（詳上注。）一多互相即者，（一即是多，多即是一，故云互即。）造化之奧昭然矣。

或復問言：「虛本至一，其顯爲用也，凝以成多，何耶？」答曰：凝者，動而極斂，將成爲物。（將字吃緊，非果成爲實物也。）斂而將物，遂不期而分化。（不期者，大用顯現，非如人之起意籌度故。）若無分化，則將一味散漫而不得極斂。故收斂之極，必分化而成爲無量的動圈。譬如水蒸汽在空中，只是遊氣遍布而已。（氣體浮游，不固定故，曰遊氣。本《正蒙》語。）及其漸凝也，則分化而形成無量的點點滴滴。（注意，凡喻只取少分相似，不可執定譬喻，求其全似。）由此譬況，可悟凝斂必至分化。亦緣分化，乃極凝斂。此乃造化之妙也。凝則成多，分化之謂也。我們於俗所謂物質宇宙解析到最後的太素，（太素一詞，見易緯。今借用之，略當俗云元素。）只是前文所謂無量的動圈。每一動圈，即一單位。這些單位，就是物質宇宙的基本，所以說爲太素。儒家的巨典如《中庸》曾有云：「語小，天下莫能破焉。」其所謂小，蓋即吾所云動圈是也。每一動圈，即是凝斂到極小的積，故可名爲小。（積字，曾見

〈轉變〉，只是凝聚的意思。非謂其已成形物也。）我們設想把這種積，用剖解的方法來破析他，畢竟無可破析，因爲物質才可破析。今則物質的觀念，既已遮除，而窮到極小的積，便不可當作形物來想。如何可施破析？這種莫破的動圈，我在上卷裡曾名之爲形向。（詳〈轉變〉。）形向者，謂其未成乎形，而有成形的傾向也。每一形向，元是極微小的凝勢，（雖未成形，但凝斂之極，已有成形之勢，故云凝勢。）可以名之爲小一。（惠施曰：「至小無內謂之小一。」今借用爲形向之別名。無內謂不可分也。若可分，則有更小於此者。今此不可分，則其小已極，無復有更小於此也。一者，謂每一最小的凝勢，均是一單位。故謂之小一。）此小一或凝勢，是剎那剎那，生滅滅生，流行迅疾，勢用難思，可以名爲勢速。這些勢速是千條萬緒，極其眾多的，無量無邊的。可以圖表之如下：

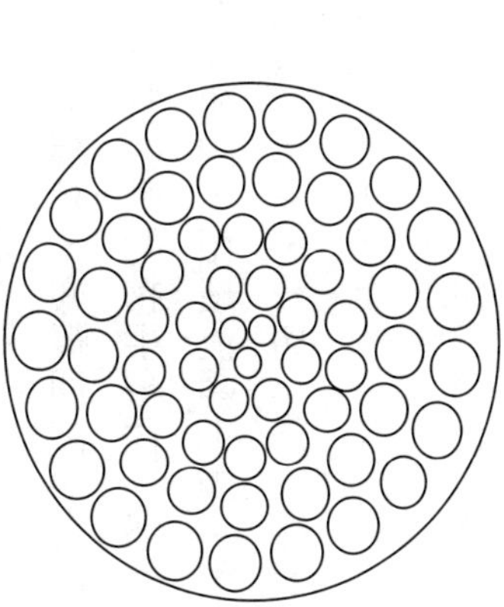

附說：圖為一大圓圈，是表示渾一的全體。其內含許多小圓圈，是表示全中有分，也就是一中有多，（一謂全體。多謂各各勢速或小一，即全中之分。）兼表示每一分皆具全體。（如

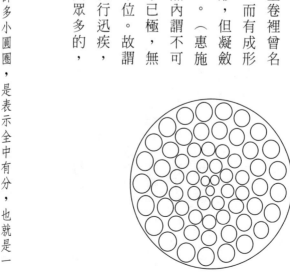

上卷〈明宗〉所舉海漚喻。每一漚皆具大海水全體。）圖中小圓圈之數，卻無定。非有意為之安排多少數目也。但亦不無意者，只表示多數而已。圖取圓形者，乃取《易傳》圓神不滯的意義。或作循環解者，便大誤。他處用圓圖者，均仿此。

或復有難：「如公所言，體則是虛是一，用則凝以成多。自多的方面言之，每一凝勢爲一單位，謂之小一。無量小一，爲物質宇宙的基本。若爾，更有一問題，即此無量的小一，將是各各爲生滅相續，流轉不已的單位耶？抑各單位皆剎那肇創不必以新生爲已往之續耶？」

由前之說，則諸小一似有定數。如甲小一，初剎那才生即滅。次剎那繼起，亦復即滅。自此以往，剎那剎那，均是才生即滅。據此可知，甲小一雖復剎那剎那，沒有絲微的物事留住。然其勢用恆是前滅後生的，如此相續流轉下去。譬如一人之身，總是新陳代謝的，相續流轉下去。甲小一如是。乙小一，乃至丙丁等等，以及無量的小一，亦莫不如是。這樣說來，一切小一，從無始來，各各等流，（相續流轉，日等流。）當然是有定數的。以圖表之如左下：

附說：圖中第一行，初一圈表示甲小一在初一剎那才生即滅。次一圈表示次剎那繼起的甲小一雖不即是初剎那的甲小一依舊延持而下，但是，繼續

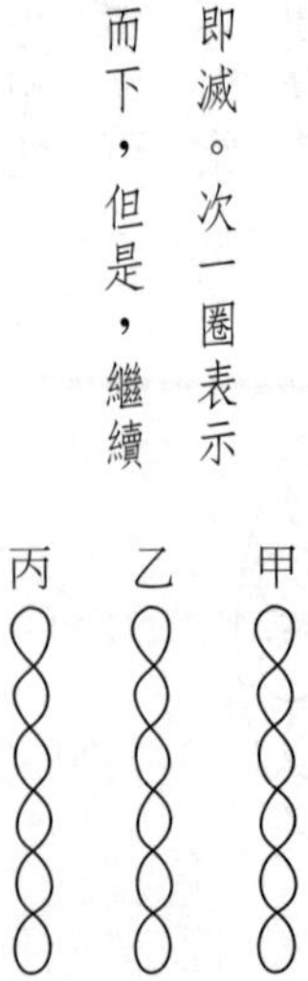

初剎那而起的即是甲小一續生。第三圈以下，均可類知。第一行甲小一如此，第二行乙小一及第三行丙小一，皆可類推。

從圖之甲乙丙各系列看來，一切小一，如甲乙丙各自等流。據此可見，從無始際，小一有多少頭數，以後便永遠是那樣多的頭數。因爲後起的小一都是過去的接續者。如圖之甲乙丙各系列中，都是後後繼於前前。不能於原始所有的頭數以外，別有創新。所以說有定數。

小一既是物質宇宙的基本，而它（小一。）卻是有定數的。又復每個小一，雖云剎那不住，然通多剎那言之，卻是相續不斷絕也。如甲小一從無始來盡未來際，剎那剎那，生滅滅生，恆無有斷。推之無量小一，亦莫不然。據此說來，小一既有定數，復具恆性，（小一不斷絕，即是具有恆常性。）是等見解，未免以小一視同物質的分子，適成機械論。非眞知化者也。

如實而談，凡諸小一，都是剎那詐現。一剎那頃，才起即滅。本來無有絲微的物事可容暫住，故云詐現。本無自性。（猶云沒有獨立存在的自體。）原其所自，蓋乃寂然眞體，確爾顯現。（小一非有質也，只是一種凝斂的勢用而已。此即眞體之顯現也。）眞幾之動，（眞體虛寂，而不空無。何以知其不空？即其動不容已而知之也。既於動而識體，則不可離動覓體，亦明矣。）將顯其健進，（健進，即所謂闢是也。）必先之以凝斂。（凝斂，即所謂翕是也。此中先字，只約義理說先後，不是有時間上的先後，須善會。覆玩上卷〈轉變〉。）如不有所凝斂，則其動也，只是浮游無據。亦無所憑藉，以彰其漸進之德矣。唯凝斂，而遂分化以成眾多的積。（積字見前。）則健進之力，暢行於其積之中，而益顯其至剛之運，通達而無所阻，純粹而不可撓。此動之所以有健進與凝斂二勢也。凝斂，若將物化，自與健進的本體相反。然非凝斂成積，則雖固有健進之勢用，而以無所憑之具故，則亦無以顯其健進矣。故凝斂者，乃眞幾之動，自然會顯爲如此。設問：「此中是否有意？」當答彼云：造化有心而無意，容後方詳。（造化一詞，見上卷〈轉變〉。）總之，凝斂與健進只是渾一的動之兩方面，沒有兩方面的相反相成，也無所謂動。亦復應知，由相反相成，而只見夫凝勢，雖若物化，而終順以從健。健則純剛純善，而不靡於凝以物化。是故於動用處，而知其即是眞體顯現，無可離動覓體也。（此處吃緊。）以上一大段話，似已總括本書根本大義。要須知此，然後了解凝斂的勢用，即所謂無量的小一者，元屬眞幾微妙。（眞體成用，欲顯其健進必凝攝爲無量的小一，而健進始有所憑之具。反以相成，故云微妙。）不可夾雜實物的觀念來猜測。在前文所述或人的疑問中，曾經設想到小一也許是各各爲生滅相續流轉不已的單位。如甲乙丙等等小一，應是各各等流的。這樣說來，小一便成有定數與有恆性的東西。前已敘訖。或人此種疑問，不免把小一當作一顆一顆的實物來想。所以計度小一也許是各各自類相續。如甲小一，是刹那刹那前滅後生而不絕的，此爲甲小一自類相續。推之一切小一，莫不皆然。他（或人）不能解決這個疑問，就因他的量智作用，一向著物，所以不能不膠滯於此。（著物之著，是染著義。宜深切自勘。）量智，是從歷練於事物方面而發展的。因此，本量智以窮究道理時，總不免依據物理界的經驗去推索。而於理之極至，本不可當作一物事以推之者，彼亦以物推觀。此之謂著物。實則，眞體成用時，（談理至此，本無所謂時間。但爲言語之便，而置一時字。）其顯爲凝斂的無量的小一者，只可借用吾先哲老子書中所謂「眾妙之門」一詞以形容之。妙者，神妙不測之謂。妙而曰眾，言其無有限量也。凡形物，皆有限量。今此不可以形物求者，焉得有限。門者，所由義。唯其神妙，故爲萬物所由之而成也。夫大用流行中，不得不有所凝斂以爲健進之具。然依凝斂，乃有萬物可言，不凝斂，即無物矣。但所云物者，幻跡耳，非有實物也。因此，不可說一切小一，可以各各自類相續。如果一切小一，是各各獨立存在的東西，那麼，就應許它是各各自類相續。今所云小一，既不是一顆一顆的實物，便無各自相續義。

我們應知，一切小一，都是頓現。（一剎那頃，才起即滅，不暫住故。故云頓現。）前不至後，後不承前。（前剎那的小一既不曾延持至後，後剎那續起的小一實是突起，非有所承受於前也。）此不至彼，彼不因此。（此時此處的小一，不曾至於彼時彼處。彼時彼處的小一，亦不因此時此處而有。夫談義至此，本無時與處可說，但以語言方便故，假說時處耳。）所以一切小一，各各均是剎那頓現。實際上沒有那一個小一是可以當作一件物事看待，及可以說它是剎那剎那，生滅滅生，自類相續的。（實際至此爲句。）我們推想它（小一）是自類相續者，其所以錯誤，大概由誤計小一爲實物故，即賦予以時相和空相。（所謂小一，本非有物，即無時空可言。

今誤計小一爲實物者，即於小一而賦以時相和空相。）意謂此小一雖是每刹那頃，才生即滅，但刹刹續生。（刹那省云刹。）即刹刹皆有所據。刹刹相續，是時相。刹刹有所據，是空相。如前圖，所列甲乙丙諸小一，各各自類相續，這種意計，確然是有時空觀念從中作祟。

談至此，我要對於時空，略說幾句。我以爲時空本非實有。只緣量智一向求理於外，即以爲有外在的物事而去推求。如此既有物相存，則時相、空相乃緣物相俱起。何以故？有物相故，必計此物延續。若無有延續，便無物故。然於物計爲延續，即時相起。又有物相故，必計此物擴展。若無有擴展，亦即無物。然於物計爲擴展，即空相起。（擴展，謂有形體擴張展布，即空間相。）所以說時空相緣物相始有。實則，物界本依俗諦施設。（世俗共許爲實有者，曰俗諦。亦云世諦。隨情安立故。）於眞諦中，本無有物。（超越世間情計，契應眞理者，曰眞諦。）何以故？因於一切物而冥證本體，即廓然無有物相可得故。物相泯絕，時空相即俱泯。故說時空本非實有。現在，我們談到小一，卻是依據眞諦以假設俗諦。故乃權宜方便，顯示眞體成用，其健進也，必有所凝斂，而始資之以顯健德，不凝斂則大用之行亦浮游無據，無以成其健進矣。唯凝斂，乃成爲無量的小一，而群有遂兆於茲。此俗諦所以不妨施設。然復當知，小一者，大用流行，迅疾以凝。其凝斂也，必流行之勢用，極爲迅疾，始有所凝耳。如旋火輪，旋轉勢用猛疾，乃宛若有所凝如輪者。此譬雖近，而推原萬物之始，其初凝也，亦不外流行猛疾所致耳。夫刹那不住，何猛如之。此所以名爲大用也。凝故分化，成眾微勢，謂之小一。眾微勢者，眾言眾多，數無量故；微勢者，每一小一，只是一種凝斂的勢用。以其極端收斂，成爲最極微小的一團勢用。故云小一。小一者，用也。用也者，眞體之顯也。（用者，即體之顯現爲如是用耳。故體者，用之體。豈可用外索體耶。）故小一，不可以物測。雖有凝勢，而未成乎形。無形而有分。（其凝也，便成散殊的。既散殊，而亦非凌亂無序的。故云有分。）分理已具，而畢竟無形。此小一所爲不可以物測也。談至此，我們於所謂小一，不容夾雜時空觀念來理會之，只好冥心無物之地。物相既遮，時空相俱遣。智與神會，（神者，大用不測之稱。）思與化通。（此中思字義深，非常途所謂思想。通者，冥會爲一，非以此通彼也。）而後免於戲論。

或有難云：「如公言，一切小一，非是從其本際以來，各各自類生滅相續，而只是剎那剎那，各別頓現。易言之，即剎那剎那，都是肇創。無有後後，續於前前。是義誠爾。便應一切小一，猶如空華，毫無根據。又應剎那剎那皆是幻現，都無法則。」（剎那剎那，通多剎那言之也。）如是二難，當以次答。且答初難。至理非言說所及，尤爲凡情所不悟。強以喻明。曾航海者，皆只見無量眾漚。（眾漚，喻一切小一。）若離眾漚，無別大海水可得。（大海水，喻本體。）所以然者，眾漚，皆攬大海水爲體故。大海水，全顯作眾漚故。（須知，任舉一漚，皆以大海水爲體。）眾漚頓起頓滅。不可說某一漚，從其前前至於後後，剎剎生滅相續，或自類延持不絕也。（不可至此爲句。此中延持者，謂若每一漚各自類相續，即延持義。）眾漚各各頓現，都無定實。（非固定故，非實在故。）焉有自類前後延持。然漚雖不實，非如空華無體。一一漚，皆攬全大海水爲其體故。故不應爲漚別尋根據。今所謂小一，雖復各別頓現，無一小一得有自類生滅相續，猶如幻化。（雖復至此爲句。）然諸小一，亦非如空華無體。每一小一，其體即是眞如妙性故。（妙性，猶言妙體。基師常以眞如妙體爲詞，言眞如自體至微妙，非有相狀或聲臭等等可睹聞嗅嘗故。）故知小一，非無體法，（無體法者，如空華或龜毛兔角，只有名言，而實無彼法。）不應更詰有何根據。

答次難者。法則一詞，可以包含規律、形式、條理、秩序、型範等等意義。這種法則，是與法相俱有故。（法相一詞，見中卷。）相起，即有物有則。如方圓等等形式，是法則。必須有方的或圓的各類法相或事物，才有方圓等形式與之俱在。不可計法則爲一空洞的格式，可以離一切法相而獨存於另一世界。相泯，而法則並遣。故言則者，不離於相。我們應知，小一是刹那幻現，沒有定相的。因此，說它（小一。）是沒有定則的，即其才起即滅，如此詭變，是無有定則可以管理它的，然亦不能說它無法則。前面說過，無形而有分。（分者，分理。即是法則的意義。）它是各別頓現，即不是無分理的。如何道它都無法則。尤復當知，我們說它才起即滅，無有定則，卻不妨說這種無定則便是它具有的則。我們在經驗界裡，慣尋事物的定則。因欲推之於超越日常生活的境地，即所謂神化不測之妙亦冀其有定則可尋也。尋之不得，則以爲無則焉耳。不知神化之妙乃天則自然，豈曰無則耶。老子曰：「道法自然。」夫老氏所謂道，極至之稱也。（道者，萬物所由之而成也，即萬物之本體，故是理之極至。）而曰道法自然，豈道之上別有自然耶？老氏蓋謂道之發現，乃無所待而然。無待而然，謂之自然。自然者，乃道體天然自具之則也，故曰道法自然。豈謂別有高出於道之上者，爲道所取則耶？夫無待而然者，殊詭奇譎，不可更詰所由然，而固已然矣。其然，即有則也，若何云無則耶。《易》曰：「不可爲典要，唯變所適。」典要者，常途所云定則是也。此等定則，只是吾人對於經驗界的物事之一種解釋。以此猜度大用，或神變不測之地，則成倒妄。故曰不可。大用之行，只是唯變所適而已。以俗語翻之，它（變）要怎生變，就怎生變去便是了。（怎生一詞，朱子集中常用之，蓋當時通行白話。今俗言怎樣，或如何樣的者，近此。）所以我人不可以意爲之定則。然而它要怎生變，就怎生變去，這裡正可見它的天則自然處。（它無所待故，不受任何約束。）但如欲以依據經驗界的定則求之，便覺得它是無則了。據此，若計小一幻現，不可以定則求之，即謂爲無則者，卻是倒見。

如上已釋二難。復有問言：「一切小一，雖無自類相續，然由剎那剎那，各別頓現故，即前後剎那間，有相承義。前後小一，有相似義。後剎那纔起小一，與前剎那已滅之小一，無所謂自類相續。易言之，即不以後者爲前者之自類耳。然後者於前，要非無相似相續義。公意云何？」答曰：如汝所言，雖於義不妨假說，要非稱實之談也。汝云前後相續者，仍是把剎那義作時間解。實則，剎那非時間義。（詳上卷〈轉變〉。）只爲言說方便而假設之。我們如理思維，（思維所及，必恰如其理之眞，不雜妄想，曰如理思維。）小一只是各別頓現。但於其各別頓現，不必雜時間觀念，以推其相續與否。如果要擬它（小一）是前後相續。那只是我們的一種解釋，不必符合實際。因爲我們攙入了時間觀念，已把小一當作經驗界的物事來推想。說至此，我聯想到古代的《詩經》有句云：「維天之命，於穆不已。」此詩我在〈轉變〉似曾引述一番。天者，本體之目。命者，流行義，即是用義。於穆，深遠義。由本體顯爲大用，理極深遠，不可測度。只嘆其無有止息，故云不已。這個不已的意義，眞乃恁地微妙，盡有千言萬語道不出。（恁地，猶言如斯或如此。）夫小一者，用也。其才起即滅，才滅又即起，如是如是而無窮盡者，所謂不已是也。我們說剎那義，只顯小一無有暫住，只是方便施設，不應於此作時間想。我們若實理會到大用之妙，斷不可說它是常、是一的。（常者，恆常。謂無有滅故創新，無有變異。一者，一合相。謂無有分化。）如其是常是一，宇宙便成死物，寧有此理。我們說小一，便遮執一。（小一是於渾一的全體中而有分化的，故遮執一的邪見。此中一字的意義，謂其只見爲渾一而不悟分化也。與以絕待言一者異旨。本段上下文一字，皆應準知。）說小一剎那頓現，無有暫住，便遮執常。（思之可知。）方其遮常、遮一，同時即表大用之行，生滅滅生無有窮盡。易言之，即總在滅故創新而不已。我因古詩的意思，得有印證，而深信此理不容夾雜時間觀念來理解。只可說個新新不已。剎剎頓現，故恆是新新，而無暫時之故可守，所以不已。使其守故，則生理絕矣，何得不已？前後相續的觀念，便有時間相，故是隨情作解。

又汝所云相似，亦不應理。世間情見，執有一一實物，而言其相似與否。若依是等見，而猜度一切小一，便成倒妄。小一皆剎那幻現，不可定執爲實物故。若復如理而思，大化之行，（大化，猶言大用。）其凝以成多者，（謂一切小一。）一一具足。（每一小一的勢用，都是萬德具足的，都是含攝一切的。）一一皆是生而不有。（才生即滅，無暫住故，是乃至神無滯跡，故云不有。）故知一切小一，本性是同。（一切小一，言其本性，同是眞如。無有一法可遺眞如而得有故。）豈可以相似言之耶。相似者，擬物之詞。克就物相而言相似，俗諦可爾。小一者用也，即大用之分殊而爲言也。於此，不可執爲實物。故不應言相似與否。

上來答難已訖。猶復應知，一切小一，互相望爲主屬。此義已詳中卷。（第六章〈功能下〉。）今復略申。如甲小一望乙小一，及餘無量小一而爲主故。乙與無量，皆爲甲之屬。同時，乙小一望甲小一，及餘無量小一而亦爲主。甲與無量，又皆爲一之屬。一切小一互相望，皆如是。華嚴家言：主伴重重，無窮無盡。（主伴，猶言主屬。伴即屬義。）法界之妙，如是不可思議。（此中法界一詞，謂本體，但言體，即攝用。）《金剛經》言：「如，非一合相。」（如者謂眞如妙體。非一合相者謂於一一法而皆見爲如。）《易》曰：「群龍無首。」（既互爲主，亦互爲屬，則無有爲首者也。龍者，神變之物，以喻大用，亦以喻體，即用即體故。群者，非一合相，故置群言。）皆可互相發明。夫互爲主，則非頑然一物。譬如眾耀齊明，百靈交遍。一一微塵，是一一佛。（佛者，圓明極妙之稱。此用爲形容本體之詞。）豈若不平等因計，有超越萬有而獨爲其宰者耶。（宗教家計有超越萬有而獨尊之一神，是爲不平等因計。）又互爲屬，則非各各獨立不爲一體。（則非至此爲句。）譬如五官百體，互爲聯屬，實爲渾全的一身。又如帝網重重，各各遍滿，實爲全網。（帝網見上卷。佛書言天帝以珠結網，重復一重，無有窮盡。就每一重言之，似各成一網。通多重言之，乃各各遍滿，而爲全整的網。）非同散沙，無量微粒，各各乖離，縱聚爲一堆，究是散沙不成全體。（非同，一氣貫下讀之。）是故一切小一，互爲主屬，至一而顯不一。（至一謂體。其顯爲用，則不一也。不一故，皆爲主。無可別立一尊。）相對即是絕對。（皆爲主，疑於相對矣。然亦互相屬。不可離異，法爾渾全。即相對是絕對。會萬化而識玄同，奚其有待哉。）奇哉奇哉。誰有智者，悟斯妙趣，而不躍如。

或有難言：「公所云小一者，只是大用之行，其勢迅疾，則凝以成多。夫凝，雖未即成形，而已是物之始。然則小一不猶元子、電子乎？」答曰：不然。言元子、電子者基於質測，要是於俗所計物質宇宙，而姑作一種解釋已爾，未能遣物相而理會萬化之眞也。夫談元子、電子者，或以爲微粒也，或以爲波動也，或以爲波粒也。（謂亦波亦粒。）其實，質測所及者，不過依大用流行之跡象，而加以解釋。此等解釋，絕不能與實理相應。（此中實理一詞，即謂大用流行的眞相。亦云萬化之眞。）故非脫然離跡，廓然亡象，而直冥神於無物之地者，則不可證體。（故非，至此爲句。）冥神無物之地者，情見息，妄識泯，炯然絕待，即本體呈露也。本體呈露時，即自明白證，謂之證體。非別有一心來證此體也。此義當詳之《量論》。不證體故，即是不識大用。何以故？用之爲言，即於體之顯現，而名爲用。非用異體而別爲實有的物事故。故知即用即體，即體即用義者，則知不曾證體，即亦不識用。是事無疑。

夫唯證體，即知用。知用，便了大用之行，其凝以成多，即所謂小一者，是乃至神極妙，生而不有，（才起即滅，刹刹皆爾，不暫住故。）應而無物。（應者，順應。凝者，翕也。翕以爲大用健闢之具，故望闢而爲順應。然其翕也，只是一種極凝的勢用，刹刹詐現而已，本來無有實物。）故不可以物測，豈復可以元子、電子擬之耶？科學家所謂元子、電子者，只是依大用流行之跡象，姑作如是解釋。若謂彼已了達大用者，便無有是處。何以故？彼所謂元子、電子者，只是圖摹大用流行的跡象，不可證會用之本體故。

附識：有問：「此中所說歸極證體，誠如公說者，則窮究宇宙之真，直須反諸本心始得。恐滋人之惑。」答曰：汝於本論〈明宗〉意思，領悟不真切，故有此疑。陽明子詠良知詩云：「無聲無臭獨知時，此是乾坤萬有基。」汝若參透此義，當無疑於吾說。須知，生天生地生人生物，只是一理。此理之存乎吾人者，便名為本心。（陽明謂之良知。）惜吾人不能保任之。（心理學上所謂心，則克就其緣形而發，感物而動，成於習染者，以為心。此則每違其本心，不可無辨。）誠能痛下一番靜功，靜之為義，（深遠難言。切近而談，如收攝此心，不昏昧，不散亂，不痲木，有如《禮經》所云：「清明在躬，氣志如神。」此即靜之相也。）庶幾本心呈露，此理便顯。而生生化化，不滯、不息之妙，（即所謂大用。）壹皆自明自喻。豈可以推度得之乎。

或復問言：「小一者，凝極而將兆乎有。公所嘗言也。據此，則應成唯物，何名唯識？」答曰：汝不解我所說義。夫凝極而有成物的傾向者，此非其本體自性固然也。由體成用，將顯其健進，（健進者，闢義。）不得不先有所凝，以為健進之資具。（此中先字，只就義理上說，非時間義。）故凝斂若將成物，乃從其本體顯為用時，（此處本無時間義。但因言說方便，而置時言。）自然之幾，必至之勢也。唯此凝勢，似與其本體自性相反。然正以相反故，而健進的勢用，得資之以為具，否則將無所憑藉以顯其健也。由此應知，大用元是渾全的。但隨凝勢即所謂小一者，而見為分殊耳。（覆看中卷第六章〈功能下〉。）每一小一，皆有健進的勢用涵運其間。（涵者包含，不相離異故。運者運轉，挾以俱化故。）決無有孤凝而不具健勢之小一。（健進的勢用，省稱健勢。）故就健勢言之，雖本渾全，但隨小一便成分殊。然健進乃大用之本然。周流遍運，無定在而無所不在。雖行乎凝以成多之方面，可以說為無量小一。但即此周流遍運而言，畢竟未嘗隨小一而有分畛。故仍不失為渾全，而可名為大一。（惠施曰：「其大無外，謂之大一。」今借用其詞。此中大字，不與小對，乃絕待之稱。絕待故無外。）

是故每一小一，為凝與健（即翕與闢）相涵俱有的一單位。凝者，莊子所云形本。（參考《十力語要》卷二，答意人問《老子》義中。形本者，謂其為一切形物之始也。）實則凝者，未即成形，但有成形之傾向而已。唯然，故名此凝勢以形向。亦得說爲動圈。曰形向，曰動圈，則儼若獨化。（獨化，猶俗言好像成爲單個的物事。）因復說爲一單位，而名之以小一，其實，小一雖從凝得名。（若無有凝，便只渾而不分，何小一可名耶。）而凝者其幻象耳。（象字，須活看。只是無象之象，非如俗計有形質也。）其所以成乎此凝，而即以運於凝之中而爲其主宰者，只是至健至神的力用而已。（曰健進，曰闢，曰大用，皆其別名也。）自至健至神的力用之爲渾全或大一而言，則曰宇宙的心，亦曰大心。但此所謂宇宙的心或大心，（以下省稱大心。）元非一合相。它（大心）是一不礙多，（此心無待，故一。本一也，而顯現爲多。故云一不礙多。）多即是一。（雖顯現爲多，而多即是一，非於多之外別有所謂一故。故云多不礙一。）全不礙分，分即是全。（準一多可知。）這個道理，並不稀奇古怪。因爲小一，即是大一之凝以成多。（故大一含小一。）而大一本來力用，周流遍運於其所內含的無量小一中者，（本來力用者，對小一而說。小一亦大一之所凝。然大一本來力用自無損減，其凝爲小一者，正爲要顯現自力，須得自造一資具出。此乃理勢自爾，非有意也。）雖隨小一成多，即於全中有分。然大一自身畢竟無有封畛，無有限量。故全不礙分，而分即是全。一不礙多，而多即是一。譬如月印萬川。（月，喻大一。萬川中之各月，喻無量小一。）萬川各具之月，元是一月。（萬川各具之月云云，以喻無量小一皆各具大一，元來即是渾一的全體，無有差別。凡喻，只取少分相似，不可刻求全肖。學者宜知。）故說大一便含小一，說小一便於此識大一。（即小即大，即大即小。故大一不是各小一相加之和。應如理思。）其妙如此。

附識：哲學上二元論，固不應理。多元論，尤不見本根。（如解釋現象界，明一切物互相依而有。假說多元，似無妨。然為此論者，恆不悟本體。過誤滋甚。）一元論者，若只建立一法為萬物所由始，則所謂一元者與本論的意思要自判以霄壤。（本論亦不妨說為一元。然一即含多，多即是一。此義淵微，應如理思。）吾先哲惠子，其大一與小一之說，（見《莊子‧天下》。）其持說之內蘊，今不可考。《中庸》亦有「語大，天下莫能載；語小，天下莫能破」之語。（大莫能載者，至大無外故。小莫能破者，至小無內故。）詞約而旨隱。要皆可與本論，參稽互證。

問曰：「大一凝以成多，是謂小一。其凝也，有意耶？」答曰：造化有心而無意，吾已言之矣。健而不可撓名心，神而不可測名心，純而不可染名心，（純者，粹善義。）生生而不容已名心，勇悍而不可墜墮名心。廣說乃至無量義，恐繁且止。意者，謂如人作動意欲，起籌度故，不任運故。（任自然之運行，曰任運，有意則不如是。）我們可以說用之本體名爲心，卻不能道它有意。大用之行。不能不先有所凝。（先字，非時間義。注見前。）此乃神化自然。非有意造作也。《易》曰：「神也者，不疾而速，不行而至。」（參考上卷〈轉變〉。）夫行焉而始至，疾焉而始速者，意之所爲也。至而未嘗有行焉者，速而未嘗有疾焉者，是無而有、（無者，無形無意故名。）虛而靈、不爲而爲，奚其有意耶？

綜前所說，已明小一義。復次世間現見有萬物，（現見者，謂感官之所睹聞攝觸，乃至意識之所覺察故。）此何由成？當知，萬物唯依一切小一而假施設。若離小一，實無萬物可說。無量小一，相摩蕩故。有跡象散著，命曰萬物。（摩者，兩相近也，即是相比合的意思。蕩者，交相激也，即是相乖違的意思。此中用摩蕩二詞與《易傳》義異。）所以者何？小一雖未成乎形，然每一小一，是一刹那頓起而極凝的勢用。此等勢用，既多至無量，則彼此之間，有以時與位之相值適當而互相親比者，乃成爲一系。（此中時與位，原是假設。因爲說到小一並起而相值，便不能不假說時位以形容之。若究其原，便無時位。）亦自有不當其值而相乖違者。此所以不唯混成一系，而各得以其相親比者互別而成衆多系。凡摩蕩之情，只生於彼此相值之當否，不必臆計其相摩之由於愛，相蕩之出於憎，造化本無作意故。無量小一，有相摩以比合而成一系。有相蕩以離異，因別有所合，得成多系。此玄化之祕也。凡系與系之間，亦有相摩相蕩。如各小一間之有相摩蕩者然。系與系合，說名系群。二個系以上相比合之系群，漸有跡象，而或不顯著。（跡象，亦省云象。積微而顯，故成象。科學家所謂元子、電子等等，不過圖摹多數小一所比合而成的系群之跡象，實無從測定小一也。）及大多數的系群相比合，則象乃粗顯。如吾當前書案，即由許許多多的系群，互相摩而成象，乃名以書案也。日星大地，靡不如是。及吾形軀，亦復如是。故知萬物，非離小一有別自體。夫小一，至微至微者也。積微乃成著。（嚴又陵云：「微分術，言數起於無窮小，乃積之可以成諸有。」）《中庸》曰：「夫微之顯誠之不可揜。」此言眞體成用，其凝也至微。而積微，乃顯爲萬有，一本於其至眞至實之昭著不可揜。其旨深遠矣哉。

無量小一，相摩相蕩，形成萬物，已如前說。設復問言：「豈不已言小一剎那不住乎？今說相摩相蕩，誰爲是耶？」答曰：汝聞剎那不住，便起空見。（謂作空無想。）此大謬也。夫小一本剎那之異名。（剎那義，見上卷。本假說極小的時分名剎那。其小至極，猶不足比於一瞬。然是假說究非時間義，所宜善會。小一頓現而不暫住，故得以小一爲剎那之異名。）克約一剎言，（剎那，省言剎。）恍惚不可把捉。（恍惚，有無不定貌。）以爲無耶，而凝焉有生矣。以爲有耶，才生即滅矣。）通多剎言。前剎才滅，若有跡象，似未全消。（跡象者，譬如音樂才止，尚有餘音繞梁。若有之言，顯不可執爲實物故。似未之言，顯非不消滅，但幻跡耳。）後剎新生，與前俱有。（後剎正生時，値前跡象未即滅時，是俱有也。）準此而談，前後剎間，未可淪空。雖前後都不住，卻也不是空洞無物。譬如電光的一閃一閃，本經多剎，曾無一剎得住。但其前後之間，儼然是前剎之一閃，與後剎之一閃，分明俱有的，何可說空。以此類況，前剎後剎小一，其相鄰者，可言俱有。（此復須知，談理至此，本無時間義。今言前後者，乃爲言說上之方便計，不得不如是假說故。）又復無量小一，同時現者，不妨假說彼此。（注意假說二字。若計有實時間，及計小一爲各別的實物可分彼此者，便大謬。）由諸小一，可假說前後及彼此各各別有故，因此，可更進一步，而假說相摩相蕩。汝聞剎那不住義，便起空見，以此妄難小一不得互相摩蕩。此自汝失，不由吾過。

小一相摩蕩，而成各個系。系與系相摩蕩而成各個系群，於是顯爲萬物。所以萬物無自性，（猶云無獨立存在的自體。）只是無量凝勢，詐現種種跡象，因名萬物而已。（凝勢者，小一之別名。以小一無形，只是凝斂的勢用故，亦名凝勢。）或有問言：「誠如公說，則萬物本來皆空，似違世間。世間現見有萬物故。」答曰：稱體而談，萬物本空。（稱者，契應，證眞理故。體者，萬物之本體。談理至極，迥絕尋思。洞達本體，冥然契應。到此，只是一眞絕待，亦云一理平鋪。何有如俗所計之萬物耶。）隨情安立，則以所謂凝勢，元是本體流行。（不是有實勢用，別異本體而獨行者，名凝勢。乃即本體之流行，名凝勢。）即依此流行之跡象而成萬物，於義無遮。隨情云者，隨順世間情見也。流行本翕闢之通稱。今約凝勢言，即單就翕言。然言翕自不離闢，但從言異路耳。翕勢流行，幻現跡象。即依此流行幻象，假說萬物。此於義可成立，故無庸遮撥也。

或復問言：「若如公說，於流行而識其本體，則流即不流，行即不行。何則？流行者生生不息義也。然生生則剎剎不守其故，根本沒有東西留積著，不同宗教家說上帝創造別一世界來。老子云『生而不有』，妙符斯旨故云流即不流，行即不行。以生生者實未嘗有生故。信乎一眞湛寂，無物可云也。然既識本體已，則即於體之流行而假取其相，說名萬物，於義得成。（流行即有相幻現。相，亦云跡象。假取者，不於跡象而執爲實物。但隨情安立，名之以物耳。）然則萬物既假設爲有，亦得許物有其則否？」答曰：有物有則，此吾古詩之明訓也。則之爲義，至極寬廣。今此所欲略明者，只是物所具有的若干基則，爲一切科學知識所發現之法則或律則之所待以成立。實即吾人對於物的知識之所由可能之客觀基礎。其在知識論或認識論，則謂之範疇。康德自知識論之觀點言，範疇是主觀的，是先驗的，不待經驗而成立，只爲經驗所以可能之條件，易言之，即知識所以可能之條件。康德此種主張，其立言之分位，固與吾異。然吾亦實未敢苟同。即自知識言之，吾以爲範疇，亦不能純屬主觀，亦當兼屬客觀。（此中客觀，即俗所謂外界的事物。下仿此。與康德所用客觀一詞的意義，不必全符。）如果範疇是純主觀的，即於客觀方面全無依據。好似思維方面預儲有許多格式，（範疇。）去應用在客觀的事物上。此實不可通。如果說此等格式，不是預定的，則必是吾人認識的能力，或想像力，（如康德之意，此種想像力，不只如常途所謂把一度發生的事實使之再現或再生而已，卻是完全從自己能有所造生的這種想像力。）於得到經驗時，（如已表現在直觀中的東西，即是經驗的。）恰巧出生此等格式，來應用在事物上去，自然是有效的。（這個有效一詞，含有超越個人的意義。即是一般人皆可公認的。否則不名有效。）若爾，則主觀上的格式，於客觀的事物上全無依據。即科學上求知的方法，根本用不著實測。科學知識如何可能，畢竟是一大問題。康德似未注意及此。吾欲待《量論》，再加評判，此姑不詳。吾本主張範疇是主客兼屬的。今克就物的方面言，則名爲物則，亦云物所具有的基則。略舉如後。

一曰空時。空間和時間，在哲學和科學上的解說，本極紛繁。我亦不獲詳徵博考，只略說我個人的一點意思。我以爲空相和時相，若克就物言，只是物的存在的形式。我們假設物是有的，即是存在的。如此，則凡物定有擴展相，否則此物根本不存在。由擴展相故，方乃說物是存在的。亦復由擴展相故，即顯上下四方等空相。故知空間非實有，只是物的存在的形式。又凡物定有延續相，若延續義不成者，即此物根本不存在。由延續相故，方乃說物是存在的。亦復由延續相故，即顯過現未等時相。故知時間非實有，只是物的存在的形式。

問曰：「所言物者，實是許多小一系群之比合。小一本非物也，其所成之各系群，實亦非物。但因眾凝勢故，（猶云眾多小一。）有相詐現，（相亦云跡象。）說名爲物。夫詐現有相，假云擴展，於義無妨。若云延續，似不應理。何者？小一本無前後相續義，則由其系群所幻現之相，亦難許其有延續義。」答曰：小一本非物故，故不許有前後相續義。然刹刹各別新生故，不常，亦不斷故。（刹刹滅故不常，刹刹新生故不斷。）從其所成系群之幻相言之，假說延續。隨俗諦故，亦無乖反。

復次空時，因爲是物的存在的形式，所以整個的空間，與不斷之流的絕對時間，只是主觀方面。因歷物之久，乃依各別的空時相，而構成一抽象的概念已耳。又因空時只是物的存在的形式故。故知空時是不可分離的。又復應知，各事象相互間，復別形成各個空時系列。如於某日午前十時乘飛機由重慶上空飛赴昆明，中途若不遇障礙，當以幾時到達。又如某時坐汽車由重慶開赴昆明，中途若不遇障礙，當以幾時到達。我們試想，飛機速度與航程所經各地段之距離相組合而成之空時系列，較之汽車速度與所經各地段距離相組合而成之空時系列，兩方迥然不同。準此，已可知空時系列之不一。然此猶就兩事而言。（謂飛行與車行。）復有同一件事，自甲乙二處各相觀待，而不同其空時系列。如在一時同處（同者，謂不相隔遠。）有兩光符發出。（所謂同一件事。）若自甲處（假定甲在靜止的場所。）看來爲同時出現者，自乙處（假定乙在運動的場所。）看來不必爲同時。由是可知，甲乙對同一事件，各因其觀待不同而形成各別的空時系列。總之，每一小一系群（小一系群，即所謂物者是，亦得云事情。）與其他無量的小一系群，皆互相關聯，互相反映。在千條萬緒的各別不同的關聯與反映中，就有千條萬緒的各別不同的空時系列。所以，絕對的空時只是抽象的概念，事實上殊不如此。

復次空時，只是物的存在的形式故，故空時非離物別有，而亦不即是物。（只是物上具有之形式故。）此在吾人直觀上說，（此中直觀一詞，係據印度佛家眼等五識現量證境而言。依常途用語，即就純粹感覺，不雜記憶與推想等作用者而言。然哲學家或不許感覺爲知識。但佛家則說眼等識，親證境物的自體。此時，心與物冥會爲一。即心物渾融，能所不分，主客不分，內外不分。是爲證會，而不起虛妄分別，乃眞實的知識也。余於此處，與印度諸師，同其主張。）是否得物即得空時耶？印度諸師，頗有兩說。一云：「感識（眼等五識，吾名以感識。稱名稍異，所目則一。）緣實不緣假。（假實者，佛家於俗諦，說物是實法。物上所具之形式如空時等，則名假法。印度人分析諸法，嚴辨假實。）緣假法者意識。」二云：「感識亦緣假。以假依實有，得實則得假故。」吾謂二義，實無違反。感識得實即得假，於義雖應許，但感識畢竟是證會，而不起分別，即不起物相與空時等相。二家於此，仍無異旨。（準此而談，感覺唯是證會，都無分別，諸相俱泯。則感覺所得者，實無雜亂可說。俟《量論》再詳。）唯在意識中，乃行一切分別。今依意識而言，則空時相特別顯著。（此中所謂空時相，宛然是絕對的空間和絕對的時間了。）唯然，故能利用空時，以規定一切物。易言之，即置一切物於空時兩大格式中，於是明理辨物之功能以彰。（此中功能，係尋常所用語。與他處用功能爲體用之目者，絕不同義。）故空時，本緣物上具有此形式。意識作用依之，得有空時相起。（即構成空時的概念。）然意識因有空時相故，乃反以規定感識中未經分別之各物，而條析之，綜理之，使證會中之物，成爲客觀的。空時這種範疇，所以最要而居首列。

今總結上文，一者，談空時雖是講關於事物的認識，而不可謂這種範疇（空時。）於事物的本身上全無所據。如果克就物上言，根本無有此等形式，（空時。）則空時純是主觀上片面的構畫。科學實測之術，復何所據。

二者，由空時不單從主觀的一方現起故，故說諸小一系群，（注見前。）各具有此等形式。（空時。）而各個小一系群相互間又別自形成各個空時系列。

三者，感識冥證境物，無分別故。不起物相及空時相。

四者，意識繼感識而起，憶持前物，（前物者，謂前念感識中所得一切物。）加以抉別。（抉者抉擇，別者揀別。）遂於識上現似物相及空時相。（感識冥證中，本不起相。意識何故能憶前物而現似其相，此中未及詳。留待《量論》再談。）如此，慣習之久，遂構成抽象的概念。（謂空時。）這種概念，不自覺的推出去，把空時當作了客觀的實有，就是絕對的空間，絕對的時間。反不自察其爲只是自心所構之概念也。（唯物論者不了物質只是他自心的一個概念，亦同此失。此例不勝舉。）

五者，絕對的空時的觀念，並非無用。在感識中於所冥證的一切事物，本不作外界想，不作固定的物來想。此種境界，難以形容。但以其泊然絕慮，無物爲礙，或可以體神居靈四字擬之。乃卒經過意識作用而成爲客觀的者，則正賴有絕對的空時觀念，直將感識中親證之有，（感識所冥證者，只是有，而不曾作物想。）箝入兩大格式（空時。）之內，令其忽然固定化，而成爲客觀的事物了。科學知識於此始有可能。蓋意識分別作用，將感識所冥證之有，令其固定化。此時，便從體神居靈的境界中墜落下來，於眞理上是不相應，而於實際生活上未能免此。然以此歸咎分別則不可，若於物但分別而不迷執者，則即物得理自不喪其神也。

六者，雖不遮絕對的空時的觀念，要不可過任主觀。何者？就主觀方面言，空時觀念元自是由歷物得來，（歷物，猶云經驗於事物。）並不是偏由主觀一方面自構。其後，習之既久，

（習字，包括遺傳或種族的經驗而言。）遂若不待經驗，宛然現作絕對的空時，遂爲外在世界成立之二大基柱。此固實際生活上不能避免之勢。然實事求是，則空時不單從主觀一方幻現，頗有其客觀的依據。質言之，空時亦是事物上所具有之一種形式，如前說訖。若純依主觀而談，畢竟是陷一偏。（康德不以空時爲範疇，其說吾所不取。）

二曰有無。此中有無二詞，取互相反爲義。（有者無之反，無亦有之反。故云互反。）有無這種範疇，就物的方面而言，便是物所具有的一種型範，也兼含有徵符的意義。凡物，具有某種相用等等，是名爲有。（相者，謂凡物各有自共相故。自相，如圓的桌子。共相，如圓，爲圓桌與其他圓的物所共有之相。用者，謂物皆有作用故，又言等等者，以凡物所有，不可遍舉故。）既具有如是相用，同時不更具他相用。物各有其所有，即各無其所無。（其所本無者，即不復能有之。故云無其所無。）如地球具有橢圓形，則方形是其所本無。舉此一例，餘準可知。

三曰數量。數量者，謂一多或小大等數也。（多數爲大，反之爲小。）在談此種範疇中，元不必泛談數理。但欲略明一切物何以具有數量，關於此一問題，我的解答就是一切物互相差別而又互相關聯，因此才有數量。沒有差別，固無數量可言。假如只是差別，完全沒有關聯，亦無所謂數量。須知，數量的意義，就是於差別中有綜合，而綜合卻是與關聯相對應的。如云八大行星，這個數量把諸行星綜合在一起，不獨顯示諸行星的差別，而實重在顯示諸行星的關聯。又如說無量星體，則無量數的這個數量，便把太空中一切星體，都綜合在一起，也是因他們相互間有一種普泛的關聯。（雖不似同一太陽系中八大行星的關聯之密切，但非無普泛的關聯。）舉此二例，可概其餘。所以說數量是於差別中有綜合，就因爲一切物是互相差別而又互相關聯的緣故。可是一層，把一切物數量化，才能馭繁以簡。然若過於信任此種簡單，卻恐未能透入物的內蘊。

四曰同異。同異二法，以互相反得名。（同者，異之反。異者，同之反。）古代印度勝論師，以同異爲實法，由此（同異。）能令一切物成同成異。（實法，猶云獨立存在的東西。）這種謬想，不知從何得來。佛家因明諸師談比量。（比者，比度。含有質測與思考及推求或推證等等意義。量者，知義，猶言知識。由比度所得之知，曰比量。但如專就推證言，則三支論式，名比量。）要在求同求異。詳在因明諸論。彼佛家所謂同異，則是依事物而立之假法。（假法者，謂同異二法，但是一切事物上所具有的規律，非離事物而別爲獨立實在的東西故。參考《佛家名相通釋》部甲談五蘊中不相應行法內，衆同分及定異二條。）假法，即相當於範疇，以視勝論師妄計爲實法者，其短長不待論。今試即同異之存乎一切物者言之，夫萬物繁然，一一自相，莫不互異。但舉共相，又莫不齊同。然自共相，亦由互相觀待，現差別故。由斯同異，因物付物。非是離物別有定法，理不容疑。

如依現前桌子說爲自相，此桌子與椅子、杯子等等，各各互異。然桌子與椅子、杯子等等器具，並屬人造物，則人造物是共相。即依共相，應說皆同。

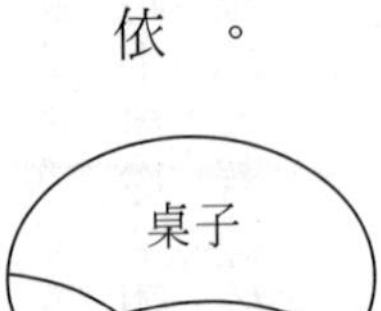

然雖說桌子爲自相，若更析此桌子爲一一元子、電子，則一一元子、電子爲自相，而桌子復爲共相。如此，則前之以桌子與椅子、杯子等等相待成異者，今對其所含一一元子、電子，便復爲同。

又上說人造物爲共相，然以人造物對自然物言，即人造物復爲自相。但人造物與自然物並屬於物，則物爲共相。如此，則前之斥人造物名同者，今對自然物成異。

如上所說，同異，依自共相顯。自共相又隨其所觀待如何而爲推移。故自共相不固定，同異亦非死法。（死法，猶俗云不是一種死板的法子。依上述各例，物之一共相，似屬至高。然談理至極，則遣除物相，以冥入本體。是物，猶不得爲眞共相也。）佛家說爲假法，足正勝論之謬。

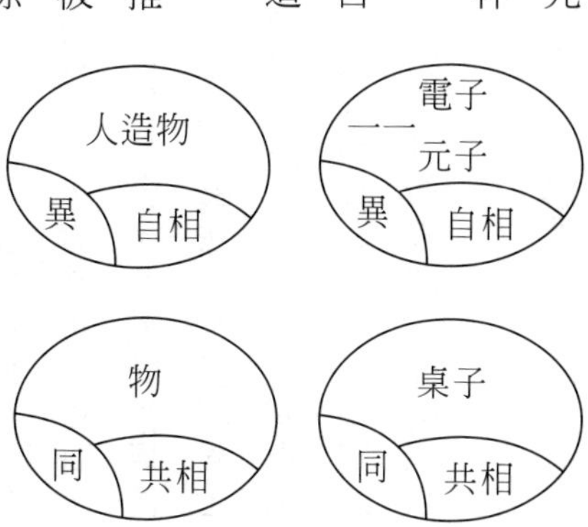

以上於自共相上辨同異，只明一切物互相觀待間，法爾而有同異這種規律。（法爾，猶言自然。）但讀者切勿以辭害意，以爲同異唯依一切物的自共相上施設。須知，同異是普遍於一切物或一切事情和一切義理上都存著的。（義理上的同異，略言之，如分析眾理，便是異。綜眾理而歸諸一個普遍的原理，便是同。）

復次同異之辨，於推尋因果時，所關至巨。因果自當別爲一目。今此但取涉及同異者略言之。如曾見有如是因，從以是果。則後此，若見有與前同類果法時，便臆測其出自與前同類之因法。（出者，出生義。）若見有與前同類因法時，便臆測其將生與前同類之果法。（凡言同者，只是同類，非同一也。世俗計有同一事件得再現者，此實謬解。如今晨旭日東升，實非前日。因爲日之自體，確是剎剎生滅不已。今晨之日，乃新生之日。人只見其似前日以爲同一，而實非同一。但不妨假說今日與前日爲同類耳。即此一例，可概其餘。）如此，每成巨謬。實則天下事固有果同而因異者。如昔見下流水濁，（果。）由上流大雨所致。（因。）而今茲下流渾濁，或由人工所爲，（因。）不必上流有雨。此一例也。復有因同而果異者，如服毒藥（因。）可以致死，（果。）然有或種病轉以毒藥得活。此等例，不可勝舉。所以同異之辨，求之於因果關係間，則至爲繁賾奧折，非精質測之術者未易免於眩亂。但此爲本書所不必詳。（談邏輯與言科學方法者，自當詳究。）本文所欲提示者，同異一範疇，其於因果間之相關至巨，眞不可忽視耳。

總之，一切事物，無有異性，則莫由予以解析。無有同性，則莫由致其綜會。此云同性異性之性字，即中譯佛籍中自體一詞。此詞須隨文取義，如云色性，即此自體是質礙法。今云同異本是假法，以何爲自體耶？應知，由假施設故，如云同便知不異，故知同有自體。不爾，言同豈不與異混耶。言異便知不同，故知異有自體。不爾，言異豈不與同混耶。故同異性之性字，不可誤解。言同性者，此性字即斥同而言之。異性準知。唯同中有異，異中有同，其辨至嚴。勝論頗注意及此。惜其以同異爲實法，乃陷謬誤耳。

五曰因果。大乘有宗立種子義，謂如種子爲因法，決定能親生果法。（種子，即是一種能生的勢力。此中決定與親生二義，在彼宗爲最要。親生者，謂因法親自創生果法也。可覆看上卷〈唯識下〉談因緣處。）此不應理，吾已破訖。（詳在《佛家名相通釋》部乙。）小乘說因，相當於增上緣義。（此云緣者，緣由義。亦與因義同。）增上者，扶助義。若法（猶云事物。）此依彼有，即說彼爲此因，此爲彼果。（依字注意。此法只依彼法而有，非從彼法親生，如母生子也。）由彼於此，作所依故，義說扶助。又復須知，一切事物，皆相依故有。以此待彼故，（待者，藉待。）說彼爲此因；彼亦待此或餘法故，（餘法，猶云其他事物。）亦應說此或餘法與彼作因。準此而談，因果只就事物之互相關係而假立。每一事物在其極複雜的或無窮的關係之中，必有其相依最切近者。以故，吾人欲甄明某一事物之因，唯取其所依最切近的事物，假說爲因。如硯池安放在桌子上，可以說它與地球及太陽系，並此太陽系以外之諸天都有關係。然而吾人求硯池所以得安住者，則直取與硯池最切近之桌子，能與彼（硯池。）作所依故，即假說爲硯池安住的因。

後圖表示因果，只是考核某事物時，須在其所有無量的關係中找出一段最切近的關係，而假立因果已耳。談至此，關於小乘的意思，尚有須發明者。小乘所謂因，實際上本是增上緣。然彼（小乘。）增上緣一名，則取義甚狹，乃別於因，而另立此名。（小乘已談四緣。除次第緣與所緣緣各有專義外，其因緣與增上緣，不併爲一談。）跡其用意，蓋以一切事物本互相關聯而有。由是義故，吾人如說明某一事物之因，不過從其最切近的關係，明其相互間之律則而已。如此而言因，故是增上緣義。與大乘有宗所謂因能親造生果者，自是截然不同。小乘因義，只是講明關係，不謂因有造生果義故。

夫小乘言因，既是增上緣義，然於因之外，又別立增上緣，何耶？大凡於一事物而求其因，只於其關係最切近處言之耳。然此一事物，在無窮無盡的關係中，今欲盡其繁賾與曲折隱微之致，則必於關係最切近處，即其直接爲此一事物之因者而外。更進而從多方面的關聯以測度之。此多方面的關聯，必爲說明此一事物之所絕不容疏忽者。凡此，皆可謂之增上緣。緣亦因義，增上緣者，蓋亦可謂之輔因。

下圖右，初層小弧形表示因，是於果法爲最切近的關係。次層一較廣之弧形，環於因之外，則表示尚有多方面的關係，皆於果法爲增上緣者。三層一大弧形，則表示更有無量的關係。易言之，即此一果法，與全宇宙有關聯。然說明此一果法卻不必計及全宇宙或無量的關係。故最外一層，即第三層，一大弧形內所包含的無量關係，不在因與增上緣之列。易言之，即是於說明此一果法或一事物時，元來不必過問這些廣漠無邊的關係。

或有難曰：「公之言因，略本小乘。不主張別有一種能生的勢力叫做因，並不許因是決定能造生果的。如此，不幾於取消因果乎？」答曰：不然。如大

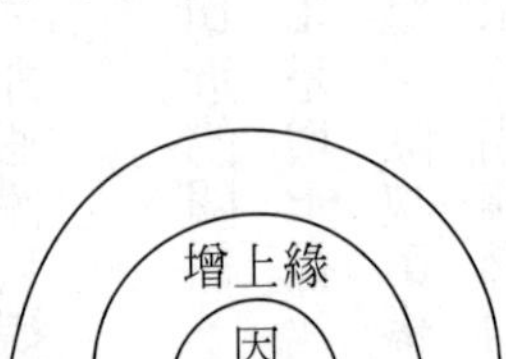

（右）

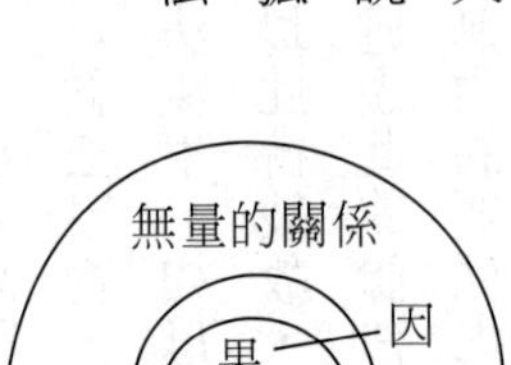

（左）

乘有宗所謂因，吾不能苟同。然吾非不許有因，但立義有異耳。吾前已云，若法，此依彼有。即說彼爲此因，此爲彼果。吾言因果，只從關係上說。設如一旦事物的關係有變更，即不能說有某因決定造生某果，將無往而不然。這種主張，是吾之因果說所不容允許的。然吾並非不許有因果，只是不許有固定的因果而已。如果建立有能生的勢力爲因，決定能造生果者，則一切事物悉是固定的，各立的，實在的。此說不應道理。一切事物，非實在，非各立，非固定，只是互相關係而有的。是故從其關係假說因果，於義無違。

復有難曰：「公所謂最切近的關係云者，此切近一詞，即表示是有時空上的相切近。如此，恐不足以究事物之內蘊。因果關係，至爲複雜奧折。略言之，如舉手擊桌便生聲響，手擊桌爲因，聲響爲果。從因的方面說，舉手之時雖暫，而非不歷時分。擊在桌子上之某一點，是占有空間。從果的方面說，聲浪因振動而發出，也是經歷時空的。我們覺得一擊便有聲生，好像因果是同時同處。其實，擊桌（因。）與聲生（果。）中間當有最小的時分，但不妨說爲切近。聲浪傳播，所經的空間也大多了，但發自元來振動處，即手擊處，亦可說爲切近。據此而談，這種因果，只是兩件事物，手擊桌是一事物，聲響生又是一事物。由此（聲生。）依彼（手擊桌。）緊相躡俱，說爲因果。切近之說，若約此等因果而談，自無不妥。然而因果之情，極其奧賾，不盡如上述。如氫與氧合而成水，氫氧之合爲因，水則爲果。此等因果，確是因法（如氫氧。）自身起一種轉化，乃成一新事物。（如水。）諸如此類，既不能不說爲因果關係，但此等因果，是事物的內在的變化，自不可以兩事物在時空上的切近來解釋。公意如何？」答曰：汝之所難，不了我所謂切近的意義。我所謂切近，只明因果但依最切近的關係上假立。汝不必聯想到時空來解釋。須知，不一方言切，（切者，兩相切也。）相即故謂近。若法果是一者，一即絕待，無關係可言，即無因果可言。若法不一，而不相即，則各各獨立，不相影響。或諸法恆住自分，（如其自體而恆住，名住自分。）無有轉化。如此，亦無關係可言，無因果可言。又如承認諸法是互相關係而有，然若求一事物之因，其關係太疏遠者，則不相即而影響較微，不須計及。已如前說訖。是故不一而相即，乃名切近。汝若了此，何至雜入時空的觀念以索解耶。至汝所舉氫與氧合而成水，此等例與吾之因果說，並無不合。氫氧合，則轉化而爲水，分明是一種最切近的關係。水與氫氧，彼此異故，本非一。而水與氫氧又相即。（從水言之，水即氫氧之合。從氫氧言之，氫氧合，即已是水。故云相即。）不一而相即，故名因果關係。由不一而相即義故，便隱示因之成果，大概是事物之內在的變化。至後當知。

（果）水
―――――
一氧二氫（因）

或復難曰：「公以不一而相即，釋切近義。此於後之一例固可解釋。然於前例，似難兼賅。」答曰：汝所疑者，相即義耳。汝意，氫氧與水，實是相即。若手擊桌，與聲響生。此二事者，無有如氫氧與水之相即義故，故興難耳。應知，即字略有三義。（非止此三，故致略言。）一者，是一非二，言即。如云孔丘即孔仲尼。二者，由彼涵此。（涵者，涵變。）如氫氧是彼，水則此也。氫氧合，便轉化而爲水，是謂由彼轉化爲此。所以者何？以彼望此，含有變化之可能故。說此依彼有，而不異彼。故置即言。（異者離異。如水，非離異氫氧而別有故。）三者，兩物常相躡，或常相俱而有。謂如甲有故，便有乙。若甲乙相互間的關係，不因他故而變更者，則乙依甲有，是事恆信。此三義中，初之一義，本書多用之。但與此中談相即義無關。次三兩義，皆吾此中相即一詞之所含也。汝所舉後例，（氫氧合而成水。）適合次中相即義。（前云由相即義故，便隱示事物之內在的變化者，於此可見。）汝所舉次例，（手擊桌則聲響生。）適合第三相即義。總之，切近義者，是不一而相即義。是義本無不賅，何須疑難。

附識：有問：「公所謂因，已是增上緣義。然復於因之外。別立增上緣，殊不解。」答曰：文中已說得明白，子猶不解，何耶？如前舉例，手擊桌，便有聲響生。手擊桌是因，聲生是果。子當無疑。夫此中言因，正取手之一擊。而桌則可說為增上緣也。桌之所依為地，則地亦增上緣。又即桌而析之為元子、電子，亦皆增上緣。如此類推，便無窮盡，要皆可不計耳。擊者體力強盛，故其手之出擊，足以發生振動，此又一增上緣也。衰病之人，或不堪舉手，故知體力是增上緣。又就氫氧合而成水一例言之，此中以水為果，而正取氫氧之合為因。但亦兼有增上緣。氫氧不合，則不成水，故合之一事所關甚大，亦得另說合之一事為增上緣。又氫二氧一，合乃成水，則數量關係，亦於果法為增上緣也。總之因有正輔之分，正者但名因，輔因則名增上緣。如此求之，則即一果，而究其繁複奥折之故，（故者，因義。）庶幾可以實事求是。

如上所說，一切物所具有的基則或範疇，總列五個項目。

空時
有無
數量
同異
因果

範疇論，莫詳於康德。康德有十二範疇，並且與判斷種類一致。又不以空時爲範疇。（吾所見關於介紹康德之文字，雖不完備，但大體可窺。）本論的體系和根本主張，元來與康德異軌，故談及範疇，亦不必有合於康德。

本論所謂範疇的五項目，第一空時。因爲空時兩範疇，是物的存在的形式，（詳前。）所以居首。由物的存在，吾人方得有對於物的認識，故空時稱首要。

其次有無。有無兩範疇，包含至廣。（無所不包，故置至言。凡物所具有之一切，均此有之一詞所包。凡物所不具有之一切，均此無之一詞所包。是以至廣。）但此二範疇的意義，只顯一切物上具有此有和無的兩種型範。至如某物所有的是些什麼，（如何種性質，或何種作用等等。）及其所無的是些什麼，當然不是談範疇時所應過問的。有無兩範疇所以爲重要者，因爲一切物，各各於其所有，能任持有性。如地球具有橢圓形，便能任持其所有，而不會失掉此有性。（有性性字，解見前同異範疇中。有性者，即斥指有而言之也。下無性，仿此。）於其所無，能任持無性。如地球無有方形，便能任持其無性。假若地球由本無方形而倏忽變爲有方形，則是不任持其無性。然地球在其已然之關係中，如太陽系無特別變易中，絕不會忽變其現有形狀。故知其能任持無性。凡物各能任持其有和無。即上述一例，可概其餘。因此，質測之術得所依據，科學知識乃有可能。故次空時，特談有無。如果物上不具有無二範疇，即吾人可隨意說有說無，科學知識不能成立。

又次數量者。由有無兩範疇，我們可以於事物之複雜的散殊的方面，行其質測。由數量一範疇，我們可以把事物化繁爲簡。

又次同異者。由此二範疇，吾人對於一切物，得因其可別析也，而別析之，因其可滙同也，而滙同之。故次數量，而言同異。

又次因果者。因果一範疇，爲科學知識所待以成立之重要條件。因爲科學解釋事物，只是甄明一切事物的因果法則故。有人主張談範疇只須因果一種。此說雖不無理由，然未免一偏之見。如吾上說四項目，要皆與因果互相關涉。故以因果一範疇終結云。

余以爲範疇，當兼屬主客。（客觀謂物界，曾見前注。）在主觀方面，只是含有無窮分理，隨宜發現之可能的裁制力，並不是預儲就若干有限的格式，在客觀方面，即事物上決定具有與主觀的裁制相符應之法則。因此，主觀的裁制，乃因物曲當。程子所謂「循物無違之謂信也」，（循，率由也。）率循物之則，而不以己意矯揉造作，乃無違物之眞，故云信也。使物無自具之則，而只欲恃主觀方面的立法，以期待事物之受吾約束。若爾，則一切科學知識，將僅由心造而無須徵驗於事物。雖三尺之童，亦知其不可矣！或復問言：「吾人之認識事物也，只以吾之官能所感攝者爲依據。因此而爲比量。（比量，見前注。）然比量所得，究不能無限。宇宙廣大，吾人之心知，依官能感攝以行推測者，其所獲終無幾何。（合古今人類或諸學者知識之所及，雖云已博，然以比於宇宙之無窮，別所知究甚少。）審此，則知一切事物，本無窮盡。其不曾呈現於吾人之官能感攝內與思維中者，正不知凡幾。由是可知，吾人之辨識一切事物也，既不可窺其全，則亦無從覓客觀的標準。唯有恃內心之裁制，使事物不越吾範而已。若謂事物本身具有法則，一定而不可移者。吾既不能窺事物之全，又烏從知之耶？」答曰：事物之全不可窺，是誠然也。吾人於其所知之事物，實賴內心的裁制。此又不待辨而明也。然有不可忽者，心知之裁制事物也，必非全無所據。易言之，即事物本身必具有與此裁制相符應之法則，而後其裁制，乃不妄而可徵。又復當知，法則，無所謂一定不移者也。所以者何？此中所謂法則，非超事物而言其大原，（超之一詞，是就義理上說。事實上一切事物之大原，絕不是超脫於事物之上而獨在的。）乃即事物而言其呈現，隨在皆有軌範或形式等等之謂也。蓋事物云者，從其顯現而言之。法則云者，從其顯現有序而言之。（此中序字，含義最廣。法則或軌範形式等等，皆名爲序。）事物無定實，（不固定，不實在。）即屬於事物之法則，亦無定實。事物唯變所適，即屬於事物之法則，亦唯變所適。誰謂法則爲一定不移者耶？汝意殆離法則於事物之外，以爲事物依法則而構造，事物可變易，法則乃恆存，此實倒見，不究理道之眞也。夫事物之成，必有其則。（具云法則。）吾固云然。但不可離法則與事物而二之，謂法則可獨存於一空洞的世界也。果爾，則事物又何從取規法則而以之自成耶？唯法則不離事物而有，是以事物無恆，隨其所呈現，而莫不有則。因此，吾人心知之裁制事物也，乃得有所依據，而非純任主觀的構畫也。此中尚有許多意思，俟《量論》當詳。

總之，範疇本兼屬主客。在客觀方面，名爲範疇。在主觀方面，亦名爲裁制。（亦之爲言，意顯在主觀方面非不名範疇也。）所以者何？物上具有種種軌范和形式或法則，是名範疇。

此其屬客觀方面者也。心緣物時，（緣者，攀緣及思慮等義。）物之軌則，頓現於心。而心即立時予以製造，是名裁制。此裁制，即物上範疇經過心思的營造而出之者也。心之攝取物上範疇，並非如照相器之攝影而已。故範疇不唯屬物或客觀，而亦屬心或主觀。但在主觀方面，範疇乃成爲活活的、有用的，並且變爲離事物而獨立的東西。可以把感識中未經分別的事物呼喚出來，使之客觀化，而予以控制。此知識所由可能。這裡還有好多話，須詳之《量論》。

上來談範疇，本克就物上而言之。復有問曰：「於一切物的本體上，亦許有範疇否？」答曰：一切物本非實有。但依本體之流行而權設。（權設，亦云假設。）故範疇亦是依物假立，不可執爲定實。汝問本體上是否可許有範疇者，應知，隨義差別，或有或無。（差別者，不一之謂。由義不一故，故有無不定。）云何義別？一由冥證義故。（冥證者，即自己冥合本體。易言之，自己是本體的實現。此際眞體呈露，獨立無匹，卻是炯然自知，謂之冥證。非以己知彼也。）心行路絕，（心之所游履，曰行。人心起思維時，如有所游履然。故云心行。本體唯是自證，不可當作一種超越的境界而思維之。才起思維，早已離異本體，而成顚倒見矣。故心行之路，至此而絕也。）語言道斷（在心名行，出口名語言。既心行路絕，即語言之道亦斷。）云何得有範疇可說。二由權宜施設故，（權宜，猶云方便。本體不可當作物事來思議。但證知體時，卻不妨以方便顯示。但既曰方便，則學者不可緣名言而起執。要當於言外有悟耳。）即依本體之流行假設言詮，亦得有範疇可說。但此中談範疇，或只得三項目，空時和因果於本體上絕不可說有的。今說如下：

一數量。吾國先哲談數理，以爲數立於無，（無者虛無。但非無有之謂。）不倚於物。故嘗以一來表示道體。（道體即本體。）如《易》曰：「天下之動，貞夫一者也。」言此一，爲萬變之所由起。故萬變中自有貞固之德，而不憂夫變之或窮，以一故也。一者，本體也。此以一，爲道體之目，亦含有範疇的意義。因爲一之爲言，表示是絕對的。此絕對義，即本體上所具有之軌範也。又如《易》及老氏，以一生二，二生三，說明本體之流行。本論〈轉變〉，（談翕闢處。）頗加闡發，可以覆按。（詳在上卷。）故知數量一疇範，於本體流行上，應說爲有。

二同異。依本體流行而言，翕闢相反，故異之一範疇，是其所有。翕以顯闢，闢以運翕，反而相成，歸於和同。故同之一範疇，是其所有。（參考上卷〈轉變〉。）

三有無。絕待故，眞實故，圓滿故，成大用故，應說爲有。清淨湛然，（湛然者，形容其沖寂及深遠與無相等等義。）遠離妄識所計種種戲論相故，應說爲無。故有無二範疇，是本體或本體之流行上所具有的。

是故克就本體而談範疇隨義差別，有無不定。如上，說範疇已訖。

復次在本章中，雖依大用之翕的方面，而假說物，其實，言翕即有闢。此在前文屢經說過。今更推明翕闢相互之旨，則翕之所以爲物者，其義益見。吾將借用《易》之八卦，以申吾旨。

☰乾　☵坎
☷坤　☲離
☳震　☶艮
☴巽　☱兌

如右所列八卦，係分爲兩層排次之。這種排列法，（謂兩層。）純爲篇幅之便，並不是有何意義。

現在先說「乾」、「坤」二卦。我的意思，是拿「乾卦」☰來表示闢，拿「坤卦」☷來表示翕。在上、中兩卷，本已曾經提到，此處更加以申說者，特別著重在幽明的意義。明者，勢用發現著明而易見。幽者，勢用默運深潛而難知。翕闢元是本體之流形，故現作此兩種動勢，（流行者，變也。變必有反，故云兩種。動勢亦云勢用。故現云云之故字，謂若故意出此也，然實無意。）並不是對立的兩種東西。（吾國易學家說陰陽，則謂之二氣。此氣字，很容易使人誤會爲實有的東西。因此便以爲陰陽本如二物對立，但可以合同起用云。本書談翕闢，實與彼等截異旨，學者宜知。）然又不得不分言兩勢。（具云兩種動勢。）此兩種勢用之發現也，一以凝斂成翕，一以健進成闢。闢者，稱體而呈現，寂寞無形，應說爲幽。（本體之流形也，即顯爲闢的勢用。闢者，備具萬德，而無形可睹。雖流行，而不捨失其體之本然。故云稱體。）翕者，有跡象昭著，雖是本體之流形，（流行一詞，本《易經》。本體之流形，必有其翕的方面。但翕即凝歛而將成形物，故云流形。）而既肇乎形，即已乖其本體，故乃依成形義，假說爲明。

夫幽以爲蘊，（蘊者，中藏之謂。幽者闢也。闢的勢用，運於翕或一切物之中。無定在，而無所不在，是蘊義。）明以爲表。（明者，翕也。翕成形物，此但是表象耳。其內蘊充實者則闢也。）幽者謂神，（神者，至靈不可測，至妙不可窮，然不可計爲具有人格的，如宗教家所謂神也。）明者爲物。（克就翕言，便成爲物。）神之德爲施，（施者，總萬德而爲稱，隨施皆當。故是萬善具足。非可以一德稱之而已。）物之德爲受。（受者，順受，明者物也。物但以順受於闢爲德，而別無德。夫物之本性，亦是闢也。故以順闢爲德。物若不順，則失其性矣。）是故幽以一表之，顯其絕待。（「乾卦」三畫皆一。一者，絕待義。）明以⚋表之，見其有對。（「坤卦」三畫皆⚋。⚋者，有對義。）幽者，明之蘊。明者，幽之表。幽明本非截然二物。蓋本體之流行，有其反而成形者，（翕即成形，便失其體之本然。故云反。）正所以顯無形之運，盛大而不容已耳。（闢無形，乃本體率然呈現也。率然云者，謂闢即是本體流行，而不失其體之本然。故沖寂無形也。然闢必待翕，乃有以自顯。若無翕者，即空洞無物，則闢無所寄，又何以見其默運不息乎？不容已者，至剛至健，闢之盛德也。）又復當知，幽唯無待，本具萬德，運化無窮。明雖有對，而實與幽同體。故幽於明，潛移默轉，即萬物皆歸神化。然物終滯於有象，（原物之本，自是神化所爲。然物象已成，即失其本。故云滯也。）順化而非自化。（克就物言，則物不自化也。順化者，順從於闢也。）故明之所呈，（只如其所呈的跡象而已。）不及幽之所可有。

幽之所可有者，無復限量。精神之運，思維之極，其奧無窮，其變無方。如生活之豐富，道德之崇高與日新，智慮之廣遠、幽深、繁賾，與夫發明製造，新器物日出而未有窮者。凡此，皆闢之所爲。易言之，即是幽之所大有。而其爲今時未形見之有，但爲其內涵的潛德所無弗可有者，且未知所極也。此幽明之辨也。

夫萬化之奇，莫奇於翕。於空寂海中，（空寂海，喻本體。空者，無形無染之稱。寂者，澄靜不擾之目。但此靜字，非與動爲相反之謂，須善會。海者，況喻詞，謂至大無外。）森然昭著而成散殊，（翕者，形之始，故云昭著。散殊者，翕便分化故。蓋體之成用，必有一個翕。否則一味浮散，其用不顯。）故謂之明。萬化之盛，莫盛於闢。備萬德而如本，（本，謂體。闢以用言也，而不失其體之本然，故言如本。）肇群有而無形，（備萬德故，爲群有所肇始。即翕之所以爲翕者，究非異闢而別有體也。然闢終無形可睹，以如本故。）故謂之幽。

翕以明而爲闢之所資，（資者資藉。闢必藉翕，始有以自顯。否則浮游無寄，靡所集中，何以顯其勢用乎？）故翕於闢爲首。（商《易》列「坤卦」居首，極有意思。坤，陰也，略當吾所云翕。）闢以幽而爲翕之主，則闢亦於翕爲首。（周《易》列「乾卦」居首。乾，陽也，健也，吾謂之闢。）互爲首故，實即無首。故冥應一極者，則翕闢皆幻化耳。一極，謂本體。翕闢者，依本體之流行而假爲之名耳。故所謂翕，非別異本體而自爲實物。所謂闢，亦非別異本體而自爲實有。蓋於流行而識體，即翕闢兩者，都無自性。幻化者，狀其活躍而復無有實事也。冥應者，知與理冥，無分別相。理謂本體。

或有問言：「以☰☰表闢，☷☷表翕，意取陰陽與翕闢義相通耳。然《易》以三爻成卦，（如☰即「乾卦」，☷即「坤卦」。準知。）又以二卦合，而始名一卦。（如「乾卦」，即合上下兩「乾卦」而成。他卦仿此。）其義云何？」答曰：此有通義，有專義。通義者，三爻成卦，明一生二，二生三義。吾既言之矣。（詳上卷〈轉變〉。）復合二卦而名一卦者，恐有誤計，以爲變者，一生二，二生三也，如是變已，更無有變。此乃大謬。須知，神變，不守故常。（變而曰神者，本體之流行，靈妙譎怪，不可測度也。）剎那剎那頓變，皆循一二三之則。如前剎那頃頓變，是一生二，二生三。後剎那頃頓變，復是一生二，二生三。故不居者變，而不易者變之則。故累卦以見義。（合兩卦，故言累。）累之，即不盡於三爻而已，乃復有三爻。明繼起之變，總不外一二三相生之則也。有問：「不可累三卦爲九爻乎？」曰：二卦既足以見義，故不可再增。再增之，將至無窮。如上已說通義。（參考上卷〈轉變〉。但吾此說，與《乾鑿度》等不同。）專義者，凡卦，各六爻，（《易》爲卦六十有四，各卦皆由二卦合成，故各卦皆有六爻。）變化叵測。欲求通則，須窮幽致。（繁賾之情，隱而難析，謂之幽致。）必依各卦而求其各有之義。故云專也。然復當知，吾於此中不欲深談《易》也。但援引八卦，以明吾旨而已。

吾以☷☷表翕者，「坤卦」合上下兩「坤卦」而成。其六爻皆偶數。（⚋即偶數，有對義。如前已說。）蓋本體之流行，必於一方面有所翕聚。翕聚便散殊成多，故爲偶數。夫物之得名，依於翕聚。翕聚必由輕微而之重濁。其始凝也，只是猛疾之動勢而已。凝而不已，漸有成形的傾向。然非有實形也，故云輕微。但所云凝而不已者，非有故物延持至後，乃剎那剎那，滅故生新，相續而不已耳。夫凝矣，則必分化而成多。既凝爲散殊的眾勢，則有互相比合，而幻現粗跡，世俗所謂物者是也。至此則重濁。故六爻自下而上，所以著其變之序也。（凡卦，皆自下向上數之。起下卦初爻，迄上卦最上爻，明其凝以漸，乃從輕至濁，自然之序也。）

以☰☰表闢者，「乾卦」合上下兩「乾卦」而成。其六爻皆奇數。奇者無對。《易緯》釋乾曰：「祖微據始。」是乃闢之象也。夫闢，則本體之流行，而恆不失其自性，是與翕之勢相反。且復轉翕以從己，而顯其剛健者也。本書上卷曾以一二三相生，明變之則。即以一來表體之將現爲用，（將字，只爲言說之方便而設，勿誤會。用者，流行義。）以二來表翕，以三來表闢。（覆看上卷〈轉變〉。）因爲本體流行，不能不有所翕，而翕則不守自性。誠以翕便成物，故是本體不守其自性也，易言之，即自爲矛盾也。然而與翕同時，有一種剛健與升進的勢用運乎翕之中，包乎翕之外，無定在而無所不在，是能使翕和同順化而消其滯礙者。這個勢用，名之爲闢。因此，可以說闢是「祖微據始」。微者微妙，始者本始，皆本體之形容詞。唯闢是依據本體而起的勢用，（依據二字，須善會不可謂以此依據彼，妄分對待。）易言之，即是本體舉其自身全現作闢。所以說闢是「祖微據始」。夫闢，即是本體之流行，非與體爲二也。祖者，自本自根之稱。據者，自足而無所待於他之謂。故闢表以奇數者，顯其無對故，以於闢而識體故。又彰以六爻者，恆積其剛德而不已故。（六者多數，有積累義。闢之剛，所謂天德也。恆不捨其剛，故云積累。）又明其非一合相故，絕對即涵相對故。（一合相，詳前。）又不同造物主故，以即於相對見絕對故。（六數是相對的。六皆奇數，則是於相對而見絕對。）故彰之以六爻。

「乾」、「坤」二卦，以表翕闢。自餘六卦，則皆因翕闢錯綜之情不一，而著其不測之變。錯者，相對義。一翕一闢，故是相對。綜者，相融義。翕闢以反而相成，故是融和。

先談「震」、「巽」兩卦。「震卦」本合上下兩「震卦」而成。如下所列：☳☳。其實上卦只是因而重之，故如了解下卦的意義，則上卦可以類推。

「巽卦」合上下兩「巽卦」而成。如下所列：☴☴。上卦係因下卦而重之，例同「震卦」。「震」、「巽」兩卦，恰恰相反。

☳ 震

☴ 巽

「震」、「巽」二卦並列，（此二卦，各只列下卦，上卦則因而重之，不待列故。）比而觀之，其相反可見。

凡卦（凡之爲言，即通《大易》六十四卦遍舉之。但此中只談八卦耳。）陽爻，吾則皆以表闢。（凡卦之奇畫，皆陽爻。）其陰爻，吾則皆以表翕。（凡卦之偶畫，皆陰爻。）

「震」一陽在下，其上二爻，皆陰也。

「巽」一陰在下，其上二爻，皆陽也。「震」、「巽」二卦，名相反而實相資，故並列之，以便說明。

在未釋此二卦之前，有一義須先陳者。《易》之爲書，妙於取象。（前談乾坤二卦，直抒其義，而未及象。）凡卦，舉象以示，而其意義昭然若揭矣，「震卦」取象於雷。雷出無形，震動乎幽蟄，其力盛大而不可稱。「震卦」一陽潛動於下，故以雷象之也。又有帝象，帝者主宰義。「震卦」一陽居幽，而爲動之主。（居幽者，初爻居下，隱而未見也，故爲幽象。）故有帝象。

「巽卦」取象於風。此有二義：一、風者輕微，而無不入。「巽卦」一陰在下，卑順以入陽，而從陽之運，故有風象。陰坤也，吾謂之翕。坤或翕，則唯順從乎乾或闢，而不自爲主也。故云卑順。風之輕微可以象其卑順。二、風之大者，磅礴六合。「巽卦」二陽在上，周通無礙。（周者周遍，無虧欠故。通者通暢，無隔閡故。無礙者無滯也。）故亦有風象。

如上已釋卦象。今略陳大義者，由「震卦」言之。物質宇宙本依翕立，然而默運之，且主宰之者，則闢也。「震」之初爻，一陽潛動乎下，其上二爻皆陰，則翕象也。易言之，即萬物粲著之象也。唯物論者只執有物而已，不知物非實有，而默運其中者乃是健進的勢用，即所謂闢者是也。「震卦」之一陽潛而在下，即表闢之默運乎翕之中，而爲翕之主也。震有帝象者此也。

或曰：「公固嘗言，翕只是一種動勢，其現似形物者，特由其動勢至猛至疾，故現跡象，假名形物耳。譬如閃電，其閃動至疾，故有相狀現。據此而言，翕便是動，云何復待闢爲之默運耶？」答曰，翕便是動，此推本之言耳。所謂翕者，元非異闢別有自體。蓋即本體之流行，不得不有此收凝之一種勢用而已。然此種勢用，既成乎翕，即爲形始。（翕者，形之始。）是則已趣物化，（物化者，謂其轉化而成爲物質的，故云。他處凡言物化者，仿此。）而全違其本體矣。（譬如冰，假說以水爲其本體，而冰之成也，則與其本體違異，成凝固相故。）夫物化，即成爲重濁。《易》緯言坤，謂其勢不自舉。（坤，即吾所謂翕。）故知翕者，當作物觀。而失其健以動之本性。不能不有待於闢也。由翕隨闢而轉故，云勢不自舉。夫本體之流行，而反以成乎翕也，（反者，翕則不循其本，故云。）疑於不守自性。然此但爲其自身表現之資具計，不得不故出於此。（故者，謂若故意也。）而本體畢竟不捨失其自性。（名本體以眞如者，以常如其性故。）乃恆保其剛健，（本體萬德具足，此中但舉剛健，非不兼餘。恆者，無有放失之謂。）升進而不已也。此升進之勢用，即名爲闢。闢固與翕反，而必資翕，以爲運行之具，否則浮散而無寄矣。故闢者，恆默運乎翕之中，利其反而卒融釋以歸於太和。「震卦」一陽潛運，所以表闢之運翕，其力用至盛大而不可御，故以雷象之也。

「震」、「巽」二卦，所以反而相資者，「震卦」則陰外見，（二陰在一陽之上，名外見。）而陽居幽以動之，（初爻名居幽，見前。）表闢之默運乎翕也。「巽卦」則陰人陽。（一陰在下，以進入乎二陽，而爲陽所含。）明夫闢者，乃體之全顯。（本體，舉其自身全現作闢。譬如大海水，舉其自身全現作衆漚。故云全顯。）無定在，（無形，故無封畛。無封畛，故無虧欠。所以無定在。）而無所不在。（無定在故，乃無所不在。如其有所不在，則有虧欠。今此不可以形物推測之，故不爾也。）故闢既運乎翕之中，亦包乎翕之外。（翕便成形。凡有形者，即有限。故恆排斥其他衆形，而不能包含之。唯闢無形，乃能包衆形。）而自翕言之，則是翕者順以入乎闢之內，而爲其所含也。「巽卦」陰自下以入陽，即斯義也。

震，陰在上。明翕，則有物象著明。而闢乃默運於其中耳。巽，陽在上。明闢雖居幽，（闢無形，本幽也。震初爻之象以此。）而實周遍含宏。（至眞不息曰周，圓滿無虧曰遍，無所不包通曰含，其大無外曰宏。）並包萬物，而爲之主也。（萬物者，依翕而爲之名耳。）

或復問言：「翕闢本爲一體之流行，（翕闢之勢，生滅滅生而不已，是曰流行。翕闢乃唯一的本體之顯爲如此者，元非截然兩種實在的物事，故云一體。）爲用雖殊，（翕闢相反，云用殊。）相融則一。（相融，則本非異體可知。）此公持論本旨也。然說闢爲主，夫云爲主，則有作意乎，無作意乎？（意者，意欲。作意，猶云有造作的意欲，宗教家之上帝，則有作意者。）」答曰：造化有心而無意，吾前已言之矣，此不贅論。夫翕唯物化，而闢則恆不捨其健。有以轉翕而伸其自由。（闢是自由的，終不隨翕轉。）故知闢主乎翕也。

已說「震」、「巽」，次「坎」及「離」。

「坎卦」合上下兩「坎卦」而成。如下所列：☵☵。「坎」是險陷之名。此卦一陽陷於兩陰之中，如☵，即陽爲陰所障礙而不得顯發，故陽在險陷中也。「坎」之象爲水，水之流也，度懸崖，入坑阱，泛濫乎淵廣不測之洋海。此至險也。故「坎卦」象之。

「離卦」合上下兩「離卦」而成。如下所列：☲☲。「離卦」爻象，恰恰與「坎」相反。

☵　坎

☲　離

「坎卦」一陽在中，爲險象，以其受陰之錮蔽故也。「離卦」一陰在中，而陽則破陰暗以出。故爲明象。（明者暗之反。）上下兩「離卦」，故爲重明也。（其明繼續不已，故爲重明。）又陰在二五，爲居中得正之象。（上下兩卦合數之，從下卦初爻數起，陰居二爻及五爻。二者，下卦之中。五者，上卦之中。）則以陰能順暢，是履中正之道。非若「坎卦」，陰失其道而錮陽也。（失道，謂陰不順陽，即失其中正。）

有據唯物論之見地，以難余者曰：「公所謂翕者，即物之一名所依以立也。公所謂闢者，即心也，生命也，精神也，是諸名者所依以立也。（本論所云心與生命、精神三名詞，其名雖殊，而所目則一。以其爲本來靈明淨妙之體，是爲吾身之主宰，則名曰心。但有時以習氣或妄識名心者，則與此中心字異義，宜隨文辨別。又以其爲生生不息眞幾，則名曰生命。但與世俗習用生命一詞的意義不必同。又以其迥超物外，神用不測，剛健不撓，是爲萬有之原，則名曰精神。故三名雖異，而實無別體。譬諸某甲以其慈愛而名仁人，以其武健而名勇士，仁勇雖異其名，而所目只是某甲一人也。此三名，在全書中散見，他處未及注，姑識於此。）公固以翕闢爲同行異情，（翕闢流行，元非異體，故名同行。情者，情勢。一翕一闢，動勢則殊，故云異情。）闢主乎翕，翕終順闢，此心物所由不二。而以闢爲主故，克成其唯心之論也。雖然，理論上盡可如是主張，但由世間極成之所詔，（世間極成一詞，見上卷〈唯識〉。）與科學質測之所及，則唯共許物爲先有。而心或生命等（精神一名不備舉，故置等言。）乃於物質宇宙經不可數計的長期發展之後，只儻然發現耳。何則？心或生命等唯著現於有機物，而有機物，固遠在無機物發展之後，而僅乃有之。此事實之不容否認者。今不暇旁徵博引，第就天文學言之，則物爲先有，而心或生命等屬後來儻見，其事甚明。斯亦言唯心者所可注意也，姑以三端略言。

一、物質宇宙，重重無盡。吾人所居地球，是八大行星之一。八大行星和太陽，乃組成太陽系。在此太陽系之外，還有許許多多的天體系列。（天體，即星球之代詞。）其數目之多，遠過恆河沙數。天文學者（如瓊斯。）有云：「天際星球之數，差不多和全世界各海岸的沙粒那樣多。」（此中全世界，猶云全地球上。）湯姆生云：「夫以太陽系之碩大廣漠，宜無倫匹，而在眾星云之大宇中，乃渺乎滄海之一粟耳。」由此可見，充塞太空只是無量物質宇宙。

二、具有心或生命的有機體，其所可存在之域，必與一團烈火似的熱度最高之圈圍，距離遠近適中，而恰爲溫度合適之域。若不及此域，或距烈火圈過近，則生物必枯萎。或距烈火圈過遠，則生物必凍斃。唯吾儕太陽系中之地球，偶具恰當的溫度。但散布太空之無量星球，其類似地球之繞太陽而有適於生物發展的溫度者，似乎極爲難得。因爲無量恆星中，其同於吾儕太陽一模一樣地拋出行星來，此則確屬稀有。

三、依天文時間計算，行星之年歲甚小。太陽系的造成，大概因兩星雲之相撞。而兩星雲相碰一次的機會，約須七兆兆年。據此，則太陽系的年歲，在星雲中已甚幼稚。地球這一行星，是從太陽中分裂而出，其年齡較太陽更小。在地球形成之後，又不知經多少時劫的變遷，始有生物產生之可能。自生物中進化爲人類，才有高等心靈發現，則又不知歷時幾許矣。

綜上所說，一、充塞太空，只是物質宇宙。二、在無量的物質宇宙中，如吾儕地球這一小宇宙，其可以產生具有心靈或生命的生物者，確屬罕有其匹。不能不謂之出於偶然。三、即就地球上之生物或人類而言，其產生的時代乃最晚。準此而談，則所謂心者，既是後於物而有，且其產生甚爲偶然。今如公說，依翕假名爲物，依闢假名爲心，而復以翕闢爲同行異情。（詳前注。）又謂翕爲闢所待以顯發之資具，闢運於翕之中而爲其主。以此成立唯心之論，是與天文學所給予吾人之啟示何其相違戾已甚耶？」

如上所述難者之說，其陷於迷謬之故，略說有三。一曰彼所謂物質宇宙，（亦省言物。）

但從跡象上執取，殊不知此等跡象之本身，只可說爲流行不住的功用，而不當定執爲實物。（雖不妨依跡象假名爲物，要不可執實。）這種功用，元是具有健進和收凝之兩方面的。無有收凝，不顯健進。（設想大化之行，只是虛浮莽蕩，沒有凝聚處，如何顯得出健進的勢用來？）無有健進，只是一味閉塞，而生化熄，宇宙奚其如是。健進名闢，收凝名翕。一翕一闢，反而成化，是名功用。翕則幻呈跡象，闢則無象可睹，乃遍運乎翕或萬象之中，而靡所不在。夫泯然無象，而實未嘗無者，此宇宙之眞也。其呈象者，非眞相也。世俗依跡象，而執爲實有如是物質宇宙，此大謬也。或曰：「近之談唯物者，其論亦有進矣，非必有實質而始謂之物也。即公所云功用流行，便不妨名之以物耳。」答曰：如是說者，則物之一名乃神化之稱耳，已與世所云物之本義不符。神化者，至明而自在者也。（無迷暗故，云至明。神用不測，無拘礙故，云自在。）總之，如實而言，物者依翕之跡象，而假爲之名，本不可執爲定實。而翕與闢同體，故不應墮唯物之謬執。

二曰難者只知心者爲人人各具之心，故說心是後於物而有。實則人人各具之心，即是宇宙統體之心。（此中宇宙，乃一切物或萬有之都稱。統體者，萬有同體。無有差別，故云。此中即斥指本體名心也。）不可以剖析之術，而妄相推求也。自其各具者言之，若向也本無，而後乃偶現焉。（如有生物或人類時，才見有心。其以前則未之有也。難者之意蓋如此。）自統體言，則至無而妙有，（無者，無形相，無作意，非空無也。）其有特未定耳。（非預定其所將有，不可說如披上帝創造世界故。）至寂而神變，其變唯所適耳。（唯變所適，非有意安排。）此心（統體之心。）微妙，不可究詰。人類未生時，此心未嘗不在。無量諸天，（謂一切星球。）無量世界，孰主張是，孰綱維是。（此心遍爲眾星球或萬有之實體，故可說爲主張，爲綱維，非謂其超然於萬有之外而爲其主張與綱維者。）人類生時，此心因人而善貸，（善貸，本老子語，貸猶予也。）隨人而貸予之，未嘗吝於給。以其本來至足，而發用無窮也。自統體之心，望人而言，則曰貸予於人。自人而言，則此心是人所以生之理，非從他得也。（語言異其方式，義無乖反。）孰謂其本無有，而後乃偶現哉。

三曰難者徒驚嘆於空間之浩大，星辰之數量與容積之多且廣，及天文時間之冗長，益復致慨於生物或人類之晚出而且偶然。此種意思，實因將自然界析成段段片片，而不悟自然確是一個不可分截的完整體。須知無量星球，互相關聯，互相影響，而爲一有組織的機體。正似一個人的身體，是許多互相關聯的組織細胞結構而成。從吾儕具有心靈的人類或有機物，追溯到地球，及此太陽系，並所屬之衛星，乃至星雲、銀河和銀河以外的一切，恁地廣漠的萬有，純是互相聯屬的一完整體。（恁地，猶言如此。）其呈著萬象，實有秩序，而非混亂。其發展，自眾星迄於人類心靈昭顯，蓋一本於穆然不容已之眞，而非機遇。（穆然，深遠貌。）不容已者，至眞之極，德盛化神，如何可已。機遇者，偶然義。夫自無機物而至有機物與人類，始顯心靈。乃不容已之眞，所必至者。何可謂之偶然。因爲大自然是一完整體，所以其間絕沒有偶然，絕沒有混亂。難者如果了解自然爲一完整體，則知生物或人類本與自然爲一，而不可分。又何至妄疑心靈非自然之本性，而以爲偶爾發現耶？（本性猶言本體。吾人之本心，即是自然之本性。非有二本也。）

復次自然爲一完整體故，其間各部分，互相通貫，而亦互爲依持。（持者能持，謂能任持其自相，即有對其他一切部分而爲主的意思。依者，依屬於能持之謂。）此一部分，望彼彼部分而爲能持，即彼彼皆爲此作依屬。（彼彼者，不一義。凡此外之一切，通以彼彼言之。）彼彼部分，亦復望此而爲能持。即此通爲彼彼作依屬。彼彼相望，互爲能持，互爲依屬。故一切即一，（隨舉一部分爲能持，其餘一切部分皆依屬於此一，而不相離異，故一切即一。）一即一切。（如上所說，一切即一。而此一復通與一切互爲依持。故此一即是一切，非離一切而獨在故。）大中見小，（一切爲大，其一則小也。今以一爲能持，而一切皆依於一。是以大從屬於小，而不名爲大矣。故云大中見小。攝無量世界於一微塵，世界不名大此何足詫。）小中見大。（一雖小，而以一切爲其依屬，則小而大矣。故云小中見大。一微塵攝無量世界，何大如之。夫小失其小，大失其大，是小大相空也。相空，而其眞始顯。）萬物互爲依持，莫不爲主，亦莫不相屬。是以不齊而齊，玄同彼是。（是，猶此也。）紛乎至賾，而實冥然無對也。

夫物皆互相依持。人類之在萬物中也，渾然與萬物同體。而惑者不知，反妄生區別，而離一己於天地萬物之外，顧自視渺乎滄海之一粟也。善乎楊慈湖之說曰：「自生民以來，未有能識吾之全者，唯睹夫蒼蒼而清明而在上，始能言者名之曰天；又睹夫隤然而博厚而在下，又名之曰地。清明者吾之清明，博厚者吾之博厚，而人不自知也；人不自知而相與指名曰，彼天也，彼地也，如不自知其爲我之手足，而曰彼手也，彼足也，如不白知其爲己之耳目鼻口，而曰彼耳目也，彼鼻口也。是何惑乎自生民以來，面牆者比比耶？」又曰：「不以天地萬物萬化萬理爲己，而唯執耳目鼻口四肢爲已，是剖吾之全體而裂取分寸之膚也，是梏於血氣而自私也，自小也，非吾之軀止於六尺七尺而已也。坐井而觀天，不知天之大也；坐血氣而觀己，不知己之廣也。」詳此所云，甚有理致。然復須知，唯人類心靈特著。充其智，擴其量，畢竟足以官天地，府萬物。（官天地者，人與天地同體，而復爲天地之宰，所謂範圍天地之化而不過者是也。府萬物者，孟子所謂「萬物皆備於我」是也。）其不幸迷惑而至自私自小者，非其本然也。故人類之在天地萬物中也，殆猶大腦之在人體內，獨爲神明之司，感應無窮之總會焉。自然界之發展，至人類而益精粹，心靈於是乎昭現。斯蓋眞實之顯，所不容掩遏者，（眞實，謂萬物之本體。）其不得謂之偶然也甚明。

復次據印度佛家說，凡無機物，皆謂無情，（情者，情識。無情者，無有情識之謂。）即無生命。而生物中如植物者，亦云無情、無生命。（今俗云生命，大概就生機體具有生活的機能而言。本書生命一詞，爲本心之別名，則斥指生生不息之本體而名之，與通俗所云者不同。前注略而未詳。印人以具有情識者，謂之有生命。但所云情識，並非克就本心言，與吾自不符。然其不以生命爲物質的，則與吾之旨相近。）當時外道有主張植物有生命者，頗反對佛家的說法。後來生物學家，亦多謂植物有極曖昧的心理狀態，即非無生命。其言出於推測，蓋非誣妄。是則外道於義爲長。或復問言：「無機物亦有心靈否？」應答彼言：無機物非無心靈。何以故？物依翕得名，心依闢得名，此義前已成立，茲不復贅。夫翕闢同體，而顯諸用則異者。唯翕無闢，無化可言。（一名爲變化，必是有待故。）唯闢無翕，亦無化可言。故翕闢本一體之動，要以反而相成。夫物成形體，則翕之所爲也。而其周遍包含一切形體，及潛軀默運乎眾形之中者，則闢之所爲也。無機物資於翕故，凝爲形體。亦資於闢故，含有精英。（此中精英一詞，即謂心靈。然不直曰心靈者，蓋在無機物中，心靈未得光顯發皇，只是可說爲一種微妙的力用，姑名以精英而已。）故謂其無心靈者，甚不應理。然無機物之結構未免鈍濁，極簡單而無精微靈巧之組織，曰鈍。粗笨而不足爲心靈發抒之具，曰濁。故雖本具心靈，終亦不得顯發，而疑於無。（疑之爲言，謂雖似無，要非本無。）印度佛徒說器界爲無情，無生命，非如理之談也。（器界者，一切無機物之都稱。）

綜前所說，心非後於物而有，但物之結構，尚未能發展至有機物或人類的神經系之組織時，則心靈被障礙，而不得顯發，要非本無。（或言心，或言心靈，皆隨文便。他處準知。）頗復有難：「誠如翕闢成變之說，則心非復起固也。然眞體之動，幾於完全物化。即只見其翕而成物。而彼至神默運，即所謂闢或心者，縱說爲無定在而無所不在，然心之能用物而資之以顯發其自己也，則唯在有機物或人體之構造臻於精密時，始有可能耳。前乎此者，心唯錮蔽於物，而不得顯發。據此，則心之力用甚微，奚以見其能宰物，而於心言唯耶？」答曰：甚哉子之固也。夫一切物之本體，無思也，（思者，猶言意計構畫。）無爲也，（爲者，謂立意造作。）是不可以宗教家所謂神帝者擬之亦明矣。無思無爲，即非有預定計畫。而其顯爲大用也，一本於其德盛化神而不容已。（吾先哲於此，證會極深。此義廣大淵微，難著言說。唯有智者冥悟焉可也。）如其有預定計畫，則是有所爲而爲之。是以人之私意測大化，而與其不容已之實，大相刺謬矣。夫唯不容已之動，故唯變所適，而亦不能無差忒。蓋動，則不能不有所收凝。不有收凝，則浮泛而無據。此義前屢言之。動之至疾，而收凝益甚。收凝則有分化，而成物滋多。（詳前。）列子云：「天地，空中一細物耳。」無量星球，其廣漠至不可思議。自凡情度之，一若本體完全物化，太空只是物質遍布耳。然則一極如如，寂兮寥兮，獨立不改，周行而不殆之云，奚其然耶。（一極，謂本體。絕待故名一。萬物之本始故名極。如如者，謂此本體恆如其性也。寂寥者，無形相也。獨立，無匹也。不改，猶如如也。周行，謂其顯爲大用也。不殆，謂不易其性，故無危殆，亦同如如義。今謂本體既物化，故疑上述諸義爲不然也。）明儒鄧定宇有曰：「畢竟天地也多動了一下。」此語甚有義蘊。吾所謂動則不能無差忒者，亦此義也。須知本體是無思無爲的，不可說爲造物主。故無預定計畫，唯一任其不容已之動，則難免差忒者，勢也。「坎卦」，陽錮於陰。（☵之初爻及三爻皆陰。一陽居二，爲陰所錮蔽。）陽者，吾所云闢，即本體自性之顯也。陰者，吾所云翕，是將成物，即本體之動而反其自性者也。夫動，則不能無反，此未可以差忒言之。反之而或近於物化，乃至以物而障礙自性，是乃差忒也。夫天化廣大，（天化，猶云本體流行。）本非有意安排。（即無預定計畫之謂。）故自然之運，有若失其貞常。坎卦之所示者，此而已矣。

夫天化不齊，（天化，注見前。不齊者，謂其動而不能無差忒也。）翕而成物，既已滋多。有物則不能無累。謂本體將因此而障礙自性也。然而，本體畢竟不可物化，畢竟不捨自性。（不捨者，不捨失也。猶云不變易。）方其動而翕時，（談至此，本無時間義。但為言說之便，姑置時字。）即有剛健、升進、純淨、虛寂、靈明及凡萬德具備的一種勢用，即所謂闢者，與翕俱顯，（俱者，不相離異義。謂闢與翕本一體之動而勢用有殊，實非可截為二。又兩勢相俱，非次第起，故置俱詞。）於以默運乎翕之中，而包含無外。（翕則成眾物，而皆在闢所包含之中。故闢乃絕待而無外，以其為本體自性之顯也。）《易》於乾元言統天，亦此義也。乾元，陽也，即闢也。此所云天，即蒼然之天，實指一切星球而目之也。闢之勢用，實乃控御諸天體，故言統天。夫諸天體，則物之最大者，且為闢之所統御，則無有一物不為闢之所運者，蓋可知矣。吾人七尺之形，心為其宰，又不待言矣。但闢之運翕，（運即有統御義。）必須經歷相當的困難。翕既成物，則其勢易以偏勝。何者？物成則濁重，闢之勢用，未能驟轉此濁重者而控御自如。易言之，即翕或物，足為闢或生命之障礙，而使生命墮於險陷。（生命一詞，注見前。）此「坎卦」之所示也。生命之出乎險陷，有以物物，（上物字，動詞，謂能用物及主宰乎物也。）而不物於物者，（猶云不為物所障礙。）必須有最大之努力，經長期之演進，始克奏膚功。《易》曰：「陰疑於陽，必戰。為其嫌於無陽也。」（見「坤卦」。）此中陰謂翕，陽謂闢。蓋翕或物之勢方盛，重濁難反。而闢或生命方被錮於重濁之物質，而不能顯其統馭之力。故生命於物，若疑其侵蝕己也，則非奮戰以破重濁之勢，而控御之以從乎己，其有能自遂者乎。故曰「陰疑於陽必戰也。」夫生命一息亡戰，則物於物，（猶云被侵蝕於物。）而生命熄矣。故曰「為其嫌於無陽也」。生命以奮戰故，始從無機物中，逐漸顯發其力用。於是而能改造重濁之物質，以構成有機物，及從有機物漸次創進，至於人類，則其神經系特別發達。而生命乃憑之以益顯其物而不物於物之勝能。「坎卦」所為必次之以離者，其義於此可徵。離☲之為卦，陽則破除陰暗險陷以出。（「坎卦」陽陷陰中，離乃恰與之反。）闢以運翕也，陰履中道，而不為陽之障。（陰居二爻，名履中道。蓋陰以順從乎陽為中正，故以居中象之。）翕不礙闢也，由坎而離，則知天化終不爽其貞常。而險陷乃生命之所必經，益以見生命固具剛健、升進等等盛德。畢竟能轉物而不至物化，畢竟不捨自性，此所以成其貞常也。

或復問言：「如公所說，本體流行，則以翕闢故反而成化。故反者，謂若故意出此也。然本無意，蓋理之自然耳。翕則成物，疑於本體不守自性，而物化矣。然闢則自性之顯也，終以戰勝乎物，而消其滯礙。（物本滯礙，然為闢所轉化，則滯礙消。）故本體畢竟常如其性。是說誠無可難。然本體流行，無預定計畫，此固公所常言者。今謂闢或生命之戰勝乎物也，固一步一步的創進，如自無機物，歷有機物，以至人類心靈，漸從物質中解放，以至盛大。又似有計畫預定者然。而公云無之，何耶？」答曰：天化者，自然耳。老氏所謂自然，猶印度佛家所云法爾道理。法爾亦自然義。蓋理之極至，非有所待而然，是謂自然。又此理體，其顯現或流行，只是德盛而不容已，非有意造作而然，是謂自然。（故此云自然義，與印度自然外道之旨截然不同。自然外道主張一切物皆自然生，如烏自然黑，鵠自然白云云。此世俗無知之說，無學理上的價值。玄奘等詆老子爲自然外道，由其於老子全無所知故也。）豈嘗有意造作哉。謂其預定計畫，則是以人意測天化也，奚其可。夫自生命創進之跡而通觀之，（生命之表現，自無機物而有機物，以至人類，皆其創進之跡也。）由一階段進而爲另一階段，（如在無機物爲一階段，進而爲有機物，便爲另一階段。自植物以往，皆可準知。）若有計畫預定者然。抑知跡者幻象，而其所以跡者，固不可執跡以測之也。（所以跡者，謂天化，或生命自身的活動。）生命之創進本非盲目的衝動，可謂之有計畫。而不可謂其計畫出於預定。使其計畫預定，則應爲一成不變之型。何以其表現也，自無機物而有機物，乃至人類，有許多階段的變異，曾無定型。（何以至此爲句。）又在有機物未出現以前，生命猶被物質錮蔽，而難自顯，是爲險陷之象。如有預定計畫，尤不應出此。或疑余爲反對目的論者，然余於目的論，亦非完全反對。持目的論者，如果有預定的意義，則吾所不能苟同。如果講得恰到好處，吾亦何反對之有。王船山解《易》，說「乾知大始」云：「今觀萬物之生，其肢體、筋脈、腑臟、官骸，與夫根莖、枝葉、華實，雖極於無痕，而曲盡其妙，皆天之聰明，從未有之先，分疏停勻，以用地之形質而成之。故曰『乾知大始』」云云。余按《易傳》曰：「乾知大始。」乾者陽也，相當吾所謂闢。闢者，本體自性之顯也。故於用而顯體，則闢可名爲體矣。體非迷暗，本自圓明。圓明者，謂其至明，無倒妄也。故以知言。大始者，自本體言之，則此體顯現而爲萬物。自萬物言之，則萬物皆資此眞實之本體而始萌也。大始之大，讚詞也。此中意云，本體具有靈明之知，而肇始萬物。故云「乾知大始」。船山云用地之形質，實則地即形質，特以地爲主詞耳。此形質非別有本。蓋即本體流行，不能無翕。翕便成形質。而本體或生命之顯現，必用此形質以成物也，否則無所憑以顯也。船山所說，吾大體贊同，唯其云：「天之聰明，從未有之先，分疏停勻，以用地之形質而成之。」此則有計畫預定之意，吾所不能印可。夫《易》言「乾知大始」者，（乾，注見上。）謂乾以靈知而肇始萬物，（知讀智。）不可妄計宇宙由迷暗的勢力或盲目的意志而開發故。（此處吃緊。）《易》之義止於此，並不謂乾之始萬物也有其預定的計畫。而船山乃謂「從未有之先，分疏停勻」云云，是與《易》義既不合。而其義之不可持，則吾前已言之矣。然本體之顯現而爲萬物也，雖無預定計畫，而不妨謂其有計畫，只非預定耳。但此計畫二字，須善會，非如人之有意計度也，其相深微而不可測。唯於其因物付物，而物皆不失其正。即此，知其非盲目的衝動，而謂之有計畫也。因物付物者，本體既顯現而爲萬物，即是因物而付與之。如天也，地也，人也，乃至萬有，凡一一物，皆本體之顯現，即是本體因其所現之各物，而一一皆舉其自身以全付之。（詳玩上卷〈明宗〉

大海水與眾漚喻。）夫因物付物，則一任自然之化，未嘗有預定之的，立一型以期其必然。譬如大海水，現作眾漚，乃自然耳。非以意為之型，而期眾漚之必由乎一型也。然物之成也，則莫不得其正。諸天之運行有序，天之正也。山川之流凝，各成其德，（山之德凝，川之德流。）山川之正也。動植物之構造，纖悉畢盡其妙，於以全生而凝命，動植物之正也。人之泛應萬感，而中恆有主，不隨感遷，（如眾色雜陳，而視其所當視，不隨眾色以眩惑也，是不隨感遷。舉此一例，可概其餘。）人生之正也。夫物之不齊，而莫不各葆其正。故知生命的本身是明智的，而非迷暗的。其創進也，則自其潛運於無機物中，以至表現於有機物，迄人類，其所以控御物質而顯其力用者，當然不是一種盲衝亂撞，而確是有幽深的計畫的。如船山所說，動植物的機體，分疏停勻，曲盡其妙，（生機體，由簡單而趨複雜，故云分疏。然各部分必互相均和調協，故云停勻。）其有計畫，顯然可見。至其潛運於無機物中，則其計畫隱而難知，而固非無也。《大易．隨卦》，頗著其義，是可玩已。「隨卦」為「震」、「兌」二卦之合，下三爻，「震卦」也；上三爻，「兌卦」也。

☱☳此卦，震陽在下，以從二陰。兌陽漸長，而猶從一陰，故名「隨」。夫陰從陽，化之常也，道之正也。今陽從陰，何耶？蓋生命之顯發也，不能不構成物，而用之以自顯。（此中生命即謂闢。闢者，本體自性之顯，故可說為本體。而生命既是斥指闢而名之，則亦即是斥指本體而名之也。故此生命一詞，不同俗解。他處言生命者仿此。本體之流行，不能無翕。易言之，即生命不能不構成物也。）物成而重濁，生命不能遽爾控制自如，姑自潛以隨乎物。震之一陽在下，以從二陰。（凡陽皆表生命或本體，凡陰皆表翕或物。他處言陰陽者仿此。）兌陽漸長，而猶不能已於隨。陽雖長，而陰之重濁，必制之以漸故也。（如植物出現時，陽固稍長，而猶隨陰，未能盛顯陽之力用。必至動植物分化以後，陽乃以漸而制陰也。）王船山說「隨卦」有曰：「陽雖隨陰，而初陽資始。（震之一陽，潛而在下名初，爲萬物所資始。）以司帝之出。（「震卦」取象於帝，見前談「震卦」中。謂震陽潛動，以出生萬物，是爲帝象。）雖順陰以升，若不能自主。（順者隨義。生命之顯也，必構成物，而始資之以自顯。然物既成，則乃自有其權能。故生命始以物爲工具，而終感工具之不易製，故必隨順之，而後乃漸轉工具爲己用。陽之順陰以升，即此故也。）而陽剛不損其健行，可以無咎。」船山此說，大義粗著。然吾於隨，而竊嘆生命之運用物質，非無計畫。其隨也，正其計畫也。生命在無機物的階段中，並非完全被物質障礙。（雖亦受其障礙。）而物方成重濁之勢，生命於此不得不姑隨之，而徐圖轉化。其計畫亦只合如此耳。

問曰：「公固曾言，天化之行也，無預定的計畫。而公云天者，乃本體之名，本體亦說爲生命。今乃復云，生命創進非無計畫，但不預定。夫焉有計畫而非預定者乎？計畫之爲言。所以籌策將來也。如何非預定耶？」答曰：汝不了我所謂計畫一詞之意義。吾前已說，計畫者，非如人之有意計度也。其相深隱而不可測云云，夫未嘗有意，未嘗計度將來而定其趣。曷爲而言計畫哉？言計畫者，明其非盲目的衝動也，無將也，無迎也。有意規度未來曰將，有意奔趣未來曰迎，此人之所爲也。天化本無意，何將迎之有。健動而明，（健以動，而大明內蘊，非迷亂馳流也。）成物而用之，不失其正。夫物者，生命所自成也，非物別有本也。用物則有物化之患。而能保其自性，以免於患，故物成，而終必實現生命的力用，非果物化也，故不失其正。以此徵知，雖非有意計度籌慮，而由生命恆能戰勝物化之勢，以顯自力用故。（自者自己，設爲生命之自謂。）知其本非盲目的衝動，故謂之有計畫也。此計畫一詞，但顯生命創進，絕非迷亂。並不謂爲由籌度而始決定其行動，非擬天以人也。人有意，而天無意也。

復次生命是全體的。而必翕而成物以自表現，則於全體之中有分化焉。自其爲全體言之，只是德盛而不容已。（注見前。）故唯變所適，並非於變之開端，而預計將如何以構造物，以爲其所欲達之鵠。（此中變之開端一語，係順俗計而言。實則變本無端。）前云無預定計畫者，以此。或問：「唯變所適，則是前之於後，無所規定；後之於前，不必依準。如此則神變不可測，可謂絕對自由矣。」答曰：變也者，言乎生命之生生而不已也。此生生不已者，前無所預期於後，後起續前，而不用其故。是以變無定準，唯隨所之而已。然必要說個自由，亦是以情計去猜卜天化。須知，自由，待不自由而後見。今談到宇宙的大生命，本無所謂不自由，亦無所謂自由。此處不容以情見擬議。又自其分化而言之，則渾全的生命，憑物以顯，（憑者憑藉。）若成爲各個體。（若之爲言似也。生命畢竟是渾全的，謂成爲各個體者，特緣物形而擬似之耳，非實然也。）生命用此個體爲工具，以表現自己，必非迷暗的衝動，而有其隨緣作主的明智。此可於其不肯物化而徵之也，所謂有計畫者此也。前云目的論，如講到恰好處，則無可反對。意亦在此。

總之，生命的創進，從其爲全體的，可說唯變所適，決沒有預計如何去構造物而用之。如船山所說，動植物之機體，其構造極妙，皆天之聰明，從未有之先便已預先計畫妥當，此亦是一種目的論，卻甚錯誤。船山此段話，（見《周易稗疏》卷三。）很容易被人誤會他的言天，同於宗教家之上帝。其實，船山絕非宗教家。船山所謂天，蓋指剛健不息之神而言。（此神的意義，卻不是具有人格的。以其靈明微妙，而無所不在，無物非其所發現。故謂之神。）但船山說《易》，頗有二元論的意思。（船山說《大易》乾坤並建，乾表神明，坤表形質。）本論所云體用之旨，蓋非船山所及悟，故非眞知變者也。夫唯變所適，即其於物也，非有如何構造之預計。易言之，即未嘗懸一型，以爲其造物之鵠的。然而生命之表現，自不期而成物。（不期者，非有意造作萬物故。）其所爲不期而成者，蓋德盛化神，不容已之幾。故非意欲所存也。使其有意，則累於所欲，而生命且熄矣。故唯變所適，無有預立之鵠的以成物，而物無不成者，此自然之符也。（老氏言自然，意正在此。）然物成，而生命用之以自顯，則其用物也，必有隨緣作主之明智。因此，如船山所云，機體構造精妙，乃使物質不爲礙，而終隨己轉，於以顯其生生之盛。（此中己者，設爲生命之自謂。）所謂計畫或目的者，只合於此言之。以上就生命用物言，則有計畫或目的。隨緣作主一語，即是有計畫或目的之義。如是盲衝瞎撞，則隨緣不得作主矣。然曰隨緣作主，則又非如船山所謂從未有之先云云。蓋隨緣，則非預計或預懸一的也。機體構造精妙云云，正是其隨緣作主處。是故談生命者，自其爲全體言之。只是唯變所適，決沒有如何去構造物的預計。自其爲全體而有分化言之，則生命表現於其所不期而成之物質中，即成爲各個獨立的生物時，乃用物而能隨緣作主，因以見其有計畫或目的，前面所謂無預定計畫，而又未始無計畫者。至此，則其義蘊已竭盡無餘。《大易》坎、離二卦，明示生命跳出物質障錮之險陷，而得自遂。其仗以出險者，非計畫或目的之謂歟。

附識：或問：「公所謂生命，本依闢而名之也，然亦以為本體之名。夫闢與本體，義猶有辨。而生命一詞，乃兼目之，何耶？」答曰：寂然無相是謂體。即此寂然無相者而現起有為，是謂用。（全體成用，非體在用外。譬如大海水，全成為衆漚，非大海水在漚外。）用則有翕有闢。而翕便現為形物，其運乎翕而為之主者，乃闢也。故嚴格言用，唯闢是用。闢具剛健、升進、虛寂、清淨、靈明或生化不息及諸萬德。此本體自性之顯也。故於用而識體，即可於闢說為體。（雖翕亦是體之呈現，但此中取義自別。）故生命一詞，雖以名闢，亦即為本體之名。體用本不妨分說，而實際上究不可分為二片。達此旨者，則知本論生命一詞，或依用受稱者，乃即用而顯體也。或斥體為目者，舉體即攝用也。何嘗有歧義乎？夫生命云者，恆創恆新之謂生，（恆者，無間斷義。恆時是創造的，恆時是新新而不守其故的。）自本自根之謂命。（自本自根，用莊生語，自為本根，非從他生也。豈若宗教家別覓上帝或靈魂哉。）二義互通，生即是命，命亦即是生故，故生命非一空泛的名詞。吾人識得自家生命即是宇宙本體，（舉體即攝用，如前已說。此中宇宙一詞，乃萬物之都稱。）故不得內吾身而外宇宙。吾與宇宙，同一大生命故。此一大生命非可剖分，故無內外。內外者，因吾人妄執七尺之形為己為內，而遂以天地萬物為外耳。

已說「坎」、「離」。次談「艮」、「兌」二卦。

「艮卦」合上下兩「艮卦」而成。如下所列：☶☶。艮之義爲止。此卦陰爻並隱伏於陽爻之下。陰有靜止之象。（《易》之取象，不拘一格。宜隨各卦之情而玩味之。）陽，乾也，取象於天。此中天者，空界之名。（非謂星球。）故可以表本體。（空界清虛，故可以譬喻本體。凡象，猶譬喻也。）此卦即明本體固具許多潛能。（潛能者，潛言潛在，能謂可能性。）以其隱而未現，假說爲靜止之象，故此卦以「艮」立名。

「兌卦」合上下兩「兌卦」而成。如下所列：☱☱。「兌卦」爻象，恰恰與「艮」相反。

☶ 艮

三 兌

「兌卦」陰爻居上，象其發現於外也。陽以象本體，復如前說。此卦明本體所固具的許多可能性，於潛隱中自當乘幾而發現於外。幾者，自動之幾，非外有可乘之幾也。由潛而顯，化幾通暢，故有欣悅之象。「兌卦」取象於澤，〈說卦〉云：「說萬物者，莫大乎澤。」以澤潤生萬物，故萬物皆說。故「兌卦」象澤者，即表欣說的意義。此「兌卦」所由立名。（《正義》曰：兌，說也。）

夫所謂本體固具許多潛能者，何耶？能者，猶言可能性。因為本體是萬理賅備之全體，而無有一毫虧乏的。如其有所虧乏，便不成為本體。須知本體是圓滿至極，德無不全，理無不備。所以目為化原，崇為物始。（始字須善會。由此本體遍為萬物之實體，故云物始。非謂其超脫於萬物之上。如宗教家所云上帝也。）然復應知，本體是必現為大用，是即體即用，而不可分體用為二的。但是，我們為講說的方便計，姑且把體別離開用來說，即是把萬理賅備的本體界，當作無窮盡的可能的世界。這無窮盡的可能，正是隱而未現，恰好像是一個靜止的世界。所謂本體固具許多潛能者，其義如此。「艮卦」之所示者，只此而已。

然而本體是即靜即動的，（此言動者，變義，非如俗所計物件移動之動。）即止即行的。（湛然寂止，故浩然流行。浮亂則未有能行者也。善體天化者，體之於己而可知。）易言之，即體必現爲用。夫體現爲用，其化也神。神化則新新而起，不留其故。（前用才起即滅，後用即生，是通前後而皆新，焉有故化可留。）積頓以成漸矣。（用之生，或化之起，只是頓起耳。然每起皆頓，積不已之頓而成漸。）前面曾說，本體是萬理賅備之全體，（此語宜善會。體之爲體，不是兀然頑鈍的物事。它只是萬理賅備的全體。但不可妄計本體別爲一物事而爲能有萬理者。若作是計便大謬。體之爲體即是眾理賅備故。）亦即是具有無窮盡的可能的世界。這些可能，自必以漸而發現。有時甲種的可能發現，而乙丙等等的可能，或暫隱而不現。如低等的心作用發現時，而高等的心靈尚未顯發，是其例也。久之隱伏的可能，終當發現，至此則化機通暢，即是本體現爲大用，漸近完成時。漸近云者，則以事實上無所謂完成。《大易》終篇，才示「既濟」，而即繼以「未濟」，其旨深哉。一眞之體，現爲大用，行至健而無止息也。使有完成，則化幾且息。本體不將爲死體乎。《中庸》曰：「至誠無息。」與《大易・未濟》之旨，互相發明。至哉斯義，焉得解人而與之默於無言。夫化幾暢而及於遂，（遂者，上文所謂完成。及於之言，猶漸近也。）故有欣悅象焉。此「兌卦」之所示也。（欣悅，只是表示一種暢達的意義。化幾之運，如自無機物以至人類的心靈昭顯，可謂暢達，而幾於完成矣。故以欣悅象之。）

如上所說，本體是含藏萬理，不妨假說它（本體。）是具有無量的可能的世界。（此中含藏二字，須善會，非有能藏所藏可分。若分能所，則是二之也。後凡有類此之詞者，皆準知。）故體現爲用，則用之著也有漸。夫用不孤起，故有一翕一闢可言。翕而成物，物則始於簡單，終於複雜。如星球之形成，如生物之發展，及其他事物，莫不由簡趨繁。闢則心之名所依以立。泰初有物，而心靈未現。未現者，非無有也，特居幽而至微耳。及有機物出現以後，而心靈發展，日益殊勝。故即翕闢二方面徵之，皆見用之著也有漸。夫用者固理之所為，無有一用之生而非其本體所含或種理之所發現者。（無有二字，一氣貫下。）問曰：「言或種理者，則是理有種類可分。夫理者本體之目，曷為可分種類？」答曰：《金剛經》言：「眞如非一合相。」眞如即本體之名，一合相者謂混然積聚相，泯其分理也。本體豈是如此頑鈍的物事，故非之。當知本體是萬理賅備的。易言之，萬理交容交攝，而為一全體，是名本體。由體非一合相，故言萬理，故可假說種類，卻非如分別事物之種類者然。切忌謬執。夫理唯至足，無所不備，而為潛在的無量的可能的世界。故用相之或未現者，（用相者，用之相故，斯云用相。以用起必有相狀故。用者翕闢也，翕則物相生。闢無物相，而非無相，但其相不可以感官接耳。或未現者，如高等心靈作用在人類未生之前，即未現此相也。）而其理固具於本體，特未顯發耳。程子所謂「沖漠無眹，萬象森然已具」，正謂此也。（沖漠無眹，形容本體空寂。無障染名寂，無形相無意欲名空。洎然無跡兆可得，云無眹。萬象森然即理。）理體成為大用，（理體者，以本體是萬理賅備，故名。）是不容已的向前開展。正如老子所云：「虛而不屈，（不可窮竭，云不屈。）動而愈出。」有人說，宇宙是層復一層的創化不已，如物質始凝，而後有生命，有心靈，漸次出現，以此證老氏不屈與愈出之義。此說吾不謂然。生命與心靈不容分為二，離心靈無別生命可說故。可覆看前談

「坎」、「離」二卦中。此義明儒已多言及，但辭略耳。又物質始凝時，非無生命或心靈。本論隨在發揮斯義。余以爲欲明不屈與愈出，不必如說者所云。如物理世界由流之凝，由渾之畫，由單純而之複雜。心靈則自其當無機物時，隱而不顯，迄至人類，乃特別發達。如哲學家極淵微的神解，科學家極奇特的創見，及凡文化上一切偉大製作的慧力，都是一層一層的創化不已。此正老氏所謂不屈與愈出之義。其所以不屈與愈出者，正以含藏萬理，故能如此耳。理體世界的可能，恆是無盡藏。大用流行的世界，只是變動不居，而終不能盡其理體之所有，完全實現。理體是圓滿的，用相有對而無恆，不能無缺憾。此大化所由不容已，而人生終不絕其希望也夫。（人生唯向上，而反諸自性，方得圓滿。自性謂本體也。若不悟此，而淪溺於流行的世界中，不能於流行而識眞體，則將逐物不反，唯長苦缺憾而已。）

夫理無不備，而用待以成。故用相之現也，乃即相即理。（相者用相，後仿此。用相即理之所成，故云即相即理。）用相有所未現，（未現見前注。）而理體元無不備，則不可妄臆相方未生，即無有此理也。異哉王船山之說曰：「天下唯器而已矣。道者，器之道也。無其道則無其器，人皆能言之。雖然，苟有其器矣，豈患無道哉。無其器則無其道，人鮮能言之。而固其誠然者也。洪荒無揖讓之道，唐虞無吊伐之道，漢唐無今日之道，則今日無他年之道者多矣。未有弓矢而無射道，未有車馬而無御道，未有牢醴璧幣鐘磬管弦，而無禮樂之道。則未有子而無父道，未有弟而無兄道，道之可有而且無者多矣。故無其器則無其道，誠然之言也。而人特未之察耳。」（《周易外傳》卷五。）詳船山所謂道，相當吾所謂理。船山所謂器，相當吾所謂相。（相者，具云用相。注見前。）由船山之說，則理體非固有，非大備，非圓滿無虧之全體。直須有如是相，而後有如是理。相方未現，即固無此理也。然則用固無體，憑空突起乎？如觀海者，不悟眾漚以大海水爲體而始起，乃直謂其憑空突起，則人無不笑其倒妄者。船山之見，又何以異是。夫用則屢遷，（遷者，不守故常。）而理唯法爾完具。（完者完全，謂理無所不備。具者，謂理乃本來具有，不由後起。）人類未生時，而爲父爲兄之理，固已先在。（慈愛之理，自是本體固有的，故云先在。後仿此。）牢醴璧幣鐘磬管弦，此等事物未出現時，而爲禮爲樂之理，要皆先在。推之未有弓矢車馬，而射御之理先在。及凡古今異宜之事，當其未現，而理自不無。夫理備而數立，（理極備，故有數。而數亦無不備。）相則理之乘乎數以動而始顯。理數者，無假於相而固存，而相則依理數以顯。（依字須善會。非以此依彼也。）相成於理，而相即是理。相因乎數，故不異數。）但理之成乎相也，以其圓滿大備之全體，深遠無窮極，浩浩如淵泉而時出之。（出者，出流義。淵泉極深極博，故其出，非可一瀉而盡，故言時出，猶曰時時不已於出耳。）夫出者，淵泉之實現也。時時不已於出，則淵泉終不能舉其自所固有者而完全實現之。有餘故不竭也。理體現爲用相，亦同此況。故相不即是理之全現，而理恆極備矣。

如上所述，理體爲潛在的無量的可能的世界，故以「艮卦」表之。理體現爲大用，化幾暢矣，故以「兌卦」表之。今復略爲疏抉，以絕疑誤。

一曰，理者是實法，（實法者，謂其有實自體也。雖其自體不是具有形質的，要是實有，而非空洞的形式之謂。）非假法。（假法者，謂其只是空洞的形式，而無有實自體也。）或以為理字具有條理與法式、軌範等義，故是共相。此等共相，乃離開現實界之特殊物事而自存於眞際界云云。（此說本之西洋談邏輯者。）如其說，則眞際界與現實界顯劃鴻溝，不可融會。此已難通。而其所謂理，又只是空洞的形式，例如方等。彼計方的桌子等之方，是一切方的桌子等之共相，亦說為理。夫方的桌子等，在俗諦說為實有的物事，而方的共相，則只是空洞的形式而已，今若僅在邏輯上，以共相為特殊物事的型範，而不與形而上學中所謂理者相混，似猶可說。玆乃以共相，應用到形而上學裡來，以為是現實界中特殊物事之所依據以成者。而此共相既是空洞的形式，又謂其離開現實界而獨存於眞際界。則二界如何發生關係，既難說明，且此空洞的形式，無實自體，又如何說為眞際，且得為特殊物事所依據以成者乎？果爾，則是無能生有，殊不應理。詳彼所說，與本論所謂理的意義，極端相悖，不容相濫。本論乃直指本體而名之以理，本體是實有，不可視同假法。說共相為理者，只以理為空洞的形式，如方等，則理便屬假法，何得為一切物之實體。此其不得不相簡別也。然本論所云理，亦不妨假名共相。因為理是有實自體的。但其自體，既非如現實界物事之可破析為斷片。卻亦不是頑然而一，無有條理和軌範的呆板的物事。（卻亦至此為句。）譬如一顆種子，通常看作是頑然而一的物事。實則不然。它已是具有萌芽及根幹、枝葉、花實種種的可能，便見得它是具有許許多多的條理和軌範了。理的自體上具有條理和軌範，也可由此譬而得其解。但譬喻只取少分相似，不可因譬而轉生執著，將理體當作現實界的物事去推測也。從理體之具有條理與軌範的方面來說，亦得假名共相。但此共相，既是依本體或實體上假說之，則非克就假法上立名，（世所言共相，只是假法。）與常途所用共相一詞的意義自不同。

二曰，理之現爲相，（相者具云用相。見前。）不待別立材質而與之合。如果把理說爲一種空洞的形式或法式，則必須於理之外，更建立一種氣爲材質，而理乃與之搭合以成物。如此，似未免戲論。宋儒言理氣，已有未盡善處。後人遂有以氣爲材質，而理別爲法式，遂成種種支離之論。（余於此不欲詳或別爲筆札。）今在本論所謂理者，既是實體，所以不須別找材質。理體淵然空寂，（淵然，深遠貌。無障染名空，非空無也。無昏擾名寂。）空故神，（神者，靈妙之極。體離障染故。）寂故化。（化者，生生之盛。唯湛然眞寂，故生化不窮也。）神化者，翕闢相互而呈材。（翕爲闢而起，闢資翕以行，故云相互。實則一體之流行，現作翕闢二勢也。材者，具云材質。但此材質字，須活看，不可作質礙解。翕才起而材質現。庶物萬象，於此而立。）生滅流行不已，而造化之情可見。翕闢勢用，才生即滅，無暫時停滯。如此新新而生，流行無已，所以謂之神化。造化即謂神化。情者，動發之幾。非機械性，故以情言之。此情字義深，須善會。情者用也，但用字義寬，大用流行，若有神幾，說爲情故。）是故材質者，理之流行所必有之勢也，其情之至盛而不匱故也。材呈，故謂之相。（相者，用之相。見前。）故曰理之現相，不待別立材質而與之合。以其爲至實而非無故也。（世之以共相言理者，只是空洞的形式，即等於無。）

三曰，理體與用相，不可分爲二界。天理流行，即名爲用。用則有相詐現，故云用相。（名理體以天理者，至眞絕待，不可更詰所從來，故云天也。理之流行，即予以用名。用則有相狀現，而相狀無實，不暫住故，遂云詐現。）全體成用，全用即體，何可判以二界。譬如水成爲冰，（水以喻理體，冰以喻用相。）水本含有堅凝、流潤及蒸汽種種可能。今成冰，即堅凝之可能已實現。自餘許多可能，暫隱而不現，非消失也。然水與冰不一不異。（不一者，水與冰有別故。不異者，冰之實體即是水故。）理體與用相，亦復如是。（有體用可以別詮，即不一。體者，用之本體，云何可說爲異。）

附識：宋儒說理不離乎氣，亦不雜乎氣，是直以理氣為兩物，但以不離不雜，明其關係耳。此說已甚誤。明儒則或以氣為實在的物事，而以理為氣之條理，則理且無實，益成謬論。後之談理氣者，其支離又不可究詰。余以為理者，斥體立名，（體者，本體。）至真至實。理之流行，斯名為用，亦可云氣。（氣者，非形氣或空氣等氣字，乃即流行的勢用，而形容之以氣也。此氣字，即謂有勢用現起，而非固定的物事也。中卷有一段言及此。）故氣者，理之顯現。而理者，氣之本體也。焉得判之為二乎。復次欲所謂現實界，則依用相或氣，而妄執為實物有。（實物有者，吾人因實際生活，而執有一切實在的東西。遂不悟用相之神變不居，而只計有實物。故云實物有。）此則純為情見所執耳。其實，非離用相或氣而別有如是現實界也。

綜前所說，以八卦表示體用，與翕闢諸大義，靡不包舉無遺。物理世界所由成立，於此已悉發其蘊矣。

本章首刊定舊師（印度佛家唯識論師。）建立物種以說明物界，實爲妄計。（物種舊云相分種子。）次依本體流行有其翕的方面，翕則分化，於是成立小一系群，由此施設物界。夫有物有則，故範疇非純屬主觀，而申論及此。終之以八卦，則大義無不畢舉。是故窮極物理，本無有如俗所計之物。但依眞實流行，則不妨隨俗施設物。（眞實謂本體。流行則有翕之方面。依此而假說物界。）俗情於此，庶幾無怖也歟。（俗情執物，聞無物則起驚怖。）

復次物理世界，或無量星球，雖復幻相宛然，（物理世界實依翕的勢用，詐現跡象，而假爲之名耳。跡象者，幻相也，本非固定的物事，而現似實物，故云宛然。）要有一期成毀。（一期者。如地球自其初凝，迄至毀時，說爲一期。凡物有成必有毀，無有一成而恆住不毀滅者。）昔邵堯夫說天地當壞滅，學者或疑其怪誕。然近世科學家，並不否認現在的星球是在消蝕與放射，則堯夫不為臆說矣。但科學家或計遠空某處，得因是處放射，又凝成物質。因此，如是處的宇宙不幸瀕於死亡，而別一新天地卻正在創造中。此新天地的構成，並非以舊天地的餘燼為原料，而是舊天地燃燒時所發的放射，又凝成新天地。這種輪回宇宙說，雖若有可持之理由，而仍有許多科學家，據熱力學第二定律，承認宇宙間死熱一定繼續增加。因判定輪回宇宙的觀念，是一種荒謬的思想。上來主張與反對之二方面，吾儕誠難為左右袒。然吾終相信，無量宇宙或一切星球，決定要遇到壞滅之神降臨，無法避免。但是，我亦決非持斷見論者。（斷見者，謂如宇宙滅已，更不復生，是謂斷滅見。）我相信宇宙的本體總是至誠無息的，是要現為大用，流行不已的。因此，可以設想宇宙整個壞滅之後，也許要經過相當時期的混沌境界，（混沌，無物貌。）然後又從新形成無量的宇宙。設問：「何故須經一混沌時期？」我的答案是，凡物之極其大者，其成也不能不以漸。（印度佛家把諸星球或天地，總名為大，以其相狀極大故。）如前已說，本體流行有其翕的方面。此翕的勢用，雖復剎那生滅，而恆相續流故，即此無間的勢用，（剎那剎那，都是前前滅盡，後後續生。故云無間。）漸漸轉故，現似大物。非可不由積漸，瞥然驟現一新天地也。（瞥然，形容其時之暫。）夫物者，世間相也。（曰天地、曰宇宙或諸星球，皆物之別名耳。世間相者，謂此物相，乃世間情計執著，以為有如是物耳。）其本相，則前所謂翕的勢用是也。翕勢，前剎那才起即滅，而有餘勢，相狀宛然。（餘勢者，譬如香滅已，而有餘臭宛然。）後剎那似前勢續起，雖起已即滅，復有餘勢，相狀宛然。剎那剎那，生滅滅生，遞積餘勢，其相狀以漸增盛，是名大物。故物相之成也必以漸。新天地之生，可信爲理所必有。但非必當舊天地滅時，即代之以起，若與之緊相接續也。

問曰：「天地不能無成毀。雖毀已，當復成。而值其毀時，則人類之一切努力，一切創造，畢竟歸空無。然則吾人既知其必毀，而何以爲安心立命之地耶？」答曰：有心求安，是心則妄，而非其眞。有命自天，（命字，有多義。略言之，一、流行謂命，如云本體之流行是也。二、緣會或遭遇謂之命，如俗云命運是也。三、物所受爲命。夫人物所以生之理，不由後起。因假說爲天之所賦予，而人物受之以爲命也。此中命字，屬第三義，實即斥指人與萬物所同具之本體而名之也。）萬仞壁立。（形容其至高無上。）《易》云以至，（《易》曰：「窮理盡性以至於命。」理性命三名雖異，而所目則一。絕對眞實，物稟之以成形，人稟之以有生，故謂之命。克就其在人而言，則謂之性。以其散著而爲萬物萬事，悉有理則，復說爲理。窮者，博通而約守之，即散著以會歸大本。盡者，全其在己之性，而無以後起之私染障害之也。至字義深，與命爲一，方是至。）老則云復。（老子曰：「歸根曰靜，是謂復命。」人自有生以後，囿於形，縛於染汙之習，漸以梏亡其本命，故須復也。《大易．復卦》即此意。上歸根二字，與復命義同。命之在人，即人生之根源。人必歸宿乎此，而後人生離於虛妄。）佛亦有言：證大法身。（法身者，佛說萬物之本體，名爲眞如，亦名法身。身者自體義。以是一切法實體故，名法身。諸佛即以法身爲自體故。更有餘義，此姑不詳。證者，證得。諸佛證得此法身故。）夫佛所謂證得法身，與儒老所云復命、至命，無異旨也。蓋體合至眞，即超越物表矣。詣乎此者，是立人極。離常無常及有無相，（離字一氣貫下讀之。以爲常耶而萬變無窮，是離常相。以爲無常耶而眞淨剛健，其德不易，其性不改，是離無常相。以爲有耶而寂然無象，是離有相。以爲無耶而萬物由之以成，是離無相。）離去來今及自他相。（眞體超時空，故離去來今相，舉時，則空相亦離可知。證悟眞體，便無物我可分，故離自他相。）染汙不得爲礙，（自性清淨故。）戲論於茲永熄。（非戲論安足處所故，非思議所行境界故。）是盛德之至也。何以名之？吾將名之曰「無寄眞人」，亦名「大自在者」。（自在略有二義。一、離一切縛義。二、神用不可測義。）夫無寄則至矣，何天地成毀之足論。

上來施設物界，今次當詳心法。

第八章　明心上

夫心者，恆轉之動而闢也。（依用顯體，故名本體曰恆轉。說見中卷。）蓋恆轉者，至靜而動，（此中靜者，非與動反之謂。而動者，亦非與靜反之謂。蓋就日常經驗的物事言，則方其靜止也，即不曾動轉。而方其動轉也，亦即不曾靜止。今就本體上言，則不可以物之動靜相而相擬測。本體是即靜即動的。動者，言其妙用不測也。靜者，言其沖微湛寂，無昏擾相也。）至神而無，（神者，虛靈不滯之稱。無者，無形相、無障染、無有起意造作也。）本未始有物也。（物者，有形質與方所之謂。本體不可以物測之。）然其神完而動以不匱，（完者，無虧欠也。不匱者，無窮竭也。）斯法爾有所攝聚。（法爾，猶言自然。非有意爲之，故云法爾。攝者，收攝。聚者，凝聚。）不攝聚，則一味浮散，其力用無所集中，唯是莽蕩空虛而已。（莽蕩，無物貌。空虛，無物之謂。）大化流行，豈其如是。故攝聚者，眞實之動，自然不容已之勢也。（眞實，謂本體。）攝聚乃名翕，翕便有物幻成，（物非實故，云幻成。）所以現似物質宇宙。而恆轉至是乃若不守自性也。（恆轉，寂然無相，本非物也。今其動而翕也，則幻成乎物。是恆轉已物化，而疑於捨失其自性也。乃若者，疑詞。）實則恆轉者，眞實而不可渝，純白而無染，（純白者，清淨之形容詞。）剛健而不撓。（不可折撓。）豈果化於物而不守自性者乎。其動而翕也，因以成物。而即憑之，以顯發其自性力。〈明宗〉說，本體是遍現為一切物，而遂憑物以顯。（詳在上卷。）此非深於觀化者，則信解不及也。夫本體若不現為用，則直是空無而已，豈得名為體耶？體現為用，則不可浮游無據。故其動而翕也，則盛用其力以成物。而本體畢竟恆如其性，決定不物化者，乃自成其物，而憑之，以顯發其自性力已耳。故物者，本體所以顯發其自性力之資具也。而本體豈物化而不守自性者哉。夫本體之動也，（此中動者，變化義，謂其現為大用也。此動字義深，不可作物件動轉之動解去。）其翕而成物，若與自性反。然同時即顯發其清剛浩大之力，（此中力者，即謂闢。恐人誤計先翕而後乃闢，故以同時一詞防之。清剛者，清謂清淨，無障礙故，無惑染故。剛謂剛健，不屈撓故，恆自在故，不可隨物改轉故。浩大者。至大無外故。此大字，非與小對之詞。）有以潛移默運乎一切物之中，而使物隨己轉。（己者，設為上所云清剛浩大之力之自謂。）畢竟融翕之反，而歸於沖和。是力也，蓋即本體自性之顯發。易言之，即本體舉其自身而全現為此力也。（喻如大海水，全現為眾漚。）此力對翕而言，則謂之闢。闢者，開發義，升進義，生生不息義。翕成物則閉塞，此力運於物之中而通暢無礙，故有開發義。翕成物則重墜，此力運於物之中，而實超出物表，能轉物而不為物轉，故有升進義。翕成物則違其本，（物之本體，元非物故。）此力運於物之中，則用其反，而卒歸融和，益遂生生之盛。造化之大德曰仁，（仁，只是生生義。）矛盾要非其本然，（世之言黑格爾辯證法者，殊不識仁。）故有生生不息義。如上略說三義，（非止此三，故置略言。）則闢之得名，已可概見。

綜前所說，翕與闢同屬恆轉之顯現，（恆轉者，本體之名。恆轉顯現爲翕闢。譬如大海水，現爲眾漚。詳上卷〈明宗〉首段案語。）雖既現而勢異，（翕，凝斂之勢也。闢，則健以開發之勢也。故二勢殊異。）但翕終從闢。健順合而成其渾全。（翕之方面，斂而成物。則闢之方面，乃得憑物以顯其開發之功。否則浮游無據，而闢之力無所集中，即無以成其爲闢矣。故翕之成物也，乃爲闢之資具，而其穩恆順。闢則用物而不爲物役，其德恆健。健以統順，即翕闢協合爲一，而無異致，故曰渾全。）本既不二，（翕闢同一本體故。）用乃故反，而實沖和。（翕闢用也，一翕一闢殆故爲相反。而實以是成其沖和。）故翕闢不可作兩片物事看去。（詳上卷〈轉變〉。）又翕則分化成多，（詳〈成物〉。）而由闢運乎一切翕之中，無所不包通故，（包者包含，通者貫通。翕以分化，而成一一各別的物事。闢的勢用，則貫通乎一一各別的物事之中，而復包含於其外。蓋闢者，圓滿渾全，無定在而無所不在。）故多即是一。（翕成爲各別的，是眾多也。然闢運於其間，無不包通，則翕不異闢，而多即是一。）闢則恆是渾一，（渾者，不可分割義。一者，絕待義，全整義，非算數之一。）而以行乎翕或分殊之中故，即一亦爲多。（闢行乎一一翕之中，即隨翕而各顯其用。如月印萬川，即一一川中各有一月在。參考〈功能下〉及〈成物〉。）知此者，可與窮神。

上來談翕闢大義，只將以前說過的話，在此總括一番，爲向後詳述心法的張本。（心法一詞，本佛典。法字，見吾著《佛家名相通釋》。）但此處須插入一段話，即關於心之類別，不可不加辨析。晚周道家有道心、人心之分。（見《荀子》。）印度佛家有法性心、依他心之分。（見《雜集論》等。然法性、依他二心，各有多種別名，此姑不詳。）道家以宇宙本體名之爲道。道者由義，萬物由之而成，故以道名。即道即心，故名道心。人心者，則形而後有者也。（形者，形氣或形骸。）凡血氣之倫，以其一身，交乎萬物，而有心知出焉。此其心知，則以聽役乎身，而逐物以與物化者也，故謂之人心。人心者，言其非天然本有也，非眞性也，故謂形而後有。道心則吾人之眞性，天然本有，不由後起。二者之異，宜深切體究。然使道心得恆時爲主於中，則人心亦皆轉化，而成爲道心之發用，則亦無有二心矣。佛家法性心，則相當於道心。法性，猶云一切物之本體。（佛與中法字與中文物字略相當。見《通釋》部甲及《語要》卷一。佛書性字，多用爲體字之異語。此中性字，即謂萬法實體。）以法性名之爲心，是與道心義相當。依他心，則相當於人心。依他，具云依他起。他者緣義，依眾緣而起，曰依他起。本書上卷〈唯識下〉說心識依四緣而生，即此心識，是依他心也。此依他心，雖待本心的力用爲因緣，而必由前念對於後念爲次第緣，及境界爲所緣緣，與六根並習氣等等爲增上緣，方乃得生此心。又增上緣義最寬，所緣緣與次第緣皆兼屬增上緣。次第緣，若就習心言之，則前念習心亦望後念而爲此緣。四緣中，以增上緣勢力最大。增上緣中，又以習氣或習心勢力最大，足以障蔽其固具因緣，而自成爲一種力用，即依他心是也。但此中所說因緣，係據本論所立義，不同舊師種子說。（詳上卷〈唯識下〉。）夫依他心既是緣生法，而諸緣中，又以增上緣如習氣及根、境之勢力爲最盛大。則此心，明明是形而後有，與人心義相當，無可疑者。

本論融通佛道二家意思，分別本心與習心。（本心，具云本來的心。習心，則習氣之現起者也。其潛伏而不現起時，但名習氣。）本心亦云性智，（從人生論與心理學的觀點而言，則名以本心。從量論的觀點而言，則名爲性智。）是吾人與萬物所同具之本性。（本性猶云本體。以其爲人物所以生之理，故說爲性。性者，生生義。）所謂眞淨圓覺，虛徹靈通，卓然而獨存者也。非虛妄曰眞，無惑染曰淨，統眾德而大備、爍群昏而獨照曰圓覺，至實而無相曰虛，至健而無不遍曰徹，神妙不測曰靈，應感無窮曰通，絕待曰獨存。道家之道心，佛氏之法性心，乃至王陽明之良知，皆本心之異名耳。習心亦云量智，此心雖依本心的力用故有，（習心非本心，而依本心之作用故有，譬如浮雲非太空，要依太空故有。）而不即是本心，畢竟自成爲一種東西。原夫此心雖以固有的靈明爲自動因，（固有的靈明，猶言本心的力用。參考上卷〈唯識〉談因緣處。）但因依根取境，而易乖其本。根者，即佛家所謂眼等五根是也。此根乃心所憑以發現之具，而不即是心，亦不即是頑鈍的物質。今推演其旨，蓋即有機物所特有之最微妙的生活機能。其發現於眼處，謂之眼根；發現於耳處，謂之耳根；乃至發現於身處，謂之身根。身處，略當今云神經系。故根者，非即是眼等官體或神經系，但爲運於眼等官體或神經系中最微妙的機能而已。此種機能，科學家無可質測。然以理推之，應說爲有。此心必憑藉乎根而始發現，故云依根。取者，追求與構畫等義。境者，具云境界。凡爲心之所追求與所思構，通名爲境。原夫本心之發現，既不能不依藉乎根，則根便自有其權能，即假心之力用，而自逞以迷逐於物。故本心之流行乎根門，每失其本然之明。是心藉根爲資具，乃反爲資具所用也。而吾人亦因此不易反識自心，或且以心靈爲物理的作用而已。心理學家每從生理的基礎如神經系等來說明心，或徑以心理作物理觀，亦自有故。夫根既假本心力用爲己有，而迷以逐物。（此中己者，設爲根之自謂。）即此逐物之心，習久日深，已成爲根之用，確與其固有靈明不相似。而人顧皆認此爲心，實則此非本心，乃已物化者也。此心既成爲一物，而其所交接之一切境，又莫非物也。故孟子有物交物之言，是其反觀深澈至極，非大乘菩薩不堪了此。夫心已物化，而失其本。孟子既名之以物，而不謂之心。然是物也，勢用特殊。雖才起即滅，而有餘勢流轉，如暴流然，不常亦不斷。不常不斷者，謂其爲物，是個生滅滅生相續不絕的。如前剎那方滅，後剎那即緊相接續而生。剎那剎那，前前滅盡故不常，後後相續生故不斷。此不常不斷的物事，實爲潛在於吾人生活的內部之千條萬緒互相結合之叢聚體，是故喻如暴流。此紛紜複雜，各不相亂，而又交相涉入，以形成浩大勢用的暴流，當其潛伏於吾人內在的深淵裡，如千波萬濤鼓湧冥壑者，則謂之習氣。（覆看中卷〈功能下〉談習氣處。）即此無量習氣有乘機現起者，乃名習心。前謂其自成爲一種東西者以此。道家所謂人心，實即習心。佛家依他心，亦指習心而言。其說爲依他者，正欲顯其不實在及非本有故耳。（唯本心是本有的，是實在的。）習心既異本心，因此其在生活方面，常有追逐外物而不得饜足之苦。其在緣慮方面，（緣慮一詞，賅認識及思維等等作用而言。）則辨物析理，有其所長。然即物而究其本性，（猶云本體。）窮理而要歸一極，（一者，絕待義。猶《易》云太極也。）則蕩然無相，寂然離繫。（談至此，本來無一物，何繫之有。）不可分內外，（無物我故，無對待故。）不可說有無，（謂之有，則無相。謂之無，而實不空。）尋思路絕，（尋者尋求，思者思考，皆雜以習心，所謂量智是也。今此無相之地，則尋思之路，至此而絕。此處非尋思所及故。）語言道斷，（語言之道，至此而斷。非口說或理論所可表示得到故。）此唯是神明昭徹，冥冥內證之極詣。而從來哲學家，遊意幽玄，輒以向外推度之智，恣其戲論。則以習心未及廓清，無緣自識眞性故也。故習心與本心之異，不可以不辨。習心行相，（此中行相者，謂習心行於所取境之相狀。）如後另詳。（第九章〈明心下〉。）本章所注意者，則將於本心益加提示而已。

或有問言：「《新論》本以恆轉之動而闢，說明爲心。此所謂心，即是本心，非習心也。然心既只是恆轉之動，應不即是恆轉。（本心，亦省云心，後皆仿此。）易言之，心不即是本體。（恆轉者，本體之名。既云心不即是恆轉，換言之，心不即是本體。）而《新論》卻又說心即本體，其義云何？」答曰：言心即本體者，即用而顯其體也。夫曰恆轉之動而闢者，此動即是舉體成用，（舉字吃緊。直是本體將它自身完全現作大用了。問曰：「動而闢者固是用，若其動而翕也，則疑於物化，而不成爲用矣。」答曰：翕隨闢轉。非果物化也。翕闢畢竟不二，只是大用昭然。）非體在用外也。離用不可覓體。（體者用之體。若離用而覓體，豈別有一兀然枯寂的世界耶？）故乃即用而識體。（譬如，於漚相而知其是大海水。）夫於本體之動，而名為用。（此中動字，義至深妙，非與靜反之謂。動者，言體之顯現也。即此顯現是至神極妙的功用，故名為用。）用之成也，恆如其本體，而無改於固有之德性。易言之，即體既成用，而恆不變易其眞實、剛健、清淨、空寂之本然也。（恆字吃緊。眞實乃至空寂，皆本體之德也。空非空無，以不受障礙故名。寂非枯寂，以無昏擾故名。）故曰即體即用，（舉體成用故。）即用即體，（全用即體故。）不可析而二之也。夫心者，以宰物為功，（心者，神明義。以其主乎吾人之一身，而控御萬物，不爽其則，故謂之心。）此固是用。（用者，言乎本體之動也。說見上。夫所謂心者，只是依本體之動而得名。所以云心即是用。）而即於用識體，以離用不可得體故，是故克就吾人而顯示其渾然與宇宙萬有同具之本體，則確然直指本心。人人可以反求自識，而無事乎向外追索矣。

自昔佛法東來，宗門（禪學。）獨闢於吾國。其道在自識本心，直澈眞源（眞源，謂宇宙本體。識得自心與萬物同體，眞源豈待外求。）唐世有大珠慧海者，初參馬祖。祖曰：「來此擬須何事？」曰：「來求佛法。」祖曰：「自家寶藏不顧，（寶藏，喻本心。此是萬化之源，萬物之本，故以寶藏喻之。）拋家散走作什麼？（戒其專恃量智或知識向外追求探索也。古今哲學家，多是拋家散走。）我這裡一物也無，（本體不可當作外在的物事來推度。）求什麼佛法。」（迷者以爲實有佛法可求。實則佛者覺也，只此心是。法者軌範或眞理，亦只是此心。若離自心，便無佛可得，亦無法可得。又復應知，此心元無形相，不可當作物事去推求。才起求之一念，便已迷失此心，而成爲妄想矣。）珠復問曰：「阿那個是慧海自家寶藏？」祖曰：「即今問我者，是汝自家寶藏。（此時興問之心，清淨虛明，不夾雜一毫染汙或妄念雜慮，故此心即是自家寶藏。）一切具足，更無欠少。（備具萬德或萬善。參看上卷〈明宗〉談性智處。）使用自在，（這個寶藏，是吾人所以生之理，亦即是天地萬物所以成形之理。因吾人與天地萬物同一本源，不可分割故。由此應知，此大寶藏具有無窮神化，無邊妙用，故云使用自在。又克就吾人日常生活言之，此大寶藏，隨觸即應，無感不通，亦見其使用自在。）何假向外求覓。」（王陽明有詩戒學者云：「拋卻自家無盡藏，沿門托缽效貧兒。」與祖意正同。）馬祖這段話，所以示慧海者，至爲親切。如前已說，心有本習之殊。（本者本心，習者習心。）實則只有本心，可正名曰心。而習心直不應名爲心也。（當名之以心所。詳在下章。）然而一般人大抵都爲無量無邊的習氣所纏縛固結，而習氣直成爲吾人的生命。（覆玩中卷〈功能〉下談習氣處。）易言之，即純任習心趣境，（趣者，嚮往義，競逐義。習心總是向外追求，即是有所嚮往與競逐也。境者，不獨實物名境，凡爲心之所嚮往與競逐者，皆境也。）而不自識何者爲其自家寶藏或本來的心。佛說眾生無始時來，常在顚倒中，猶如長夜。只是自己不認識自己耳。慧海初見馬祖問佛法，意中以爲有佛法可求。此求之一念，直將佛法當作物事來追逐耳。直緣其一向習心用事，所以於平平常常，無可起執追求處，而亦計爲有物可求。平平常常云云者，吾人與天地萬物同體的大寶藏，本崇高無上，孟子所尊爲天爵者此也。然復須知，此崇高無上的，正是平平常常的。若悟得這個，才是我的眞實生命。易言之，這個才是眞的自己。豈不平平常常。又復當知，若認識了眞的自己，便無物我，無對待，乃至無取捨等等。於此何容起一毫執著想，何容作一毫追求想哉。而迷者終不悟，其可奈何。馬祖鑑其妄習未除，於是呵其外逐，令反悟自家寶藏，又示以無物可求。而慧海乃一旦廓然空其胸中伏莽，（伏莽，謂一切染汙習氣或習心。）始躍然興問，誰是自家寶藏。馬祖則直令其反悟當下之心，即此時興問之心，光明純淨，（無有顚倒計度，故謂光明。無有些子雜染，故云純淨。）如赤日當空，不容纖毫翳障，此非自家寶藏而何。若時時在在，恆保任得如此時之心，便是藥山所謂皮膚脫落盡，唯有一眞實也。（皮膚，喻染汙習氣或習心。謂染習克治盡淨也。一者，絕待義。眞實者，無虛妄義。此謂本體呈現。）

上述一公案，直令慧海當下自識本心，可謂易簡直捷。（當下即是，故云易簡。不待他求，故云直捷。）然學者如不知所持循，則乍爾之明，正未可恃。持者，保任之而勿失也。循者，由之而勿違也。若識自本心，便須持循而勿失之。孟子所云收放心是也。或問：「本心何曾有放失？」答曰：克就本心而言，它是恆存的，本無放失。若就吾人生活上言之，如妄念憧擾時，即本心被障而不顯，便是放失了。言匪一端，須善會。問：「放心如何收？」答曰：知放之知，勿令私欲起而間斷之，便是收。不是別用一心來收此心也。如慧海被馬祖提撕，習心偶歇，而本心之明，乍爾呈現。卻恐妄習潛存，還障本明。

吾平生最服膺馬祖搊百丈鼻孔一公案。其揭示獨體及護持工夫，至爲親切。（獨體即本體之別名。以其至明無滯，至大無外，無物與匹，故云獨體。）百丈懷海大師者，馬祖門人也。師侍馬祖行次，見一群野鴨飛過。祖曰：「是什麼？」師曰：「野鴨子。」祖曰：「什處去也。」師曰：「飛過去也。」祖遂回頭，將師鼻一搊，負痛失聲。祖曰：「又道飛過去也。」師於言下有省，卻歸侍者寮，哀哀大哭。同事問曰：「汝憶父母耶？」師曰無。曰：「被人罵耶？」師曰無。曰：「哭作什麼？」師曰：「我鼻孔被大師搊得痛不徹。」（大師，百丈稱馬祖也。）同事曰：「有什因緣不契？」師曰：「汝問和尚去。」（和尚，謂馬祖。）同事問祖曰：「海侍者有何因緣不契，在寮中哭告。」和尚爲某甲說。大師曰：「是伊會也，汝自問取他。」同事歸寮曰：「和尚道汝會也，令我自問汝。」師乃呵呵大笑。同事曰：「適來哭，如今爲什卻笑？」師曰：「適來哭，如今笑。」同事罔然。次日，馬祖升堂。眾才集，師出，捲卻席。祖便下座，師隨至方丈。祖曰：「我適來未曾說話，汝爲什便捲卻席？」師曰：「昨日被和尚搊得鼻頭痛。」祖曰：「汝昨日向什處留心？」師曰：「鼻頭今日又不痛也。」祖曰：「汝深明昨日事。」師作禮而退。這一公案，其意義至淵廣。略言之，一、示此心是超脫萬物而獨立的。此中超脫云云者，非謂其離萬物而獨在也。但以其遍爲萬物實體，故云超脫。（心者，虛寂神妙，不可窮竭之稱。是爲萬物實體，而不即是物。譬如說水爲冰之實體，而水不即是冰。）又以其既現爲物，而即運於物之中，以主宰乎物，畢竟不物化故，故云超脫。他處凡有此類詞語者，皆準知。夫眾生一向是習心用事，習心只向外逐境，故妄執境物，而不可反識自己。（自己，謂吾與天地萬物同體之本性。以其爲吾身之主宰而言，則謂之本心。）習心是物化者也，是與一切物相待者也。本心則超越物表，獨立無匹者也。既習心乘權，則本心恆蔽錮而不顯。是以吾人一切見聞覺知，只是於境物上生解，終不獲見自本性。夫本性，體物者也。（體物者，謂吾自己本性，亦即是天地萬物之實體。而無有一物得遺之以成其爲物者也。）故見自性，則遍法界爲一眞顯現，原無性外之物矣。（此中法界，猶言宇宙，乃萬有之都稱。）而迷執有外在境物者，亦終不獲自識其體物之本性矣。懷海於向上事，（透悟本性的工夫，名向上事。）用力已深，而未及徹。如天將明，而暗且甚，破暗即明矣。馬祖知其然，故於行次，見野鴨飛過，即試詰之曰：「是什麼？」懷海果答以野鴨子，蓋習心發露於不覺也。（作野鴨子解時，此心只是習心。若除去習心的虛妄所執，便無有所謂野鴨子這個物事。）祖再詰曰：「什處去？」懷師猶不了祖意，復答曰：「飛過去也。」其爲習心所使如故。祖至是乃搊其鼻孔，更警之曰：「又道飛過去也。」懷師始於言下有省。蓋其曠劫以來染汙習氣，剎那頓息。由此，豁然識得自己，其後上堂示眾云：

靈光獨耀，（謂心也。人人有個內在的靈光獨耀的主人公，而不自識何耶。主人公一詞，本之宗門。然切不可誤會為宗教家所謂靈魂。先哲名心曰天君，以其主宰乎身故也，主人公義同。）迴脫根塵。（根者根身，塵謂物界。言此心超脫乎一身與萬物之表，而為其真宰也。超脫義見上。）體露真常，（體，即斥心之自體而目之也。露者，呈現義。真者，不虛妄義。常者，不變易義。此心自體雖無形相，而有無相之相，灼然呈現，不空無也。其德真實無妄，恆常而不可改易。所以說為吾人之本性，萬物之實體也。）不拘文字。（俗學拘守經籍，欲由文字以見道，而不悟道非離心而外在者。今不反之自心，徒欲因文字悟道，是猶守筌蹄以為即魚兔也。）心性無染，（此中性者，自體義。謂心自體上本無一毫染汙，乃純淨至善者也。）本自圓成。（萬善具足，萬化不窮，是圓滿義。法爾現成，不待造作，復說成義。）但離妄緣，即如如佛。（所謂私意、私欲、惑障、染汙等等，皆習氣之異名耳。習氣者，妄緣也。妄緣之言，顯其不實在，非本性故。如如者，不變義。佛者覺義，即謂心性。心性無染，圓明虛寂，故說為佛。妄緣雖障礙心性，而心性恆自如故，不可變易，即是不隨妄緣遷改，所謂無染是也。譬如客塵，障於明鏡，而明鏡自體，恆自如故，不受客塵汙玷。故拂拭客塵，還復朗鑑。心性亦爾。但捨離妄緣，即還復本來明覺。）

懷師這番話，直綜括十二部經旨要，富哉言乎！當其被馬祖搊鼻孔而有省，始伏除染習，頓悟自心是超物獨立的。所謂「靈光獨耀，迴脫根塵」是也。懷師從此一悟，即豁然見自本性，乃深悔從前逐物生解而迷其眞。今始省悟，所爲哀哭而繼之以笑也。厥後所造益深遠，卻自此番省悟擴充去。

二、示存持之要。（存者存養，持者保任。）夫馬祖指野鴨子問懷師，而師即以野鴨子對。問什處去，復答飛過去。師兩番酬對，自俗諦言之，絕無錯亂。而祖乃搊其鼻孔，至負痛失聲。此何故耶？祖果不承認有野鴨子，亦不承認有野鴨子飛過一事實乎？而搊懷師鼻孔胡爲者。此一公案，實値得玩味。一般人所以放失其心者，只以習心用事，向外逐境。習與物化，障礙本性。積劫痴迷，無由解悟。懷師反己工夫，（反己者，息其逐物之妄，而反諸己所固有之本心，始信萬化之原，不可向外覓取，不可以物推觀。）大概近熟。（近者，未至乎熟而近之也。）祖於行次，共見野鴨飛過時，因乘機故詰，（故者故意。）將誘而進之耳。懷師若果見性，則遇祖之詰，絕不同於未見性人，直任習心衝口而出，以野鴨子答也。（懷師若果至此爲句，或問：「應如何答？」余曰：此無須代擬答詞。唯可斷言，澈悟人絕不如是作答耳。從來禪師多尚機鋒，只是當機妙應。若後人代擬之，使無謂。）見性，即證一眞無待，（一眞之一，無對義。）豈復有物可說。故澈悟人（澈悟者，以見性故名。）睹山河大地，不作山河大地相想。（相者相狀，下仿此。）睹男女，不作男女相想。則其睹野鴨子也，寧作野鴨子相想耶。雖復隨順俗諦，並不遮山河大地乃至野鴨子相，而遇詰者意存啟示本分事，無物可說時，（本分事，謂本性或本心，此宗門語。若見自本性，即物我等相俱遣，故於此無物可說。）必能鑑機立應，妙符至理。懷師滯於習心，未臻斯詣。祖故再詰，而師猶不悟，乃以飛過去答。夫計有野鴨子之物，則必隨計野鴨子飛過。此皆習心逐境作解故也。於是而祖搊其鼻孔，至負痛失聲，且戒之曰：「又道飛過去也。」而師至是始有省。夫祖所以申警之者，既令其自識獨體。（獨體謂本心，是乃吾與天地萬物所同具之本體。絕待故云獨。但以其主乎吾身而言，乃云本心。）則由此勿捨存持，（人人具此本心，而常爲習心所障礙者，則以無存持之功故耳。）勤加涵養，（只存持不懈，便是涵養。）亦不能外是而別有進修之要道也。何者？存持之功，唯在息其向外逐境之心，（此心乃習心，非本心也。）常令胸懷空虛，（染習盡故。）無取無著。（取者，追求義，計度義。著者執著。習盡，別無取著。）此際，則獨體炯然，所謂空不空如來藏是也。（如來一名，有多義。舉要而言，無所從來，曰如來。藏者，含攝義，含攝萬有故。此中如來藏，即本體或本心之別名。空者，空一切染汙習氣也。不空者，此如來藏心，是圓成實故。圓成實一詞，詳在中卷〈功能〉。如來藏心，具有空與不空二義。謂習心空，而此圓成實自體不空故。）懷海猶未空其逐境之習，即於存持工夫，未得其要。馬祖當機善誘，意深遠矣。

今世談禪學者，皆熟聞作用見性一語。然何謂作用，何謂性，云何於作用見性，則談者鮮不茫然。夫性者，吾人與天地萬物所同具之本體。但以其爲吾人所以生之理而言，則謂之性。以其主乎吾身而言，亦謂之心。作用者，即凡見聞覺知等等，通名作用。曰見，曰聞，曰覺，曰知，皆作用之名，復言等等者，作用相狀複雜，列舉不盡故。故舉見聞覺知，即攝一切作用在內。

云何而言作用見性，則非於作用加以解析不可。若於作用加以解析，則非先說明所謂根或根身者不可。

印度佛家，自小乘以來，說有五根。曰眼根、耳根、鼻根、舌根、身根。此五根者，亦總名根身。（身者，自體義。即根爲吾人自體，故名根身。）世或誤解根義，以爲即肉眼等名根，（此中等者，謂肉耳乃至肉體。）及以肉眼等互相聯繫的全體即物質的七尺之軀，計爲根身。此實大謬。佛家說根爲清淨色，此中色言，是相用義，非質礙義。（雖不同於物之有質礙，而有相用可言，非空無故，亦名之爲色。）清淨者，顯其相用微妙，故云清淨。云何微妙？微者精微，非目所見故。妙者神妙，其力用不可測故。安慧菩薩說根者，最勝自在義，見《廣五蘊論》。自在者，顯其力用無滯礙故，非機械性故。此本非心，亦復非物，卻是介乎心和物之間的一種東西。（自此以下，爲余所引申之義。）如果把它（根。）作寬泛的解釋，就說爲生活機能，自無不可。但不如說它是生命力之健進所構成的一種機括。古者弓箭有機括，以司發動者也。今所謂根者，乃生命力所自構之資具，而藉之以發現自力。故根可以機括喻之。也可說生命力健進，隱然具有目的。因爲欲達其目的，遂形成了這種機括。根的意義，約略說來，只如此。凡有機物之所以異於無機物者，就因爲具有根的緣故。根力（具云根的力用。）潛運眼處，能發視識，說爲眼根。（眼謂肉眼，發者發現。見色之識，名爲視識。此識只依根發現，而非根之副產物。勿

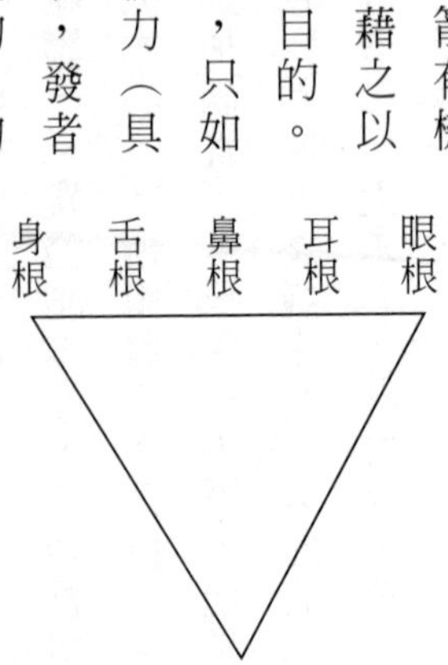

誤會。根與識，須辨清，下皆準知。）根力潛運耳處，能發聞識，說為耳根。（耳謂肉耳，聞聲之識，名為聞識。自餘準上可知。）乃至潛運身處，能發觸識，說為身根。（身，謂肉體和神經系。言乃至者，中間略而不舉故。自餘準上可知。）故根者，不即是肉眼等。而所謂根身者，亦非僅目物質的七尺之軀，（肉眼等互相聯繫的全體，叫做七尺之軀。這個東西，只是物質的，是無機世界的一部分。此乃諸根之所附著處，而不即是諸根。）此不容不辨。佛家雖說有淨色根，而未詳其義。吾著《佛家名相通釋》曾敘述其說。吾於佛家建立根的意思，極所贊同。但關於根的說法，頗以己意引申。不必悉符舊義也。（他日容當深論之。）

如上略談根義，現在要還入本文。夫見聞覺知等等作用，常途即名之為心。其實，此等作用，元不即是本心。（後文本心亦省云心。）只是根門假借心之力用，而幻現一種靈明，以趣境云爾。（根門者，門以出入為義。萬感來入乎根，而根出其靈明以立應之，故名根以門。幻現者，由根假心之力用，而現起靈明。此靈明，非根之本身所固有，故云幻現。趣境者，凡來感之物，皆境也。根則藉心之力用，而有靈明現起焉。足以發趣乎境，而應之不爽。故云趣境。）夫心之在人，本無時或息。然其流行於一身之中，（此克就一人身上而言之耳。實則一人之心，即是宇宙之心，元是無所不在的，非限於一身也。）隨感而應，要不能不藉乎根。若無有根為此心發現作機括者，又何從見得心，夫根者，只是生命力健以進，所形成的一種資具而已。如在無機物中，生命力猶未顯發，即所謂根者，尚未形成。這時便難見心了。但克就根言，則根自有其權能。而心之力用之發乎根也，根即假之，以自成其靈明。（譬如笛，假人之聲氣，以自成為笛聲。）這種靈明，恆與其無待之本然，不必相似。（無待，謂心也。此心即吾人之眞性，萬物之本體，故無待。本然者，形容詞，謂此心固有的德性，本來是如此的。今根假心之力用，以逞其靈明，而趣境。則此靈明，每與心之德性不必相似也。不必二字吃緊。非決定不相似，但易至不相似，故云不必。）而每習與物化，蓋根之靈明，恆逐物，以殉沒於物，故云物化。習者，猶云常常如此爲之，謂其慣習於物化而不知反也。由此，遂有習氣等流。言等流者，根之靈明，現起趣境，以習與物化時，即此刹那頃，便造成了一種慣性。此云慣性，並不是泛泛的說法，而是謂此刹那頃之習便成一種勢力叫做習氣。這個習氣，不會無端消滅，但也不是恆常堅住的支持下去，卻是習氣的自身刹那刹那前滅後生，相續流轉下去。因此說爲等流。等者，相似義，謂後起續前決定似前。相似而流，故名等流。即此習氣隨遂根身，（根身見上文。習氣恆隨逐根身而不相捨離。）還復乘機躍現。故根趣境時，雖假心之力用，而自逞其靈明，以追攀前境。（追者追求，攀者攀援。前境者，具云常前之境。凡言境者，不限於有形質的物事，只爲心之所追攀者，通得境名。他處仿此。）然於其時必有染習突躍，以與根之靈明相挾同流，協合若一。（習分染淨，參看中卷〈功能下〉。挾者逼附義。）染習依根明起，（根明，具云根之靈明。後仿此。）是根明之類故。於是而心之力用不得顯，乃孟子所謂放心之候也。夫根明，實假心之力用而現起，雖可以不似其本，（本謂心。）而此明之所假藉者即心之力用，此心畢竟不改其性。蓋所謂根明者，從根之一方面而言，是根假於心之力用，而自成其明。但如從心之一方面而言，卻是心之力用，發現於根門。此心之力用行乎根門，雖緣根之假藉以成其明，馴至物化，但此心之力用，畢竟不緣根之假以成明，而改其性。譬如明鏡，爲客塵所錮，而鏡本性即所謂鑑照者，終不隨客塵遷改。故釋迦教諸學者，唯以守護根門爲要。（參考《雜阿含》等經。）守護根門者，即是恆持正智、正念。此中正智、正念，即是心之力用，發現於根門者。必須敬以持之，而不令絲毫走作。走作係諺語，謂如不能持之，將使心作用爲根所假藉之，以成爲根之明。即動念乃失其正，是謂走作。昔朱子持心之功甚密，嘗以走作爲恥。吾人必保任此心，使其恆爲主於中，不使根得假之以成爲根之明。如是，則根者只爲心力所憑以發現之資具，而不得役心從己以殉物。（己者，設爲根之自謂。）天君恆時炯然在中，（心力，具云心主力用。天君，猶宗門云主人公，謂心也。）所謂照體獨立是也。（照體者，謂此心自體是即寂即照，即照即寂的。《易》謂之大明。大者，形容其圓滿而無虧欠也。雖只言明或照，而湛寂義自在其中。獨立者，無對義。）

綜前所說，約有四個要點，須加提示。

一、作用者，即克就見聞覺知等等而名之也。（詳前。）

二、此見聞覺知等等作用，實即心之力用，發現於根門者，故此（作用。）不即是心體。（心體是獨立無對的，沖寂無朕的，故不可說見聞覺知即是心體。）但心體亦非離見聞覺知而獨在。（心體亦是流行不息的。若於其力用發現者如見聞覺知之外，而欲別覓心體，則心體又安在耶。）

三、見聞覺知等等，通名作用，固如上說。但如嚴格言之，則見聞覺知等等。固有不得名爲作用者。夫作用之云，乃言夫本體之流行也。故心之力（用心即本體。）依根門而發現，爲見爲聞爲覺爲知，而非根所障，非習所錮者，即此見聞覺知，名爲作用，須知，心之力用，流行乎根門。而根假之以自逞其靈明，即根乃乘權。而心之力用始受障礙，且根乘權，則染汙習氣與之俱行，益以錮蔽此心。唯有守護根門而不放逸者，方不爲根所障、習所錮耳。若乃根假心力以自逞。而挾習俱行，由此而發爲見聞覺知，雖在通途亦名作用，實則此等見聞覺知，已不是本體流行，但是根與習用事故，即不成爲作用也。故談作用，應當簡別。

四、作用義，既經刊定如上，則作用見性義，亦不待深談而可知已。夫作用者，即本體之流行而言之也。流行則未即是體之固然。何者？流行是用，體者用之體。天體無差別，而用有分殊。故自用言之，不即是體之固然也。然體要不離流行而獨在，以舉體成用故，不可離用覓體故。是故於流行識體。

如前舉馬祖答慧海一公案。即就慧海見聞覺知處指點，緣慧海與馬祖酬對時，他內部發生了一組見聞覺知。據常途的說法，慧海這時內發的見聞覺知，就叫做心。不過，此所謂心，是以作用名心，非就本體而目之也。有難：「見聞似非內發。」答曰：凡引生見聞的，如人和語言，或其他物事，則屬外緣。而見和聞，卻是內發的，非見聞在外也。見聞不只是感攝，而是具有明解的，此不可不知。馬祖答慧海，只令他反躬體認，當下虛明純淨，不雜一毫倒妄的見聞覺知。就在這裡認識他固有性體，即所謂自家寶藏。可謂易簡眞切之極。蓋見聞覺知，固是當下發生的作用。而此作用不是沒有內在的根源，可以憑空發現的。（不是二字，一氣貫下。譬如眾漚，它有內在的根源，即大海水是。）須知，此作用，即是性體之流行，故於作用而見性也。（猶之於眾漚而見大海水。）馬祖搊懷海鼻孔一公案，則可與答慧海者反以相明。懷海於野鴨子飛過時，而起野鴨子的見。這個見，正是逐物生解。此解只是根與習用事，而不是本體之流行，即不成為作用。故於此不可見性。吾舉這一公案，卻從反面說來，以顯正義。

總之，性體渾然至眞，寂然無相，不可說見聞覺知等等作用，即是性體。（不可，至此為句。）放但曰作用見性，（非謂作用即是性。）然非離作用外，別有性體。故必於作用見性。猶之非離眾漚外，別有大海水。故必於眾漚而識大海水。明代陽明派下，多有只在發用處說良知者，是直以作用為性體。其謬誤不待言。及聶雙江羅念庵救之以歸寂，而於作用見性意思，似亦不無稍闋。夫歸寂，誠是也。而寂然眞體，畢竟不離發用。如或屏用而求寂，其不為淪空之學者鮮矣，尚得謂之見性乎？

問曰：「如上所說，心之一名，通體及用。有克就本體而名之為心者，有克就作用而名之為心者。是則心之名雖同，而其所目則異實，不可以無辨也。」答曰：同名異實之云，似將體用截成兩片，卻成過誤。夫義理自有分際，辨析不可不精。而察其分際，尤貴觀其會通。夫說作用名心者，當知用不離體。才說作用，便於作用見性。（性謂本體。）如說眾漚，便於漚見大海水。

說本體名心者，當知即體而言，用在體。如說大海水，便知大海水不離眾漚獨在。體用畢竟不可截成二片，是義宜知，（在宇宙論上與心理學上，均不可將體用分成二片。）

問曰：「所謂作用者，將純爲本心之流行，而無習與俱乎？」答曰：心之力用，流行於根門，而不爲根所障，習所錮者，方名作用。此前所已言也。夫習與根，恆相隨逐。習之得以錮其心者，以其爲染習，而與根相俱以乘權故也。（錮者錮蔽，如云蔽日。習分染淨，見中卷〈功能下〉。此明錮心者，只是染習。相俱者，同行義，協合義。）若乃保任此心，使其不至見役於根，即根乃不爲心之障，而染習亦不得起以乘權，即心不被錮也。然復須知，染習必須伏除，（伏者，抑之使不現起。除則斷滅之也。）淨習畢竟不可斷。不斷故，恆與根同行，與心相應。（相應者，協合如一也。）故未有心得孤起而無習與俱者也。（參看下章談心所處。）夫淨習依本心而起，即心之類，其相應於心也，固已和同而化，渾然無應合之跡。而習亦莫非眞幾之動矣。（眞幾之動，猶云本心之流行。此言淨習隨心轉化，故不異本心也。）馬祖云：「只如行住坐臥，應機接物，盡是道。（吾國儒道諸家，皆以宇宙眞源、人生本性說名爲道。道者由義。以其爲人之所共由，故名。體道之人，其日用云爲，皆從本性上發出，而不雜以一毫後起之私，故云盡是道。）道即是法界，（法界，猶云宇宙本體。但以其在人而言，則謂之心。馬祖以此土先哲所云道。與印度佛良所云法界，同爲本體之目。）乃至河沙妙用，不出法界。」（河沙，喻數量無窮盡也。吾人日常生活中，一切皆從眞體流行。）孟子曰：「君子深造之以道，（言深造之功，將以至於道，非如俗學只務知識而已。）欲其自得之也。（自得者，實有諸己之謂，非徒尙解悟也。解悟則以心測道，其去道也遠矣。自得則心即是道，道即是心，而已與道爲一。）自得之，則居之安。（居其所自得，處乎至足，夐然無待，如何不安。）居之安，則資之深。（所資者即其所居，故唯內資，而非有資於外也。夫外資者，無源而易竭。內資者不竭。存乎內者，源深而無極故也。）資之深，則取之左右逢其原。」孟子此言，深得理要。夫資乎內者，深遠不可竭。故隨其取給，或左或右，靡不逢原。原者，萬有之本，萬德之基，萬行之宗。資者，資此者也。居者，居此者也。自得者，得此者也。深造者，造此者也。是乃所謂道也。日用之間，隨所取給，左之右之，莫不逢此眞實本原。起想動念，舉足下足，隨在皆是道體發現，焉往而不逢之哉。馬祖所云恆沙妙用，不出法界，與孟子左右逢原之旨，蓋有互相發明處也。

夫佛家之學，無論小宗、大乘，要皆歸趣證體，（證見本體曰證體。證見者，謂本體呈露時，烱然自見耳，非別有一心來見此體也。）略小談大。空宗形容本體空寂，（無相故名空，離昏擾故名寂。）甚深微妙，窮於讚嘆。有宗形容本體眞淨，（離倒妄故名眞實。離諸戲論相故名清淨。）甚深微妙，窮於讚嘆。（有宗將體用分截，故成謬誤。然其形容眞淨德相，亦自有契應處。）然諸大乘師談本體，（通空有二宗，故置諸言。）頗表現一種超越感。即對於至高無上的至善的眞理，（此中眞理，即本體之別名，下仿此。舉善，即攝眞與美。）而有無限的莊嚴之感。同時起一種極殷重的欣求。如是故謂超越感。這種感固極可貴，吾人所以破現實生活之桎梏者，全賴乎此。然復須知，若學者由諸大乘師之所啟示而發生此種超越感，便謂已至究竟，此則大謬。夫諸大乘師，以言說方便，引令學者發生超越感，固非以此為究竟。而在學者當發生超越感時，其自身猶未能與眞理為一，蓋未免心外有境。（超越的本體世界，卻是其心外之境。）莊子所為呵列禦寇猶有所待者也，必自居超越，而漠然亡感，（漠然者，渾然無對貌。）始立乎無待。是故禪家興，而直指本心。心即是理，（眞理省云理。）理即是心，於是心外無境。吾人自身雖復隨俗說為在現實世界中，而實乃敻然超越。以在己之心，與遍為萬法實體的理，既是一而非二，（萬法，猶云萬物或萬有。）則稱眞而談，（眞謂眞理，稱者契應。）當體超越。（當體，謂吾人自身，才識眞理在己，即自身便是超越的也。）豈於自身外，別有一超越之境為所感者哉。夫超越在己，即超越不是感。宗門直指本心，其視大乘空有二輪，又進而益親切者也。《華嚴》為有宗六經之一，其「三界唯心，萬法唯識」之旨，宗門實與之密契。空宗《般若》，蕩然破一切執，而其智始顯也。智，本心也。宗門通空有二輪，但其入處乃較親切，學者宜知。

夫神明沖寂，（神明，謂本心。）而惑染每為之障。（惑染本無根，而足以障礙本心。如浮雲無根，而能障目。）眞宰無為，（眞宰，謂本心。）而顯發恆資保任。嚴矣哉保任也。眞宰不為惑染所障而得以顯發者，則以吾人自有保任一段工夫故耳。保者保持，任者任持。保任約有三義：一、保任此本心，而不使惑染得障之也。二、保任的工夫，只是隨順本心而存養之。即日常生活，一切任本心作主，卻非別用一心來保任此本心也，三、保任的工夫，既是隨順本心，即任此心自然之運，不可更起意來把捉此心。程子所謂未嘗致纖毫之力是也。若起意，則是妄念或習心竊發，而本心已放失矣。善夫陽明學派之言曰：「即工夫即本體。」一言而抉天人之蘊。東土諸哲，（如儒與佛及老聃派。）傳心之要皆不外此旨也。工夫則萬行之都稱。行者，修行，亦云進修。吾人日常生活中，不論閑靜時，或動作萬端時，總期念念之間，恆由本心爲主，毋任惑染起而間之。然欲致此者，要當有不斷的努力，非廢然縱任而可至也。此云不斷的努力者，即修行或進修之謂。行而曰萬者，修行非一端而已。人各因其所偏失而期以自克焉。故修行不泥於一軌也。如佛家有六度，乃至十地等無量行。儒者於人倫日用之地，或以居敬爲要，或以主忠信爲先，乃至種種，亦非孤尙一行以爲法程也。工夫誠至，即本體呈顯。若日用間工夫全不得力，則染習熾，邪妄作，斯以障礙本體而喪其眞矣。（眞謂本體。）故曰「即工夫即本體」，此盡人合天之極則也。工夫只是保任，（無量的工夫，無非保任此本心而已。）原非於本體有所增益。但勿爲染習所縛，勿順軀殼起念，（人只爲染習所縛，即順軀殼起念，而本心乃梏亡矣。王陽明教學者，每於此處提醒。）而使本心恆爲主於中，（恆字吃緊。有不恆時，即本心放失，便無主人公也。）則大明朗乎無極，（本心不倚於物，故非知識的。而炯然至明，爲一切知識之原，故非無知。無窮盡故云無極。）性海淵兮絕待。（本心即是吾人與萬物同具的本體，故說爲性海。性者，生生義。海則喻其至大無外也。）斯以靜涵萬理，（靜謂泯絕外感時。）動應萬變。（動謂事物紛然交感時。）動應則神不可測，靜涵則虛而不屈。（不屈謂無窮竭。）是爲動靜一原。

（吾人日用間，不論靜時動時，通是本體渾然流行。故靜涵萬理者，靜時是本體實現故。動應萬變者，動時是本體實現故。此緣一向工夫沒有鬆懈，所以本體呈露，有動靜一原之妙。若工夫不得力，即染習乘機而起，靜時便昏沉，無從發現涵萬理的本體；動時便浮亂，無從發現應萬變的本體。王學末流，或高談本體，而忽略工夫，卻成巨謬。）

明儒有楊天游者，於工夫即本體之旨，頗不契。其言曰：「本體光明，猶鏡也。工夫，刮磨此鏡者也。若工夫即本體，是謂刮磨之物即鏡也，可乎？」黃梨洲駁之曰：「此言似是而非。夫鏡也，刮磨之物也，二物也。故不可說刮磨之物即鏡。若工夫本體同是一心非有二物，如欲歧而二之，則是有二心矣。其說之不通也」云云。余嘗考楊氏說，蓋謂工夫有積累之漸，本體無積累之漸。工夫有純駁偏全不同，本體無偏全，無純駁。以此，不許工夫即本體，實倒見也。夫保任此本體，方名工夫。但保任實由本體之自明自覺，易言之，即工夫實自本體出，非是離本體別有一心來用工夫。楊氏於此蓋未省也。工夫既非離本體別有物，只是本體之發現而已。在工夫上說積累，說純駁，說偏全，此是從發現之跡上比擬。今說工夫即本體者，是將一一工夫，會歸本體，自是探原之論，未可以常途滯跡之見相衡量也。楊氏歧本體與工夫爲二，故以積累等之有無兩相比較。梨洲雖知其誤，而駁詞未足以解其蔽也。

無工夫而言本體，只是想像卜度而已，非可實證本體也。唯眞切下過工夫者，方實證得本體即自本心，無待外索。無工夫，則於此終不自見，不自承當，唯以一向逐物的知見去猜測本體，是直以本體爲外在的物事，如何得實證。實證乃本體之自明自了。故本體如被障而不顯，即無實證可言。若知工夫切要，而未知工夫即本體，是工夫皆外鑠，而昧其眞性，此之謂冥行。又且如無源之水，求免於涸也不得矣。

夫求識本心，在佛家蓋自宗門興起，而後盛趣此一路向，固夫人而知之也。儒家則遠自孔子已揭求仁之旨。仁者本心也，即吾人與天地萬物所同具之本體也。至孟子提出四端，（惻隱之心，仁之端也。羞惡之心，義之端也。辭讓之心，禮之端也。是非之心，智之端也。）只就本心發用處而分說之耳。實則四端統是一個仁體。（仁體即本心之別名。儒家仁智等名，須隨文取義。如仁之一名，有時克目本體，則非與義禮智信等德對待立名也。有時與義禮智信等德相對爲言者，則此仁字，係就發用處說。如隨事而發之爲惻隱則名仁，隨事而發之爲羞惡則名義是也。餘可類推。智之一名亦然，有時爲本體之目，有時就發用處說。準上談仁可知。）後來程伯子〈識仁篇〉云：「仁者渾然與物同體。（此言仁，只是吾人與萬物統同的本體。）義禮智信，皆仁也。」此則直演孔子《太易》「元者善之長也」意思。《易》以乾元爲萬物之本體，坤元仍是乾元，非坤別有元也。楊慈湖深得此旨。元在人而名爲仁，即是本心。萬善自此發現，故曰「善之長」。逮王陽明作《大學問》，直令人反諸其內在的淵然而寂，惻然而感之仁，而天地萬物一體之實，灼然可見。羅念庵又申師門之旨，蓋自孔孟以迄宋明諸師，無不直指本心之仁，（實則，仁即本心。而日本心之仁者，爲措詞方便故。）以爲萬化之原，萬有之基，即此仁體。無可以知解向外求索也。明儒徐魯源（魯源師事錢緒山，陽明再傳也。）曰：「唯仁者性之靈。而心之眞（力按仁即本心，亦即是性。）凝於沖漠無朕，而生意盎然，洋溢宇宙。（力按沖漠無朕者，空寂也。佛家只體會到空寂，而不知空寂之中，正是生意凝聚，盎然不容已也。本體元是如此。）以此言性，非枯寂斷滅之性也。（力按佛家小乘頗近枯滅。大乘不住生死，亦不住涅槃，視小乘已一變，然仍以度盡一切眾生爲蘄向，終與儒家人生觀不同。由儒者之道，以衡大乘，則彼猶未離乎枯滅也。）達於人倫庶物，而眞體湛然，迥出塵累。以此言心，非知覺運動之心也。（力按知覺運動之心，習心也。仁則本心也。然仁體作得主時，則知覺運動之心，亦成爲仁體之發用。此義宜知。）故孔子專言仁，傳之無弊。」魯源此說，可謂得儒家之旨。

或有難言：「孔門之學，教人即實事上致力，曷嘗談本心、說仁體耶？《論語》一書，可考見也。」答曰：《論語》載門下問仁者甚多，汝乃不考，何哉？孔子壽至七十以上，門下三千，通六藝與聞至道者七十二人。其平生講說極繁富可知。《論語》僅一小冊耳，其所不載者何限。然即此小冊，所載問仁諸條，已於全書中，甚占地位。夫門下徑直問仁，則必孔子平生專以求仁爲學，可知也。後儒如王陽明，以致良知爲學，亦與孔子言仁相類。夫良知即本心，凡爲陽明之學者皆知之。仁即本心。而治《論語》者顧不悟，何耶？孔子答門下問仁者，只令在實事上致力。易言之，即唯與之談工夫，令其由工夫而自悟仁體，（即本心或本體。）卻不曾克就仁體上形容是如何如何。一則此非言說所及，二則強形容之，亦恐人作光景玩弄。孔子苦心處，後人固不識也。昔有一友，亦嘗謂《論語》言仁，非即本心。吾語之曰：《論語》云：「君子無終食之間違仁，造次必於是，顚沛必於是。」此所謂仁，非本心耶？非本體耶？豈可將此仁體說向外去，而只作爲行事上之一種規範或德目看耶？（豈可，至此爲句。）其友聞之，悚然有省。印度泰戈爾氏來吾華時，自云：「曾讀《論語》，只覺是一部法典然。」孔子果如此，則學無本源，何足云聖。泰氏讀《論語》而未通，亦足惜也。夫孔子豈未達本源者耶。彼自云「十五志學」，學者覺義，（見《白虎通》。）於覺而識仁體焉。學之究竟在是也。（究竟一詞，簡異一切知識的學問。）不仁謂之痲木。痲木者，不覺也。不覺即仁體梏亡。（上蔡以覺言仁，甚是。朱子非之，誤矣。）志於仁，乃爲志學。「三十而立」，此志已立定也。「四十不惑」，自識仁體也。「五十知天命」，既自識仁體，涵養益深，至此乃實證仁體即天命也。夫天命者，以其無聲無臭，而爲吾人與萬物所同具之本體，則謂之天。以其流行不息，則謂之命。故天命非超脫吾人而外在者也。（王船山不了孔子意思，其《讀四書大全說》，直以天道爲超脫吾人而外在者，迷謬殊甚。墨翟之言天，蓋視爲外界獨存。以此矯異於儒，而適成其惑。船山反陽明，而卒陷於墨。）唯自識仁體，寂然無相之謂天，淵然不已之謂命，（流行不息，古詩所謂「於穆不已」是也。於穆者，深遠義。）無可捨自本心以索之於外。是故其志學之始，內有存主，而非外鑠。（志者，存主義。存主即不違仁之謂。）由是而立，而不惑，終乃灼然知天命之非外。知者證知，非知解之知。《阿含經》云：「身作證，是此知義。」此理於吾身實現之故也。到此境地，只是仁體流行，絕無閡蔽，故曰「六十耳順」。耳順者，形容其無閡蔽也。又進則「七十而從心所欲不逾矩」。（此義甚深微妙，學者切忌粗心作解。）至此，則神用不測，乃仁體自然之妙。孔子「十五志學」一章，須融會《論語》全部意思，及《易》、《春秋》大旨，而潛心玩索，切忌斷章截句作解。夫《易》之乾元，即是仁體，萬物所資始也。《春秋》以元統天，與《易》同旨。（成形之大者爲諸天，皆乾元仁體之凝成也，舉天則晐萬有可知。《易》、《春秋》並言乾元統天，以皆孔氏之傳故。）證之《論語》，弟子紛紛問仁。則孔子平生之學，不外反求本心，洞識仁體。盡己性而即盡物性，本無內外可分也。《論語》曰：「天何言哉？四時行焉，百物生焉，天何言哉？」時行物生，形容仁體，活潑潑地，世之談哲學者，唯任知見去逐物起解，如何得領悟這般境界。認得此意，則知《論語》所記孔子言行，一一皆從仁體流出。唯其中有主故，淵然而恆寂，靈然而恆感，故發無不當。（無不當，即是不逾矩。）夫豈不見本源，而規規然於應事接物之間，擬立規範，若遵行法典之爲耶。以世俗之智而測聖人，其陷於巨謬也宜矣。

《論語》記子所罕言仁居一焉，（仁即本體。）然則夫子並非絕口不言仁體，只罕言耳。非上根利器，不可與言仁體。只隨機感所觸，而示以求仁的工夫。《論語》所記，皆談工夫，無啟示仁體處，誠哉其罕言也。孔子蓋謂眞理當由人倫日用中實踐而證得。（此中眞理即謂仁體。證得者，前引《阿含》云身作證走也。）實踐不力，而逞解悟。其解悟必不實，終與眞理爲二也。此等精神，實爲治哲學者所不容忽視。容當別論，明儒呂涇野，爲學壹意踐履。（踐履亦云實踐，謂人倫日用中實修的工夫。）其教學者有曰：「諸君求仁，須要見得天地萬物皆與我同體。一草一木，不得其所，此心亦不安始得。須看伊尹謂『一夫不獲，（不獲，猶云不得其所。）若已推而納之溝中』，是什麼樣心。（力按：於此識本心，於此見仁體。）王言曰：此氣象亦難。今日於父母兄弟間，或能盡得。若見外人，如何得有是心。曰：只是此心用不熟，工夫只在積累，如今在旅次，處得主人停當，唯恐傷了主人。接朋友，務盡恭敬，唯恐傷了朋友。處家不消說，隨事皆存此心。（此語吃緊。）數年後自覺得有天地萬物為一體氣象。」（力按；人人能如此為學，則世界可大同，人道成至治矣。）涇野此段話極老實，極切近。學者求識仁體，卻須如此下工夫。工夫做到一分，即是仁體呈露一分。工夫做到十分，即是仁體呈露十分。若全不下工夫，則將一任迷妄狂馳，（迷妄者，染習也，計執形骸之私也。）而仁體乃梏亡殆盡矣。（盡者，滅盡。仁體本無亡滅，然自吾人生活上言之，既完全違逆仁體，令其不得顯發，則等於亡滅之也。）

還有史玉池（明東林派之學者。）談求仁的工夫，亦極眞切。其言曰：「今時講學者，率以當下指點學人，（力按：當下一詞，本之禪宗。如前引馬祖答慧海一則公案，即是就慧海當下的心，而指點他令悟本體。宋儒中已多用禪機，明儒尤然。）此是最親切語。及叩其所以，卻說飢來吃飯困來眠，都是很自然的，全不費工夫。（力按：飢來吃飯困來眠，本禪師語。只是形容不昏沉及不起若何貪著的意思。當初隨機指點，本無病。後來不悟者，妄附此語，遂成狂惑。）

見學者用工夫，便說本體原不如此，卻一味任其自然，縱情縱欲去了。是當下反是陷人的深坑。（力按：陽明學派末流，確有至此者。）不知本體、工夫是分不開的。（力按：此語的當。）有本體，自有工夫。無工夫即無本體。（力按：本體，儒者亦名仁體。）試看樊遲問仁，是未識自家仁體而興問。夫子卻教他做工夫，曰『居處恭，執事敬，與人忠。』（參考《論語》。）凡是人，於日用間總不外居處、執事、與人這些生活情況。居處時便恭，執事時便敬，與人時便忠。此本體即工夫。（力按：恭與敬及忠的心，是本體發用，故云本體即工夫。）學者求仁，居處而恭，仁就在居處。執事而敬，仁就在執事。與人而忠，仁就在與人。此工夫即本體。仁體與恭、敬、忠，分析不開。（力按：恭也敬也忠也，皆工夫之名。實則此工夫即仁體，如何分得開。）此方是眞當下，方是眞自然。若飢食、困眠，禽獸都是這等的，以此爲當下，便同於禽獸，豈不是陷人的深坑。（力按：禪家末流之弊，須得有此簡別。）且當下全要在關頭上得力。今人當居常處順時，也能恭敬自持，也能推誠相與。及到利害的關頭，榮辱的關頭，毀譽的關頭，生死的關頭，便都差了。則平常恭、敬、忠，都不是眞工夫。不用眞工夫，卻沒有眞本體。故夫子指點不處不去的仁體，卻從富貴貧賤關頭。（力按：貧賤如去之不以正道，則終不去也。富貴如處之不以正道，則終不處也。此不去不處之心，即是仁體。詳見《論語》。）孟子指點不受不屑的本心，卻從得生失死關頭。（力按：如乞者遇食，得之則生，失之則死。但如與之者極無禮，則寧死不受而不屑偷生。此不受不屑之心即是本心，亦即仁體。參考《孟子》。）故富貴不淫，貧賤不移，威武不屈，造次顚沛必於是，捨生取義，殺身成仁，都是關頭時的當下。此時能不走作，才是眞工夫，（力按：此云不走作者，即本心不放失之謂。如本心認爲當死時，忽私意起而間之，遂苟且偷生，此即走作。不走作者反是。）才是眞本體，才是眞自然，（力按：違逆本心而循私欲者，爲染習所驅使，確是不自然，非自省密者不知也。）才是眞當下。」（力按：以上須參考《論語》、《孟子》。如極貧賤乃至生死等關頭時，一毫不走作，此其念念的當下，都是眞的。易言之，純是仁體顯發。）玉池這段話，確極眞切，當與前所引涇野語參看，皆不失孔孟精神也。玉池謂有本體自有工夫，（工夫畢竟是本體發用，非別有一心來用工夫，故云有本體自有工夫。）無工夫即無本體，（黃黎洲《明儒學案》序云：「心無本體也，工夫所至，即其本體。」此其晚年注重工夫，可謂進境。而世或以爲黎洲不承認有本體，則誤解也。其首曰心無本體者，蓋爲縱奪之詞。極言之，以起下文工夫即本體耳。若不用工夫，則本體已梏亡矣。）此是的然見道語。

禪家作用見性，儒者即工夫即本體，於此可見二家旨意有相通處。（如前所舉居處恭云云，這時恭的心是工夫，而實即本心之發用，是名作用。禪於此見性，儒則於此識本體。故云相通。）然儒者於人倫日用、萬物酬酢處致力。雖云隨處體認天理，（此中天理，謂本心發用，自然有則也。如居處恭，執事敬，與人忠。何故不恭、不敬、不忠便不可？此只是本心自然之則，必順此乃安，否則不安，無可更詰理由。所以說爲天理。居處必恭，執事必敬，與人必忠，就是隨處體認天理，而不敢違之。儒者用工夫只如此。）而精神發散易，收攝較難，如非上等根器，又深於涵養者，則日用踐履處，幸免差忒。而大本透脫殊不易。（大本謂本體。）透脫者，謂吾人證得本體，恆保任之而無或違失。如是，即心即眞宰，便超越萬物之表，獨立無匹，故云透脫。顏子三月不違仁，仁，本體也，三月，久詞也。雖能保任仁體，久而不違，然未能恆常不違，則本體猶未能卓爾呈露，非眞透脫也。顏子且然，況其凡乎。佛家遺倫物，獨處清閑，（《阿含經》語。）壹意收攝精神，趣入本眞，（本眞謂本體。）反求自性。（此承上語，重複言之耳。自性即本眞，以其爲吾人所以生之理故曰自性。）高材故易證眞，（證得本體曰證眞。）純根猶難朝徹。（莊子云：「朝徹而後能見獨。」見獨，證見本體也，朝旦也，明也，朝徹，謂洞然明徹也。）其道出世，而反人生，不可爲常。（非恆常不易之道也。）孔子曰：「道不遠人。人之爲道而遠人，不可以爲道。」此是儒家法印，不可易也。佛家於本體生生不已之德，卻要逆遏住，（中卷〈功能〉亦言及此。）是乃人類思想之最畸異者，要非常道。自釋迦沒後，小乘支分流別，而趣寂本旨，猶所共承。（趣寂者，趣向寂滅，出離生死海也。小乘無餘涅槃是也。）獨至大乘出，特標無住涅槃，（不住生死，亦不住涅槃，是名無住涅槃。）於是不染世間，（猶云不淪溺於世間，即不住生死之指。）亦不捨世間，（不捨離世間，即不住涅槃之旨。）尤復勤求世智。（世智，謂世間一切知識的學問。如大乘菩薩勤學五明，謂因明、聲明等等。）此已漸近儒家。然所爲主無住涅槃者，則以眾生不可度盡故，乃誓願不捨眾生。

《經》云：「由有眾生故有大悲是也。」大乘於佛家一貫相承趣寂本旨，固未根本改易。故大乘的人生觀，畢竟與儒家不類。只可從其不捨世間，而謂為有接近儒家的傾向耳。（覆看中卷〈功能〉。）然此接近之點，關係極大。本論析儒佛之違，而會其通，以契應至理為歸，而於佛家別傳之旨，（禪宗為佛家教外別傳。）尤覺其與儒者直徹心源處特有吻合。（心源，謂本心或本體。）是故會寂與仁，而後見天德之全。（天者，本體之代詞，非謂神帝也。）佛家談本體，畢竟於寂靜的方面，提揭獨重。此各宗皆然，禪師亦爾。儒家自孔孟，其談本體，畢竟於仁或生化的方面提揭獨重。《大易》、《論語》，可以參證。會通佛之寂與孔之仁，而後本體之全德可見。（中卷〈功能上〉可參看。）夫寂者，眞實之極也，清淨之極也，幽深之極也，微妙之極也。無形無相，無雜染，無滯礙，非戲論安足處所。默然無可形容，而強命之曰寂也。仁者，生生不容已也，神化不可測也，太和而無所違逆也，至柔而無不包通也。本體具備萬德，難以稱舉。唯仁與寂，可賅萬德。偏言寂，則有耽空之患。偏言仁，卻恐末流之弊只見到生機，而不知生生無息的眞體，本自沖寂也。夫眞實、清淨，生生所以不容已也；幽深、微妙，神化所以不可測也。無方相乃至無滯礙，而實不空無者，唯其仁也。故寂與仁，皆以言乎本體之德。寂故仁，仁亦無不寂。則本體不可執一德以言之也明矣。大本立定，（前云透脫，方是立定。）而徵之人倫日用之際，其斯為體用不二之學。（伊川說體用一原，似欠妥。以體與用對舉，而更云一原，豈別有為體用之原者耶？實則體即用之原，但體不在用外。如大海水與眾漚喻，可玩。本論意思，只是體用不二。）

附識一：文中趣寂下注云：「寂者寂滅。」寂滅，謂煩惱斷盡也。煩惱亦云惑，詳下章。惑盡故，始契寂然真體，故云寂滅。又佛家哲學思想，與宗教思想混合。彼本主張個人的生命不斷絕，其入無餘涅槃時，以惑盡故，得出離人間世或生死海。而個體的生命，乃與寂然真體冥合為一，是謂不住生死。此亦寂滅義也。

附識二：文中佛家談本體，於寂靜方面，提揭獨重云云。此言寂靜，則克就本體而言之也，非若常途以靜與動為相待之詞。常途以動靜相對為言者，則以此心泯絕外緣時名靜，遇物感交至時名動。今云本體寂靜，（本體亦名心體。）則寂靜一詞，乃即心體所具之德而名之。易言之，即以目心體。故此靜字，非與動對。此靜，只是無累、無擾、無倒妄、無繫縛等義，非謂其如實物之靜止然。寂靜二字，亦省言寂。宋明儒主靜之靜字，亦非與動相對之靜。俗學詆之，不了其義故也。

附識三：文中談仁，有「太和而無所違逆也，至柔而無不包通也」二語。仁只是太和。太者，讚詞也，太和故流行無礙，焉有違逆。世俗不識仁，只以矛盾言化，其實矛盾非化理之本然，所以成其仁也。至柔一詞，形容太和真體，沒有剛硬的意義。剛硬一詞，與言剛健者絕不同義。剛硬即俗云狠戾的意思，剛健則有純淨與不可屈撓及升進等義。本體之德盛化神，無可形容，而強目之以剛健也。剛健與和義相通。故此言柔，非與剛為相對之詞。言柔者，狀仁之德相。其體本剛健，故無滯礙，而免於剛硬也。無不包含，無不流通者，遍與萬物為其體故。（萬物主本體，即仁也。）

附識四：或有問言：「公以禪學會通於孔，宋明儒固已為之，而不免拘礙，公所嘗言也，而又衍其緒耶？」答曰：宋明諸師，於大乘學都不研究，若懼其洗我然。即晚周諸子亦無弗擯斥，其思想已狹隘矣。雖稍參禪理，而亦未能虛懷以究其旨。諸師皆謂禪家以作用為性，不知作用見性一見字，甚不可忽。前文已辨正，若如諸師所詆，則禪家為無本之學矣。（作用為性，即不曾識性，故云無本。）諸師所得之禪，正是其意見耳，實非禪也。以是而言融通，惡乎可。雖然諸師學在反己。其精神上繼孔門，於大本大源處，確有體認，不可薄也，他日容當別論。（陽明透徹，不可忽。）

學者一向馳騁知見，（猶云知識或情見。）而無守靜與體認之功，直無從自識本心。（靜者，不為染習或私欲所擾亂，而澄然靜定也。體認者，斂精神，不令馳散。即本心呈露，炯然自明自見也。）吾平生最喜永嘉大師語錄。永嘉由修止觀而入禪，止觀為佛家入道方法，止者，寂定義。觀者。照察義。此粗略為釋，廣如天台宗說。故其發明心地，最極親切。其略曰：

恰恰用心時，恰恰無心用，（力按：此中心字謂本，後仿此。夫本心沖寂，無有作意，是謂無心。）無心恰恰用，（力按：雖復無心，而鑑照昭然，非真無也。）常用恰恰無。（力按：鑑照無息，是常用。湛然淵寂，不隨境轉，離一到相，故雖常用，而實常無。）夫念非忘塵而不息，塵非息念而不忘。（力按：念者妄念，亦云妄識，虛妄分別故。亦云習心，染習現起，名習心故。塵者，妄念所執物界，乃至凡所趣逐之境，皆說為塵。夫妄念，以逐塵故起。非忘塵，則念不可息。而妄塵亦緣妄念始現，非息念而塵豈能忘。）塵忘則息念而忘，念息則忘塵而息。

忘塵而息，息無能息。（力按：妄念本無自性。但緣塵幻有，故忘塵斯息。不可計念為能知之體，今方得息。若作是計者，即念本不空，如何而息。）息念而忘，忘無所忘。（力按：妄塵本非實有，但緣妄念追求，而詐現有所趣塵相，故息念即塵乃都忘。實亦無有所對而說為忘。如實有所對，即塵非本無，如何可忘。）忘無所忘，塵遺非對。（力按：息念即塵忘，故知俗情執有外在世界者，特依虛妄分別之所趣遂而然耳。夫忘無所忘，則遺卻塵相，而實無有外境為所對。此中外境，謂俗情所執外在世界，與凡為妄情所攀援追逐者，通名外境。）息無能息，念滅非知。（力按：念無自性，但緣塵幻有。故塵忘，則念與俱滅，足證念本非能，故曰息無能息。夫如是，則塵既非所，念亦非能。所相空故，能相亦空。而世俗不悟，或以妄念為能知之體，陷大迷謬。今以念隨塵滅，足證念本非知，而世但以非知為知耳。）

知滅對遺，一向冥寂。（力按：夫世人皆以非知為知，故乃無對而有對。何者？一真法界，冥然空寂，是本無對。今以非知為知，而虛妄分別，遂橫計有外境為所對。於是狂惑熾然，自背其本有冥寂性海，衆生可悲，以此也。是故念息而非知之知已滅。塵忘，即不見有外而對遺。乃恍然頓悟其一向冥寂之本體，譬如浮雲無實，何礙太虛。人患不反求耳。此中一真之一，是絕待義。真者，不虛妄義。法界，猶云宇宙本體，但以其在人而言，則曰本心。冥然，幽深貌。空寂之空，是無相義，及清淨等義，非空無也。）

闃爾無寄，妙性天然。（力按：獨立無匹，故云無寄。謂此真性，具備萬德萬善，故說為妙。無生無滅，湛若虛空，清淨本然，恆無變易。雖遇染習為障，自性畢竟不減。雖假淨習顯發，自性畢竟不增。故謂天然。）

詳此所云，必空妄識，方證冥寂。妄識如何空，要在析觀能所，說念（妄識。）為能，說塵（妄識所趣逐。）為所。觀所依能，（塵依念故現，是所依能方有。）所無自性，（所非自有，依能方有，故所無自性。無自性即是空。）不成所對。（塵本空故。）觀能依所，（念緣塵故起，是能依所方有。）能無自性，非是能知。（準上談所可解。）是故析觀能所，妄識都空，而本有冥寂眞體，脫然呈露，永嘉善巧如是，實融《瑜伽》、《般若》之長。《瑜伽》爲法相唯識根本大典，談妄識相狀較詳。但其立說不免支離，此不暇論。永嘉直空妄識，而悟入空寂眞性，故深符《般若》，而無《瑜伽》支離之病，亦不捨其長。世之持唯心論者，於本心、妄識，漫無抉擇。吾則期期以爲不可。

若乃本心自性，微妙難知。（雖無形無相，而有無形之形，無相之相，爲其自性。如後所云寂寂、歷歷是也。）永嘉形容之曰：

忘緣之後寂寂，（力按：緣者妄緣，即妄識是。妄識昏擾，障礙真寂本心，故必遺絕妄緣，而後寂寂真體始顯。忘者，遺義，絕義。）靈知之性歷歷。（力按：靈知簡異非知之知，即簡異妄念或妄識也。歷歷者，分明貌，《易》云大明是也。云知是無知無不知。參看上卷〈明宗〉談性智處。）

無記昏昧昭昭，契本真空的的。（力按：無記一詞，記者記別，非善非惡，名為無記，謂於善惡兩無可記別故。妄識之起，有時或不成乎善，亦不成乎惡者，是名無記。學者不了本心，或以無記當之，此乃大謬。永嘉故以忘緣寂寂、靈知歷歷二義，顯示本心之自性是如此的。學者深契及此，則無記之為昏昧、昭昭可見也。無記畢竟是妄識。非忘緣寂寂，故言昏。非靈知歷歷，故言昧。亦復應知，必證得忘緣寂寂、靈知歷歷，而真有見乎無記之為昏昧者，方是的的契本真空也。但此云真空之空，非空無義。覆看前注。）

惺惺寂寂是，無記寂寂非。（力按：惺惺，不蒙昧也。這個炯然不昧的，恰是冥然而寂、不昏不擾，此才是本心。若只善惡不形，而靈知真體未曾透露，雖不蒙昧，而是無記，仍屬妄識。但以籌度不顯著，有似寂寂。其實此是無記中之寂，本非真寂。故非本心。）

寂寂惺惺是，亂想惺惺非。（力按：澄然至寂的，恰是炯然不昧的，此才是本心。亂想，攝論所云亂識。亂者雜亂，《易》云「憧憧往來，朋從爾思」，是其相也。當亂想時，並非蒙昧。然亂想中之惺惺，非真惺惺，故非本心。）

如上所引，亦惺惺、亦寂寂，才是本心，此永嘉洞見心體語也。但於此有極宜注意者。學者一向爲習心紛擾，（習心謂染習。）及其稍知用功，漸漸克服染習，忽然識得惺惺寂寂本體。此固向上初幾，（證見本體才是向上然涵養未深。）卻恐自此便貪寂默，以爲止境。蓋一溺乎寂，則屏動而遺物，廢此心之大用。（心謂本心。）無淵泉時出之妙，（本心沖寂如淵泉，而動用不息，則亦如淵泉之時出無已止也。參考《中庸》三十一章。）遏時行物生之幾。（《論語》：「天何言哉？四時行焉，百物生焉。」天者，本體之目。不言，形容其寂也。時行物生，喻其發用無窮竭也。故寂非枯寂。而生生眞幾，寂之蘊也。若溺寂者，則遏絕其生幾矣。）此其流極、將反人生而滅天理。佛氏之道，所以見擯於宋明諸儒，亦有以也。雖然學未證見寂寂眞體，而談生生眞幾，惡知其非以惑取勢力爲生命耶？（此中惑字含義甚深。佛云無明、數論所云暗是也。哲學家所謂盲目的意志，亦略當於此。取者，猶云追求。義極深微。）本論會佛之寂與孔之仁，以言本體，（覆看中卷〈功能〉。）蓋屏情見而契眞極，然後分觀二家，而各有印證。學貴自得，尤賴博求往哲，觀其會通。顧可恃私智以爲學哉。

儒者無有捨工夫而談本體，此等精神，在孔子《論語》中甚可見。孟子實承之，以啟宋明諸師。《孟子》書中有一段話最親切，其言曰：「萬物皆備於我矣。反身而誠，樂莫大焉。強恕而行，求仁莫近焉。」此章之旨，學者每忽而不察，故稍疏通之，待有志者反而自求焉。「萬物皆備於我者」，就形骸言，則我與萬物若相待也。相待，即我與物對峙，而不能備物。言若者，顯非本相待，但妄情分別耳。就本體言，則萬物與我同體，非別有所本。是故即於我而見萬物皆備。仰視天，天不離我而獨在。俯察地，地不離我而獨在。中觀人與一切有生之物，則皆我之情思所流通貫注。故我備萬物，我乃無待也。「反身而誠，樂莫大焉者」，皆備之實體，我所固有，不從外得。（此中實體一詞，亦云仁體。）唯其非外，故萬物所以然之理，（所以然者，謂物之本性，即物所由生成之理。）不勞我之逐物推測，直須反身而自盡其誠。則盡己性，而物性即盡，灼然無疑矣。（盡者，率性而行。不使吾所固有者有一毫障蔽而不得顯發，是之謂盡。己性即物性，非有二也。故盡性無分於己與物。）夫皆備者，仁體也。反身而誠，則本吾所固有皆備之仁體而克盡之謂也。誠斯樂，不誠即無樂。何以故？誠即攝萬物爲一己而無所不足。至足以居無朕，（無朕，不與萬有對。雖復森羅萬有，而其本體元無朕跡。）而神明之德備。（夫至足之體，無方無相，極靈極妙，故謂之神明也。德無不全，故云備。）至足以應萬感，而萬物之情通。（通者暢遂。萬物不在我外，我之情通暢，則萬物皆暢。而萬物暢，實即我之暢。由會物歸己故，非萬物與我對峙故。）不誠，則我乃自虧其所固有皆備者，（克就皆備之仁體而言，此理自無虧損。但就吾人生活方面言之，若不克盡此理，便是虧損。）即我乃自畫，而限於小，以與物對。限於小則不足，與物對則將追求於物。攻取生而寇害熾於中，何樂之有，（追求於物，則有攻有取。求所欲，是取義。違所欲，便如遇敵而忿情生，是攻義也。攻，固以寇害自性。取，亦殉物而虧自性，尤爲寇害之甚者。）故誠，則有樂俱。（俱者，同體不相離異之謂。）此誠字不與妄對，樂字不與苦對。誠與樂，正是仁體故。（此中誠與樂，皆就工夫上說。然工夫即本體，故此誠與樂，是絕待義也。故云誠與樂正是仁體。）如此境地，乃上智事。未至於此者，卻須有強恕工夫始得。（強者，勉強。恕者，推己及人。）我之所欲，當念人亦欲之，毋專欲以妨人。我所不欲，當念人亦不欲，而益求所以利人。行此既久，則人我對峙之見，可以遣除。而吾所固有皆備之仁體，於是實現焉。儒者於人倫日用工夫中，涵養得本體透露，此乃聖學至當而不可移易處。《論語》記孔子曰：「參乎！吾道一以貫之。」曾子曰：「唯。」子出，門人問曰：「何謂也？」曰：「夫子之道，忠恕而已矣。」世儒每不識曾子意思，證以《孟子》此章，若見到萬物皆備於我，即是識得仁體，此乃夫子所云一貫。一者，仁體。識得此體，即萬物之所以然，一齊俱徹，故云一貫。而下手工夫，少不得強恕二字。孟子猶承曾氏也。此等道理，如何可只向見聞知解上會去。

吾以返本爲學，（求識本心或本體，是謂返本。）歷稽儒釋先哲，皆有同揆。（儒釋之學，雖云互異，然不恃知解以向外尋覓本體。此乃其大同處。釋家禪學，尤與儒者接近。）而或有疑之者曰：「佛家談一眞法界，似是懸一至高無上、圓滿無虧之理境以爲的，而勇悍追求之。夫鵠懸法界，窮際追求，而一轉捩間，無住生涯，無窮開展。庶幾位育，匪托空談。若云反本，恐起自足於己之心，便已畢生陷身惰性。（明季諸子駁陽明學派談本體者，已有此說。）公意云何？」答曰：法界即自心，亦即自性。自性清淨，離諸障染。自性明覺，離諸迷暗。自性眞實，離諸虛妄。廣說乃至具足萬德，無可稱量。然反之即是無待外索。豈謂自心與法界爲二，而以法界爲自心所追求之鵠哉！夫懸鵠追求，趨向無上甚深妙境，進而不止，前而不退，如所謂一轉捩間，無住生涯，無窮開展。此說甚有意思。但此中吃緊處，卻在追求不已。一息而歇追求，生涯盡矣。追求不已，又必於其所懸之的，信望殷切。（信者信仰，望者希望。）情感弱者，不足語此。然雖窮際追求，要是拚命內外，終不返本，此之流害，未可勝言。眞性無外，而虛構一外境，乖眞自誤，其害一。追求之勇，生於外羨，無可諱言。外羨之情，猶存功利。惡根潛伏，烏知所及，其害二。反本則會物歸己，位育功宏。外羨則對待情生。禍幾且伏，如何位育，（情存彼此，即是禍幾。）其害三。外羨者內不足，全恃追求之勇爲其生命，彼所謂無住生涯，無窮開展。雖說得好聽，要知所謂開展者，只恃外羨之情，以鼓其追求而已。畢竟虛其內，而自絕眞源，非眞開展，其害四。總之，窮際追求云云，只是一直向外求索，而自無可據之本。譬如鹿迷陽焰，狂馳不已，中間實無轉捩處。夫自性清淨，諸佛所言；煩惱並是客塵，亦諸佛所言。（煩惱亦云惑。儒者所云惡或私意私欲等者，相當於此。客塵之言，顯非本有。）去客塵而復自性，是乃轉捩間事。古德所謂「一念迴機，便同本得」是也。（本得，謂自性清淨、不從他得故。）夫唯錮於客塵而迷失自性者，一旦乘性覺而返識本來，（性覺者，自性清淨，元是覺照圓明的，故云性覺。雖客塵障於自性，而性覺要未嘗泯。如積陰之際，非無日光，但不甚顯耳。）則恆保任此覺，（恆字吃緊。）俾得日益顯發，方可刮去客塵。（日益顯發，即孟子所謂擴充。）性覺顯發一分，則客塵可去一分。顯發十分，則客塵可去十分。乃至全體顯發，則纖塵盡淨矣。若不有性覺在，憑誰照察客塵而滌去之？學者若於自身識得此事，方許讀如來十二部經。否則讀遍三藏，未許知佛。豈唯佛學。儒者言克己，若不反求天理之心，（天理之心即是本心或本體。）將仗誰去克得己來。《論語》記顏淵問仁，子曰：「克己復禮。」從來注家多未得聖意，王船山卻善會。船山以爲必先復禮，才克得己。（先字非時間義。）禮即天理。（禮與理古通用。）通常說禮，蓋就節文或儀則而言。此中之禮，決非節文、儀則之謂。注家於此每不辨，如何識聖意。沒有天理爲主於中，憑誰去察識己私？憑誰去克？大本不立，而能克去己私巨敵，無是事也。（克字甚重，如克敵之克。）船山平生極詆陽明，於此卻歸陽明而不自覺。陽明良知，即天理之心也，即先立大本也。（參考船山《讀四書大全說》。）總之，我云轉捩，即是返本一幾。若斥絕返本，即不識自性，而徒懸鵠於外，窮際追求。則所說轉捩，不知轉向何處去也。

又如疑者所云，以其返本，才起自足於己之心，便已畢生陷身惰性。吾以爲講返本之學，而不免陷身惰性者，此必其未能證得本體者也。吾平生談本體，原主體用不二，但既立體用二詞，即其義不能無辨。夫本體，具足萬德，含藏萬化，本無所不足者也，故夐然絕待。然體雖無待，而成爲用，則有分殊。分殊即是相待。故體之成用，是由無待而現爲相待。於此相待，便喚作一切物。（人亦物也。）此一切物，隨舉其一，皆具有大全的本體。（自甲物言，甲物得此個大全的本體。自乙物言，乙物亦是同得此個大全的本體。餘可例知。參看上卷〈明宗〉大海水與眾漚喻。）但本體舉其自身現爲相待的一切物以後，而從每個物或個人分上來說，（每個物或個人一詞，此下省言個人。）則個人雖是具有全體，（大全的本體，省云全體。後仿此。）雖性分上無所不足，然約個人成形言，畢竟爲有限的。（凡相待的，即是有限的。）由此，而形有障性之可能。易言之，吾人很容易爲形軀所使，而動念即乖，以障礙其自性。（乖者，陽明所云順軀殼起念，而違其自性之本然也。有生之倫，由順形而起染習。染習即形之流類，所謂障礙，即此爲之。）由障礙故，本性雖至足，卻是潛伏不顯。由此，吾人生活方面，則以拘於形，而陷於相待之中，遂常常感得不足，並且不足之感極迫切。因此便有一個極大的危機，就是要向外追求。追求略判以二：曰向下，即物欲的追求；曰向上，如蘄依神帝，（宗教。）注想眞極，（哲學家向外覓本體者。）及所謂鵠懸法界皆是也。上下雖殊，向外則一。外則離本，雖存乎上，而浮虛無實，與下同歸。故吾平生獨持返本之學，唯求見自性。（即本心或本體。）須知吾人自性，雖一向被障，畢竟無有減損，卻常在障礙中流露至誠無息眞幾。（此眞幾即覺照是也。亦云性覺。）吾人保任此眞幾，（不斷的保任，即是眞幾無窮的顯發。孟子所云擴充，其義在此。）才仗著他來破除障礙，（因爲他是自覺的，故可破障礙。）而把自性中潛伏的圓滿充周，無所不足的德用，（此中用字，即指上文自性含藏萬化而言。用字，即萬化之代詞。後仿此。）源源的顯發出來。這種顯發，就個人生活上言，他是破除障礙，而不斷的創新。其實正是返本。因爲個人的生活日益創新而愈豐富者，都是其自性的德用，不匱的發展。非若無源之水，驟形竭涸。所以有本才得創新，創新亦是返本。這個道理，眞是妙極。夫本體至神而無相，若不現爲物，則無資具以自顯。及其現爲物也，則物自有權。而至神無相之體，所以成乎物而即運行與主宰乎物者，便有受拘於物的形軀之勢。故必待己之能健以勝物而消其拘礙，（此中己者，設爲本體之自謂。）乃得以自顯發。（工夫即本體之義，須於此參悟。）否則物乘其權以自逞，而錮其神，（神謂本體。）則本體終不得自顯。佛家所云眞如在纏，亦此義也。《論語》：「人能弘道，非道弘人。」其義蘊蓋在此。苟深見此義，則知至神無相者，雖主乎吾之一身，而吾不能曰反求而得其至足者，更無所事事也。識得本體矣，不可便安於寂。（前已說過。）要須恆不違眞，（恆字吃緊。眞謂本心或本體。）勇悍精進，如箭射空，箭箭相承，上達穹霄，終無殞退，如是精進不已，是謂創新不已。如是創新不已，實即本體呈露，其德用流出，無有窮極。故修爲進進，（進而不已，曰進進，即精進義。）即是本體顯發無窮。妙用自然，不涉爲作，又烏有不寂者乎。是故返本之學，初則以人順天而自強，（人，謂修爲的工夫。天者，本體之代詞。工夫實即本體德用之顯發。自強，謂吾人精進不息也。吾人不息的工夫，實即本體德用顯發無窮。人能皆本天性故。）久則即人而天，純亦不已。（初時工夫猶未純，久則純熟，天理全顯，斯時即人即天。純亦不已者，天德至純、無雜染故。不已者，天之德用，無窮盡故，無止境故。）不已者，彰其剛健。純者，顯其寂寂。然則吾人以知本而創新，創新而返本。到得返本，亦剛健，亦寂寂。何至有陷身惰性之事乎！其陷於惰，必未眞證本體者也。許多哲學家將本體說向外去，懸之爲的，而追求焉。其中無所本，而唯外羡，以鼓追求之勇，則吾已陳其害如前，不復深論也。

上來斷斷致辨者，一則向外追求之學，與吾學全異其旨，不容不辨；二則恐學者或以悟入冥寂自性，（即本體。）便安於寂，而爲止境。孔子五十知天命以後，（《中庸》首言天命之謂性，天命即是吾人與萬物所同具之本體。無待故名天，流行不已故言命，其在於人則謂之性。《中庸》末章以無聲無臭言天，即顯本體冥然寂寂也。據此，則孔子自述其年五十，乃證冥寂自性。）又十年而耳順。耳順者，聲入心通，全無閡蔽之象也。六十以前，雖證見寂體，然契眞則有遺俗之患。老氏之棲於無，似於眞俗圓融之道猶有隔在。孔子知天命而不遺人倫，蓋融眞入俗，即俗皆眞，所以洞達無礙。取象於耳順，以形容其妙。若高言證眞，而未能融俗，則於至理未暢，適增閡蔽。又十年，而後從心所欲不逾矩。夫隨心所欲，莫非天則自然，此是大自在境地。蓋勝用無窮，渾是一眞之體，其妙如此。佛家初地證眞，（地之一詞，若泛釋，則修行位次也。工夫有淺深，故分位次。初地見眞如，即證體。）從此歷二地乃至十地之終，而後入佛地。孰謂一旦悟入自性，便可安享現成，無所事事哉！明季王學末流之弊，甚可戒也。（一旦有悟，便安享現成，流入猖狂一路。晚明王學，全失陽明本旨，爲世詬病。夫陽明自龍場悟後，用功日益嚴密，擒宸濠時，兵事危急，絕不動心。此是何等本領。然及其臨歿，猶曰：「吾學問才做得數分。」後學空談本體，非陽明之罪人哉！

附識：孔子五十知天命之知，是證知義，其境地極高，非學人悟解之謂。佛家證真之境，又不待言。夫悟解，則船山所謂儻來之一悟，本非實得。而學者妄以之自信，則自安暴棄而已。

上來提示本心，大義略備。今將取佛家唯識之論，加以勘定。佛家直指本心，自宗門始，已如前說。若夫自昔號爲傳承釋迦經典以張其教義者，宗門則目之以教，（教者聲教。凡經典所載，皆釋尊聲教故。）而自居教外別傳。夫宗之所以自別於教者，非徒不立語言文字而已。教中談識，宗門則主自見本心。此其根本異處，未堪忽視。然宗門旨趣，既在前陳，則教中所談之識，茲宜略論。

夫教中唯識之論，自無著《瑜伽》而後，迄世親《三十頌》，以及護法諸師，而後其理論漸臻完密。（世親及其後學護法諸師所相繼闡明之唯識論，其根據皆在《瑜伽》。唐賢號《瑜伽》為一本。）本書中卷曾經提控其理論之體系，而予以評判。（可覆看〈功能〉。）今於此中，但欲略述瑜伽宗（即大乘有宗。）建立八識旨趣，並予以疏決而已。（疏者，疏通其滯礙，而在某種意義上，可承認其有是處。決者，判決其謬誤。）

昔在小乘只說六識。及大乘興，乃承前六而益以末那、賴耶，是為八識。六識者，隨根立名。曰眼識，依眼根故。曰耳識，依耳根故。曰鼻識，依鼻根故。曰舌識，依舌根故。曰身識，依身根故。曰意識，依意根故。（眼等五識所依根，稱清淨色根。固不謂肉眼等為根也，肉眼等但與根為扶助故。至於意根，則小乘如上座部等，亦立色根。所謂胸中色物，即心臟者是。而餘部更不許立色根，乃以六識前念已滅識為意根。及至大乘，建立八識，始說第七末那識為意根。詳在《佛家名相通釋》部乙。）或許從境立名，即眼識亦名色識，唯了別色故。（唯者，止此而不及其他之謂，後準知。色有多義，或通目質礙法，則為物質之異名。今專言眼識所了，則為顏色之色，如青黃赤白等是也。）耳識亦名聲識，唯了別聲故。鼻識亦名香識，唯了別香故。（香與臭、通名香。）舌識亦名味識，唯了別味故。身識亦名觸識，唯了別觸故。（於前四識所了，直舉色聲香味四境。而於身識所了，乃虛言觸，而不直舉何等境者，則以身識所了境最寬廣。列舉不盡，故以觸言之。）意識亦名法識，了別一切法故。（有形無形的一切事物，乃至一切義理，通名之爲法。他處言法者，準知。）如上六識，大、小乘師共所建立。

然大乘於前六外，又建立第七及第八識者。彼計五識（眼識乃至身識。）唯外門轉，（轉者起義，五識皆以向外追取境界故起。）必有依故。第六意識內外門轉，（意識一方面追取外境，一方面內自緣慮，雖無外境亦自起故。）行相粗動，（行相者，心於境起解之相。粗者粗猛，動者躁動。）此非根本，（粗動故非根本。）亦必有依故。（意識自身既非根本，故必有所依。例同五識。）由斯建立第八阿賴耶識，含藏萬有，爲根本依。（依字注意。彼計前七識各各有自種，不從賴耶親生、只是依托賴耶而生，故說賴耶爲根本依。）賴耶深細，藏密而不顯。前六（眼識乃至意識。）則粗顯極矣。疑於表裡隔絕，（賴耶是裡，前六是表。）故應建立第七末那，以介於其間。（第七介於第八與前六識之間。）《大論》五十一說，由有本識，（賴耶亦名本識，是前七識之根本依故。）故有末那，其義可玩已。尋彼所立八識，約分三重。初重爲六識，（眼識乃至意識。）通緣內外，粗動而有爲作。次重爲末那識，（第七。）恆內緣賴耶，執爲自我，（恆者無間斷故。）似靜而不靜。（唯內執賴耶爲我，而不外馳，故似靜也然恆思量我相。此乃躁動之極，實不靜也。）三重爲賴耶，（第八。）受熏持種，（持種者，賴耶自家底本有種及新熏種，並前七識各各底本有種及新熏種，均由賴耶攝持，所以爲萬有基。受熏者，謂前七識各各有習氣熏發，以投入賴耶自體。賴耶則一切受而藏之，遂成新熏種子也。）動而無爲。（經論皆說賴耶恆轉如暴流，是動也。然唯受唯持而已，是無所爲作也。）大乘說八識行相，其略如此。

又復應知，大乘以一身所具之識，分爲八個。（《章氏叢書》中，似有一篇文字，說阿賴耶識爲眾生所共有，此太炎誤解。據諸論，每一人身中有八個識，即賴耶非一切人所共有，只是一切人各各皆有賴耶識而已。）即此八識，將爲各各獨立之體歟。然每一識又非單純，乃爲心心所組合而成。（心亦名王，是主故。心所者，具云心所有法，以其爲心上所有之法故。心所亦名助伴，是心之眷屬故。心則爲一，而心所乃多云。）如眼識似獨立也。實則爲心與多數心所之複合體，絕不單純，特對耳識等等說爲獨立而已。眼識如是，耳識乃至第八賴耶，復莫不然。（每一識，皆爲心與多數心所之複合體故。）故知八識云者，但據八聚而談，（聚者類義。）非謂八識便是八個單純體故。尙考大乘建立種子，爲識因緣。（種子，爲能生識之因緣。識，即是種子所生之果。）無著初造《瑜伽》，後依《瑜伽》造《攝論》，授世親，明種子有六義，第四曰決定，第六曰引自果。（《瑜伽》言種子七義，《攝論》約爲六義。）世親釋云：言決定者，謂此種子各別決定。不從一切，一切得生。（意云非一切種子各各皆能遍生一切法也。）從此物種，還生此物。（此物種子，還生此物，而不生彼物，所以成決定。）引自果者，謂自種子，但引自果。（引者引生。）如阿賴耶識種子，唯能引生阿賴耶識云云。（餘識種子，均可類推。又凡言識，亦攝心所。隱示諸心所，亦各各有自種子。）據此，則八聚心心所，各各從自種而生。（種子省言種，他處準知。）如眼識一聚，其心從自種生，其多數心所亦各從自種生。眼識如是，耳識乃至賴耶，亦復如是。故知八聚心心所，爲各各獨立之體，（各各二字，注意。如眼識一聚中，其心有自種故，故是獨立之體。其多數心所，亦各有自種故，即各是獨立之體。眼識一聚如是，耳識乃至賴耶，均可類推。）而實非以八個單純體，說爲八識。（所謂八個識，卻都是複合體。）此自無著世親兄弟迄於護法玄奘、窺基諸師，皆同此主張，而莫之或易者。斯亦異已。

跡小乘談六識，猶與晚世心理學家之見解略近。如五識，實與所謂感覺者相當，以其不離記憶與推想等作用故。但心理學家或不許感覺即是識，此當別論。至第六意識，則亦與心理學上所云意識爲近。大乘自無著以後，盛宣第八賴耶識，謂其含藏一切種子，爲萬有基。又析賴耶爲相、見二分。雖亦析爲四分，而內二分，可攝入見分，則只相、見二分也。見分是能緣，即爲能了別相分者。相分是所緣，即對於見分而爲其所了別者，亦云境界。此所緣相分，復析爲三部分。一種子。賴耶所含藏之一切種，爲賴耶見分之所緣，即亦名爲相分。二根身。即清淨色根，謂眼根乃至身根，此非即肉體。據佛家義，則人死時雖肉體毀，而根身不亡也。三器界。相當於俗所目之自然界。此三通是賴耶相分。而見分，則是能了別此相分者。設問：「賴耶見分，何由知有？」而大乘師則以爲此非凡夫所可知，唯佛知之而已。第七末那識，亦有二分。因末那內緣賴耶，以爲自我。此時，末那識必仗托賴耶見分，而變似一自我之相分。依此相而起我執者，即末那見分。第六識亦有二分。意識緣或種法時，（法字注見前。）必變似所緣法之相分。如思蘭花時，必變似蘭花之相。（設問：「此相必有所托，即有實蘭花故。」答：實蘭花者，屬色等塵，即五俱意識之相分。設問：「俱意相分亦必有所托而始起，其所托爲何？」答：所托即器界，是第八識相分。）意識見分，則爲了別相分者。五識皆有二分。如眼識相分即青黃等色是，而了別青黃等色者，即眼識見分。乃至身識相分即所觸境是，而別了所觸者，即身識見分。綜上所述，八識各各由二分合成。（如眼識，由相、見二分合成。耳識乃至賴耶皆然。又復應知，諸識各分心、心所，每一心及每一心所，實各各有相、見二分，而文中只總略爲說。又諸識相分詳細分別，當參考《佛家名相通釋》。）據無著等義，則諸識相、見，皆從各自種子而生。是諸種子，皆藏伏賴耶識中。（設問：「賴耶見分及其根器相分，均從各自種子而生。總略言之，即是賴耶從其自種而生。今乃說賴耶含藏一切種，則是能生之種，亦藏在所生之賴耶內。理如何通？」答曰：大乘主張能生因與所生果，乃同時而有，無先後故。因此，賴耶得含藏種子。）因賴耶含藏一切種，故種子非是離識而外在。得完成唯識之論，如不建立賴耶以含藏一切種，則當成唯種之論矣。

復次賴耶所藏種子，應分有漏無漏性。（性者德性。有漏者，染汙義。無漏者，清淨義。覆看中卷。）據大乘義，眾生無始以來，只是賴耶爲主人公。易言之，只是賴耶中有漏種子發現，而無漏種子從來不得現起。必至成佛，方斷盡有漏種，始捨賴耶。其時無漏種發現，即生第八淨識，是名無垢。（第八識分染淨，眾生無始以來，只是從有漏種，生起有漏的第八識，名爲賴耶。此賴耶是染汙性。染汙者，清淨之反，即壞的意思。及經修行，而至成佛，則染種斷滅盡淨，第八染識不復生，即賴耶已捨棄也。此時之第八識，則從無漏種而生，遂名無垢識。）賴耶未捨以前，其前七識（五識乃至第七末那。）悉從有漏種生自不待言。（十地中有別義，姑略之。）設問：「衆生無始時來，純是有漏流行，如何而修，如何成佛？」答曰：據無著等義，唯依聖教，多聞熏習，生長淨種而已。詳在《解深密》等經，《瑜伽》、《攝大乘》等論。

無著諸師談八識，其旨趣略說如上。較以小乘六識之談，迥不相同者，則第八識之建立，顯然成爲宇宙論方面之一種說法。而第八識中種子，又成多元論。種子染淨雜居，亦是善惡二元。且諸識相、見，劈裂得極零碎，如將物質裂成碎片然。凡此，皆不饜人意。若其談緣生，復成機械論，尤無取爾。（覆看中卷〈功能〉，此中不贅。《佛家名相通釋》部乙亦可參考。）其極悖謬無理者，衆生無始時來，只是賴耶爲主人公，自性涅槃與自性菩提，於衆生分上，不可說有。（涅槃者，寂義。菩提者，覺義。自性是亦寂亦覺的，本來無昏擾故，本來無迷暗故。）而專恃後起與外鑠之聞熏，以生長淨種。此非無本之學哉。《論語》：「夫子許顏氏三月不違仁。」三月，久詞也。仁體，即沖寂明覺之自性也。自性本無可增減，故學者無限功修，只是不違二字盡之，要須識得仁體，而後不違之功有所施。否則茫然無主於中，從何說不違？聞熏，吾亦不謂其可廢，要知聞熏但爲不違仁的工夫作一種參驗而已。若如無著一派之學，衆生從無始來，唯是有漏流行，根本無有寂覺自性可說。乃教之專靠聞熏以造命，毀生人之性。莫此爲甚，吾何忍無辨耶！又本文以寂與覺言仁體者，夫子固曰「仁者靜」。此靜，非與動對之詞，乃寂義也。《易》

於乾言仁而曰大明，故仁有覺義也。

核實而談，教中所云識，（此言教者，賅大、小乘。）即吾所云習心是。習心，即染汙習氣之現起者是。染習所由生，則因本心之力用，流行於根門，而根假之以成爲根之靈明，乃逐物以化於物，由此有染習生。（覆看前談宗門作用見性諸段文中談五根義處。此中生字，乃無端而幻現之義。後仿此。）故染習者，形物之流類也。（形物謂根。吾言根義，與佛家本義有別。蓋根非可離肉體而存在，只是肉體中最精粹的一種生活機能而已。根雖不同於具有拘礙性的物質，然究屬形物。不徑言根者，形物義寬故，亦賅肉體而言之故。流類之流，亦類義。）或復問言：何故說心爲形役？（前云根得假本心之力用，以成爲根之靈明，是心爲形所役也。）何故說染習緣形物而生？」答曰：本體之顯現其自己，不得不凝成爲各各獨立之形物，以爲顯現之資具。而形物既成，便自有權能，即有不順其本體之趨勢。易言之，即得假其本性力用，以成爲形物之靈明。（本性謂本體，亦云本心，亦云自性。以上答心爲形役之問。）形物之靈明，其運用皆從形骸上打算，即妄執有小己而計爲內。同時亦妄見有外，而不息其追求。此其虛妄分別，孰明所以。而相狀複雜，尤難究詰。要不妨總名爲惑。（違其本性，故以惑名。）惑之起也無根，（吾人自性清淨，非有惑根。）一刹那才起，即此刹那頓滅。雖復滅已，而實不斷。方其滅時，即有餘勢，相續而起，等流不絕，（等流者，謂此餘勢亦非堅住之體，乃生滅相續而流轉下去。譬如一身，並非堅住，乃新陳代謝、前後相等而流，仍名一身，是名等流。）潛伏內在的深淵。（內在的深淵一詞，係爲語言之方面而設，不可執定有如所謂深淵一類的物事。須知吾人生活的內容，畢竟不可當作現實界的物事來刻畫。此意難言。）此諸惑餘勢、潛伏而不絕者，即名染汙習氣。夫染習既是惑之餘勢，而惑非自性固有，乃緣形物而生，（生字義見前。）今以由惑成染習故，即說染習緣形物生。是義何疑。（以上答染習緣形物生之問。中卷〈功能〉談染習由來，實因殉形骸之私而起。須與此參看。）染習千條萬緒，潛伏深淵。（深淵，只形容其潛伏耳。）其乘機而現起者，則與根之靈明，（即本心之力用，流行於根門，而爲根所假以自成其明者。）協合爲一，是稱心所，（如下所舉無明與貪瞋等等。）亦得泛言習心。故習心者，形物之流類，顯非本有。（本有謂本心。）此不可不知也。

大、小乘說六識內外門轉，（前五皆向外追求，第六亦外逐，亦內自作種種構畫。）此皆習心虛妄分別之相。大乘說末那依賴耶起我執，實則形物之靈，妄分內外，而謬計有自我耳。（形物之靈，即前所謂根假本心之力用，以自成其明者。此習心所由始。）不必立一賴耶，以爲我相之所托也。大乘賴耶，本爲含藏種子。吾謂習氣，亦不妨假名種子。但此習種，（習種作複詞。）千條萬緒，實交參互涉，而爲不可分離之整體，亦可說爲一團勢力，不必更爲之覓一所藏處。（大乘說種子爲能藏，賴耶是所藏。）夫賴耶實等於外道之神我。果如其說，則眾生無始以來，有一染性之神我。（有漏性亦名染性。）而自性菩提，果安在耶？（言菩提，即攝涅槃，自性亦覺亦寂故。）宗門崛起，直指本心，而後斯人得以自識眞性。染習究是客塵，除之自易。譬如旭日當空，詎容纖障。故知教中談識及種，（種者俱云種子。）實以習氣或習心，說爲眾生之本命。經宗門掃蕩廓清，而後吾人有眞自我的認識，其爲功也豈不大哉。黃蘗云：「此心是本源清淨佛，人皆有之。蠢動含靈，與諸佛菩薩，一體不異。」又曰：「深信含生同一眞性，心性不異，即心即性」云云。如教中談賴耶，則眾生分上，直無眞性可說，是惡得爲正見乎？但教中如《楞伽》等經談如來藏，容當別論。

夫本心即性，（性者，即吾人與萬物所同具之本體。）識則是習。性乃本有之眞，習屬後起之妄。從妄，即自爲縛錮。（如蠶作繭自縛。）證眞，便立地超脫。難言哉超脫也！必識自本心，即證得眞性，便破縛錮，而獲超脫，得大自在矣。學者或謂動物只靠本能生活，故受錮甚重，唯人則理智發達，足以解縛，而生命始獲超脫。夫本能者，吾所謂染習也。動物以此自錮不待言，理智是否不離染習，卻是難說。吾人若自識本心，而涵養得力，使本心恆爲主於中，則日用感通之際，一切明理辨物的作用，固名理智，而實即本心之發用也。是則即理智即本心。自然無縛，不待說解縛。本來超脫，何須更說超脫。若乃未識本心，則所謂理智者，雖非不依本心而起，但一向從日常實用中熏染太深，恆與習心相俱。即此理智亦成乎習心，而不得說爲本心之發用矣。夫理智作用，既成爲習心作用，縱有時超越乎維護小己的一切問題之範圍以外，而有遐思或曠觀之餘裕，但以其本心未呈露故，即未能轉習心，而終爲習心轉。所以理智總是向外索解，而無由返識自性也。如是，則何解縛之有，又何超脫之有。（頗欲於《量論》中詳論理智，老來精力乏，未知能否執筆耳。）上達下達，皆由自致。《易》曰：「君子懼以終始。」人生無一息而可自放逸也。（此云懼者，即《中庸》所謂戒懼，戒懼即是本心。）

本心是絕待的全體。然依其發現，有差別義故，（差別者，不一之謂。）不得不多爲之名。一名爲心。心者主宰義，謂其遍爲萬物實體，而不即是物。雖復凝成衆物，要爲表現其自己之資具，卻非捨其自性而遂物化也。不物化故，謂之恆如其性。以恆如其性故，對物而名主宰。（恆如其性，即不至墮沒而爲頽然之物，故乃對物而名主宰。）二曰意。意者有定向義。夫心之一名，通萬物而言其統體，（萬物統共的實體，曰統體。）非只就其主乎吾身而目之也。（主宰省言主，後仿此。）然吾身固萬物中之一部分，而遍爲萬物之主者，即主乎吾身者也。物相分殊，而主之者一也。今反求其主乎吾身者，則淵然恆有定向。（淵然，深隱貌。恆字吃緊。這個定向，是恆常如此，而無有改易的。）於此言之，斯謂之意矣。定向云何？謂恆順其生生不息之本性以發展，而不肯物化者是也。（生生者，至寂至淨也。不寂不淨即成滯礙，而惡得生。不息者，至剛至健也。剛健故，恆新新而生，無有已止。以此見生命之永恆性。）故此有定向者，即生命也，即獨體也。（劉蕺山所謂獨體，只是這個有定向的意。）依此而立自我，（此非妄情所執之我。）雖萬變而貞於一，有主宰之謂也。（文言本以《大學》誠意之意釋此中意字，實誤。明儒王棟、劉蕺山解誠意，並反陽明，亦好異之過。今此中意字，非常途所謂意識，乃與心字同爲主宰義。但心約統體而言，意則就個人分上言之耳。）三曰識。（謂感識及意識。）夫心、意二名，皆即體而目之。復言識者，則言乎體之發用也。（此中識字意義，與佛教中所談識，絕不相同。彼所云識，實吾所謂習也。此則以本體之發用說爲識。）淵寂之體，感而遂通，資乎官能以了境者，是名感識。（亦可依官能而分別名之以眼識、耳識、乃至身識云。）動而愈出，（愈出者，無窮竭義。）不倚官能，獨起籌度者，是名意識。眼所不見，耳所不聞，乃至身所不觸，而意識得獨起思維籌度。即云思維籌度，亦依據過去感識經驗的材料，然過去感識既已滅，而意識所再現起者，便非過去材料之舊，只是似前而續起，故名再現耳。且意識固常有極廣遠、幽深、玄妙之創發，如邏輯之精嚴，及凡科學上之發明，哲學之超悟等等。其爲自明而不必有待於經驗者，可勝道耶。故心、意、識三名，各有取義。心之一名，統體義勝。（言心者，以其爲吾與萬物所共同的實體故。然非謂後二名，不具此義。特心之一名，乃偏約此義而立，故說爲勝。）意之一名，各具義勝，（言意者，就此心之在乎個人者而言也。然非識之一名上無此義。特意名偏約此義而立，故獨勝。）識之一名，了境故立。（感識、意識，同以了別境相而得識名。感識唯了外境，意識了內外境。內境者，思構所成境。）本無異體，而名差別，隨義異故，學者宜知。此心、意、識三名，各有含義，自是一種特殊規定。實則，三名亦可以互代。如心亦得云識或意，而識亦得云心或意也。又可複合成詞，如意識，亦得云心意或心識也。

如上所說，感識、意識，通名爲識，亦得泛說爲心。即依此心之上，而說有其相應心所。（謂有與此心相協合之心所故。）夫心所法者，本佛家教中談識者所共許有。所之爲言，（心所亦省云所，下準如。）非即是心。而心所有，（心所法者，不即是心，而是心上所有之法。）係屬心故，（恆時係屬於心，而不相離。）得心所名。（敘得名之由。）唯所於心助成、相應，具斯二義，勢用殊勝。云何助成？心不孤起，必得所助，方成事故。（成事者，謂心起而了境，如事成就。此必待所爲之助也。舊說心所亦名助伴者以此。）云何相應？所依心起，協合如一，俱緣一境故。然所與心，行相有別。（行相者，心於境起解之相，名行相。心所於境起解之相，亦名行相。）《三十論》言：「心於所緣，唯取總相。心所於彼，（所緣。）亦取別相。」（亦者，隱示亦取總相。）《瑜伽》等論，爲說皆同。唯取總者，如緣青時，即唯了青。（青是總相。）不於青上更起差別解故。（差別解者，即下所謂順違等相是也。）亦取別者，不唯了青，而於青上更著順違等相故。（如了青時，有可意相生，名之爲順。有不可意相生，是之謂違。此順違相，即受心所之相也。順即樂受，違即苦受故。等者，謂其他心所。如了青時，或生愛染相，即是貪心所之相也。或生警覺相，即是作意心所之相也。或生希求相，即是欲心所之相也。自餘心所，皆應準知。）舊說心唯取總，如畫師作模，所取總別，猶弟子於模塡彩。如緣青時，心則唯了青的總相是爲模，而心所則於了青的總相上，更著順違等相，便是於模塡彩。可謂能近取譬已。然二法（心及心所。）根本區別云何，此在印度佛家未嘗是究。大乘師說，心心所各有自種。雖不共一種而生，然種則同類，（心種與心所種，雖非一體，要是同類。）即無根本區別可得，如我所說心乃即性。（此中心者，即前所云意識及感識，以其爲本心或本體之發用，故云即性。可覆玩前文。若佛教中談識，則謂每一識中有一心，乃對心所而名爲心王。實則彼所謂心及心所，只是依習心而妄作分析耳，與吾所言心，絕不同義。）心所則是習氣現起，（此中習氣通染淨，非單言染習。）所唯習故，（唯字注意。）純屬後起人僞。（僞者爲義。習氣無論染淨，皆屬人爲。）心即性故，其發現壹本固有。其感通莫匪天明，覆徵前例。了青總相，不取順違，純白不雜，故是天明，唯心則然。若乃了青，而更著順違等相，熏習所成，足徵人僞，是則心所。（順違之情，自是熏習，深體之自見。）故以性、習判心、心所，根本區別斠然不紊。心即性故，隱而唯微。（人之生也，形氣限之，其天性常受障而難顯。）所即習故，粗而乘勢。（習與形氣俱始，故粗。其發也如機括，故云乘勢。）心得所助，而同行有力。（心本微也，得所之助而同行，則微者顯。）所應其心，而毋或奪主。則心固即性，而所亦莫非性也。反是而一任染心所猖狂以逞，（染心所，如下所舉無明貪瞋等等。）心乃受其障蔽而不得顯發，是即習之伐其性也。習伐其性，即心不可見，而唯以心所爲心。所謂妄心者此也。

夫習氣千條萬緒，儲積而不散，繁賾而不亂。其現起則名以心所，其潛藏亦可謂之種子。舊以種子爲功能之異名，吾所不許。（詳〈功能〉。）然習氣潛伏而爲吾人所恆不自覺者，則亦不妨假說爲種子也。即此無量種子，各有恆性，（染種不遇對治，即不斷絕。故有恆性。）各有緣用，（緣者，思量義。種子就是個有思量的東西，不同無思慮的物質。但思量的相貌極微細耳。）又各以氣類相從，（如染淨異類。詳〈功能〉談習氣處。）以功用相需，而形成許多不同之聯繫。即此許多不同之聯繫，更互相依持，自不期而具有統一之形式。（既具有統一之形式，便知是全體的。）古大乘師所謂賴耶、末那，或即緣此假立。小乘有所謂細識者，（細者深細。）亦與此相當。今心理學有所謂下意識者，儻亦略窺種子之深淵而遂以云爾耶。習氣潛伏，是名種子。及其現起，便爲心所。潛之與現，只分位殊，無能所異。舊說心所從種子生，即是潛伏之種子，爲能生因。而現起之心所，爲所生果。因果二法，條然別異。如穀粒生禾，眞倒見也。故知種子非無緣慮，但行相曖昧耳。前謂種子各有緣用，以種子即習氣，元是虛妄分別法等流不絕故。舊說種子爲賴耶相分，即無緣慮，必其所生識，方有緣慮。此蓋妄分能所，故有此謬說耳。然種子現起而爲心所之部分，與其未現起而仍潛伏爲種子之部分，只有隱現之殊，自無層級之隔。無量習心行相，（此中習心，爲習氣之代語。）恆自平鋪。（一切習氣互無隔礙，故云平鋪。）其現起之部分，（心所。）則因實際生活需要，與偏於或種趨向之故，而此部分特別增盛，與心俱轉。（謂與意識及感識相應。）自餘部分（種子。）則沉隱而不顯發。故非察識精嚴，罕有能自知其生活內容果爲何等也。（察識猶云觀照。若返照不力，則染汙種子，潛滋暗長，而不自知，喪其固有生理。危哉危哉！）

卷下之二

第九章　明心下

上來以習氣言心所，但明總相。（前云心所即是習氣，卻只說明心所總相。）今當一一彰示別相。原夫無量種界，勢用詭異，（習氣潛伏，即名爲種，已如前說。種無量故，名無量界。諸種勢用，至不齊故，說爲詭異。）隱現倏忽，其變多端。每一念心起，俱時必有多數種之同一聯繫者，從潛伏中倏爾現起，而與心相應，以顯發其種種勢用。（諸種元有許多互不相同的聯繫，而同一聯繫者，其現起必相俱。）即依如是種種勢用，析其名狀，說爲一一心所法。諸數別相，（數者心所之別名，後仿此。）《三十論》略析五十一法，蓋亦承用小乘以來古說，大小談心所有異義及多少不同處，此不及詳。取其足爲觀行之引導而止，（觀行二字，爲方法論中名詞。行者進修，略當宋明儒所謂工夫之意。觀者反躬察識。觀即行故，名以觀行。）然頗病繁複。今仍其舊名，而頗有省併爲若干數，理董之如次。（吾人理會心所法時，須把它當作自家生活底內容的描寫。反觀愈力，愈覺眞切。若徒從文字上粗率了解過去，便不覺得有什意義。或問：「舊談心所，類以六分。若以今日心理學的眼光衡之，果有當否？」余曰：此中大體是描寫生活底內容，雖對心理學有所貢獻，卻不是講心理學。煩辨之。）諸數舊滙以六分，（元名六位。）今約爲四。唯通善染，恆與心俱，曰恆行數。（性通善染之性字，乃德性之性。謂此恆行心所，其性有善有染，故置通言。若與善數俱起者，必是善性。若與染數俱起者，必是染性。舊說於善與染之外，更立無記性，此不應理。諸心所，其性非善即染，非染即善，無有善染兩非者。此義當別論。恆與心俱者，此恆行數，恆與意識感識相應故。未有識起時而無此六數相應者，故名恆行。）性通善染，緣別別境而得起故，曰別境數。（通善染者，如恆行中說。別別境者，所緣義境多不同故。此中諸數，既是緣別境方起，故非恆與心俱者。）性唯是染，違礙善數令不並起，曰染數。（舊云煩惱。）性唯是善，對治染法能令伏斷，曰善數。（對治者，如藥對病症而治之也，亦與儒者言克治義近。善數，對治諸染，能令染法伏而不起，乃至斷滅。）如是四分，以次略述。（舊本六分，今多省併。）

恆行數，舊說唯五。今併入別境中欲，即爲六數。曰觸、作意、受、欲、想、思。

觸數者，於境趣逐故，故名爲觸。（趣者，趣取，逐者追求。境義有二，一物界名境，如感識所取色等是；二義理名境，如意識獨起思構時，即以所緣義理名境故。後凡言境者，仿此。）如眼識方取青等境。同時，即有追求於境之勢用，與識俱起故。乃至意識獨行思構時，亦有一種勢用對於所緣義境，而專趣奔逐以赴之者。如是勢用，是名觸數，而非即心。（這個趣逐的作用，正是習氣現起而與心相應者，故名觸數，元非即是心。心者任運而轉，（任運者，任自然而動，非有所爲作也。轉者，起義。）心所則有爲作，（心所，即是習氣現起，而與心相挾附以俱行者。其起也如機括，而心亦資之以爲工具。故心所必有爲作。如此中觸數，依趣逐得名。趣逐即是一種爲作。）此其大較也。（心恆是任運，心所總是有所爲作。後述諸數，皆可準知。）

作意數者，警覺於心，及餘數故，故名作意。（餘數者，作意以外之諸心所，而與作意同起者。）心於所緣，任運轉故，元無籌度。由作意力與心同行，而警於心，令增明故。（心既被警，則雖無籌度，而於所緣，亦必增其明了。）又於餘數同轉者，警令有力，同助成心，了所緣故。（如遠見汽車，預知避路，即由作意警覺念數，憶念此物曾傷人故。又如緣慮或種義理時，設有待推求伺察而後得者，而作意力即於尋伺二數，特別警覺。蓋推求伺察之際，恆有作動興奮之感相伴。此即作意是也。）又如理作意，有大勢用。（順性而起的作意，名如理。）如惑熾時，（惑謂無明，及貪等心所。）瞿然警覺，明解即生。（明解即無痴心所。）故染汙法畢竟不足障此心者，賴有作意也。（提醒之功，即是作意。）

受數者，於境領納順違相故，故名爲受。（領納即是一種爲作。心恆任運，即不作苦樂等領納。）領順益相，即是樂受。領違損相，即是苦受。舊說於苦樂二受外，更立捨受，謂於境取俱非相故，（捨受者，非苦非樂故。俱非者，非順非違故。）此不應理。夫所謂非順非違者，實即順相降至低度。（取順較久，便不覺順。）然既無違相，即當名順，不得說爲俱非。故彼捨受，義非能立。

欲數者，於所緣境，懷希望故，故說爲欲。隨境欣厭，而起希求。於可欣事上，未得希合，已得願不離。於可厭事上，未得希不合，已得願離，故皆有欲。舊說於中容境，一向無欲，故欲非恆行，此不應理。彼云中容境者，謂非欣非厭故。（彼立捨受，故有此境。）不知單就境言，無所謂可欣可厭。受領於境，欣厭乃生。領欣境久，欣相漸低，疑於非欣。然既無厭，仍屬可欣，不得說為俱非。（彼云中容，即是欣厭俱非之境。）夫領欣境久，則欣相低微，而欲歸平淡，要非全無欲者。故不應說欲非恆行。或復有難：「人情於可厭事，經歷長時，求離不得，其希望以漸減，而之於絕。」由此言之，欲非恆有，不知歷可厭事，欲離不得，如是久之，則求離之欲，漸即消沮，終不全無。且其欲必別有所寄，人心一念中，固不必止緣唯一事境，如鄭子尹避難農家，與牛同廄而居，讀書甚樂。現前牛糞為可厭境，求離不得，無復望離。然同時讀書別有義理之境，為其欲之所寄，非一切無希望也。人生與希望長俱，若有一息絕望，則不生矣。故欲是恆行，義無可駁。

相數者，於境取像故，施設種種名言故，故名為想。云何取像？想極明利，能於境取分齊相故，如計此是青、非非青等。（非青者，謂青以外之一切色。等，謂色以外之其他物事。）云何施設名言？由取分齊相故，得起種種名言。（若不取分齊相，即於境無分別，名言亦不得起。）想形於內，必依聲氣之動，以達於外。故想者，實即未出諸口之名言。

思數者，造作勝故，於善惡事能役心故，故名為思。云何造作勝？心者任運而轉，（妙於應感，而無造作之跡。）思數則是一種造作的勢用，由慣習故，其力特勝。於善惡事能役心者，謂由善性思數力能造作善故，而心亦資之以顯。（心即性也，本至善，得善性思數爲助，而心之至善始顯發。）故說思數於善事之造作，能役使其心以相與有成也。由染性思數力，能造作惡故。而心乃被障而不顯，故說思數於惡事之造作，亦能役使其心，而果於自用也。（染性思數之役其心，譬如豪奴奪主，而自用其威。）

如上六數，恆與心俱，（同行而不相離異曰俱。）故名恆行。（若以此六配屬於心理學上之知、情、意，則想屬知的方面，受屬情的方面，觸、作意、欲、思乃皆屬意的方面。至於別境等數，亦均可依知情意三方面分屬之。然曾見人作一文，謂觸數即感覺，想數即意象或概念者，此未盡符。蓋六數是恆行，盛覺中全具之。豈止以觸數名感覺耶？但此六數之行相，復分粗細。其與眼等識相應者，則行相極細微，乃若全無分別然。故佛家說爲現量。）

別境數，舊說爲五，今有移併，（移欲入恆行，移定入善，而併入不定中尋、伺二數，及本惑中疑數。）定爲六法。曰慧、尋、伺、疑、勝解、念。

慧數者，於所觀境有簡擇故，故名爲慧。慧者，由歷練於觀物析理而日益發展，然必與想數俱。以於境取分齊相故，（若不取分齊相者，即不能作共相觀，簡擇如何得起。）亦必俱尋伺。以於境淺深推度故，（淺推度名尋，深推度名伺。）由推度已，方得決定。如決定知聲是無常，乍緣聲境未知是常無常。必起推度瓶等所作皆是無常，虛空非所作而唯是常，於是決知聲亦所作，故是無常。爰自推度，迄於決定，總名簡擇。故一念心中，簡擇完成，實資比量之術。（此中一念者，實攝多念。簡擇初起，只是推度。又必經多念續起推度，始得決定，方號完成。乃綜其自創起推度，以迄完成，凡經無量念，而名一念。）但以其術操之至熟，故日常緣境，常若當機立決，不由比度者，而實乃不爾。又慧唯向外求理，故恃慧者，恆外馳而迷失其固有之智，即無由證知眞理。（此中眞理，即謂吾人與萬物同具之本體。）若能反求諸自性智而勿失之，（此云自性智者，與〈明宗〉言自性覺義同。）則貞明遍照，不由擬議。雖復順俗差別，而封畛不存。稱性玄同，而萬物咸序。此眞智之境，非小慧之所行矣。

慧非恆行何耶？若無明與貪瞋等惑熾盛時，即無有簡擇。夫於理之誠妄，事之是非，有所簡別與抉擇，而不迷謬者，此則是慧。〈明宗〉所云量智或理智者即此。無明等或熾然時，則簡擇不起，故慧數非恆行也。

尋數者，慧之分故，（即就慧初位，淺推度相，檢出別說，故云慧之分。）於意言境粗轉故，故說爲尋。意言境者，意即意識，意能起言，故名意言。意所取境，名意言境。粗轉者，淺推度故云。

伺數者，亦慧之分故。於意言境細轉故。細轉者，深推度故云。

尋伺通相，唯是推度。推度必由淺入深。淺者，粗具全體計畫，猶如作模。深者，於全體計畫中，又復探賾索隱，親切有味。如依模塡彩，令媚好出，蓋後念慧續前念慧而起。歷位異故，淺深遂分。淺推度位，目之爲尋。深推度位，名之以伺。世以爲推度之用，先觀於分，後綜其全。此未審也。實則慧數與心相應取境，才起推度，即具全體計畫。然推度創起，此全計畫固在模糊與變動之中，實有漸趨分畛之勢。（分畛者，謂作部分的密察。）及夫繼續前展，則分畛以漸而至明確。即全計畫，亦由分畛明確而始得決定。然當求詳於分畛之際，固仍不離於全計畫，唯因全計畫待分畛明確而後可定。故疑於先觀其分，後綜其全耳。又乃由尋入伺，從淺之深，即由全計畫降爲分畛伺察時，則慧之爲用，益以猛利。常與觸數相俱，奔赴甚力，如獵人之有所逐追者然。舊說尋伺能令身心不安住者，就染慧言之確如此。若性智顯發時，慧依智起，即稱淨慧。其時亦不廢尋伺，但任運自然，無急迫之患。而明睿所照，亦自無蔽矣。尋伺二數，並依慧數，別出言之。慧非恆行，已如前說。

疑數者，於境猶豫故，故說爲疑。舊說以疑屬本惑之一，（本惑後詳。）此亦稍過。夫疑者，善用之則悟之幾也，不善用之則愚之始也。理道無窮，行而不著，習焉不察，則不知其無窮也。然著察之用，往往資疑以導其先。蓋必於其所常行所慣習者，初時漫不加意，（冥冥然遇事不求解。又或狃於傳說，如佛教徒以聖言量爲依據，而不務反求諸己。）安於淺見，（不能博求之以會其通，不能深體之以造其微。）故於所行所習之當然與所以然者，未嘗明知而精識也。（知之不明是不著，識之不精是不察。）忽焉而疑慮於其所行所習之爲何。向所不經意者，至此盛費籌度。（疑問起時，必作種種籌度。）向所信之傳說，至此根本搖動，向所執之淺見，至此頓覺一無所知。於是自視欿然，思求其故，疑端既起，欲罷不能。思慮以浚而日通，結滯將渙而自釋。然後群疑可亡，著察可期矣。故曰善疑則悟之始也。夫疑之可貴者，謂可由此而啟悟耳。若徒以懷疑爲能事，一切不肯審決，則終自絕於眞理之門。須知疑慮滋多，百端推度，只增迷惘。而窮理所困，即事求徵，則難以語上。（持科學萬能之見者，一切必欲依據經驗以求之。而形上之理，豈可以物推徵。）刻意游玄，則慮將蹈空。（知玄想與空想之辨者，可與窮理。）但使知此過患，勿輕置斷。疑情既久，思力轉精。不陷葛藤，則膠執自化。眞理元自昭著，患不能虛懷體之耳。若懷疑太過者，便時時有一礙膺之物，觸塗成滯，何由得入正理。周子曰：「明不至則疑生。明無疑也，謂能疑爲能明，何啻千里？」此爲過疑者言，則誠爲良藥。故曰不善疑則愚之始也。夫疑雖有其太過，而人生日用，不必念念生疑。故疑非恆行攝。疑之過者，可說爲惑，然善疑亦所以啟悟。舊說疑屬本惑，亦所未安。故今以疑入別境。

勝解數者，於決定境深印持故，（印者印可，持者執持。）不可引轉故，故名勝解。由勝解數，相應於心。便於所緣境，審擇決定而起印持，此事如是，非不如是。（於決定境才有印持，但印持與決定卻是同時。非先決定了，後方印持。）即此正印持頃，更有異緣，不能引轉，令此念中別生疑惑。（異緣不可引轉云云，係約當念說，非約前後念相望而言。盡有前念於境審決而印持之，於此念頃固是異緣不可引轉。及至後念，乃忽覺前非，而更起審決印持者矣。）故勝解者，唯於決定境乃得有此。決定境者，從能量而名決定，不唯現比量所得是決定境，即非量所得亦名決定境。如見繩謂蛇，此乃似現即非量所得之境，此境本不稱實。然爾時能量方面，確於境決定爲蛇。非於境不審決故，非有疑故。故此境應從能量而名決定。又如由濁流而比知上流雨，實則濁流亦有他因，上流未嘗有雨。是所謂雨者，乃似比即非量所得之境，元不稱實。但爾時能量方面，確於境決定爲雨，非於境不勝決故，非有疑故。故此境亦從能量而名決定。猶豫心中，全無解起。非審決心，勝解亦無。（非審決心者，謂心於境不起審決故名。此心亦即非量。世言非量，或唯舉似現似比。實則似現似比者，非於境不起量度，但不稱實，乃云非量耳。更有純爲非量者，即散亂時心，於汎所緣。實不曾量度者，即此中所言非審決心。）以故勝解非恆行攝。

念數者，於曾習境。令心明記不忘故，故名爲念。念資於前念想，（想數見前。）由想相應於心，而於境取像故，雖復當念遷滅，而有習氣潛伏等流。（等流者，想之餘勢，名爲習氣。此習氣非堅住之體，乃是剎那剎那，生滅滅生，相續流轉，而不斷絕。故名等流。）由想習潛存故，（想的習氣省云想習。後仿此。）今時憶念，遂乃再現。若非想習潛存者，則過去已滅之境像，何能再現於憶念中耶。然念起亦由作意力於所曾更警令不失故，故有憶持。由念能憶曾更，故能數往知來，而無蒙昧之患也。若無憶念，則不能據已知以推其所未知，人生直是蒙蒙昧昧焉耳。

念何故非恆行耶？於非曾更事，不起念故。又雖曾更，而不能明記者，即念不生。故念非恆行攝。或有難言：「若於曾更不明記時，但於曾更某事忘失，說名無念，而此時心非無餘念。（餘者，猶言其他。）如我憶念舊讀《漢書》，苦不得憶。此於《漢書》，名爲失念。然此時心於現前椅席等等，任運了知，不起異覺，即由椅席等等曾所更故。今此任運生念，故不覺其異也。是於曾更雖有不憶，（如於《漢書》。）而此時心仍非無念。（如於椅席等等。）詳此所難，實由不了念義，故乃妄相責詰。須知，念者本由明記得名。於曾更事警令不失，遂有念起，分明記憶。即此明記，非任運生。必由警覺特別與力，始得分明記取故。若汝所云任運生念者，實非是念，乃過去想習適應日常生活需要之部分，（想習見上。）任運潛行，不俱意識同取境故。任運者，因任自然而起，不由警覺故，潛行者，以此想習，尙屬潛伏的部分故。雖云於現前椅席等等任運了知，然既云任運，則無計度分別可知。而所謂了知，亦甚曖昧。前云習氣潛伏即名種子，而現起方名心所。此等想習，亦屬種子狀態，或亦可說爲種子底半現，要不得說爲心所也。大抵吾人日常生活中，其應境多由種子潛伏的力用，即所謂不自覺的力用。此等力用，本不與明了的意識相俱取境，故不名心所也。此與明記截然異相，何可並爲一談。故汝所云於椅席等等任運了知者，此猶屬種子潛行相狀。必憶《漢書》而果得分明記取者，方是念故。然則方憶《漢書》不得，即此時明了的意識中，實無有念。故念非恆行，彰彰明矣。

如上六法。緣別別境而得起故，故名別境。

染數，舊分本惑及隨惑。（惑亦名煩惱。煩，擾義，惱，亂義。凡惑，皆是擾亂相故。本惑者，以其爲一切惑之根本故名。隨惑者，以隨本惑而起故名。）今略其隨，而唯談本。本惑，舊析以六，今出疑入別境，存其五法，曰無明、貪、瞋、慢、惡見。

無明亦名痴數。於諸理事迷暗故，故說爲無明。舊分迷理、迷事，今此不取。迷事亦只是不明那事的理而已，非可於迷理外別說個迷事也。故此言理事，取複詞便稱，實只一個理字的意義。然理賅眞俗，俗諦中理。假施設有，曲盡物則。眞諦中理，一道齊平，唯證相應。迷者，於俗妄計，於眞不求證故。夫痴相無量，或總名之，或專言之。總名之者，一切染法皆屬痴故。（全部染數，通名爲惑。惑，亦痴之異名。）專言之者，迷暗勢用，實爲一切染數之導首。即此勢用，名爲無明，亦云痴故。人之生也，無端而有一團迷暗，與形俱始。（無端一字注意。這個元不是本性上固有的，只是成形之始，便忽然有此迷暗，以漸增盛。）觸處設問，總歸無答。反問諸己，生於何來，死於何往，莫能解答。即在宗教、哲學，多有作答者，然彼一答案，此一答案，已難刊定。矧復任取一家答案，尋其究竟，終於無答。遠觀諸物，疑問萬端。隨舉一案，問此云何，即有科學家以分子、元子，乃至電子種種作答。復問電子何因而有，仍歸無答。更有哲學家出而作答者，終亦等於不答，又無待言。以此類推，何在不如是耶，而仍不已於問，不已於答。豈知俗諦，問答都是假名，勝義諦中，問答泊爾俱寂。（豈知二字，一氣貫至此讀。勝義諦者，眞諦之代語。）若使循俗假詮，問答隨宜如量，固亦無過。如量者，稱境而知。蓋在俗諦，本假設一切物事爲有，而甄明其所具之則。故得夫物則者，即爲稱境而知，謂之如量。然所謂如量，亦假設如是而已。尋其究竟，便非眞解。故以隨宜言之，爾乃任情作解，逞臆卜度，既已非量，而不知慮中以契理。（此不如量，即迷俗諦理者。）矧復於答問不行之境，（此謂眞諦。）猶且囂囂馳問，昏昏恣答。如渴鹿趁焰，演若迷頭。遺貧子之衣珠，攫空潭之月影。（迷眞諦理者譬於是。）此非至愚而何。（總結迷俗、迷眞。）至若顚倒冥行，無知故作，（故作惡業也。）雖或自爲詭釋，適乃長迷不反。（作惡者，恆自欺。自欺者，即對於自己良知之譴責而爲詭譎之解釋，以爲所作亦有理道也。自欺正是無明，良知則本心也。無明起，而本心乃被障礙。）夫無明一詞，不可作虛詞解。（如謂由明無故名無明，便作虛詞解，即大誤。）實有此迷暗習氣，無始傳來，導諸惑而居首，（詳《緣起經》十二支。）負有情以長軀。（有情者，人有情識故名。）其勢用之猛，雖轉岳旋嵐，猶未足喻也。

貪數者，於境起愛故，（此愛是貪愛義，即劣義，非仁愛之愛。）深染著故，（深染著於境也，語云貪夫殉財，烈士殉名。深玩殉字的意義，便知此云起愛及深染著的意義。）故名爲貪。貪相不可勝窮，（隨在發現，故難窮也。）略談其要，別以八種。一曰自體貪，（此云自體，相當於身的意義。）謂於自體，親暱藏護故。此貪極難形容。強狀其情，曰親暱藏護。人情唯於自體親暱至極，無可自解。亦唯於自體，藏護周密，莫肯稍疏。不獨人也，下生動物於茲尤甚。吾昔在北京萬壽山園中，見大樹上有長約二寸許之厚皮，移動甚疾。余猝爾驚曰：「樹皮既脫，胡能附樹疾走而不墜耶？」徐取觀之，明明一粗塊之樹皮，及剖視之，則其中固一蟲也。此蟲不知何名，乃深嘆此蟲於自體親暱藏護之切也。此等事，生物學上所發現不少。二後有貪，謂求續生不斷故。此從自體貪中，別出言之。或有問言：「世人持斷見者，自知死後即便斷滅，宜若無後有貪可言。」曰：不，不。愛力非斷見可移，愛潤生故，故有生。（人之有生，由愛力滋潤之故生。《楞嚴經》談此義極透。）如汝明知當來斷滅，而猶厚愛其生，則愛力非斷見所移，審矣。汝後有貪，豈隨斷見而捨耶？汝昨日之生已逝，今日之生已有；今日之生方盡，明日之生方有。故後有貪爲有生類所與生俱有者，何足疑耶？三嗣續貪，謂求傳種不絕故。自植物至人類，隨在可徵。四男女貪，謂樂著淫欲故。徵之小說詩歌，幾無往而不表現男女之欲。憂國情深，亦托美人芳草。即寄懷世外，猶復侈言仙女。五資具貪，謂樂著一切資具故。凡日用飲食、田宅、財貨、僕隸、黨與、權勢、名譽乃至一切便利己私事，通稱資具。人類之資具貪，亦從獸性傳來，每見禽獸巢穴多集聚芻糧等資具。六貪貪，謂若所貪未及得者，貪心自現境相而貪故。如好色者，心中或懸想一美人。七蓋貪，謂於前所樂受事，已過去者，猶生戀著，即有蓋藏義故。蓋藏者，言其不肯放捨故。八見貪，謂於所知、所見，雖淺陋邪謬，亦樂著不捨故。見貪重者，便難與語。如上八種，貪相略明。《瑜珈》五十五說有十貪，但列名目，而無解說。《緣起經》說有四種愛，以明貪相。今並有採撮，說爲八種。學者以是而反躬察識，毋自蔽焉可也。

瞋數者，於諸有情，起憎恚故，故名爲瞋。《倫記》五十九說瞋略有三。一有情瞋，於有情而起瞋故。二境界瞋，於不可意境，即生瞋故。三見瞋，於他見生瞋故。有情瞋者，由有我見故，即有人見生。（人見與我見同時生。）由有人我二見故，即有瞋生。（瞋與人我二見同時生。）瞋相無量，略分粗細。粗者，因利害毀譽等等衝突所引發，其相粗動，或轉爲忿恨等。細者，其相深微。雖無利害毀譽等等衝突，亦常有與人落落難合意故。（隱士孤高，正是瞋惑。）

夫群生懷瞋而好殺，世間歷史大抵爲相斫書。前世小說詩歌，亦多以雄武敢鬥爲上德，皆瞋之著也。或曰：「瞋爲習心固也。徵以達爾文生存競爭之論，則瞋者當亦出於生存之需，而不必訾之以惑歟。」余曰：互助論者所發現之事實，明與達氏反。伊川釋《易》之「比」亦云：「萬物莫不相比助而後得生。」其言皆有證驗。故知生存所需者，乃比助而非競爭。然則謂瞋非惑而爲應於生存之需可乎。境界瞋者，亦有情瞋之變態。由於有情懷瞋故，境界隨之而轉，遂覺丘陵坎窞，並是險巇。暑雨祈寒，俱成嗟怨。懟人則器物皆罪，伐國則城邑爲瀦。忮心每及於飄瓦，誅鋤亦遠於草木。此皆有情瞋盛，故無涉而非乖戾之境也。見瞋者，復於有情瞋中別出言之。此與前貪數中所舉見瞋實相因。夫唯貪著己見，故不能容納他見。遂乃惡直而醜正，是丹而非素。從來朋黨之禍，門戶之爭，皆由此起。凡人不能捨其見貪、見瞋，故一任己見以爲是非，（可說爲感情的邏輯。）而不暇求理道之眞，此物論之所以難齊也。

慢數者，依於我見而高舉故，故名爲慢。舊說慢有七種，今述其略而稍有省易。一者，私其形骸而計爲我，自恃高舉，名爲我慢。二者，視材智劣於己者，即謂我勝彼。視材智等於己者，即謂我與彼相等。此皆令心高舉，總說爲慢。或問：「於等己者，即謂我與之等，似不爲慢。」答曰：由計等故，自心高舉，豈若澄懷了無計量。三者，於他人遠勝我者，我顧自謂少分不及，此名卑慢。（雖自知卑劣，猶起慢故，故名卑慢。）四者，於彼勝己，顧反計己勝，斯名過慢。五者，己實不德，而乃自謂有德，恃惡高舉，名爲邪慢。若無知而自謂有知，少得而自謂已足，皆邪慢攝。夫慢多者，胸量極狹，不能求賢自益。納善自廣。咎始於居滿，（心懷高舉，即是滿相。）其流極於無慚無愧，儒者謂之無恥，至不比於人，故學者宜先伏慢。

惡見數者，於境顛倒推度故，慧與痴俱故，（別境中慧數，與染數中痴數，相俱而成惡見。痴即無明。）故名惡見。（見不正故名惡。）惡見相狀複雜，不可究詰，抉其重者，略談三見，曰我見、邊見、邪見。

我見亦云身見，梵言薩迦耶由不了自性故，遂私其形軀而計我我所，是名我見。言我者，亦攝我所。由計我故，同時即計我所。云何我所？我所有者，名我所故，如於形軀，計爲自我。同時亦計爲我所，云是我之身故。若身外諸法，則但計爲我所。如妻子、田宅、財貨、權位、名譽乃至一切爲我所有者，皆是我所故。故有我見，即有我所。此是自私根源，萬惡都由此起。蓋人心隱微中，緣形軀而起自我之見，念念堅執，曾無暫捨。是乃與生俱生而不自覺其如是者，此所謂俱生我執。不獨在人爲然，動物亦執形軀爲自體，即是我執。植物護其形幹爲自體，亦隱有我見，但甚曖昧耳。大抵有生之類，限於形氣而昧其本來，不了自性上元無物我種種差別，乃計其形骸爲獨立的自體而私之爲我，其實非我，特妄計耳。

邊見者，亦云邊執見，（執一邊故，名邊執見。）略說有二，曰常邊、斷邊。常邊者，由我見增上力故，（常邊見之起，亦由我見加上之力。）計有現前諸物。攀援不捨，謂當常住。不了諸物元是剎那生滅，曾無實法，但假說爲物。（不了至此爲句。）變化密移，今已非昔，而迷者視之若舊，計此相續之相，謂是常恆。此則墮常邊過。斷邊者，由我見增上力故，於物怙常不得，轉計爲斷。由見世間風動雲飛、山崩川竭、倏忽無跡，根身器界悉從變滅。如經言「劫火洞然、大千俱壞」，遂謂諸法昔有今無，今有後無。此則墮斷邊過。若悟物本無實，依何云斷。故知斷見，亦緣取物。然常、斷二邊。元是迭墮，是所當知。（迭墮者有時離常，即便墮斷。有時離斷，還復墮常故。）

邪見亦云不正見，略說以二，曰增益見、損減見。增益見者，於本無事，妄構爲有。如於色等法上，增益瓶等相，（眼識所取唯色，乃至身識所取唯堅，本無瓶等。故瓶等相，純是增益於色等之上的。）轉增益瓶等無常相，（只是重重增益。）乃至於形軀不如實知故，妄增益我相。（一切物皆剎那生滅，本非實有。形軀非離一切物而獨立者，故亦不實。令乃緣形軀而妄計爲自我，即是無端增益我相於形軀之上也。）於自性不返證故，妄增益外在實體相。（哲學家談本體者，都是看作離自心而外在的東西。此由不了自性故，向外杜撰一重實體，即是增益也。）故增益見，幻構宇宙。猶如幼術家，幻現象馬種種形物。損減見者，於本有事，妄計爲無。治故籍者，任情取捨，將於古人確實之紀事，不肯置信。（故籍誠有可疑者，然亦不可謂全是作僞。如大禹治水，古書所載，今或不肯信有禹其人者，非損減見而何。）生長僻陋者，涉歷既狹。聞殊方異物則擬之齊諧志怪。淺見者流，不悟深遠，則詆玄言爲空誕。大抵憑有限之經驗，以推測事理。則不得事理之眞，而自陷於損減見者，此不善學者之通患也。若乃淪溺物欲，不見自性，宇宙人生，等同機械，是於自家本分事損減之而不惜，愚益甚矣。凡增益見，以無爲有。凡損減見，以有爲無。然增與損，必恆相依，無孤起故。如昔人說地靜者，於地上增益靜相，同時即於動相爲損減故。增益見無孤起之理，既增妄相，必損眞相故。然而人生知識，無往不是增益妄相，則睹眞者其誰耶！或言，綜事辨物，務得其理，即不爲增益者。不知約眞諦言，一切事物皆假設故有，元非實在，云何非增益歟。

綜上三見，邪見最寬，一切謬解，皆邪見攝。

本惑五數，各分粗細。粗者猛利，動損自他。（其發動，必擾亂於心，以損自己，又必不利於物，即損他人。）細者微劣，任運隨心，於他無損。（隨心者，言其受節制於心而不自恣。）然粗者必嚴對治，令不現起。細者與恆行數，常與心俱。（謂其與恆行數同行、而與感識意識相俱以取境也。）當嚴對治，令其伏斷，具在善數中。

善數，舊說有十一法，今省併爲七法，曰定、信、無痴、無貪、無瞋、精進、不放逸。省去慚等五法，併入別境中定。

定數者，令心收攝凝聚故，正對治沉掉故，（沉者惛沉，掉者掉舉，亦云浮散。沉與掉皆不定相。）故名爲定。由如理作意力故，有定數生。（作意數見前。如理者，作意若與惑俱者，即是染性法。今此作意，乃背惑而順正理。深自警策，以引發其本心，此即善性法，故名如理作意。定數必由如理作意引生。）定者，收攝凝聚，並力內注，助心反緣，（注者，專注。助者，相應義。定數以其收攝凝聚的力，應合協助於心，而深自反觀故。）不循諸惑滑熟路故。諸惑從無始來，與生俱有，與形相暱，未曾斷捨。故其現起，如率循他滑熟的路子走一般，所以惑起如機械而不自覺。今此收攝凝聚力者，即是自己新創的一種定力，卻要背惑而行，不肯率循他的滑熟路子走了，是能引發內自本心，使諸惑染無可乘故。（內者，謂此本心不由外鑠故。自者，即此本心是自性故，不從他得故。諸惑無可乘者，本心既藉定顯發，得為主宰。故惑不容生。）夫本心者，元是寂靜圓明，毫無欠缺。寂靜者，澄湛之極，其應恆止。圓明者，虛靈之極，其照恆遍。但惑起障之，則心不得自顯而等於亡失。此昔人所以有放心之說也。然心雖受障，畢竟未嘗不在。即惑染流行，而此心法爾自運，亦未堪全蔽。如浮雲蔽日而言無日，實則日亦未嘗不在。雖復積陰重閉，要非絕無微陽呈露其間者。但勢用微劣，而說為無陽耳。（無陽猶云無日。）定數者，即以其收攝凝聚勢用，乘乎本心之運，不容全蔽，如所謂微陽者。乃令其保聚益大，而無亡失之憂，使本心浸顯而極盛，則諸惑亦漸伏而終盡。故定力者，實能對治諸惑。（諸惑者，即綜全部染數而言之。）而云正對治沉掉者，則以定相與沉掉相，正相翻故，故乃舉勝而談。然既置正言，即顯不獨對治沉掉可知。定數如是，餘對治力，（餘云云者，猶言其他善數底對治力。）可例觀也。

信數者，令心清淨故，正對治無慚無愧故，故名為信。由如理作意力故，引生清淨勢用。即此淨勢，協合於心，而共趣所緣者，是名信故。（清淨勢用，省言淨勢。此與如理作意乃同時而起者。協合即相應義。）此信所緣義境，略說以二。一者，於眞理有願欲故，（此中假說眞理爲信之所緣義境。眞理者，隱目自性而言之。吾人爲惑所蔽，不見自性，而又不甘同於草木鳥獸之無知，必欲洞明宇宙人生之蘊。易言之，即欲自識本來。此即求眞理之願欲。）能見眞故，故起信。（見自性故，名見眞理。見眞而起信者，是唯反求實證者乃能爾。）二者，於自力起信，即依自性，發起勝行，深信自力，能得能成故。行者，造作義。自思慮之微，至身語之著，所有創造，所有作爲，總說名行。勝行者，以此行是依自性而起，純善無染故，故名勝行。此行既順性而發，故可深信自力，能得而無失，能成而無虧也。（如印度哲人甘地，抵抗強暴侵略之行，絕無己私惑染，乃順循乎其自性所不容已，故深信其自力，於所行能得能成也。）孔子曰：「我欲仁，斯仁至矣。」亦此旨也。故信之爲義極嚴格。信者清淨相，與無慚無愧渾濁相，正相翻故。（渾濁至於無慚無愧而極。）故說信於無慚無愧爲正對治。

無痴數者，正對治無明故，於諸理事明解不迷故，故名無痴。無痴依何而起，由定力故。於本心微明，保聚增長，（微明者，心爲惑所障蔽而不得顯發，但於障蔽中微有呈露故云。）由信力故。引發本淨，（本淨，謂心本來清淨故云。）於是有性智生。（性智即本心。見〈明宗〉。）依性智而起明解，亦云始發智。（由前被障，今始顯發，故云始發。）前述別境中慧數，捨染性而純爲淨慧者，即此中明解是也。性智全泯外緣，親冥自性。親冥者，謂性智反觀自體，而自了自見，所謂內證離言是也。蓋此能證即是所證，而實無能所可分。故是照體獨立，迥超物表。明解（始發智。）緣慮事物，明徵定保，必止於符。（言其解析眾理，必舉徵驗而有符應。）先難後獲，必戒於偷。智周萬物，而未嘗逐物。（不逐物，故非痴。）世疑聖人但務內照而遺物棄知，是乃妄測。設謂聖人之知，亦猶夫未見性人之鑿以為知也，則夏蟲不可與語冰矣。（鑿者穿鑿。刻意求入，而不順物之理，又乃矜其私智，求通乎物，而未免殉於物也。）

無貪數者，正對治貪故，無染著故，故名無貪。由定及信，相應心故。有無貪勢用俱轉。無貪者，謂於貪習察識精嚴，而深禁絕之，是名無貪。（無者，禁絕之詞。）身非私有，元與天地萬物通為一體，即置身於天地萬物公共之地，而同焉皆得。（各得其所。）何為拘礙形體，妄生貪著，梏亡自性。（形雖分物我，而性上元無差別。人若私其形而拘之，則必梏亡其性，自喪本真，故深可哀愍。）故自體貪，應如是絕。（非絕自體，只是絕自體貪。蓋私其自體為己，而染著不捨，此即是貪，故須絕也。）萬物誘焉皆生，而實無生相可得。生生者不住故，（剎那滅故。）不住故無物。（無物謂無獨立存在的物事。）無物矣，則生者實未嘗有生也。既生即無生，則寄之無生，而寓諸無竟。奚其不樂？何不悟生之幻化，而欲怙之，妄執有一己之生，冀其後有耶。（「何不」至此為句。幻化一詞，不含劣義。所謂生者，元來是頓起頓滅，沒有暫住的東西，故謂幻化也。義詳〈轉變〉。妄執云云者，生者大化周流，本無所謂一己。而人之後有貪，則妄執有一己之生，故惑也。）故後有貪應如是絕。（非絕後有，只是絕後有貪。蓋於其生而妄計自體，即私為一己之生，而怙留不捨者，此即是貪，故應絕也。）嗣續者，大生之流。

（大生者，萬物同體而生故名，如吾有嗣續，亦大生之流行不息故也。）物則拘形，私其種息。（動植傳種，各私其類。）人乃率性，胡容私怙我嗣我續。（列子曰：「汝身非汝有，是天地之委和也。孫子非汝有，是天地之委蛻也。」以嗣續為我之私有者，執形氣而昧於性體，故是大惑。）故嗣續貪應如是絕。（非絕嗣續，只是絕嗣續貪。私嗣續為己有，此即是貪，故應絕也。）匹偶之合，用遂其生。愛而有敬，所以率性。（敬愛之愛，非貪。）狥於形者，愛戀成溺，或同人道於禽獸。（中土禮教，於夫婦之倫，義主相敬。故燕私之情，不形於動靜，此相合以天也。西人則言戀愛。愛而曰戀，正是染著。則溺於形，而失其性矣。）故男女貪，應如是絕。（非絕男女，只是絕男女貪。男女合不以理，交不由義。居室恆瀆褻而無敬，此即貪之表現，故應絕也。）本性具足，無待外求。（人的本性上，哪有缺憾，只因向外追求，才起了缺憾。）養形之需，元屬有限。隨分自適，不虧吾性。狂貪無厭，本實先撥。（逐物而失其性，是本撥也。）故資具貪，應如是絕。（非資具可絕，只是絕資具貪耳。並心外馳，殉物喪己，此貪過重，故應絕也。莊生〈逍遙〉所謂「窅然喪其天下」，《論語》曰：「巍巍乎舜禹之有天下也，而不與焉。」是能絕資具貪者。）貪貪、蓋貪，（參看貪數。）作繭自縛，心與物化，生機泯滅。故此二貪，應如是絕。真見性者，無己見可執。（己本不立，何執己見。）其有若無，其實若虛。循物無違之謂智，匪用其私。（循物云云者，謂率循乎物理之實然，而非以己見臆度，與之相違也。）莊生曰：「道未始有封，言未始有常。唯自私用知（讀智。），分畛始立。是非之塗，樊然殽亂。」故見貪者，應如是絕。如上粗析八種對治，說無貪略竟。

無瞋數者，正對治瞋故，無憎恚故，故名無瞋。由定及信，相應心故，有無瞋勢用俱轉。此念萌無瞋者，謂於瞋習察識精嚴而深禁絕之，是名無瞋。於諸有情，以利害等因，引生憎惡。此念萌時，反諸本心，惻然如傷，不忍復校。（校者，計較。）心體物而無不在，其視天下無一物非我故也。（本心即性。性者，物我之同體，故云「心體物而無不在。」）然瞋勢盛者，猶欲瞞心而逞其惑。此在常途，故云理欲交戰。當此頃間，必賴無瞋勢用助協於心，方能勝惑。（心即性也。性難自顯，必藉淨習以行。無瞋數者，則是淨習，乃順性而起者。故心得藉之以顯。）人能率性，不因利害瞋物而失慈柔。體物所以立誠，（此言體物者，視萬物與吾爲一體故。故無瞋而盡其誠也。）備物所以存仁。（無瞋故備物，瞋則損害乎物，而不能備之，故傷吾仁。）故人極立，而遠於禽獸也。（禽獸因氣昏惑重，故天性全汩沒，本心全障蔽了，所以只知利害而不知其他。如其善於逐食，及厲爪牙以防患，皆動於利害之私，尋不出牠有超脫利害的優點。至人則不然，卻能發展他底天性、本心，而有無瞋、無貪、無痴等善心數之著見，此其所以異於禽獸。）設有難言：「於暴惡者，亦起瞋否？」應答彼言：於彼暴惡，隨順起瞋，而實非瞋。瞋因於彼，而不以私。（瞋因於彼云云者，彼爲暴惡，不利群生，公理所不容，因而瞋之。非以私利私害而起瞋故。）廓然順應，未嘗有瞋之一念累於中也。故雖誅殺暴惡，而不爲瞋，因彼故也。因彼之當誅而誅之，吾無私也，故不爲瞋。世儒或云嫉惡不可太嚴者，則是鄉愿語。惡既可嫉，焉得不嚴。不嚴則必自家好善惡惡之誠未至，而姑容寬假之私。須知嚴嫉者，亦因乎彼之惡耳，非可以私意寬嚴於其間也。自鄉愿之說行，而暴惡者每逞志，此可戒也。然瞋之爲私與否，此最難辨。非私與無私之難辨也，人情恆以其私，托於無私而自詭，故難辨也。如矯托革命者，當其在野則瞋在位之暴惡，而爲群眾呼籲，固儼然不爲私瞋也。然其實絕無矜全群眾之心，特欲肆一己之貪殘，而苦於不得逞。故托於群眾，以詭示革命之謀不爲私瞋已耳。彼既自詭如是，浸久亦不自覺爲私。及一旦取而代之，其暴惡益厲於前，而後群眾乃察見其前此之隱衷，而彼猶不自承爲私也。果其瞋不以私，則當憎恚因物而起時，其中必有哀痛慘切之隱。曾子所謂聽訟得情，哀矜勿喜者，稱心之談也。是其發於本心體物之誠，而不容已也。若瞋發於私，則惑起而本心已失。（心爲惑所障故。）即物我隔絕，乃唯見有物之可憎，而何有於哀痛慘切耶。（此段吃緊。）於彼暴惡，以瞋相報。便已隨轉，而弗自知，可懼孰甚。故有情瞋，畢竟應斷。安土敦仁，（本《易傳》。土者境義，言隨境能安。乃所以敦篤吾之仁。）無入不得。（《中庸》云：「君子無入而不自得焉。」）心爲境縛，則天地雖大，詩人猶嗟靡騁。境隨心轉，則陋巷不堪，賢者自有樂在。故境界瞋，畢竟應斷。是非之執，每囿於情識。守其一曲，斯不能觀其會通。取捨兩端，必有偏倚。彼其明之所立，正其蔽之所成。（莊子曰：「是非之彰也，道之所以虧也。道之所以虧，愛之所以成。」此云愛者，屬所知障，當此文所謂蔽。）明與蔽相因，斯執礙橫生，諍論竟起，詆譏瑕釁，互爲主敵。故天竺外道，至以斬首相要；此土異家。亦有操戈之喻。此見瞋之害也。唯見性者，不爲情識所封。故能因是因非，玄同彼我，息言忘照，休乎天鈞。知辨者之勞，猶虻蝨之於天地。雖不得已而有言，始乎無取，終乎無得。故智與理冥，而喜怒不用，豈復有斷斷之患乎。故見瞋者，畢竟應斷。

精進數者，對治諸惑故，令心勇悍故，故名精進。由如理作意力故，有勇悍勢用俱起，而協合於心同所行轉。凡人不精進者，即役於形，錮於惑，而無所堪任。是放其心以亡其生理者也。（無所堪任者，無所堪能，無所任受，如草木鳥獸然也。放者放失，不自存養其心故。心者生理，放心即亡其生理故。）精進者，自強不息。體至剛而涵萬有，（此言體者，合也。人性本來剛大，而役於形，錮於惑者，則失其性。故必發起精進，以體合乎本來剛大之性。夫性唯剛大，故爲萬化之原。唯率性者。爲能盡其知能。故云涵萬有。）立至誠以宰百爲。（誠者，眞實無妄，亦言乎性也，立誠即盡性也。百爲一主乎誠，即所爲無不順性，一切眞實而無虛僞。故是精進。）日新而不用其故，（《易》曰：「日新之謂盛德。」唯其剛健誠實，故恆創新而不守故。）進進而無所於止。故在心爲勇悍之相焉。（精進起而協合於心，即成爲心上之一種勢用，故言在心。）舊說精進爲五種：一被甲精進。最初發起猛利樂欲，如著甲入陣，有大威勢故。二加行精進。繼起堅固策勤方便故。（即以堅固策勤爲方便，乃得精進不已也。堅固二字吃緊。）三無下精進。有所證得，不自輕蔑，益勤上達故。四無退精進。忍受諸苦，猛利而前，雖逢生死苦，亦不退轉故。（雖云無下，逢苦或休，故應次以無退。）五無足精進。規模廣遠，不爲少得，便生饜足故。孔子曰：「我學不厭而誨不倦也。」又曰：「發憤忘食，樂以忘憂，不知老之將至」云爾。又曰：「忘身之老也，不知年數之不足也。俛焉日有孳孳，斃而後已。」此皆自道其精進之概。總之人生唯於精進見生命，一息不精進，即成乎死物。故精進終無足也。精進即身心調暢。古師別立輕安，今故不立。精進與常途言勤者異義，如勤作諸惡者，常途亦謂之勤。此實墮沒，非是精進。

不放逸者，對治諸惑故，恆持戒故，（恆字吃緊。）名不放逸。由如理作意力故，有戒懼勢用俱起。協合於心，同所行轉，令心常惺，惑不得起，爲定所依。佛氏三學，以戒爲本，由戒生定。故戒是定依。不放逸即攝戒。儒家舊有主靜主敬之說，學者或疑有二。不知敬而無失，始能息諸憧擾。主一無適，內欲不萌，即是靜也。此中說定，即該主靜。說不放逸是定依，即該主敬。夫微妙而難見者心也，猛利而乘權者惑也。心無主宰則惑乘之陵奪其位，心即放失。喻如寇盜相侵，主人被逐。《記》曰：「斯須不莊不敬，而易慢之心入之。斯須不和不樂，而鄙詐之心入之。」（敬則自然虛靜，敬則自然和樂，故不和樂即是不敬。）故必齋明儼恪，收攝止畜。（卦名有取於畜者，畜止即存在之義，與放失相翻。人心不止畜則流蕩。凡虛妄攀緣，皆流蕩也。）然後此心微妙不可睹聞之體，始得顯發於隱微幽獨之地，而力用常昭。默存於變化雲爲之間，而不隨物靡。《易》謂顯諸仁、藏諸用者，即此義。識得此體，須勤保任。故朝乾夕惕，唯恐或失。見賓承祭，同其嚴畏。造次顛沛，亦莫之違。防檢不忽於微漸，涵養無間於瞬息，絕悔吝於未萌，愼樞機於將發，斯能正位居體，不爲諸惑之所侵矣。故儒者言閑邪則誠自存，又言不敬則肆；禪家謂蹔時不在，即同死人；此皆不放逸之教，其言至爲精切。《詩》謂文王無然歆羨，無然畔援。此即不放逸相，學者當知。始自凡夫，至於大覺，戒懼之功，不容或已。故曰懼以終始，無可縱任。（縱任有作自在解者，即是勝義。有作放肆解者，即是劣義。此中是劣義也。）安不忘憂，治不忘亂。有不斷惑之眾生，即如來無可忘其戒懼。（自本心言之，眾生與如來，本是一體。眾生惑相，即是佛自心中疵累，何得不戒懼耶？經云有一眾生未成佛，終不於此取泥洹，亦此義也。）唯知幾其神，斯自強不息。故敬也者，所以成始而成終也。今以不放逸爲諸善心數之殿，此義甚深，學者其善思之。或疑常存戒懼，有似拘迫，而礙於心。不知拘迫由惑起，戒懼則惑不得乘，而不失此心坦蕩之本然，即當下受用。故戒懼恆與和樂相依，何有拘迫之患耶？又戒懼之保任此心，猶知舵工持舵，不敢稍疏。初時似勞照應，久之功力純熟，則亦即身即舵。如庖丁解牛，遊刃有餘。象山有言：「得力處即省力。」故以戒懼爲拘迫者，無有是處。

如上七法是清淨性故，對治染故，故名善數。夫染數，即染習之現起，而染習緣形物故生，已如前說。善數即淨習之現起，而淨習由循理方起，如〈功能〉說。（〈功能〉有云：「如自作意，至動發諸業，壹是皆循理而動，未嘗拘於形骸之私者，凡此所作，必皆有餘勢潛存，名無漏習。」云云。）故淨習者，實以本心發用，而有餘勢故名。淨習屬心，染習屬物。染習現起，爲染性心所，即障自性。淨習現起，爲善性心所，此即工夫，亦即於此識自性。舊言心所，但具名數，無甚說明。又以染淨一一相翻，似如頭痛醫頭，腳痛醫腳，全無立本之道，如何對治得去。大抵世親以來言唯識者，全走入辨析名相一途，頗少深造自得之功。奘基介紹此學於中土，雖盛行一時，而終不可久。宗門迅起代之，亦有以耳。

綜前所說，心者即性，是本來故。心所即習，是後起故。淨習雖依本心之發用故有，然發現以後，成爲餘勢，等流不絕，方名淨習，則淨習亦是後起。本來任運，（任自然而行。）後起有爲。本來純淨無染，後起便通善染。本來是主，（只此本來的性，是人底生命。故對於後起的習，而說爲主。後起染法障之，則主反爲客。（無據曰客：本心障而不顯，雖存若亡。故說爲客。）後起是客，染勝而障其本來，則客反爲主。（吾人生命，只此本來者是。然吾人不見自性故，常以染習爲生命。一切所思所學所爲所作，莫非滋長染習，而恃之以爲其生命，而眞生命乃曰戕賊於無形。此亦愚之至也。）如斯義趣，上來略明，今更申言欲了本心，當重修學。蓋人生本來之性，必資後起淨法，始得顯現。雖處染中，以此自性力故，常起淨法不斷。（起者創義，依據自性力故，而得創起淨習不斷。即自性常顯現而不至物化故。）依此淨法，說名爲學。（創起淨習，即是認識了自家底生命，而創新不已。這個自識自創的功用，總說名覺，只此覺才是眞學問。）若向外馳求，取著於物，只成染法，不了自性，非此所謂學。（此語料簡世間一切俗學。）故學之爲言覺也。學以窮理爲本，盡性爲歸。徹法源底之謂窮，無欠無餘之謂盡。性即本來清淨之心，理即自心具足之理，不由外鑠，不假他求。此在學者深體明辨。今略舉二義，以明修學之要。一者，從微至顯。形不礙性故，性之所以全也，本心唯微，必藉引發而後顯。（微有二義，一者微隱義，以不可睹聞言之。二者微少義，以所存者幾希言之，此兼具二義。）原夫性之行也，不得不自成乎形以爲具。既凝成形氣，則化於物者多。而其守自性而不物化者，遂爲至少。如《易》消息，從「姤」至「剝」，僅存在上之一陽。此段道理極難說，（參看〈轉變〉、〈成物〉、〈明心上〉首段。）須深心體究翕闢之故才得。上云心是本來。本來者，性之代語。性者，言其爲吾人所以生之理也。若賅萬有而言之，則亦假名恆轉。形氣者，謂身軀，此即恆轉之動而翕所凝成者。易言之，即此形氣亦是本來的性底發現。但形氣既起，則幻成頑鈍的物事，忽與本來的性不相似。所以，性至此幾乎完全物質化了。然尚能守其自性而不至全化爲物者，此即所謂闢或心。但就其存乎吾身者言之，此闢或心，實可謂至少的一點。如《易．剝卦》中所剩下底一陽而已。這點眞陽，是生命底本身。宗門所謂本來面目，它確是形氣底主宰。王弼《易略例》所謂「寡能制眾」者此也。然此只就原理上說，未可執一曲以衡之。蓋此點眞陽若不得顯發，即未能主宰形氣而爲物役者，又隨在可徵。故不可持一曲之見，以疑此原理爲妄立也。此僅存之眞陽，（即性。）雖遍運乎形氣之內，而隱爲主宰，然其運而不息者，固法爾自然，未有爲作。（法爾猶言自然。不直言自然者，以法爾義深故。下言自然者，顯無作意。與常途言自然者，義亦稍別。）而形氣既生，即自有權能。（形氣底權能，本是隨順乎性的。而亦可以不順乎性。）則性之運於形氣中者，既因任無爲，（因任者，因而任之故。）形乃可役性以從己，而宛爾成乎形氣之動。（形氣簡言形，乃可者未盡之詞。形之役性，非其固然也。故云乃可。己者，設爲形氣之自謂。）故性若失其主宰力矣，所謂本心唯微者此也。然則形爲性之害乎？曰：否，否。若無形氣，則性亦不可見。且形者性之凝，即形莫非性也。故孟子曰：「形色，天性也。」形何礙於性乎？形之役夫性者，本非其固然，特變態耳。如水不就下，而使之過顙或在山者，此豈水之固然哉。染習與形俱始，隨逐增長，以與形相守，而益障其本來。（染習與形相守，故學者難於變化氣質也。）遂使固有之性，無所引發，而不得顯。如金在礦，不見光彩。反之，性之主乎形者，則以善習力用增長，與性相應，引發不窮，故全體頓現。如《易》消息，從「復」之一陽，漸而至於純「乾」。如練礦成金，不重爲礦。然性之爲主，亦行乎形氣之中。故先儒有「踐形盡性」之說，使視極其明，聽極其聰，斯無往而非全體之昭著矣。二者，天人合德。性修不二故，學之所以成也。《易》曰：「繼之者善，成之者性。」全性起修名繼，（性是全體流行不息的，是萬善具足的，故依之起修，而萬善無不成辦。是謂全性起修，即繼義。）全修在性名成。（修之全功，依性而起，只以擴充其性故，非是增益本性所無。故云全修在性，即成義。）本來性淨爲天，後起淨習爲人。故曰人不天不因，（性者天也，人若不有其天然具足之性，則將何所因而爲善乎？）天不人不成。（後起淨習，則人力也。雖有天性，而不盡人力，則天性不得顯發，而何以成其爲天耶。此上二語，本揚子云《法言》。）故吾人必以精進力創起淨習，以隨順乎固有之性，而引令顯發。在《易》乾爲天道，坤爲人道。坤以順承天故，爲善繼乾健之德。

（《坤卦》表示後起底物事，吾人自創淨習。以引發天性，即坤法天之象。）是故學者繼善之事，及其成也性焉。《論語》曰：「人能弘道，非道弘人。」《論語》言道，當此所謂性。人能自創淨習，以顯發天性，是人能弘大其道也。人不知盡性，即化於物，而性有不存者矣。故云非道弘人。弘道之目，約言之，在儒家爲率循五德，在佛氏爲勤行六度。五德本性具之德，其用必待充而始完。六度乃順性而修，其事亦遇緣而方顯。佛氏言六度，多明事相，不及儒家言五德，克指本體，於義爲精。故曰無不從此法界流，無不還歸此法界。（法界即性之異名耳。）此謂天人合德，性修不二。學者於此知所持循，則精義之神以致用，利用安身以崇德，皆在其中矣。或曰：「染縛重者，惡乎學。」曰：染淨相資，變染成淨，只在一念轉移間耳，何謂不能學耶？夫染雖障本，（本者，具云本來。染法障蔽本來。）而亦是引發本來之因。由有染故，覺不自在。不自在故，希欲改造，（自己改造自己。）遂有淨習創生。由淨力故，得以引發本來而克成性。性雖固有，若障蔽不顯即不成乎性矣。故人能自創淨力以復性者，即此固有之性無異自人新成之也。古德云：一念回機，便同本得。明夫自心淨用，未嘗有間。諸惑元妄，照之即空。苟不安於昏愚，夫何憂乎弱喪。故學者首貴立志，終於成能。（《易》曰：「聖人成能。」人能自創淨習，以顯發其性，即是成能也。）皆此智用爲主。智體本淨，不受諸惑。辨惑斷惑，皆是此智。淨習之生，即此本體之明流行不息者是。引而不竭，用而彌出，自是明強之力，絕彼柔道之牽（《中庸》云：「雖愚必明，雖柔必強。」此言其力用也。《易》曰：「繫於金柅。」柔道牽也。柔道即指惑染。以諸染法，皆以柔暗爲相。陽德剛明，自不入於柔暗，故智者不惑。）如杲日當空，全消陰翳，乃知惑染畢竟可斷，自性畢竟能成。斯稱性之誠言，學術之宗極也。故曰：欲了本心，當重修學。

附錄

余初服膺無著世親之學，嘗據其義以造論。潛思既久，漸啟疑端。民國十一年，講世親唯識之論於北庠。（國立北京大學。）忽不自安，遂輟講。翌年，改造《新論》。（《新唯識論》，省稱《新論》。）仍以未定稿講於北庠，自是歷十年，稿亦屢易。壬申（民國二十一年。）始刪定成書，自印行世，是爲《新論》原本。戊寅以後，復依原本而改用語體文重述之，（詳初印上中卷序言。）於是《新論》別有語體本。

《新論》之旨，本出入儒佛，而會其有極。（極謂理之至極而不二也。觀眾與之極而會其通，則不二。）然原其所由作，則以不愜意於無著一派之學，而不容已於言，故書中評及有宗者特多。上中兩卷印行時，每聞讀者於中卷評有宗大義處，輒以未易了解爲苦。實則，《新論》敘述有宗，本提控綱要，極其詳明，讀者若肯細心往復尋索，則脈絡分明而義蘊昭揭矣。（前後文義，相爲鉤鎖。故有前所陳義，待後方顯；後所述義，承前以彰。通前後往復數番，即眾義畢見。）然有宗之學，自昔以來，號爲難治，則亦有故。其持論尚剖析，而析得太零碎；既破碎已，而又爲之拼合排比，極穿鑿之能事。故欲究其說者，非耐心以索之，則不可詳其條緒。條緒未詳，則莫由察其所以立說之意，無足怪者。夫不得其意矣，而可辨其爲說之短長乎？是以論正古學，貴乎好學深思，心知其意也。

或問：「佛家大乘學向分空有兩宗。龍樹提婆，實啟空宗；（提婆乃龍樹弟子。）無著世親，是爲有宗。（世親乃無著異母弟，而傳無著之學。）有宗亦曰法相宗，空宗亦曰法性宗。（參看《佛家名相通釋》。）近日歐陽大師復以無著世親之學互有不同，因區別法相、唯識二宗。（世親成立唯識，是唯識宗；無著以方便解析一切法相，是法相宗。參考大師所著《瑜珈師地論》序及諸論序。）章太炎盛讚其說，稱爲『獨步千祀』。據此而談，則《新論》評正有宗處。其內容多屬唯識宗，未可以概有宗也。」

答曰：宗者，宗主義。凡學之異宗者，必彼此主張有特別不同處，非只理論上疏密之異而已。無著之學，根柢在《大論》。《大論》取材甚博，自是匯集眾說而成書。然無著貫穿諸義，自有宗旨，故成其一家之學。世親成立唯識，其中根本大義，如八識及種子與緣生義、三性義，並據《瑜珈》。（《大論》本名《瑜珈師地論》，省云《瑜珈》。）其以轉依爲宗趣，（「轉依」有二義：曰轉捨，曰轉得。轉捨雜染，轉得清淨故。宗趣者、宗謂宗主，趣者歸趣。）亦同稟《瑜伽》。自昔以來，未嘗拔唯識於法相之外而別號一宗者，要非無故。夫法相宗立言，其始詳於分析，猶未有嚴密之體系。及世親秉無著之旨，盛張唯識，（無著作《攝大乘論》，成立第八阿賴耶識，以授世親。）於是作《百法論》，首以識統一切法，（色法即物質，是識之所變，故不離識。乃至無爲法即眞如，是識之實性，亦不離識。故一切法皆統於識。）又作《二十論》、《三十頌》，而後體系宏整，完成唯識之論。故法相宗自世親唯識論出，其理論始嚴密，而面目一變。要其根本大義悉據《瑜伽》。無著析薪，世親克荷，精神始終一貫，似不必以一家之學強判爲二宗也。然大師弘闡久絕之唯識，其功要不可沒。夫有宗談境，（境謂所知，法相、法性、是所知故，說之爲境。法相即指宇宙萬象而言，法性猶云宇宙本體。）莫備於唯識。《新論》評有宗，特詳唯識，亦有以哉。

學者研唯識，每苦不易了解，此或弗思之過耳。夫振衣者，揭其領而全章理；舉網者，提其綱而眾目彰。《新論・轉變》末後，敘述有宗唯識論，總其綱領而說以三：曰現界，（一切現行，總稱現界。）曰種界，（一切種子，總稱種界。）曰眞如法界。（法界猶云萬有之實體，眞如即法界之名。此以眞如法界連用爲複詞。）循此三綱領而析求之，則有宗談境處，宜無不可曉者。〈轉變〉絕以此段文字，正爲後二章（〈功能〉上、下。）評正有義發其凡耳。（有義，具云有宗之義。）

現行即識之別名。（現者顯現義，行者遷流義。識從種子而生，不同種子潛伏未現故，說爲顯現。識之生也，不暫住故，念念之間、前滅後生，復說遷流。）所言識者，義分廣狹。狹義則識以對境或物而得名，即能緣名識，所緣名境或物；廣義則識之一名實賅全宇宙而舉之。蓋一切境或物，皆攝屬於一切識，故一言乎識，便已包含境或物在內，非但爲與境物對待之名而已。此中則約廣義。

有宗談唯識，不許有離識而獨在的世界。故欲知其宇宙論，則八識之談宜詳玩也。八識者：

每一眾生身中皆具有八個識。此八個識，前五皆是向外追求，其所追求之境物，乃是五識各各自所變現。如眼識變似色境，耳識變似聲境，鼻識變似香境，（香與惡臭，通名爲香。）舌識變似味境，身識變似所觸境是也。變似之言，簡異世俗執有離心獨在之境，謂諸識所緣境，皆識自變似之，非是離心別有實境也。第六意識，能與五識同時變似色聲香味觸境，復能獨起思構，（五識不起時，意識獨起。）變似獨影境。獨影境者，謂所變境非如色聲香味觸等有實質故。如思維一切義理時，意中亦變似所思之相，此相無質，名獨影境。第七末那識，唯內緣賴耶爲自我，（阿賴耶識，省云賴耶。）不外緣故。五識及意識變似色聲等境時，即視爲外物而追求之不已，故云

眼識
耳識
鼻識
舌識
身識
——總稱前五識

意識——亦稱第六識
末那識——亦稱第七識
阿賴耶識——亦稱第八識

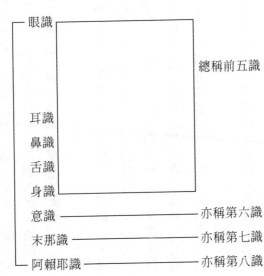

外緣。末那唯內執有自我，非外緣也。第八賴耶識，其所緣境則有三：曰「種子」，此非賴耶之所變，但是其所藏而已；曰「根身」，眼耳鼻舌身五根，總名根身，賴耶即執持此以爲自體；曰「器界」，相當於俗云自然界或物質宇宙。根與器，皆賴耶之所變現，非離識而獨在也。（根器不離第八識故。）

如上八識，亦各各析爲二分，曰「相分」及「見分」。如眼識所緣色境，是名相分；而了別此色境者，是名見分。即此二分，合而名識。乃至第八賴耶所緣種子、根身、器界，是名相分；而了別此根、器、種者，是名見分。二分名識，復如前說。（乃至者，中間略而不舉故。賴耶了別之相甚深細，《三十論》說爲不可知。）其更析每一識爲三分或四分者，取義別故，（詳《佛家名相通釋》。）此略不舉。

又復應知，凡言識者，義攝心所。（詳《成唯識論》。）如說眼識，此非單一體，乃由一心（心，亦名心王。）與多數心所（心上所有的各種作用，非即是心，而實各有自體，但與心相應合以取境，是名心所。）複合而名爲一眼識。眼識如是，耳識乃至第八賴耶皆可例知。

每一識各各析爲心及諸心所。（此中每一及各各等字，須注意，心所有多，故置諸言。）而每一心析以相見二分；每一心所亦復析以相見二分。故前言八識各各析爲二分者，當知言識皆攝心所。

據上所述，一切心及一切心所，總括而談，只是千條萬緒的相分、見分而已。據此看來，有宗唯識論竟將完整的宇宙剖得極細碎，蓋其所千條萬緒的相分見分，各各從自種子而生。（種子，後詳。）就相見言，相見既是段段片片；就相見所從生之種子言，種子亦是紛然眾粒，故謂剖得極細碎也。然則宇宙殆如一盤散沙乎？有宗亦知其不妥。故建立賴耶識。賴耶所由立，略說有二義：一、含藏一切種子故。蓋現行界或一切相見，非無因而得起，故應建立種子爲現界之因。（現行界，亦省云現界。）然種子是各別的，紛散如眾粒，故建立賴耶爲種子所藏之處。（賴耶者，藏義，處義，是一切種子所藏處故。）二、爲諸現行作根本依故。（現行，見前注。）夫諸現行或一切相見，若唯任其散漫，無有統攝，此於理論上亦說不通，故建立賴耶爲前七現行（亦云前七識。五識及第六意識與第七末那識總稱前七。）或一切相見（每一識，各各析爲相見二分，已說如前。）作根本依。（賴耶亦名爲根本依，見《三十》等論。）前七諸相見各各有自種子爲因，故得生。本非賴耶所親生，然諸種子皆藏伏賴耶中故，又必賴耶生前七方得生故，故說賴耶爲前七之根本依也。（依字吃緊。前七各有自種，但依賴耶而生，非由賴耶親生故。）

賴耶與前七並名現行，亦通名爲識，但爲前七之所依，已如前說。然賴耶行相極深細，（行相者，行謂行解，相者相狀。賴耶非冥昧無解，但其解相極深細，細者細微，深者深沉。）難可窮測。賴耶亦析爲相見二分，（前文說一切心及一切心所，各各析爲相見二分，可知賴耶亦爾。）亦從其自種子而生，（一切心及心所各各有自種子故。）卻與種子互爲能所。云何互爲能所？賴耶之自種子爲能生，而賴耶爲其自種子之所生；但從另一方面言，賴耶自種子及前七種子，併爲能藏，而賴耶則爲一切種子之所藏，故賴耶與種子互爲能所。因果同時，（種子能生，是名因，賴耶是種子之所生，即望因而名果。同時者，非因先果後故。）故賴耶得含藏種子。如種子先在，賴耶後生，即因果不同時，便不可說賴耶能含藏種子也。今說因果同時，故無過。

有宗既立種子爲現界之因，而種子之性復分有漏、無漏兩類。（有漏性，亦云染汙性，非清淨故，取喻漏器常下墜，故云有漏。無漏者，有漏之反，清淨故，純善故。）故所生現行，性從其種。（謂有漏種子，其所生現行必是有漏性；無漏種子，其所生現行必是無漏性。）賴耶識者，唯從有漏種子而生，故賴耶是有漏性也。

賴耶含藏一切染淨種子，（染謂有漏性，淨謂無漏性。）而賴耶自身卻是染性，雖含有淨種，而不得發現。（無漏種子省言淨種，有漏種子省言染種。）據有宗義，吾人的生命只是染種所生之賴耶。佛家雖斥破外道之神我，但有宗所立賴耶，實有神我的意義。持說雖有不同，其以爲吾人自有法爾固具的個體的生命，超脫形骸、無始無終者，則一也。或謂之神我，或謂之神識，（賴耶一名神識。）奚有異哉？夫佛家立第八識，而分染淨，眾生自無始有生以來，其第八識唯從染種而生，即此第八識唯是染性，而名之曰賴耶。此賴耶非可寶貴之物，乃淪溺生死海而大苦不可拔者也。眾生以是故，應發心求無上菩提，（菩提者，覺義。）積劫修行，漸斷賴耶中染種，久之染種斷盡，即賴耶亦俱斷。（其所從生之染種已斷故。）然非第八識可斷，（注意。）蓋染種斷盡時，賴耶即捨，（捨亦斷義。）斯時，第八識中淨種發現，易言之，即是淨種生第八現行。（現行，即識之別名，已見前。）由此而第八識乃不可復名之以賴耶，但名無垢識而已。此無垢識則永無可斷也。故染種與賴耶斷時，只是第八識捨染得淨，所謂轉依是也。轉捨染第八識，而轉得淨第八識，前後第八識雖相續，而後之淨第八識與前之染第八識確非一體，前後種子染淨異故。然則佛家本非無我論，其言無我者，謂不當於我而起執耳。執之義甚深，貪、瞋、痴等惑皆依執我而起。執即增長賴耶，而眞淨之我終不得發現矣。

問曰：「賴耶自種與賴耶並斷時，其前七染種與前七染識（前七識從染種生者，即是染性，故云染識。）亦皆同時斷耶？」

答曰：皆先時或同時斷。但前七淨種生前七淨識，如《三十論》等說。

問曰：「有宗建立染種與賴耶，則與荀卿『性惡』之論相通矣。」

答曰：荀卿不見本體，其所謂性，非眞性也，乃後儒所謂氣質之性耳。氣質不能無惡，有宗染種與賴耶之說，其不悟眞性與荀卿同，而任猜想以構成一套理論，則荀卿無是也。有宗成立種子與賴耶，理論甚繁密，其實只是戲論。

有宗八識之談，以賴耶、末那爲恆行。「恆行」謂無斷絕時。如人雖死，而此二識不隨形骸俱亡。前六識（眼識乃至意識。）則有不行時，如極重睡眠及死亡時，六識皆不行，但六識種子自藏伏賴耶中。賴耶是前七識之根本依，宇宙人生以此建立。由有賴耶，根身器界方得有故，故賴耶無斷絕。第七末那恆內緣賴耶以爲自我。即托賴耶見分，變似其相，而執之爲自我故。

問：「末那緣賴耶，何不親緣之，而必變似其相乎？」

答：如有宗說：八識各各獨立，故每一識之所緣，皆其自變之相，末那緣賴耶，亦須變相。末那恆與賴耶相依，無有斷絕，由有賴耶，故有末那。賴耶為染識，至成佛時，雖捨去賴耶，而捨染得淨，即無垢識亙古不斷。

有宗以賴耶或第八識變現根身器界。器界，如山河大地及諸天體皆是，相當於俗云宇宙。根身，略當於俗云身體，略之為言，顯非全合。蓋佛家所云根身之為物，極微妙，非指肉體為根身也。肉體只是器界之一部分，為根身之扶助，而不即是根身，亦名為扶根塵云。前七一切相見，又皆依賴耶而有。（前七之一切種子皆藏伏賴耶中。）賴耶非眾生所共有，乃每一人或動物，各各有一賴耶。據此，則有宗關於宇宙論方面之見地，直以為眾生各一宇宙，同處各遍，互不相礙。（宇宙者，一切相分見分之都稱耳。一切相見，各各從自種子而生，而含藏一切種子之賴耶又是各別的，故云眾生各一宇宙。同處云云者，如某甲的宇宙與某乙的宇宙同在一處，譬若千燈，各各遍滿於一室，互不相礙。）此亦可謂多元論歟。

上來略說現界，次談種界。種子者，以其具有能生的勢用故名。（種子，省言種。）象物種為能生故，（象，猶取譬也。物種，如稻等種。）是為生生不已之大力，（此中說種子是生生不已之大力，卻與《新論》言「生生不已」者異其旨趣。《新論》所謂「生生不已」，乃即本體之顯為大用而言之，是剛健純善者也。有宗談種子，則不見本體而出於妄構。且其所謂種子，本通染淨而言，其染性種子與後起之習氣，亦皆說為生生不已的，故與《新論》判若天淵。）故亦字以「功能」，功者功力，能者能力，功能即勢力義。更有許多異名，此姑不述。

有宗建立種子，所以說明現界。（八識或一切相見，通名「現界」，說見前。）蓋一切相見之生也，是名現行。而此現行必非無因而生，故乃建立種子，以為現行生起之因。今敘述種子，略以七義：

一、種子是各別的，不可說為渾一的完整體，此在《瑜珈》種子七義及《攝論》種子六義中，其為各別的意義已甚明白。輕意菩薩《意業論》云：「無量諸種子，其數如雨滴」是也。因種子差別故，（不一之謂差別，紛然如眾多粒子故。）而其所生現行或一切相見，則亦千條萬緒，各各獨立，所謂「法相釐然不亂」是也。

二、種子是有實自體的，故說藏在賴耶中，而為賴耶的相分。但其自體非兀然常住法，卻是剎那生滅法，每一個種子，其自體均是剎那剎那、前滅後生、相續不絕的。譬如一人之身，是一個前後相似相續、剎剎生滅的物事，否則是常住法，云何能生？

三、種子與現行是一能一所互相對待的。吾嘗言，如種與現只作為隱顯的說法，其潛藏則謂之種，其呈顯則謂之現，如此說法似較有意義。而有宗種現之談確不如是，蓋有宗以種子為能生，現行為所生，其一能一所，乃相對峙。藏伏賴耶中的一切種，是隱於現界之後，而為現界作根源，現界雖從種而生，但既生則有自體，即別為顯著的物事，所以種現二界成為對峙。

四、種生自現，各各不亂。謂眼識種，親生自類現行，（即眼識。）絕不生他現，（他現，謂耳識乃至賴耶。）如世豆種不生麻。眼識種如是，耳識種乃至賴耶識種，皆可例知。此中言識，皆通括之詞，如析言之，當云眼識心種生自現，及眼識心所種生自現；若更析言之，當云眼識心相分種生自現，及眼識心見分種生自現。眼識心所相見二分種，各生自現可知。眼識種如是，耳識種乃至賴耶識種，各各生自現，皆應類推。

五、種子分本始，本者，具云本有種，亦云法爾種；始者，具云始起種，亦云新熏種。無著在《瑜珈》及《攝論》等，建立種子以爲現界之因，尚未討論種子所由來，及世親以後諸師始興諍論。有主種子唯是法爾本有，不由後起者。法爾，猶言自然，法爾本有，即不可更詰其所由來，易言之，即不可謂種子更有因也。又由本有故，即非後起可知。有主種子竟是始起者，（由非本有，今始起故，謂之始起。）其說以爲前七皆爲能熏，（熏者，熏發。）如眼識只是相見二分，此二分從自種生起時便能熏發一種勢力，而投入第八賴耶之中，是謂能熏。眼識如是，耳識乃至第七末那識，皆可例知。（參考吾著《佛家名相通釋》。）第八賴耶識則是所熏，由第八爲前七所熏故，即前七一切熏發，而第八皆受持之也。前七一切相見各各從自種起時，皆有餘勢續生，是名習氣，以熏入賴耶中而潛藏之，遂成爲一種新的勢力，復能爲因，生起後念一切相見。

此潛伏賴耶中之新勢力，即名始起種，又名新熏種。如上二說，互相乖競，及至護法師始起而折衷之。乃謂種子所由來，有是法爾本有，亦有由新熏始起者，於是種子有本新二類。若無本有種，則無始創生之現，（現者，具云現行。）便成無因；若無新熏種，則現行起時無復有習氣續流，亦不應理。故本新並建，護法固以爲折衷至當。

又復應知：由新熏義成立故，於是說現行識（現行乃識之別名，今與識連用爲複詞。）能熏生新種，此新種者，實即現行識之餘勢不絕者，所謂習氣是也。（餘勢一詞，詳《新論·功能下》。）通常所云習氣，實即現行識起時，便有一種餘勢續流絕不斷絕，即此謂之習氣。）而現行識熏生新種時，即對彼藏伏賴耶中一切本有種之同類者，亦同時熏發而使之增長。同類者，如染性現行與本有種染性者，即爲同類。故本有種亦受現行識所生習氣之影響，因此，而一切種無論爲本、爲新，得通名之以習氣。有宗諸師談種子義至此，雖持論愈密，而其支離究不可掩，夫既建立本有種矣，而又以現行識之習氣亦名爲種，遂使習氣與法爾種混同不分，謂非矯亂論得乎？

六、種子分相見，無著最初立說，只謂八聚心、心所各各有自種而已。八聚者，聚者類聚，八識只是八聚，並非八個單純體。如眼識，乃由一心及多數心所合爲一聚，而名以眼識。耳識乃至賴耶，皆可例知，故云八聚。若乃於每一心析爲相見二分，因此討論二分之種爲同爲別，同者謂二分同一個種子而生，別者謂二分各別有種，即相分有自種子，非與見分同種故。（下言同別者，仿此。）於每一心所析爲相見二分，其種同別，復成疑問。此自世親以後諸師頗多聚訟，及至護法始折衷眾說。謂心與心所各各二分種有同有別，如意識相分，有與自識見分同種生者，但約獨影境言。如意識思量一切義理時，見分心上必變似所思之相，此相分無實質，即與見分同種，是爲相見同種。如五識等相分，即色聲香味觸，有實質故，此相皆有自種，不與見同種。乃至第八根器相分，並爲實有或具實質故，亦有自種，不與見同種。是爲相見各別有種。護法兼融同別之論，頗近似二元論之主張。（相見別種，猶心物二元論。）

有問：「護法諸師既主相分別有自種，如何而說相由識變？」

答曰：彼計見種挾帶相種而起故，（見分種爲主動，而相分種只是從屬的。）又因隨果攝故，（相見種各望相見二分而爲因，二分各望其自種而名果。）舉果即已賅因，故依果上說相分境，是見分識之所變，（相分境，複詞，見分識，亦複詞。）非謂相依識變，即相無自種。（非字，一氣貫下讀之。此中識字義狹，即謂見分。）須知：說相由識變者，即顯相分從其自種生時，此相分種實仗托見分種而與之俱起，易言之，即見分種挾帶相分種而起也。故云舉果賅因，從果上言之，而其因可知也。護法等之義如是。

七、一切種子，性通染淨。（性者，德性，德者，得也，言種子之所以得成其爲此物也。一切二字及通字，須注意，無量數的種子，有是染性，有是淨性，非一切種同一性也，故置「通」言。）淨性亦云無漏，是清淨義；染性亦云有漏，是染汙義。（亦云雜染。）有漏性中，復分以三：曰善，有漏之善，非純善也，非眞善也；曰惡；曰無記，非善非惡名無記。記者記別，不可記別其是善是惡，故云「無記」。無漏性，唯純乎善，（唯字吃緊。）「惡」與「無記」皆非所有，此善眞實，與有漏善截然不同。有漏性者，不唯惡是染，即善與無記亦同屬染性，非清淨故。

一切種子，有是染性，有是淨性，淨性種子名爲淨種，染性種子名爲染種。染種所生現行，即是染法；（染法猶云染汙的物事，切勿將「法」字誤解爲規律。蓋現行從染種生者，自是染法，下言淨法者準知。）淨種所生現行，即是淨法。然則凡聖迥別，衆生國土是穢，（國土猶云宇宙或世界，非謂國家壤地。）菩薩（猶言聖者。）國土是淨，則以菩薩能伏除本識中染種，（伏者伏滅，本識即第八識之別名。）乃令淨種發現，（發現，謂淨種生現行。）而衆生不爾故也。衆生不能斷除染種，即一向是染種發現，而淨種恆隱，直等於無。

上來略說種子義，今當簡述緣生義。緣生者，謂依種現，分別安立諸緣，以說明現界由衆緣會合而得生起。略舉四緣如下。緣亦得名爲因，而因緣之「因」則以其能親生自果故名，義至嚴格。自餘三緣便非能親生果，但於果有相扶助之關係而已。

- 因　緣（種子爲現行之因緣，是能親生現行故。）
- 次第緣（前念現行對後念爲因，是能引生後念現行故。）
- 所緣緣（現行相分境對現行見分識爲因，以境能引生識故。）
- 增上緣（例若第八現行相分，如根身則爲五識發現之增上緣。現行意識等，亦皆爲五識作增上緣，各識增上緣多少，可考《佛家名相通釋》。）

每一現行識生時，必具四緣，如上所述。初因緣，依種子立，餘三緣，皆依現行立。有宗雖建立種子爲現界或一切相見之因，然非僅恃孤因，不待衆緣可以生果。（然非，一氣貫下讀之。孤因者，若只立種子爲因，更無餘緣，即此因是孤獨的。果謂現行，對因而名果故。無著說種子六義中，有待衆緣一義可玩，衆緣者，謂次第、所緣、增上諸緣。）唯其建立四緣，故緣生義得以成立，孤因則無緣生義也。夫孤因，則是不平等因計之緒餘耳。不平等因者，如建立一神爲萬有之因，即此因體超出於萬有之上，故云不平等，作是計者，名不平等因計。若數論外道立自性爲因，而不待衆緣，則是從不平等因計演變得來，昭然可見。緣生義成，斯與不平等因計異以天淵，又遮自然外道之論，此其卓絕處。一切物由衆緣會合乃生，非自然生。自然生者，即不待緣。但印度自然外道，似無深解，如云烏自然黑、鵠自然白，其持論一本俗情，蓋與中土老莊之旨絕不相侔。老莊言「自然」，與佛家所云「法爾道理」者爲近，法爾猶云自然。如言萬物之本體，佛曰「眞如」，老莊曰「道」，有能進而詰「眞如」或「道」之所以然者乎？不可致詰，自然而已，窮玄至此，斯爲極則。而從來佛者之徒，猥以老莊與天竺自然外道一例同譏，玄奘亦同此見，可謂無識甚矣。然緣生之論本始自釋迦，逮小乘以迄空宗，（龍樹提婆學。）其說屢變，及至無著世親，則其言緣生也，又成爲構造論，而無復存龍樹遮詮之旨，學者宜知。（參考吾著《破破新唯識論》，又《新論》中卷談及有宗緣生義處亦說得極明白。）

有宗以種子爲現界之因，而其所謂種子卻是各別的，是多至無量數的，故是多元論。至其言種子自體，則分相、見兩類，又有二元論的意義。又言種子性通染淨，復成善惡二元論。

有宗以有漏種所生之賴耶爲眾生之本命，雖云賴耶中亦含藏淨種，然就眾生分上說，則無始以來唯是有漏流行，而淨種從來不曾發現，是與世儒性惡之論無甚懸殊。

上來略說種現二界，今次當及眞如法界。眞如者，普光（唐玄奘弟子。）釋云：「法性（猶云一切物之本體。）本來常自寂滅，（此中寂滅之滅，謂法性上恆無惑染，幽微湛寂，故云寂滅，切勿誤作斷滅解。）不遷動義，（無方所、無形相、無惑染、故不遷動。）名爲眞如。」窺基云：「理非倒妄，故名眞如。眞簡於妄，（簡者簡別。）如簡於倒。」（如者，其德性恆無變易之謂，故離顚倒。）又曰：「眞如者，顯實常義，（實者，眞實；常者，恆常。）眞即是如，（古譯眞如，只一如字，亦或作如如。如，本形容詞，蓋理之極至，非言說與思想所可及，他是那模樣的，就還他那模樣，不可妄猜他，此如義也。又克就法性自身言，他的德性是不可改易的，故曰恆如其性，此亦「如」義。又法性是不可致詰其所由然的，是謂法爾道理，莊生云：「惡乎然？然於然。」此皆如義。）如即無爲。」（眞如亦名無爲法。無爲者，法性湛然常住，無所造作，故曰無爲。）總光、基二師之釋，眞如義趣可知。

有宗既立本有種爲現界之因，即本有種已是諸行實體，（諸行謂一切相見，亦即現界。）而又承諸佛菩薩相傳之旨，說法性即眞如。此眞如者，既不是種子，又不可說本有種即眞如之顯現，然則本有種與眞如，究是如何關係？有宗於此既無所說明，此實其在理論上之最不可通者。學者稽考有宗諸經論，其談種子義則與眞如無融會處，其在三性中談圓成實性即眞如，又與依他性中種子無融會處，由有宗學說之體系衡之，種子既是現界根源，而又於種界外別說眞如法界，則不得不謂之有二重本體，可謂支離極矣。

有宗盛張三性義，謂遍計、依他、圓成三性，（詳《新論》中卷，讀者如字字留心，並不難了解。）極須玩索。有宗整個的意思，可以說三性義包括得盡，學者研究有宗，須有此個大綱領在胸中，方不至茫無頭緒，否則必炫惑於其紛雜的名相、繁瑣的辨析、而莫知其所謂。有宗學說，根本只是一個對待的觀念。其言種與現，則曰能藏所藏，（種子爲能藏，第八現行識是種子之所藏。）能生所生，（一切種子，皆爲能生；一切現行識或相見，皆爲所生。）能熏所熏；（立新熏種者，則以前七現行識皆爲能熏，第八現行識則是所熏。）其言識與境，則曰能緣所緣，（此中識字義狹，乃就見分言，境即相分。見爲能緣，相爲所緣，此據相見二分義立論。若別開四分，則見分等等，互爲能所，詳《佛家名相通釋》。）凡此一能一所，均是互相對待。至其以種與現並爲有爲法，（亦名生滅法，以其是生滅滅生相續流故名。）眞如爲無爲法，此有爲、無爲，亦是截成二片，對峙而不可融通。諸經論中雖有時說無爲法是有爲法之實體，然絕不許說無爲法是無爲而無不爲，絕不許說有爲法即是無爲法之顯現，三藏十二部經具在可按。然則其所謂無爲法或眞如者，似只是有爲法所依托的一個世界，這個世界是無形無象、無障無染、清淨湛寂、眞實恆常、離諸倒妄，有爲法只是於此無爲的世界中顯現，如種種色相在虛空中顯現。經論中每舉虛空喻眞如，以此爲最切合之喻，其旨可見。所以說此無爲世界是有爲法的實體，並不謂有爲法是此無爲世界自身的呈現，只是有爲法依托於此無爲世界而顯現其中，故說此無爲世界爲有爲法的實體耳。但有宗確不許說這個無爲世界是邏輯上的概念或意想中追求的一種境界，他卻以爲是絕對的眞實的存在的，吾人修行到成佛時，是可以實證的。所以這個無爲世界畢竟是與有爲法相對的，非可說即有爲即無爲。故其談證量也，（量者，猶言知，但非常途所云知識之知。證者，親知之謂，蓋能知入所知，即所相亡，而能相亦泯，能所親冥爲一，故謂親知也。）以正智爲能證，眞如爲所證，雖欲拂能所之跡，而實際上究是能所對待。總之，有宗唯識之論雖極其繁密，而骨子裡究是一個對待的觀念。夫對待的觀念，本從經驗界而起。（經驗界的事物都是對待的。）凡哲學家立說，以經驗界之知識爲依據者，若注重質測之術，以矯空想之弊，則雖不足以深窮萬化之原，而於物理世界必多所發明，即可由此以發展科學，西洋哲學大概有此長。（中國之學，超物而達於神化，非知識的。）若其不務質測而好逞空想，則將本經驗界之見地，而應用到玄學上去，懸空構畫，以組成一套嚴密的理論，而說宇宙人生如是如是。若有宗說八聚現行各各獨立，各各有自種，而復以第八現行藏一切種，且爲前七現行之根本依，又以根身、器界並爲第八現行相分，更說有眞如無爲世界爲種與現之所依托以顯現，如此說來，卻是由他意想構畫宇宙人生，好似工匠構畫一具機械者然。此等空想。乃王船山詩所謂「如鳥畫虛空，漫爾驚文章」是也，上不足以窮神，下無當於格物，故佛家至大乘有宗，而弊亦甚矣。雖然，所病乎有宗者，未能遠於空想也，若其剖析之詳密、系統之宏整，吾於有宗不能不殷重嘆服。哲學家者，不可不養成其解析與組織的能力，則有宗之學，固爲凡治哲學者之所必須探討而不容或忽者乎！

以上略談有宗唯識論大意，自此以下，檢札記中有關《新論》之答辯者擇錄之。

問曰：「《新論》遮撥賴耶，何哉？」

答曰：有宗不見本體，直妄構一染性之神我當作自家生命，（此中神我者，佛家雖遮撥外道神我，而其賴邪說實不異神我，故此直以神我目彼賴耶。）此其大謬。若證見本體，即知我所以生之理與天地萬物所以生之理，元來無二無別。易言之，我之生命即是宇宙之大生命，非可橫計有個體的生命以爲我所獨具者也。如果執有個體的生命，則生命界應有一定之數量，遠從無始以至盡未來際，（未來本無盡無際，而此曰「盡」曰「際」者，強爲之名耳。）其數恆爾，無增無減，如此，則造化將一守其故，而無創新可言矣。此神我或神識之說所以難通也。

或曰：「公固嘗言，習氣聚集，成爲一團勢力，人身雖亡，而此一團勢力不必散失，俗所謂靈魂者或即此。然則以此而成立個體的生命，其可乎？」

答曰：吾所謂生命者，指吾人與天地萬物所共有之性海而言也。（此中性海，用爲本體之別名，以其爲人物所以生之理則曰性，此性具萬善，妙用無窮，故喻如海。）習氣本後起之虛幻物，縱許其可由甲而傳之乙，終不得謂之生命。習氣，佛家亦云業力。（業者，造作義。）明儒黃梨洲謂：「聖賢之死而不亡者，其精爽存也。」彼云精爽，亦即習氣。（但聖賢精爽，即淨習而非染習。）人生一切造作，或好或壞，凡一好或壞的造作都是內心的一種勢力發動，凡所造作都有一種餘勢潛存，是名習氣。（餘勢二字，宜玩。）造作的勢力發動時名為業，其餘勢潛存者方名習氣。無量習氣相與叢集，成為一團勢力，人身雖死，而此一團勢力不遽散失，此於事難徵，卻於理可信。若賴耶之說，僅如此寬泛言之，勿如有宗用許多猜想構成一套嚴密的體系的說法，如蛛造網然，（勿如二字，一氣貫下讀之。）則吾亦無所遮撥矣。有宗卻未免戲論。

客曰：「《新論》之言性也，即斥指本體而目之，（眞實無妄之理，為萬物所資始，則曰宇宙本體，但克就其在人而言，亦謂之性。）本體則眞實、剛健、清淨、空寂、（空者，無形相故名，非空無之謂。）至善者也。公故反對有宗建立染性之賴耶，然孔子《論語》『性相近也』章，似謂人性無善無惡，故言相近耳，《新論》主張畢竟與孔子異乎？」

答曰：汝不得孔門意，又不辨性字有異義。夫性字之義不一，有以「材性言者，（材性即就氣質言。）」如人與動物，靈蠢不齊，則以人之軀體，其神經系發達，足以顯發其天性之善與美，動物軀體之構造遠不如人類，即不足以顯發其天性之美善，人與動物成形之異，是謂氣質不同，氣質亦云材性。若夫言性，而就人生本原處目之者，則不可與材性相混，如性相近也之性字，即材性之性，相近之言，即據中材立論，凡屬中材。其材性皆相去不遠，故云相近。但視其所習，習於上，則成上智矣；習於下，則流為下愚矣，故云「習相遠也」。唯上智之人，其材性生來即是上，不會習向壞處；下愚之人，其材性生來即下，難得習向好處，故曰：「上智與下愚不移。」此章性字，明是材性，從來注家胡亂不清，極可惜。至如《中庸》：「天命之謂性。」此性字便克就人生本原處而言。此章朱子注欠妥，今按天命性三名，所指目者是一。一者何？曰：本體是已，本體絕待，隨義而異其名。「無聲無臭」曰天。《中庸》末章：「上天之載，無聲無臭至矣。」上者，絕對義；天者，宇宙本體之目，非謂神帝也。載者，言其備萬理、含萬化也。無聲無臭者，言其寂然無象也。「於穆不已」曰命。《詩》云：「維天之命，於穆不已。」命者，流行義。維天之命者，言乎本體之流行也。於穆，深遠義。不已者，眞體之流行，無有止息也。「民之秉彝」曰性。彝，美也，此美絕待，非與惡對。天命者，本體之目，本體具萬善，至美者也。民猶言人，夫人皆秉天命以有生，即秉至美之理以成爲人，故克就此至美之理之在人而言，則曰性。然則性即天命，玩之謂二字可見，豈可外自性而別尋天命乎？此性字，即目本體，與《新論》所言性者同義。材性之性，實非此之所謂性也，子比而同之可乎？從來言性者，不辨天性（「天命之謂性」省言天性。）與材性，故成胡亂。朱子注《論語》「性相近也」章，似欠分曉。荀卿、董仲舒諸儒之言性，都只說得材性。孟子灼然見到天性，故直道一善字。

客曰：「人之天性本是至善，如何材性得有不善？」

答曰：天性是本體，本體之流行，哪有一毫雜染？但其流行也，不能不翕而成物，否則無所憑藉以自顯。然翕也者，造化之無有作意而一任其自然之幾，非有定準，可爲之齊一也，故人物之氣質有通塞不齊。（通者，如大腦發達者是。塞者，通之反。）雖云物之自致，而物所得爲，要非不本於其在大化中之所受與所遇，受之有量，遇之有適不適，而氣質之成，通塞以殊。夫通者，足以顯發其天性，即全乎固有之善；塞者，難以顯發其天性，斯成乎不善。而不善者，特氣質之偏，因不齊之化而偶成其如是，要非天性之本然也。君子之學，貴乎率性以變化氣質，固不以材性之或偏而累其天性矣。

周通旦問：「先生所言材性，亦云氣質，氣質者，實就生機體之構造而言也。氣質有通塞，通者，能顯發其天性之善，塞者則否，通塞如何分？則必以神經系或大腦之發達與否爲衡。然腦筋發達者，或有知能過人而不必優於德慧者，（德慧一詞見《孟子》，其意義極深遠。德慧之「慧」，便非常途所謂知能，此乃本體呈露，故以德慧言之。慧者，明智義；德者，純淨離染、至善之謂。）其義云何？」

答曰：氣質通塞，以神經系或大腦之發達與否爲判，此亦略言其大較耳。生理微妙，孰能一切窮其所以？尼父生而將聖，商臣生而蜂目豺聲，非商臣天性異於尼父也，直以氣質上之缺憾，易以習成乎惡而難以顯發天性，故卒成弒父之逆耳。夫氣質有通塞不齊，此可從其大較而言之者也，若氣質不美者，（如所謂塞。）其缺憾果何所以？欲測知之，固有所不能悉也。然復當知，同爲人類之氣質，其相差也不必甚遠，雖下愚之資倘能從事盡性之學，（保任本心，而無以惑柒間之，即天性顯發，是謂盡性。）以愼其所習，則氣質可以轉化，而不至障礙其天性，是在莊敬日強，毋自暴棄而已。然則孔子「下愚不移」之言，非歟？曰：言匪一端，義各有當，孔云「不移」，責之之辭也，所謂不屑之教也。人皆有天性，不當受限於氣質，故困知困行，皆有成功，實孔門相傳教法也。

問曰：「大乘談眞如，似是懸擬一無上甚深微妙之理境而追求之，《新論》意思，卻不如此。」

答曰：般若家言：「智及智處，（「智處」，謂眞如，以是智所緣處故名。）並名般若，般若即心。」（般若係譯音，義即智慧。）是則亦以眞如名之爲心矣。但玩其辭義，只是攝境從心，（眞如名智處，即對智而名境，非如即是智，今攝境從心，故眞如亦名般若。實則智爲能而如爲所，究非一體。）非謂智即是如也。佛家談眞如，似有懸擬爲崇高的絕對的妙境而竭誠趣向的意義，《新論》卻破除能所對待觀念，乃即吾人與天地萬物所共有之性海而言，則曰眞如；克就其在己而言，亦曰自性；更就其主乎己之身而言，復曰本心。即此本心，元是圓明昭澈、無有倒妄，又曰性智。故其談證量也，直是性智自明自識，謂之內證。（亦云自證。）故智即是如，如即是智，非可以智爲能、如爲所，而判之爲二也。此是《新論》根本大義所在，確從反己體認得來，非意之也。

問曰：「《新論》既破除對待觀念，則在《新論》中之眞如，當非以爲萬法之所依托故，說名實體。（當非二字，一氣貫下。萬法，猶云萬有或萬物。）卻是以爲萬法條然宛然，（條然者，千差萬別貌。宛然者，相狀燦著貌。）而實均是眞如妙體之自身顯現，（眞如妙體四字，複詞。）故說眞如是遍爲萬法實體。」（「卻是以爲」，至此爲句。）

答曰：善哉！汝已得解。譬如大海水，遍現爲眾漚，（大海水喻眞如，眾漚喻萬法，每一漚皆以大海水爲體，覆看上卷〈明宗〉。）眞如遍爲萬法實體，義亦如是，所以體用不二。體用本不可分。（不可剖分爲二重世界。）但既說體用二詞，則體用畢竟有辨。體則舉其自身而全成爲用，故說爲用之體，譬如大海水全成爲眾漚；用則是體之顯現，故非別異本體而有其自體，譬如眾漚非別異大海水而有其自體。讀《新論》者，須識得此個根本意思。佛家以虛空喻眞如，（眞如，即體之名。）於此可見其差失。虛空是無爲無作，萬象雖於虛空中顯現，而不可說萬象是虛空自身之顯現，虛空非能變故，（能變一詞，說見上卷〈轉變〉，須覆玩。）萬象不由虛空成，但依虛空顯，（依字吃緊。）如此，則體用分爲二片。

問曰：「如《新論》中本體之意義，亦可說爲萬法之因否？」（法字，注見前。）

答曰：此看如何說法。因者，因由義，萬法由其本體顯現，不妨假說體望用有因義。（此中體望用云云，似當云體望萬法，今不曰萬法而言用者，以萬法皆依用上假立故，非離用而別有萬法故。）但此因字的意義極寬泛，只顯由有體故，才有用，以用非憑空得起故，然如是言「因」，只是言說上之方便，並非對果而名因。以本體絕待故，非有果法與之爲對故，又用即體故，非用與體有能所義故，以是，雖不妨假說因，而實非對果名因。不可以常途因果觀念應用於玄學中故。

問曰：「體用，云何不一不異？」

答曰：體無形相，其現爲用，即宛爾有相；（宛爾，不實而似有之貌，下仿此。）乃至體無差別，其現爲用，即宛爾差別，故不一。譬如水非堅凝，其現爲冰，即成堅凝，故水與冰非一。由此譬喻可悟體用不一也。體，即用之體故，如假說水即冰之體，以喻體成用，而非超脫於用之外。用，即體之顯故，顯者顯現，如云冰即水之顯，非異水而別有冰之自性，以喻用非異其本體而別有自性，故不異。由不異義故，即於相對見絕對。而從來哲學家有於形上、形下不能融會者，其誤可知矣。由不一義故，當即相以會性，（相者，法相，猶云宇宙萬象，性謂本體。）不可取相而迷其眞也。（此中取者，執著義，眞謂本體。）取著乎相，則不可於相而識其眞體。《新論》全部，可說只是發揮體用不一不異意思。

本體是無對的，而克就一一用相上言，卻是有對的。但於一一用相而透悟其本體，即一一用相都是無對的，所以說「一華一法界，一葉一如來」。法界與如來，皆用爲本體之代詞，一華一葉，皆用之相也。一華，本是相對的世界裡極小的物事，但於一華而透悟其本體，即一華已是全法界，何小之有？下一葉云云準知。有問：「莊子云『秋毫非小』，亦是此意否？」曰：自是此意。復問：「莊子云『泰山非大』，何耶？」曰：此言大者，以對小得名，泰山雖較秋毫爲大，若於泰山而透悟其本體。即泰山相與一切物相俱遣，將何所對而名大耶？故曰「泰山非大」。所謂「不壞假名而說實相」，即此旨。假名者，如泰山、如秋毫，乃至一切名言所表，都無實物，只是假名耳。然名應眞極者，並不毀壞一切假名，卻一一假名而顯示實相，如泰山，假名也，此假名所表詮之山相，本是空無，但山相空，而有不空者存，不空者何？謂實相也。即假名而說實相，是謂「即俗詮眞」。

有人問：「《新論》上卷〈明宗〉云：『今造此論，爲欲悟諸究玄學者，令知一切物的本體非是離自心外在境界』等語，然則石頭的本體亦不離吾心否？」

答曰：此是開宗明義語，向下細讀去，容有悟期。石頭與汝何嘗是各自獨立的？汝細讀〈唯識〉、〈轉變〉，乃至〈成物〉、〈明心〉諸章，當知汝所以生之理與石頭所以成形之理，只是一理，（此云一者，絕待義，非算數之一。）沒有兩個。難道石頭的本體竟是汝心外之境耶？汝只誤將自己與天地萬物分離開，所以不信汝之本心即是石頭的本體，其實克就石頭而言其所以成形之理，則曰本體；克就吾人而言其所以生與主乎吾身之理，則曰本心。這個本心，也就是吾人與石頭或天地萬物所共有的本體，如何分割得？既分割不得，如何說石頭的本體在汝心外呢？老夫不嫌辭費，終未知汝得解否？

問：「《新論》翕闢義，即是用義。但此二詞似本於《大易》，按《易．繫傳》云：『夫乾，其靜也專，其動也直；夫坤，其靜也翕，其動也闢。』翕闢二詞始見於此，殆爲《新論》之所本乎？」

答：《新論》言翕闢，實與〈繫傳〉言坤靜翕動闢之文無關。《新論》闢字之義甚淵深廣遠，與〈繫傳〉言坤「其動也闢」自不相同。《新論》說一翕字，與〈繫傳〉言坤「其靜也翕」

義亦自別。按〈繫傳〉此處說乾坤，實取象於天地。（乾為天，坤為地。）宋衷注曰：「乾、靜不用事，則清淨專一，涵養萬物矣；動而用事，則直道而行，導出萬物矣。一專一直，動靜有時，而物無夭瘁，是以大生也。翕猶閉也。坤、靜不用事，閉藏微伏，應育萬物矣；動而用事，則開闢群蟄，敬導沉滯矣。一翕一闢，動靜不失時，而物無災害，是以廣生也。」詳此，皆就天地生物之功用言。（天之靜專動直，地之靜翕動闢，皆其生物之功用也。）但乾坤動靜皆以時言，即動靜不能合一，因其取象於天地，即在物上著眼，（天地，皆物也。）故動靜不相融耳。（凡物動靜異時，即是動靜不能融為一片。）此非在本原上立論也。《新論》談翕闢，卻是超出物表而冥會眞體之流行，流行即是一翕一闢，（一一者，言其勢用以相反相成，非有二體也。）否則絕待而不成為流行矣。故流行者，言乎體之成為用也，用故不能無翕，所以為闢之具也，（具者，工具。）闢以翕而顯，此流行之妙不可言。故《新論》談翕闢，乃探原之論，與〈繫傳〉之取象於地道以言翕闢者，其根底絕殊，要不可並為一談。《新論》所云翕闢即是本體之流行，夫本體流行則動而未嘗不靜，以其非如物之動故也。（物滯於形則不神，故其動時，只是一味發散而無淵合潛蓄之妙。）即動即靜，是謂動靜合一，而動靜亦無時之可言矣。且動靜合一，則無可專於動言闢，其闢也，固未嘗不靜也；亦無可專於靜言翕，其翕也，又何嘗非動耶？動靜不可分，翕闢本無異體，但勢用有殊，以成其流行之妙耳。唯夫翕而現似有物，則世俗隨情施設，遂以為蒼蒼在上者天，有其靜專動直之功用，塊然博厚者地，有其靜翕動闢之功用，此則在化跡上立論，而非所以言化之原也。

問：「翕闢與《大易》乾坤之義頗相當否？」

答：大概說來，闢與乾之義爲近，翕與坤之義爲近。然從來「易家」講乾坤者，多不能無病，無論漢宋各家派，其言乾，則曰陽氣也，言坤，則曰陰氣也，其所謂二氣之氣字，含義究如何？亦無明白之訓釋。《新論》說翕闢是用，則氣之爲義，可以說只是用義，用相不實，故說爲氣。這個氣字，自不是常途所云空氣或形氣等氣字的意思，只形容其有勢用顯現，而不實在、不固定的意思。（《新論·功能》、〈成物〉兩章，談理氣問題時均曾說過。）用者，體之顯，即非別異於本體而有其自體，（譬如眾漚是大海水之顯現，即非別異於大海水而有其自體。）用之本身元非實在的東西，其勢用只是一翕一闢、頓起頓滅、生生不息，如電光之一閃一閃、活躍無匹。（無物可以比擬之。）所以說有勢用顯現，而不實在、不固定者，意正如此。氣字之意義，亦只形容其如此。

「易家」談陰陽二氣，有近二元論者，如王船山《易》內外傳極多精義，然其言「乾坤並建」，頗近二元，根本處卻未透。《新論》說翕闢，雖云兩種勢用，而實只是一個勢用，有此兩方面以相反而成其用，乃假說爲兩種勢用耳。（詳〈轉變〉、〈功能〉、〈成物〉諸章。）體之現爲用，本唯是闢，剛健、升進、生生、清淨，乃至萬德，皆闢也，而不能不先有一個翕，（此中先字，非時間義，只是在義理上說一先字，勿誤會。）否則只是虛無莽蕩，將無所據以自顯。

（此中虛無者，非謂空無，以其不能構成形物故云。）故翕之反乎本體而將成乎物者，（本體是無形的，是不物化的，翕故與之反。）特妙用之不得不然，實則，翕亦是闢，非其本性與闢有異也。故《新論》說翕闢，與「易家」誤解乾坤爲二元者，自不可同年而語。

或曰：「漢儒荀氏言升降，以爲陽常升而不降，陰常降而不升，復推乾坤之本，合於一元，世儒以爲得《易》之大義，《新論》翕闢之旨與荀氏義亦有合否？」

答曰：「陽常升而不降」與《新論》闢義有合，「陰常降而不升」則稍違《新論》翕義矣。翕而成物，固有降之趨勢，然翕之本性究不異闢，故翕終隨闢轉，則非常降而不升也。使一升一降爲二者之恆性。（二者，謂乾陽坤陰。）則陰陽何可融和？荀氏亦難自圓其說矣。至謂「推乾坤之本，合於一元」，恐非洞達本體，要爲推測之論耳。使其證體，則常降而不升之陰，果何所本？何至有此計哉？「易學」自漢以來，糾紛難理，百家之書雖各有所明，而眞得宣聖旨歸者其誰耶？（〈繫傳〉本孔子傳授，確然無疑。然戰國及西漢儒者容略有竄入，茲不及論。）

問曰：「由翕闢之論，則物質、生命、心靈三者，雖其發展有層級，但絕不可說泰初物質世界成就時，尚無生命與心靈也，只是物質這方面顯著，而生命與心靈諸方面尚潛伏未現，卻非無有。」

答曰：汝已得《新論》意。〈成物〉說得極分明，《大易・屯卦》意思深可玩。屯，難也，其卦䷂「震」下、「坎」上，故〈象〉曰「動乎險中」。「震」卦初之一爻（初爻，陽。）爲陽動於下之象，「坎」卦二陰錮一陽於中，爲陽陷於險之象。夫陰者，所以表物質，陽者，所以表生命或心靈，萬物初生，則生命心靈潛而未顯，爲震陽初動之象，此時物質重錮生命心靈，令其不得顯發，故云「動乎險中」，此其所以爲屯難也。

問曰：「《新論》說功能非一合相，故於全而有分，（全者，全體；分者，部分。）克就其分言。即每一功能互爲主屬，（詳《新論．功能》。）是義云何？」

答曰：如就汝與萬物或眾人言，當知汝自爲主，而一切物或人對汝則爲屬，如五官百骸之屬於一體然。是汝乃通天地萬物爲一體也。但其間自有主屬之別，（此中天地萬物包括人類在內不待言。）又於天地萬物中，隨舉某物或某人爲主，亦皆以汝及其他一切人物爲屬，是某物或某人亦與汝及天地萬物通爲一體，而互爲主屬可知。由互爲主言之，萬物莫非主。一微塵卻是三千大千世界之主體；由互爲屬言之，萬物莫非屬，故不可得一超物之眞宰。（宗教家計有超出萬物之上的大神，究是迷妄。）汝若體認得此理，當知功能非一合相，其一一部分皆互爲主屬，此謂法爾道理，不可致詰。

問曰：「《新論》說每一功能具翕闢兩極，（詳中卷〈功能下〉。）闢極即是心的方面，翕極即是物的方面，心物只是同一功能之兩方面，本無異體。據此原理，草木土石之類，其所具功能，既非唯翕而無闢，即不得說草木土石爲無生命或心靈也。而印度佛家卻說草木土石爲無情何耶？」（情者，情識；無情者，謂其無有生命、無有心識也。）

答曰：佛家說草木土石之類爲無情，此實無理。有宗《唯識論》主張相見別種，吾謂其爲二元論。實則，有宗此等主張遠有端緒，自釋迦創教時，首立五蘊，五蘊總括言之，只是色心二法，（《新論》中卷〈功能上〉，曾釋五蘊。）色法居首，次及心法四蘊，當時解析色心，只是平列而談，並未以色攝屬於心，其骨子裡已近二元論。由二元論之見地，則承認有無情世間，亦不足希奇。（佛家以具有心識之眾生說明有情世間，若草木土石或山河大地等，則為無情世間，亦云器世間。）但此等思想，殊嫌粗，依《新論》翕闢義，則無機物亦非無情，只其情識不顯著耳。人之百骸五臟、植物之枝幹花實、礦物之形體，皆生命或心靈之所凝成與著現，但生命心靈將利用乎形以自顯，而即不免有錮於形之險，而昧者遂謂宇宙間有無生命心靈之死物，豈其然哉？若夫依報之說，則宗教家之情懷存而不論可矣。（佛家說有正報、依報，如人生而得此身，是正報，生在如此之自然環境，則名依報。報之為言，則先世所作善惡之感應也。如此，則草木土石等等，悉為依報？不可承認其有生命心靈也。）

《新論》根本意思，在遮遣法相而證會實體，（覆看中卷〈功能上〉。）超出知解而深窮神化，（知解所以測物，故不足以窮神化。）伏除情識而透悟本心。（情識者，情謂虛妄，情識猶云妄識，俗所謂思想或知識與理智，及宗門所斥之知見或情見與意計等等，大概屬情識。儒者亦謂之人心。）既悟本眞，（本眞，猶云本心。）而後依眞起妄，情識亦現。但悟後之識，（識者，具云情識，下仿此。）依眞起故，用能稱境而知，（稱字吃緊，於所緣境無有謬解，謂之稱。）離於倒妄，斯與未悟之識截然異性，故知妄法亦眞。（此中妄法，即謂情趣。）

《新論》要義有三：一、克就法相而談，心物俱在。（心起即物與俱起；心寂，即物亦俱寂。）二、攝相歸體，（相者，具云法相，下準知。）則一眞絕待，物相本空，心相亦泯。（所謂「遮法相而證實體」者，即此旨。）三、即相而顯體，則說本心是體，雖復談心未始遺物，然心御物故，即物從心，融爲一體，豈有與心對峙之物耶？（《大易》以乾爲體，卻是即用而顯體。坤元即乾元，楊慈湖最說得透。《新論．明心》直指本心爲體，正是即用顯體。與《易》義通。）如上三義，學者了然於胸中，則《新論》不難讀，而亦有莊生「六通四闢，小大精粗，其運無乎不在」與陽明「橫說豎說皆是」之樂矣。適與李聖三談此意。

夫體之爲名，待用而彰，無用即體不立，無體即用不成。體者，一眞絕待之稱；用者，萬變無窮之目。夫萬變無窮元是一眞絕待，（即用即體。）一眞絕待元是萬變無窮。（即體即用。）《新論》全部，只是發明此意，中卷（〈功能〉上、下。）平章空有，在在引歸此意。古今學術思想，或從萬變中追尋絕對，（絕對即上云一眞無待。）自宗教以至哲學正統派皆是也；（哲學中談本體者，畢竟是正統派。）或依萬變之跡而行觀測，（注意之跡二字。）則科學自此興。

科學於萬變處不能謂之無所得，但其所得終不離跡，無緣理會萬變之原，其所仗者量智或知識，又當守其領域故也。

宗教與哲學雖分途，而哲學家中頗有與宗教相通處者，即同具有超越感是也。（例如黑格爾氏之「絕對精神」與宗教家上帝雖精粗異致，其爲興起超越感則同。）由此超越感，不知不覺而將本體世界與萬變的世界劃鴻溝，於是體用不得融成一片。（許多談本體論者是如此，黑格爾似較好，但與吾《大易》之旨究不類。）《新論》直是不得已而有作，烏容掉以輕心。

《新論》談體用，輒舉蔴與繩或水與冰喻，此正對治用外覓體之病。至理，言說不及，強以喻顯。因明有言：凡喻，只取少分相似，不可求其與所喻之理全肖，吾書中亦屢加注明。乃讀者不察，竟有來函謂吾所舉喻是以因果言體用。亦怪事也。

問：「《新論》談佛，不及中土諸宗何耶？」

答：《新論》改革印度佛家思想，只從根本旨趣上立論。不可枝枝節節爲彼各宗派作論文也，此點須認清。佛家自小迄大，只分空有兩輪，小空不及大空，小有不及大有，故吾只扼住大乘而談也。雖中土自創之宗如天台、華嚴等，其淵源所自，能外於大有大空乎？凡著書者，如評判其所從出或所欲改造之學派，則必綜覽該學派之全體而抉其本根，撮其要最加以衡斷，始抒己見，至其支流可勿具論。吾書乃自成一家言，自有體系，非爲佛家作概論或歷史也，焉得一一取而論定之乎？

昔者梁任公嘗疑小宗或優於大乘，此蓋揣測之談耳。任公固未之學也，吾於小乘雖未暇致力，但就涉獵所及，當以大乘爲長。般若家解空可謂深遠極矣，小乘無此境界。《大般若經》、《大智度》與《中觀》等論，廣大幽遠已極，凡夫何能攀援此等境界。小知讀此等經論，厭其重複，難以終卷；智者會心於文言之外，而後窮於讚嘆也。夫言之重複而後使人之印入也深，善讀者其敢忽諸。無著一派談境，（境，謂法相及法性。）唯識之論拆得極零碎，而後排比拼合，甚不厭人意，當有不及小乘處，然攝一切法歸唯識，比小宗較有統系。小宗雖多精到處，究是繁瑣哲學。末那、賴耶如活講，亦甚有意義。張德鈞問：「如何活講？」曰：《禮經》所云「知氣」，即人之精爽不隨七尺之形俱滅者也，明儒黃宗羲頗信有此理。末那、賴耶卻可以知氣或精爽言之。

問：「大乘說末那，以其恆內執有自我，故建立此識，如何與賴耶並說爲精爽耶？」

曰：《瑜珈》言「由有賴耶，故有末那」。大乘說末那與賴耶恆相俱而有，人死時，此二識不滅，故並言之。又賴耶含藏一切種子之義，今若勿以種子說爲現行或一切相見之因，亦勿立本有種，更勿以賴耶爲現界之根本依，勿以根身、器界說爲賴耶所變現，總之不虛構一大套嚴密的理論來建立賴耶以爲宇宙人生根本。如此，乃免除其在玄學上之妄構，而只將賴耶作下意識講，豈不極有意義？門人鄧永齡云：「賴耶含藏一切種，若就心理學之觀點來講，正是下意識。可惜舊唯識師種子義講得太糟，遂成爲懸空妄構之玄學耳。」

有問：「《新論》評及空有二宗大義處，有『據本體論的觀點』云云，及『據宇宙論的觀點』云云，竊謂本體論、宇宙論只是西歐學人作此分別，佛法中似無此等意義。」

答曰：異哉子之言！不審如何讀佛家書也。佛典並用三分法敘述法義。曰境、曰行、曰果。境之爲言，是所知義，其間分別談法相、法性；（法相省云法，相當俗云現象界或萬有。法性之性作體字解，猶云萬法實體，亦名眞如。）次行，謂功修；（猶云修習的工夫。）次果，謂所證得。（功修是因，所得是其果故。）今試問境中法相一詞，與哲學中宇宙論一詞，其意義頗有相通處否？境中法性一詞，與哲學中本體論一詞，其意義復有相通處否？而吾子乃云佛法中無本體論、宇宙論等意義何耶？若云「當用法相法性二詞，不應採時行術語」者，則吾固嘗籌度及此：凡古今流傳之偉大學派，必皆於至道有所證見，其給人頻以光明而資益吾人生命者，功亦巨矣。講古學者，當發明其要義，使有智者得解，可以取長捨短，與道消息，不應以陳言僻語而述古學，使人不可措思也。昔人論文，多不喜用奇字僻典，而故作艱深；無實義者，尤惡之，顧亭林先生即持此主張之一人。即徵之佛說，如《楞伽經》中以執著種種美妙言詞爲妄計所由。宗門語錄，蓋遵經旨。（《楞伽》爲宗門所本。）昔在舊京，馮芝生教授嘗謂佛書難讀，宜取重要經論而以時下語言疏釋之，使其意義了然可解。因聘王生，助教清華哲系，欲其準備此業，其意甚美，王生旋赴英，而此願成子虛矣。後生不學，每謂孔佛無有本體論、宇宙論，而吾子亦惑之。試問佛家浩浩三藏，是歸趣證見圓成實性否？如何漫道佛家無本體論。佛家自《阿含》以迄小宗、大乘，其五蘊之談首以色蘊，即將內而根身、外而物質宇宙，析別相狀、平列敘述，而總歸色蘊。不謂之有宇宙論的意義也得乎？至大乘空宗，遮撥一切，其不成立宇宙論，正是表現其關於宇宙論方面的一種見地。有宗八識與種子及緣生之論，分明是有組織精嚴的宇宙論。《新論》敘述詳明，（中卷尤詳。）雖具廣長舌，又何可辨？強辨，亦難誣事實。孔子之學，具在《大易》，《春秋》亦從是出也。《論語》與《易》、《春秋》相印證也。在舊京時，張孟劬先生嘗曰：世界有三部奇書，曰《大易》、《論語》、《老子》。欲吾爲作新疏，吾忽忽已衰暮，無能爲役。《易》爲義海，六十四卦顯無量義，要歸「易有太極」一語，謂《易》無本體論可乎？「乾道變化」，「品物流行」，（二語係節錄「乾卦」。）畫爲卦爻而表之以數理，神哉神哉！巧不可階，妙不可言，而謂《易》無宇宙論可乎？川上之嘆，（見《論語》。）於變而顯常也，與《易》義可互證也。

有問：「外間頗議《新論》中卷談空，不免以清辨邪宗，上逆般若者。」（清辨爲空宗後勁，有宗如護法窺基諸師力詆之，謂其爲「惡取空」，惡者，毀責詞；取者，取著，以其耽空，呵爲惡取。）

答曰：《新論》敘空宗義，特引《心經》，依文訓釋，彼義既明，乃伸吾意，此亦矜愼之極矣。夫空宗隨說隨掃，不似有宗持論，有所建立，條件分明，易以核舉。（不似，至此爲句。）吾初欲依《般若》，達其神旨，繼念世人虛懷者少，將謂吾未讀經，但憑臆說，於是思得一法，即引據《心經》以彰幽旨。蓋《心經》爲《大般若》之撮要，以少文而攝無量義，自昔相傳於是也。基師尊重此經，厥有幽贊，然以《瑜伽》之學（《瑜伽師地論》爲有宗所據。）妄附《般若》之意，甚失其眞。余擇舉經文加以疏解，辭略義備，歸於至當。夫探衡聖意，既如其分理，而發抒創獲要無所偏私，平情以精義者將自知之，奈何以「清辨邪宗」妄相誣詆。以此推知，古人論著之苦心爲並時與後人之所不肯體察者，豈少也哉？（有宗起於空宗之後，而亦稱大乘，又有矯異空宗之處，而唱有教。雖復承宣空義，而骨子裡究與空宗本旨不同，故有宗雖詆清辨以惡取空，要未可據爲定評，而疑清辨不得空宗本旨也。韓裕文有志斯學，吾望其有所究明。）

有難：「《新論》以《心經》解《般若》，巧取捷徑，亦失玄宗。夫《毗曇》結小說之終，《般若》啟大乘之始，息息相關，學歷如此。《經》言『五蘊自性空』者，色空變礙性，受空領納性等，皆於《毗曇》見其眞詮，豈常人耳目體膚之所感覺能盡其意耶？《般若》正宗，在『不離一切智智，而以無所得爲方便，故遍歷染淨百八句以爲觀行，此豈五蘊皆空得限之耶？五蘊不攝無爲也。《新論》於此等處一無所知，乃謂能由《心經》以彰《般若》幽旨，吾不敢信。」

答曰：君之所論，均屬膚談。夫所言色者，唯是變礙性，（色者，是可變壞與有質礙的東西，諸論定色之內界，皆如此。）非離變礙性可有色之名。今言「色空變礙性」者易言之，即色空也。受空領納性，例色可知。小宗只空我執，（不執有實自我。）未空法執，（法執意義，深廣無邊，非可咬文嚼字而解。此等名詞直須透悟《般若》整個的意思於文言之外，方許解得。）今云《般若》空五蘊性，「於《毗曇》見其眞詮」，此成何說？「《毗曇》結小說之終」，既足爲空蘊性之眞詮，則《般若》何須出？此吾所不解也。至云「豈常人耳目體膚之所感覺能盡其意耶？」《新論》何曾有此說？眞乃無的而放矢矣。《新論》云「經言五蘊皆空者，謂一切法相都無實自性故，即是皆空。如以色蘊言，此色法無有獨立的實在的自體故，即色法本來是空」云云。《新論》下語極質實，而意義極深廣，君等掉以輕心，宜莫能喻。夫《般若》談空，豈是茫無歸著，蓋破相以顯性也。佛家當初說個五蘊，元是總括一切法相或宇宙萬象而爲言，（宇宙萬象不外心物兩方面，色蘊即物，受等四蘊即心。）如果法相是獨立的、實在的，便無從談法性。憶昔在舊京，與友人數輩聚西直門外某寺中，專爲討論西洋哲學上現象與實體一大問題。大家的意思皆以爲，如本體是潛在現象界之背後而爲現象作依托，則有現象與本體兩界對峙之嫌，且現象界何須要個依托，亦無從說明。如果說本體是發生現象的根源，則現象既是實有的，何必爲它（現象。）另找根源；既另有根源，仍是兩界對峙。當初有主張只承認現象界，不談本體，但又覺得現象界分明是變動不居的，宇宙人生不應如此虛幻無實際。當時大家反覆論難，終付之闕疑，不可得一結論。自後，余常念念不忘此問題。久之，稍涉《中論》、《大智度論》，漸及《大般若經》，恍然有悟，以爲空宗蕩除一切法相，即是遮撥現象以顯實體。實體不是超脫現象界而獨存之一世界，唯空諸法相，方乃於一一法相而透悟其本有眞性。（此中眞性即謂本體。）譬如於繩，而不作繩相想，即繩相空，方乃於繩而見其本是麻也。積年疑滯，始得豁如。《心經》言「五蘊皆空」，蓋即於色蘊而見一一色法都不是獨立的實在的東西，是色變礙性空。（此中「見一一色法」云云，「見」字義深，《心經》云「照見之見，乃定中智照也」，凡夫所有見聞思考等，非此境界。近世新物理學亦不謂元子、電子有實質，即色法是空，然與大乘菩薩定中智照所了者，其境界淺深之判，奚止天壤。科學雖不謂有實質，要未能廓然亡相，以其未除情識故也。菩薩定中智照，冥證眞體，離一切相，如此境界深妙難測，故謂此中見字義深也。下文見字，仿此。）乃至於識蘊，而見一一心法，都不是獨立的實在的東西，是識了別性空，（諸論說識，以了別爲自性。）由諸法相皆空故。而其本有不空眞性，不可作色變礙性想，不可作受領納性想，乃至不可作識了別性想者，斯乃可得而悟矣。《心經》弘闡《般若》究竟了義，《新論》以空相顯性（空法相而顯法性。）釋《心經》，如何輕詆「巧取捷徑，有失玄宗」？君謂「五蘊不攝無爲」，此正《心經》妙處，而君未得解耳。《般若》說無爲空，正恐人於無爲法上著相耳。著者取著，亦云執著。無爲法者，本法性之目，不可說爲空，但如將無爲法當作實在的物事想，便是著相，《經》故說空，以破其所執相。然一往施破，易滋流弊，設有誤計法性亦空，則爲空見外道矣。《心經》空五蘊，即空一切法相盡，而不空無爲，所以存性，此《心經》善宏《般若》也。君又云：「般若正宗，在不離一切智智，而以無所得爲方便。故遍歷染淨百八句，以爲觀行。」「《新論》於此等處，一無所知」云云。夫《新論》中卷所談，若用佛家術語，只是談境而已。（法相、法性，通名爲境，曾說見前。）其引用《心經》以彰幽旨者，自亦取其有關境論之部分。《新論》自有體要，不可爲《般若》作通論也，何得以其有所不談，遂謂「一無所知」耶？君謂「般若正宗，在不離一切智智，而以無所得爲方便」，吾猶有疑於君者，不卜果於此語有眞解否。從來尊宿皆喜談一切智智，而此詞究作何解，竊恐不茫然者無幾。夫一切智智，將謂橫盡虛空、豎窮永劫、一切事理、無所不知耶？以此言一切智智，雖三尺之童將知其不可矣。若云超越俗諦一切知能，法執盡淨，冥應眞極，（法執盡，則我執盡不待言。眞極者，法性或眞如之代語，應字義深，智即是性，非二，故言應。）世諦正知必依此而始發者，是則名爲一切智智，斯固吾之所許。佛家喜弄名詞，即以智言，其名數之多幾不勝數。其於各種智所示之分際與境界，時有令人起治絲益紛之感，而或不必有什意義。此等繁瑣哲學，非經一番改造不可也。更有言者，一切智智爲是修所顯，（修謂功修，亦云修行。）抑是熏習始起。「修所顯者」，即智即性，非智與法性爲二也；「熏習始起」，則此智由外鑠也。君或不以前義爲然耶？天下固有無根之木，無源之水耶？「無所得」三字，尤忌在字面上作解，須先在生心動念處，察識如何是有所得心，（心才生，念才動，便如向外有所追求與有所構畫者然，便不能亡相，便不與眞理相應，此即有所得，非無所得也。句中須先二字吃緊，察識工夫只是初步。）若只熟誦許多經文，有什相干。（卻非不要誦經。）君謂「遍歷染淨百八句以爲觀行」，吾謂百八句，昔人自是聊示方隅，後學不可死於句下。人心染淨之相，略舉染淨兩字亦無不賅；欲詳究之，十萬八千句也說不盡。觀行下手處，只在當人切著己，惡可守古人一定句子耶？且以觀行言，《心經》空五蘊，是徹下徹上工夫，色蘊空是所緣空也，受等四蘊空是能緣空也，能所雙亡，即染妄盡而眞體顯，故曰「徹下徹上工夫」也。玄奘大師宣譯之業，以《大般若經》爲最愼重，殆捨身命以從事，其契入之深可以想見。然臨歿誦持，猶是《心經》之旨，則知善發《般若》者，莫如《心經》，孰謂《心經》猶不切於觀行耶？

有難：「《新論》中卷批評無著三性說，引據《大般若經》，以爲『三性始於空宗，無著更張原意』云云，此解無稽，眞出意外。蓋所引《般若》爲《慈氏問品》，原係《瑜伽》所宗，晚出之書，取以自成其三性說者，此與空宗何關？《羅什大品》不載此文，梵本與藏譯舊本《般若》亦無此品，乃至奘譯《無性攝論》引用經文者，西藏譯本亦不見有，可證其流行之晚也。西藏《大藏經》目錄，亦謂龍樹於龍宮所得《般若》大本並無此品，又可證其非龍樹學之所宗也。今存藏譯二分《般若》有此品，乃晚世補訂加之，題名《般若》之經，非空宗所專有。如《般若理趣分》爲密宗所依，與空宗亦無關。豈可一見《般若》，即目爲空宗之說？」

答曰：《新論》所引《般若》說三性文，君據梵本與藏譯舊本《般若》都無《慈氏問品》，斷爲「《瑜珈》所宗，晚出之書」，吾意，謂之晚出則或然也，謂爲《瑜珈》所宗與空宗無關，則期期以爲不可。夫大小諸經，多由釋尊後學依據聖言廣爲推演，其卷帙極繁重者，如《大般若經》之類，原非一人所爲。蓋自釋尊歿後，諸大弟子之言論，空有分途，隱有端緒，逮小乘繁興，其異遂著。空派文籍前後流傳當極繁富，及龍樹菩薩出，以雄才睿智搜羅談空一派之眾說，而運以精思，抉擇貫穿其間，輯成巨典，此《大般若經》所由傳。而龍樹集談空之大成，遂爲大乘之開山，猶孔子集群聖之大成，乃爲儒宗之開山也。舊謂龍樹於龍宮所得《般若》大本（龍宮不過自神其說，只是深山崛宅貯藏文獻之地。）無《慈氏問品》，吾則以爲，欲推論《慈氏問品》之早於龍樹或晚於龍樹，二者皆有可能。龍樹僅爲空教之集大成者，小乘早有空教之思想已可證，《大般若》非一手之爲，觀其書之體勢而可知。各宗所傳承之巨大典籍，皆非一人所爲，不獨《般若》也。龍樹蒐集空派文獻時，或未得見《慈氏問品》，其所輯《般若》大本因缺此品，此固事理之所可有者。如此推論而確，則《慈氏問品》爲早於龍樹之般若家言，不得以其未見收於龍樹，遂判爲《瑜珈》所宗也。即令推許爲晚於龍樹，要是承龍樹之思想而開演之，不得判爲瑜珈宗說。君謂「題名《般若》之經，非空宗所專有，如《般若理趣分》爲密宗所依，與空宗亦無關」云云，吾則謂「《般若理趣分》爲密宗所依」，此言甚是；「與空宗無關」，此言甚誤。密宗本依據《般若》，而得云無關耶？君又謂：此經已有三性名稱。則《阿毗達磨經》亦不必費大周折，以幻等異門爲《般若》說三性之證；又清辨《般若燈論》亦無由破斥《瑜珈》建立依他之非。殊不知三性名稱是一事，建立依他性與否又是一事，經文於依他性明明說唯有名想施設言說，何曾建立耶？此經既不曾建立依他，則《阿毗達磨》之曲說與清辨《般若燈》之破斥，皆有由矣。又君據瑜珈宗，以色等三法配合三性，雜揉空有，矯亂實甚，頗厭繁文，姑置不答。

有難：「性相之稱，原同考老轉注，三自性即三自相，而在《新論》乃以附會於本體與宇宙，甚不可也。」

答曰：佛書中凡言相者，有二義：一者相狀，二者體相。凡言性者（性字多與體字互訓。）有二義：一者自性，（亦云自體。）二者實性。（亦云實體，猶云本體。）實性者，具云諸法實性，（省云法性。）即是眞如，亦云圓成實等等。（名字甚多。）自性，則隨舉一法，皆有自性可言，如說青，則有青之自性，以其不同於黃赤白等等故；乃至說眞如，即眞如有自性，眞如不即是諸法而是諸法之實性，故說眞如有自性；甚至如剛才說這一句話，即應知這句話也有它的自性，以其與前一句話及後一句話都不同故。由此可知，自性與實性二名大有區別，即自性一名，隨所指目，全不固定；而實性一名卻是專目萬法本體。佛書中性字，有自性與實性，兩種用法不同，此不可無辨。性字既已辨清，而後性相二字非一概可以互訓，乃不待辨而明。試舉二例如下：甲、如云：「識，以了別爲自性故。」此中性字亦可改用相字，因爲佛書中凡言相者，有處須作相狀之相解，有處須作體相之相解，依後解而用之相字，應訓爲性字。（或體字。）如本例中自性之性字與作體相解之相字，可互訓也。自性（或自體。）一名本不固定，隨所指目，今克就識言，即識有自性，（或自體。）不同色等法故。此中相字與作體相解之相字，可以互訓；而與相狀之相，要不可互訓也。乙、如云：「眞如是識之實性。」此中性字與作體相解之相字，本可互訓。眞如亦名爲萬法之實相，（猶云實體。）經論皆有明文，但絕不可與相狀之相字互訓。又實性一名，克目萬法本體，與自性一名之全不固定者截然不容混視，此則前已說明。

如上略舉二例，可見「性相之稱原同考老轉注」之說，謬誤太甚。至於三自性亦云三自相，諸本譯文，隨所用之，吾豈不知？但吾欲問君者：此中自性一名，究作何解？夫三自性者，（談者每簡稱三性，爲省便故，實則應云三自性。）一遍計所執自性，二依他起自性，三圓成實自性。（三性，見《新論》中卷，學者平日縱未讀佛書，然《新論》卻說得明白，只須字字留意，無難解者。）夫遍計所執，全無物事。意識周遍計度，名爲遍計。而此計度不稱實故，陷迷妄故，由此妄有所執之相，是名所執。如依眼識等所見堅白等相，而妄計度有整個的瓶子，其實眼等識只各得堅或白等，都不可得整個的瓶子，瓶子只是迷妄所執，故云全無物事。而於此用自性一名何耶？蓋此遍計一詞所表之意義，與後二詞（依他起及圓成實。）所顯示者，互不相同，故說到遍計所執，即此一詞有自性也。後二（依他起及圓成實。）本與初之遍計所執虛實不同，據有宗義；依他起法於眞諦中說爲幻有，幻有即非無；於俗諦中且說爲實有矣。圓成實是眞實有，而亦說爲非有非無者，謂於此圓成實之上本無遍計所執相，故說非有；而圓成實亦名眞如，是萬法實體，故說非無。非有非無是實義，並非玄談，更非矛盾之論，故後二皆實，不同初之所執全是虛無。而各置「自性」之詞者，二中依他法不同於初之全無，亦不同於第三之爲絕對眞實，故應置自性言，明此依他起自性不同初與第三兩種自性也。三中圓成實亦置自性之言，準初及第二，可以例知。佛書中修辭極謹嚴，凡立一名詞，即此所詮義，必有其自體可言，（自體猶言自性，體字與性字通用，此意前已說過。）否則只是淆亂不清，所謂名不正、言不順也。故凡一名詞下，而置自性之言者，即顯此名詞之特殊性，並無他種深解，讀佛書者，於其辭例，不可不知。凡此極平常之名言，而君弄得如斯紊亂，以狂誣《新論》，誠不可解。夫圓成實即眞如之異名，圓者，本來圓滿，無虧欠故，成者，亙古現成，非所造故；實者，絕對的眞實，無倒妄故。眞如若非萬法本體，（萬法猶云萬有。）則眞如一名所目者是什麼？願君平懷澄慮而體究之。君以吾談本體，遂嫉厭本體一詞，乃欲曲解眞如及法性等詞，謂佛家無本體之義，佛家豈空見外道或斷見外道耶？或者佛法只承認生滅流行爲實在耶？此皆異乎吾所聞。夫法相之相，是相狀義，與俗云現象，義亦相通。佛書中凡談蘊界處（蘊，即五蘊，《新論》中卷引《心經》處已有解釋。又有十八界及十二處之說，則只將色心五蘊另變一種排列耳，詳在《佛家名相通釋》。）或八識等，（佛書中凡言等者，有內等外等。內等略當助詞，無別所指；外等則指所餘列舉不盡之同類法而言。此中等字，即外等也。）通屬法相。（今哲學上現象界一詞，實即一切法相之都稱。）凡稍有哲學頭腦，能讀佛書者，當知法相一詞之所目者，有其一定之範圍。易言之，即眞如法性不在法相一詞所目之內。（眞如亦名爲法性，經論有明文，此中以眞如法性合用爲複詞。）謂眞如法性是一切法相之實性，則是；謂眞如法性亦名法相，則大悖，而曰「性相之稱原同考老轉注」可乎？至於三自性中依他起自性，吾只謂其屬宇宙論方面的說法，何曾以依他性（省稱。）一詞徑訓爲宇宙二字乎？而曰以之「附會宇宙」，極不成話。夫依他之他，是緣義，依他起者，明色心諸相（此相字，即法相之相。）皆依托眾緣而生，所謂緣生論是也。（緣生，亦名緣起。雖此二詞，唐賢有稍加分別者，卻無關要義。）佛家緣生論屢有變遷，釋迦首唱十二緣生，只在人生論方面講；及小乘說四緣，便變爲宇宙論方面的說法；大乘有宗始建立種子爲因緣，雖與小乘同爲宇宙論方面的說法，而實際則與小乘截然異旨。小乘不立種子，其談緣生與晚世哲學家談關係論者，義趣頗堪和會。至無著世親兄弟立種子爲因緣，其後學一脈相承，始說因緣爲作者，餘增上等緣爲作具，（詳見《新論》中卷。）自是而緣生論乃復變成構造論，此則其不及小乘處也。然大有（大乘有宗之省稱。）既立種子，則其談緣生不變成構造論不得也，依據種子論者之思考與理論，必推演至此而後已，此固無足怪者。三自性中依他性，即據緣生論而立名。實則，大有種子論出，已變緣生論而爲構造論，《新論》中卷言之已詳。依他性中，本是說明一切法相（謂色心諸法。）有待而起，（待者，謂待眾緣。）或宇宙所由構成，（宇宙，即一切法相之都稱，「依他性中」，至此爲句。）義據分明，而君必謂佛家無宇宙論，以君之明，豈見不及此？或由輕視西洋哲學太甚，並其名詞而唾棄之；或自視太過，視迂陋所言必相矯異，此皆有所未可也。

有難：「《新論》強分空有，殊欠妥。龍樹無著之學，後先融貫，兩家皆對一切有而明空，乃從清辨立說，謂『空有異輪』，此爲唐賢章疏所誤也」云云。

答曰：君所謂「唐賢章疏」者，即指窺基圓測二師之疏，測基著述太多，於枝節處容有疏漏。若空有分宗，自小乘二十部已顯然異幟，《異部宗輪論》略見其概。龍樹無著二宗之學，皆前有所承，都非突起。無著出龍樹後亦自標大乘，雖復承宣空義，要其骨子裡確是繼小乘以來談有一派之精神，而緣飾以龍樹之空，自鳴中道，此徵之《解深密經》與《大論》，其用心所在，歷歷可考見也。龍樹之學不建立依他。（《中論》破四緣。）而無著一派所宗經論無不盛張三自性，極成種子，以堅固依他性之壁壘，此其精神與面貌根本不同。而君乃謂「後先融貫」何哉？

乃以誣詆測基章疏，豈不冤哉！夫奘師之在天竺也，有大乘天之稱，其學之精博，天竺尊宿未能或之先也。測基在奘師門下，親承音旨。何至於空有宗派尚茫昧無知，任意傳訛，遺譏後世，如君所詆者乎？吾國近來治古學者，好逞臆見，而輕翻前人成案，異乎宣聖好古之風。夫義理無窮，前人亦有見不到處，後人盡可補救與發明；至於古人學問淵源脈絡，自有廬山眞面，治古學者不可以己意爲之曲解也。君本博學多通，若恐空有二宗之學不相融會，而欲如鄭康成揉通今古，陳蘭甫調和漢宋之爲，此意未嘗不佳；但當知王輔嗣所云：「異而知其類，睽而知其通。」卻不可將其本異本睽之眞精神消失盡淨也。

有難：「公於大乘空有二宗之學，夙依舊說：空宗所宗經則《大般若》，所宗論則《中》、《百》、《十二門》；有宗所宗經則有六經，所宗論則有一本十支，此乃相沿之誤。龍樹兼主《華嚴》，羅什傳習亦以《十住婆沙》與《智論》並宏，而謂空宗單宗《般若》可乎？無著通宗《般若寶積》、《瑜伽》抉擇解整部《迦葉品》，以見大乘宗要，《中邊》亦有遵依《般若》、《寶積》明文，乃以爲專主六經，亦大誤。六經自是《成唯識論》所依，且《如來出現》即是《華嚴》一品，何得並稱爲六？」

答曰：《華嚴》相傳龍樹得自龍宮，是否依托之詞，殊難斷定；即令果自龍樹得之，而是否奉爲宗主，又別爲一問題。龍樹精神命脈不能不謂其全在《中論》，（《智論》是釋經。）殊難見有兼主《華嚴》之徵。有宗所主六經，君卻謂之是《成唯識論》一書所依，此其致誤之由，則以將無著世親兄弟授受之學而強分爲二宗，此其說雖始自宣黃大師，然吾未之敢信。世親唯識之論，其根本大義一切依據無著，只持說之體系較諸其兄之諸作爲更完密，非主旨有異，故不必以一家之學判爲兩宗也。整個有宗之學既不可分，則不得以六經爲世親唯識所專主，而謂無著未嘗有是也。夫無著所宗《解深密》等經，《瑜伽》等論，明明以《般若》爲不了義教，而謂無著宗《般若》可乎？君謂「《瑜伽》抉擇解整部《迦葉品》，《中邊》亦有遵依《般若》、《寶積》明文」，以此證「無著通宗《般若》、《寶積》」，此等論證法太不合理。古今哲人爲學，莫不有所宗主，亦莫不汲納眾流，旁參博證，焉得以其採擇所及便是其宗主所在乎？鄭玄釋經雜讖緯，謂其有取於是則可，謂其所宗在是則不可。基師曾云：清辨有言，應當修學。將謂基師亦宗《掌珍》等論乎？且無著諸作，出入群經，豈止《般若》、《寶積》，將謂其無所不宗耶？君以羅什傳習《十住毗婆沙》，證空宗亦主《華嚴》，論證不成，毋須復辨。又凡佛家巨冊大典，本由蒐集眾說而成，豈是一人之作。《如來出現》雖是《華嚴》一品，或者《華嚴》未總輯時，此品早已單行；或是《華嚴》總輯以後，無著等特尊此品，故抽出單行，與總經並列，以示提倡。如《大學》、《中庸》本屬《禮經》中二篇，今自宋以來談經籍者，以《學》、《庸》與《禮經》並舉，孰謂其不當耶？總之，異宗之學，謂其不能不有互相兼取與融通之處，則理所應爾。我亦無遮；但如欲將名宗根本主張與其特有之精神，一概矯亂而混同之，則違實事求是之規，非吾所仰企於明哲也。又凡宗派之分，遠自古昔，本屬成案，後人如欲溝通之，只合明其異中有同，斷無可取消成案：古學不曾分宗，而後人以意強分之者，亦是徒勞，此皆談古學者所宜謹也。

有難：「無著據《瑜伽》以談境，備在《顯揚》，以二諦開宗，無所不包，建立依他又無比其要，公一向持論謂《攝論》、《唯識》獨詳，何耶？」（《唯識》，即《成唯識論》省稱。）

答曰：《顯揚》於《瑜伽》設教節目提控較詳，若云談境，豈二諦開宗便可包括耶？誠如此，則《法苑義林》之〈二諦〉比《顯揚》詳悉多矣。建立依他，《顯揚》果何特要？須知：無著之依他義首在種子，（依他即是緣生義，談緣生必析四緣，而四緣以因緣爲主，無著所云因緣，即是種子。）《攝論》首建賴耶以含藏一切功能，（無著功能，即種子之別名。）而歷評外道等所各立之萬有初因，（如大自在天及自性、神我等是諸外道所建立爲宇宙之初因者。）以爲皆不如己之種子說。復承《瑜伽》之種子七義而約爲六義，又申熏習義，自是種子義確定。世親及其後學承之，只有推演加詳，而無有絲毫改易其本義者。依他建立，特異空宗，若非原本小有，（小有猶云小乘有教。）借鑑外道，以組成極有精嚴的體系之種子說，則三自性中之依他性又如何建立得起？孰謂《攝論》談境不如《顯揚》耶？《唯識》談境，堪稱義海，以言其廣則無所不包，（世親於外道及小乘學無不博究，且無不精研，後因乃兄作《攝論》授之，遂捨小入大，承受其兄之學。晚而造《唯識》，稟無著之精髓，而理論方面則燭照於外小，而肆應無方。）以言其細，則無所不入，規模宏遠，體系精嚴，雖與《顯揚》等論並列十支，而實《瑜伽》以後最偉之作。《中邊》雖善，詳密遠遜。吾生今日，雖病其懸空構畫，兼厭瑣碎，但在印度古代哲人工玄想而不免空想，精解析與排比而易流繁瑣之學術空氣中，（但在至此爲讀。）《唯識》甚有其長，而亦難避其短。玄想甚重要，西洋人非富玄想，不能有科學上之發明；印度前哲亦富玄想，然復過富於宗教之情趣，遂多陷於空想。印度人極精解析之術，但不務質測，輒以空想而流於繁瑣哲學。其持論尙排比而每失倫類，如五蘊中色蘊，本分析物界，即以質礙名色，而內心之相亦名爲色，列在色蘊，極無倫類，此例不勝舉。總之，印度人長短之處，自外道小乘以至大乘隨在可見。乎情而論，世親《唯識》其骨髓承無著，而運思之密、立論之精，實受當時外小影響。而或有融攝，或相反對，所資者博，所造者宏，其爲彼時代極偉大之創作，而亦佛家有教中談境最精最備之書。原其成立其依他性，恢弘小有之緒，而矯空宗末流沉空之弊。新熏種義應用於人生論方面，卻極有貢獻，與《大易》「日新之謂盛德」可相和會，《新論》「淨習」亦本其旨。自餘可稱者多，茲不暇詳，在歷史上價値之巨，固永不可磨滅也。自唐以後，此學漸成絕響，近世宜黃大師赫然之績實在於是，其可忽哉！自吾《新論》出世後，學者或輕視世親《唯識》一書，以爲不足深研；甚者至欲遺世親而獨崇無著，則是尋金沙之源而不肯睹揚子江流之廣遠也。夫不深窮世親《唯識》一書，則亦不知《新論》所由作，宜其視《新論》於無物也。

有難：「《攝論》、《唯識》依《毗曇經》，與《瑜伽》異說，《本地分》依圓染淨相對而談，論經始說依他爲二分，公向以爲兩論悉據《瑜伽》，可乎？」

答曰：本地但據染分依他言之，詳略異耳，僅此一節，足爲兩論不據《瑜伽》之證哉？夫

《瑜伽》稱一本，兩論並在十支，支自本生，自昔傳承如是，豈吾臆說耶？

有難：「基師纂《成唯識》，淆亂三家，迷離莫辨，既誤安慧說爲難陀，又以勝子等說改護法，今有安慧論梵本與護法論淨譯本可證，測更自鄶而下。公一向誤信兩師解說有據，奚可哉？」

答曰：奘師之譯世親《唯識》也，本主十釋別翻，（十師各有釋文。）基請糅成一部。（即今存《成唯識論》。）別翻與糅譯互有短長，基師於論本外別爲《述記》，用意良善。（常與賀自昭〔麟〕談此意，自昭亦謂此種譯書法最好。）惜《述記》成得殊草率，此無可爲諱；然既是糅譯，只十師要義不遺，足以發揮世親之旨，便稱善本。至於某義發之誰氏，記憶有誤自所難免。曾見後生稍有記問考核工夫，於章實齋書中發現引用故事錯亂頗多，遂狂詆實齋爲不學。余喟然曰：須識得章書旨要，枝節之誤雖亦宜知，究無傷大體。吾嘗與人箋，談皮錫瑞《五經通論》，而誤將皮字寫爲裴，設幾吾改皮書爲裴書，可乎？以此推知，君所舉基師某說誤爲某，及以某說改某，似未足爲基師深病。要之，基譯《唯識》不失世親本旨，未容輕議。測公精博或遜基師，然彼似多存眞諦學，時有卓見，豈可等諸自鄶？（眞諦所傳唯識似不屬無著、世親一派，世親說三能變，實承無著《極論》，此意須另爲文詳之。眞諦朋一意識師，顯與無著分途，古籍不完，無從考其來歷。）測基親炙玄奘，學有淵源，吾儕不信測基而誰信？至謂玄奘喜以晚說改易舊文，此或偶有是事；然若以極少數之發現，輒疑奘譯諸籍無不改竄，則奘師將知世儒所譏之劉歆，吾不敢信。且所發現改易之處，吾猶存疑。俄之梵文專家鋼和泰，曾校奘譯《攝論》，稱其謹嚴，此一證也。

有問：「無著、世親所立法爾種，不可說即是眞如顯現，（「法爾種」亦云本有種。）眞如無爲故，（眞如無爲，不得說眞如顯現爲種子，則種子只是自本自根的，而與眞如對峙爲二。）故有宗學與《新論》體用不二之旨根本迥異。然《新論》謂空宗『遣相以顯性』，（性字與體字通。）則是性相不二，與《斯論》意思似可通。公嘗謂『佛家所云實體，似是現象界所依托的一個世界』，有宗頗此嫌，空宗卻不如此。」

答曰：空宗不立依他，即遮相以顯性，從玄學的意義來說，空宗卻無病。但空宗絕不肯道眞如是無爲而無不爲，只說個無爲，汝通十二部經大旨體會去。他說眞如，總是無爲，大概有遏逆生化的意思；或因出世思想使然。《易．繫傳》言太極，便說是生兩儀。太極，本體之名；兩儀，謂陰陽；生字，發現義，太極發現爲陰陽，即陰陽即太極，非太極與陰陽爲二也。不可妄計太極爲能生，陰陽爲所生，有能所，便是二，非《易》旨也。老子言道，便說「無爲而無不爲」，道亦本體之名。老子乃「易」之別派，猶不失《易》之根柢。佛家團體絕沒有〈繫傳〉、《道經》的意思，學者但虛懷參互究之，《大易》與佛氏不同處便可見。有人說佛家也講流行，彼卻不會《新論》。《新論》於流行識體，以流行即是眞體呈現故也；佛家說流行，如就眾生分上言，只是妄習流轉，豈《新論》所謂流行。如云「從初發心，歷一切勝行，至獲無邊智力德用，此有爲淨法亦曰流行，是不得以妄習言之。」殊不知，淨發流行雖非妄習，然在佛家，並不謂此淨法即是眞體，智與眞如，猶分能所故。（前有一則言之。）《新論》於流行識主宰，即工夫即本體，與空宗猶自不同，有宗更無論矣。

問曰：「《新論》平章華梵，權衡今古，所涉亦已博矣，持論固自成體系，宗旨究密朋《大易》，是固不純爲佛家言，而乃以《新唯識論》名書，其將以新有宗自旌異耶？」

答曰：《新論》之作，元由研習有宗《唯識論》，漸悟其失，久之旁參博證，終歸求己一路，困而後通，乃不容已於言，如蠶吐絲，如蜂釀蜜，豈復有所爲而然哉！嘗語人言：迂陋平生之學，以破除門戶，捨先入爲主之見，爲實下手處；以旁參博採，而後反己體認，虛中冥應爲實得。《新論》本不爲佛書作注解，而必欲純爲佛家言耶？曰：「若是，則書名何必沿有宗唯識之稱，招佛門之議？」曰：甚哉，子之陋也！從來哲學思想不外唯心、唯物兩途，雖有持非心、非物之論者，而其骨子裡不是偏重在心的方面，便要偏重在物的方面，實無俱非之論。吾非唯物論者，不以唯識名吾書，而將何名？吾書之作，由不滿有宗之學而引發，不曰《新唯識論》，而將何名？且吾之言學，夙主會通，夫豈無故！嘗語人曰：古今中外哲學上許多無謂的糾紛，大家弄到把窮究眞理的本務完全拋開不顧，而要自立門戶，自樹一幟。因此，哲學史也是一部相斫書，此正表現人類的見貪、見瞋，（見貪、見瞋，詳《新論・明心下》。）甚可痛惜！《新論》包羅儒佛而爲言，既自有根據，非同比附；而取捨貫穿又具有權衡，純是破除門戶，一以眞理爲歸。吾中國人也，又老年人也，所見自不出中國。中國哲學思想，要不外儒佛兩大派，（佛雖外來，而自漢迄今，已成固有。道家宗《易》，實儒氏之旁支，其崇無，亦有近於佛，故不別提。）而兩派又同是唯心之論。吾故匯通儒佛及諸子，析其異而觀其通，捨其短而融其長，於是包羅眾言而爲《新論》。始信象山「心同理同」之說無可議，理有所不同者，非至理也，（至者極也，談理到極處，不容有異。）心有所不同者，非本心也。（妄心或私心自不同。）《新論》之作，不欲拘一家之言，守一家之形貌者，所以破除門戶而歸於心理之同然，以蘄免於哲學家相斫之害也。世人不識吾意，紛紛妄議，豈不惜哉！《新論》原本印行時，（民國二十一年。）南京支那內學院刊布《內學》第六輯，曰《破新唯識論》。其書詆《新論》甚力，內有一條，謂「不應雜取儒道諸家」。吾時作《破破新唯識論》，曾答之云：夫取精用弘，學問斯貴，博覽遍觀，唯虞孤陋。吾友馬一浮與人書曰：「恥爲一往之談，貴通天下之志。」此言若近，而有遠旨，融攝諸家，詎爲吾病。前過漢上，曾遇人言：「佛家與此土諸宗，理當辨異，無取融通。」余曰：自昔有三教融通之談，吾亦唾之夙矣。其所謂融通，非融通也，直拉雜耳，比附耳。習比附者，絕望於懸解；喜拉雜者，長陷於橫通。今古學人免此者寡，如斯之流，公所弗尚，吾何取焉？若乃上智曠觀百家之慮，雖各有條例、各成系統，而如其分理不齊斯齊，會其玄極，同於大通。故乃涵萬象而爲宰，（遍徵群慮而自有宗主，否則與拉雜比附何異？）鼓鴻爐而造化，（融會貫穿，新有所創，成爲化學的變化。）同歸盡自殊途，百慮何妨一致？斯固小知之所駭怪，一察之所不喻，宜其等華梵於天淵，視內外若矛盾，道隱小成，明窮戶牖，其所患豈淺哉！昔羅什東來，睹遠論而嘆與經合，見肇文而欣其解符，此皆三玄之緒也，而什不以為異，何哉？（遠公著《法性論》。什覽而嘆曰：「邊國人未有經，便闇與理合，豈不妙哉！」肇公「四論」，什見之曰：「吾解不謝子，文當相揖耳。」遠、肇兩師之學，其根柢只是三玄，什未嘗以為異也。）夫學，必析異以盡其偏曲，必一貫以睹其大純，知異而不知同，非所以為學也。吾說未竟，而彼人欣然會心。故知世無宗匠，士溺近習，脫聞勝論，忍礙通途。《破破論》久未翻印，世人得見者甚少。

問曰：「佛家工於持論，老莊亦妙以文學達神旨，儒者似不屑馳騁論議，其故何耶？」

答曰：《論語》開宗明義而首提一學字。《白虎通》言：「學者覺義，覺者，明解之謂。」吾人努力對治其與形俱始之迷暗，而復其明解之本性，是之謂學。（迷暗只是與形俱始，非本性上便有此，本性確是明解的。吾人學問工夫，做到離暗得明、離迷得解，只是復其本性，不是於本性上添得些子，亦未曾減得些子。人生在迷暗時，本性只是障蔽而不顯，非本性上有所減損，《新論》究竟意思要不外此。）學者，非由外鑠我也，此是性分內事，一息不容鬆懈，何暇論議？然論議亦不必可廢，嘗與人言：中外學術，（自是就玄學或哲學言。）有本其所明解，而發為一套理論以喻諸人者；（如印度佛家。）有明解內斂，直爾忘明息解，（明不忘，則與所明為二；解不息，則與所解為二。）體神化不測之妙於人倫日用之間，（體神，至此為句。）其示人亦只在躬行處提撕警醒，令有以自得而不屑敷陳理論者。《論語》記夫子曰：「仁者，己欲立而立人，己欲達而達人。」與佛言自度他度同旨，立人達人，故教以之興。教法則有假興論議以喻諸人，如印度佛家及西洋學者皆是。其不務論議，而從人生日用中親切指點者，獨儒宗爲然。吾意論議是不得已。儒者精神，確甚重要，宋明諸師風範猶承孔孟，惜乎今之學子，此義蕩然矣！

牟生云：「有宗說話，處處分割得太死煞，《新論》破之已詳。空宗，從玄學之觀點去看，只是破而不立，自無有宗之失。（只是無有宗之失。）然談到心地，與《新論》所云『全性成行』、『全行是性』及『智即是如』等等意思，畢竟迥別，不知何故？」

余曰：佛家思想根本多矛盾，此意非簡單可說，亦難爲不知者道。且佛家派別甚繁，各宗之高文典冊多半是總輯眾家之說而成，其思想也不完全一致，甚難懂理。余通玩佛家大旨，約有三義是其超越古今處：一、於人生惑染方面深觀洞照，詳悉說與人看，好令自反。孔子不訾毀人生，不肯從這方面說，佛家偏要揭穿，雖不無短，（佛家出世思想由此，而且把人生看得太壞，更有許多不好處。）卻亦是萬不可少的說話。吾以爲人生惑染方面識得最透者，自有天地以來恐無過佛家者。（中外文學家揭人生壞處者雖多，然其態度冷酷，且從其小知小解、世間聰智而說出來，不是從悲心發出，更不能見大見深，此意難與世俗言。）二、佛家書形容一眞法界空寂、清淨、眞實，遠離一切倒妄或戲論，無上莊嚴，眞令人有顏子欲從末由之感。吾於此，直是窮於讚嘆，人生不識此味，極可惜。孔子於此方面只是引而不發，大概恐人作光景玩弄，欲人深造自得之，孔子甚切實，但有佛家說一番卻好。三、佛家書破除知見或情識處，直是古今中外無量哲人罕有如斯深遠。老莊雖反知，跡其言說，猶未臻妙境，其境界自不及佛家之高。歐西哲人大抵不出思議窠臼，更難望老莊矣！孔子境界高，卻不肯向這方面說話，應有佛家一說。昔在舊京，與友人林宰平、梁漱溟言：佛家之學，須看它大處、深處，若云理論，則爲宗教思想與空想所誤，荒誕處殊不少，余故欲評而正之。吾國向來嗜佛者，大概屬名士，談玄說妙無不陷於籠統與混亂，久爲思想界之毒，其於佛家罕能得眞實受用。今後從事西洋哲學者，甚願其於儒佛二家學作極深研工夫也。

向與牟生宗三言：東土哲人破知見或反知等話說，實非不要知識之謂，他只不遺知識而更有超知之一境。因俗學陷於知見中，不知有向上一層，故不得已而破之，而反之，其實，非屛斥理智或知識也。

與友人言：東方哲學，皆談本體。印度佛家闡明空寂之一方面，甚深微妙，窮於讚揚。中國《大易》闡明神化之一方面，甚深微妙，窮於讚揚。《新論》融佛之空，以入《易》之神，自是會通之學。

【答謝幼偉】承寄《思想與時代》第十三期評《新論》一文，其後有疑問三點，復承囑答覆。吾大病初痊，老來不易恢復康健，意興蕭索，略酬明問，不得暢所懷也。第一，賢者認爲吾之玄學方法非純恃性智或體認，實亦兼恃量智，此見甚是。但若疑吾有輕量智之嫌，則或於吾書有未仔細看也。又《量論》未作，則吾之意思隱而不彰者實多，又向未有接談之機會，宜賢者不盡悉素懷也。此一問題實在太廣大，每以爲東西學術之根本異處當於此中注意，大文第二疑點實與此中密切相關。吾三十年來含蓄許多意思，欲俟《量論》暢發。而以神經衰弱，爲漏髓病所苦，一旦凝思構文，此病輒發，便不可支，此苦非旁人可喻。又談理之文字，不可稍涉苟且，宋玉之賦美人，謂「增之一分則太長，減之一分則太短；著粉則太白，施朱則太赤」，審美如是，論文亦似之。哲學文字，其於義理分際謹嚴蓋亦如此。朱子爲《四書集注》，自云：「字字皆經秤量。」此非深於理者無從知此意也。佛家以幽贊玄義之文辭歸之工巧心，（工巧二字勿作世俗的意義會去。）有味哉！世俗可與語此耶？每見相識，怪吾著書之難，曰：「何不坐而言，令從遊紀述？」吾聞之，俯首而嘆：此輩以爲天下無不可明白說出的道理，說出即錄下，便成著述。如此見解，滔滔者天下皆是也，吾誰與言？又凡喻之於心者，出諸口便困；口頭有時勉強道得者，形之文字又覺無限艱難。邏輯律令，其難猶次，深入其阻而顯出之；遍歷其廣博而如量以達，無有漏義，則難之又難。且文章之事，純是精神氣力之表現，精氣虧乏，雖胸羅萬理，無可傾囊而出。偶爲語錄式之筆語，則在今日似不適應群機，今欲昌明一種學術，總以系統的論著爲宜。吾少孤苦，極人生難堪之境，中年困學，加以病患，初猶不敢輕爲著作，年臨半百，始有意乎斯文，而精氣已不堪用矣。今迫六十，更復何言！《新論》語體本若以文學眼光觀之，自是短闕；若僅作談理文字看去，則每下一義，每置一字，皆經周察審慮，無有絲毫苟且，期於字字見吾之心肝臟腑而已。若夫辭義往復，百變不離其宗，期於達意，孔子曰：「書之重，辭之複，嗚呼！不可不察也。其中必有美者焉。」（《春秋繁露》。）非精義入神，誠難知製作之不易。《量論》之所以難寫出者，自度精氣只如此，欲本不苟之心作去，乃大不易耳。然此書不作，則於《新論》之了解要不無閡礙，不卜將有作者起而彌吾缺憾否耶？上來許多枝蔓談，聊為賢者傾吐，此後將正酬來難。

東方學術，無論此土儒道及印度釋宗，要歸見體，此無疑義。但其從入之途，則有頓超直悟者，乃上根利器也；亦有婉轉迂迴、久歷艱辛，而後忽遇明珠者，根器雖鈍，及其成功，一也。（明珠喻性智，前所謂頓超直悟亦即於此超悟而已。至此，則迂迴者與頓悟合轍，所謂殊途同歸也。）性智是本心之異名，亦即是本體之異名。見體云者，非別以一心來見此本心，乃即本心之自覺自證，說名「見體」，此義確定，不可傾搖，玄學究極在此。如何說不純恃性智或體認耶？（純恃二字吃緊。）此處容著得絲毫疑情耶？此非量智安足處所，寧待深言。頓超直悟人，當下覿體承當，不由推求，不循階級，宗門大德，皆此境界，顏子、蒙莊、僧肇、輔嗣、明道、象山、陽明諸先生，雖所造有淺深，要同一路向也。根器鈍者，難免迂迴，其觸處致力全憑量智作用。探索不厭支離，徵測尤期破碎，以此綜事辨物，功必由斯，以此求道，（道，謂本體。）豈不遠而！但使心誠求之，久而無得，終必悟其所憑之具（具，謂量智。）為不適用。一旦廢然，（不信任量智有無限的效能。）反之即是，（反之即得性智。）宋人小詞：「眾里尋他千百度，驀然回首，那人卻在燈火闌珊處。」正謂此也。故玄學見體，唯是性智，不兼量智，是義決定，不應狐疑。會六藝之要歸，（孔門標六藝。）通三玄之最旨，（魏晉人標三玄。）約四子之精微，（宋明諸師標四子。）極空有之了義，（佛家大小乘不外空有兩輪。）以吾說證之，未見其有一焉或偶相戾者也。斯乃千聖同符，百王共軌，非有意爲合，乃神悟之玄符耳。

然玄學要不可遮撥量智者，見體以後大有事在。若謂直透本原便已千了百當，以此爲學，終是淪空滯寂，隳廢大用，畢竟與本體不相應。譬之遊斷航絕港而蘄至於海，何其謬耶？大人之學，由修養以幾於見道，（見道，即見體之謂。）唯保任固有性智，而無以染習障之，無以私意亂之，使眞宰恆時昭然於中，不昏不昧，只此是萬化根原，通物我爲一，陽明〈詠良知〉詩：「無聲無臭獨知時，此是乾坤萬有基。」實了義語也。此種境地，豈可由量智入手得來？然到此境地卻又不可廢量智。須知：量智云者，一切行乎日用，辨物析理，極思察推徵之能事，而不容廢絕者也。但有萬不可忽者，若性智障蔽不顯，則所有量智唯是迷妄逐物，縱或偶有一隙之明，要不足恃。人生唯淪溺於現實生活中，喪其神明以成乎頑然之一物，是可哀可慘之極也。若修養不懈，性智顯發，（此即見體時。）則日用間一任性智流行於萬物交錯、萬感紛綸之際，而無遺物以耽空、屛事以溺寂。至靜之中，神思淵然，於物無遺，而於物無滯，是所謂性智流行者，亦即是量智。但此云量智，乃性智之發用，與前云性智障蔽不顯時之量智，絕非同物。從上聖哲爲一大事因緣出世，兢兢於明體立極之學，豈無故哉！得此學者，方成乎人，方善其生；否則喪其生而不人矣。然若謂見體便遊乎絕待，可以廢絕量智，抑或看輕量智，以格物致知之學為俗學，無與於大道，此則前賢所常蹈其弊，而吾儕不可復以之自誤而誤人也。

抗戰前，友人欲與吾討論中西文化，以為二者誠異，而苦於不可得一融通之道。吾時默而不言，因《量論》未作，此話無從說起。實則，中學以發明心地為一大事，（借用宗門語，心地謂性智。）西學大概是量智的發展，如使兩方互相了解，而以涵養性智，立天下之大本，則量智皆成性智的妙用。研究科學，經綸事業，豈非本體之流行而不容已者耶？孰謂量智可廢耶？

佛經說佛號遍知，其徒或以為成佛則自然無所不知也。不知遍知云者，就眞諦言，謂其證見眞如，（眞如即本體之名。）已知萬法之本、萬法之眞，故說為遍知耳；若克就俗諦言，一切事物之理，雖成佛見體，果能不待量智推徵而自然無所不知耶？

《新論》主於顯體，立言自有分際，《量論》意思，此中固多有不便涉及者。

大文第三疑點云：「著者一口抹煞，謂西洋哲學無體認，此亦未免武斷。」實則，吾未嘗武斷也。若肯承認吾前文所說之不謬，即中學歸極見體，易言之，唯任性智，從修養而入，則西學是否同此蹊徑，似不待申辯而知其判然矣。夫體認之境，至難言也。由修養深純，滌除情識而得到之體認，此天人合一之境地，（實則，即人即天，合一猶是費詞。）中土哲人所為至卓絕也。西學一向尙思維，其所任之量智，非必為性智顯發而後起之量智也。何者？反求本心，吾似未聞西哲有以此為學者也。夫思想之用，推至其極，不眩則窮。窮與眩異者，眩則思之多端，雜亂而成惑；窮者，思能循律而極明利，然終止乎其不可思，故窮也。思至於窮，則休乎無思，而若於理道有遇焉。此任量智之學者所自以為體認之候也，西哲所有者當不外此，而格以吾先哲之體認，則似之而非也。非從修養入手，則情識未淨，乘思之窮，而瞥爾似有默遇焉，非果與眞理為一也。要之，此事難言，必其從事於儒道佛諸氏之學，而非但以見聞知解或考核為務者，有以眞知前哲之用心，然後知西哲自有不得同乎此者。昨臘，吾應南庠講演之請，方何諸先生亦斷斷致辨，謂吾薄西學不見體為未是。及講後燕談，方先生暢論西哲工夫，不外努力向外追求，吾笑謂之曰：本體是向外追求可得耶？君毋乃為我張目乎？今縱退一步言之，如賢者所說：西哲自昔即有言體認者，然此必非西洋哲學界中主要潮流。猶如晚周名家，似亦偏尙量智，然在中土哲學界終不生影響，可以存而不論。凡辨章同異，只約大端別異處較論而已。人與動物同處豈少也哉！而撮舉大端，則二者不止天淵之判矣。

昨函寫就後，復有餘意未盡者。大文有云：「著者『體用不二』之況，西洋哲學亦非絕無所見，如柏烈得來《現象與實在》一書，實嘗言之。如曰：『現象無實在不可能，因如是，則誰為能現？而實在無現象將為空無，因在現象外必無物也。』是柏氏亦非外現象而求實在。即懷黑德教授《歷程與實在》一書，亦明此義。」云云。吾不能讀西籍，向者張東蓀嘗謂《新論》意思與懷黑德氏有不謀而合處，未知果然否？賢者所述柏氏語，似與《新論》有融通之點，然骨子裡恐不必相近也。西洋學者所謂本體，畢竟由思維所構畫，而視為外在的。《新論》則直指本心，通物我內外，渾然爲一，正以孟氏所謂「反身而誠」者得之，非是思維之境。柏氏是否同茲眞髓，吾不能無疑也。昨函答來函「西哲自昔亦有體認之說」，吾謂其「似之而非」者，蓋東方哲人一向用功於內，滌盡雜染，發揮自性力用。其所謂體認，是眞積力久，至脫然離繫、本體呈露時，乃自明自見，謂之體認。莊子云：「明者，非謂其明彼也，自明而已；見者，非謂其見彼也，自見而已。」故此義極嚴格。西洋學者從來以向外找東西的態度探索不已，如獵者強烈追求，期有所擄獲然。故其所見之體，正是思維中所構畫的一種境界，非果親證實在而直與之爲一也。西洋諸哲學者，其未能的然了解實在與現象爲不二者，固是錯誤。即如柏氏輩觀想入微，似有當於吾所謂體用不二之旨，然彼之入手工夫恐終是西洋路數，唯向外探索爲務，則彼所見之體，要非如實證見。若爾，則彼之體用不二觀雖與吾有其相近，而骨子裡究判若天淵，此不容不辨也。體認之意義，吾已略說如前，不獨西洋學者功力不同，未必果有此旨，即在宋明人語錄中，其於體認一詞亦有寬泛的說法。或以尋思義理，反覆含玩，使印解益加深切，謂之體認；或則推尋至竟，瞥然有省，恍悟至理畢竟不可思議，於是曠然若有默喻。以上二種意義，皆與吾前所謂自明自見者，絕不相侔。其後之一種，由推尋至竟而返諸默喻，其所謂默喻，猶是最極微細的觀想，非即本體呈露也。本體必離繫而始顯，以探索爲功者，始終有所繫也。故彼之體認，非吾所謂體認也。眞見體用不二者，說一眞湛寂也得，說大用流行也得，說一眞湛寂即是大用流行，說大用流行元是一眞湛寂，均無不得。此中具無上甚深微妙義，恐柏氏思解所至，未許入實際理地。

又大文云：「著者認『心物皆無自體，同爲一個整體不同之兩方面』，此其說，最近西洋哲學同見及之，如羅素、如杜威、如懷黑德，無不同聲否認心物各有自體。心物二元論已成過去。」賢者此段話，從大端趨勢上說，固無不可，然各家持論的內容與其根本觀念，又當莫不互異。《新論》依本體流行假說翕闢，復依翕闢假名心物，隨俗諦則不壞世間相，心物皆許有故；入眞諦，則於世間相而蕩然離相，乃見一切皆眞。諸家果臻斯旨否？

又大文云：「著者自認與西洋哲學不同之點，在於本體之認識恃性智而不恃量智，此不唯與柏格森之直覺說有相似處，即柏烈得來亦見及之。柏氏謂『思想僅能運行於有對，而不能運行於無對，思想如與實在一致，即爲思想之自殺』。是柏氏亦感覺量智不可恃。」賢者所引柏氏語甚有意思，不悉中文有翻本否？賢者素精於柏氏之學，何不迻譯得來？唯云「與柏格森直覺說有相似處」，則期期以爲不可。憶昔閱張譯《創化論》，柏格森之直覺似與本能併爲一談，本能相當《新論》所謂習氣。（其發現也則名習心。）習心趣境固不待推想，然正是妄相，不得眞實，此與吾所謂本體之認識及性智云者，截然不可相蒙。此間黃艮庸等皆於此與吾同其所見。

病痢初痊，辭不達意，義理不厭求詳，非必欲諍一己之是也。

有難：「《新論》謂佛家眞如只是無爲，不許說爲無爲無不爲，即謂眞如是無有生化之體，此恐誤會。如《金剛仙論》卷三云：『言一切法空者，有爲之法，無體相故空。然眞如佛性法，萬德圓滿，體是妙有，湛然常住，非是空法。』據此眞如既是妙有，如何說無生化？」答曰：瑜伽家言眞如非有非無，以無情計所執相故，說爲非有，（所執相三字宜深玩，哲學家談宇宙本體者，種種構畫只是其所執之相而已，非可與本體相應。）以本非空無故，復說非無。然此與老氏有無之旨實不相近，須各通其全整的意思，而後可辨。吾國唐以前之佛家，多以妙有妙無之旨談涅槃佛性，（「妙有妙無」亦《金剛仙論》語。涅槃佛性乃眞如之異名。）皆援老以入佛。老氏之學本於《易》，其言無，確非不生化之無，故至無而妙有。佛氏之空，雖本非空無之空，然其所證會特在寂靜之方面，故雖言非無，究與老氏所云有者不似。《金剛仙論》，六代時盛行北土，張生德鈞考定爲流支後學所作，近是。蓋曾聞流支之說，而附以老子義，遂成斯論。德鈞謂其有符《瑜伽》正說，殊嫌朋比。窺基法師謂此論爲南地吳人浪造，非眞聖教，不可依據。其斥絕之嚴如此，蓋確守印度佛家本義故耳。基師以「凡情浪作圖度」譏《金剛仙論》，則《仙論》妙有之旨違佛經甚明，亦足證余之所說無誤會也。

【答友人】冬來山上陰寒的老軀極不適，得來書本不欲答，而此心此理又似不容默然。今就來書，略爲疏通，不能細也。

一、來書云：「尊《新唯識論》，弟所以始終不發一詞者，即在兄認心爲有實體一點上，以體用立說，建立本體。」等語。弟謂吾「認心爲有實體」，此語尚待商量。世學或以宇宙實體離吾心而外在，因向外探索。《新論》故指出實體即是吾之本心，此非外在，更不容向外求索，要在反求自證，此《新論》之旨也。本心即是實體，而又曰有實體乎？是頭上安頭也，是妄執也，

《新論》何曾如是乎？

二、來書云：「弟認爲大乘經典凡言心性，就心性本淨言心即性、性即心，言如來藏，以及眞如、圓成實，乃至菩提、涅槃，都無實體可即也。」等語。夫如來藏乃至涅槃，皆實體之異名耳。即此萬法實體，自其在人而言是眞性故，含萬德故，妄法依故，曰如來藏；不可變易故，曰眞如；本來圓滿，法爾現成，遠離虛妄，曰「圓成實」；自性圓明，無迷暗故，曰菩提；常樂我淨，曰涅槃。此皆實體之異名，而曰「都無實體可即」，不知胡爲下此語也。誰教汝於頭上安頭耶？設復難云：「你言本心即是實體，則本心亦實體之異名也，胡爲著一即字？」答曰：吾以世之談本體者，或向外求索，不悟即自本心，故說即言，以對治妄計，何庸唐難？

吾揣弟之本意，蓋根本不承認有所謂萬法實體，故以爲如來藏乃至涅槃等名都是虛詞，並不是實體之名，如此，則佛法竟是空見外道。然佛家諸經論，卻無處不力破空見，且曰：「寧可我見如須彌山，不可空見懷增上慢。」此何故耶？

弟云：「經典凡言心性，就心性本淨言心即性、性即心。」此處甚欠妥，欲與詳說，老來卻不耐痲煩。就所舉心性本淨一詞言之，此中心性之性字，猶云自體，謂心自體本淨也，別無他義。若「心即性」云云者，乃對彼不了自心即是與萬物同體之實性者而說，此處殊不涉及。

三、來書云：「兄謂無著只談生滅，又謂其始終不見本體。不如《起信論》開一心爲眞如生滅二門者，誠不敢聞教。何者？凡有言說，都無實義。三藏十二分教文字無非在生滅範圍中，何僅無著？如來之所以有『吾四十九年來未曾說一字』，及若謂『我有所說法，是爲謗佛，是人不解我所說義』之言者，蓋以此耳。夫生滅者何？如幻。如幻者何？本空。即無實體（實法。）可得，無體，則用又安立耶？今兄乃欲從言教中以求其本體與作用者，將何以把捉到耶？」此段話，眞乃宗門所呵爲葛藤也。今略提數點答之。（一）、吾非謂《起信》開一心以二門爲是也，但謂其尚知有眞如心，比無著一派說賴耶等八識爲賢。由無著之八識說，即捨染得淨、而無垢識，猶是生滅法，猶是本有及新熏之無漏種子所生。此無漏種子卻不即是眞如，故無著無有所謂眞如心。易言之，即其學始終不見本體。宗門多尊《起信》，而不依無著一派之學，豈其見地均出老弟下哉！（二）、弟云：「凡有言說，都無實義。」此眞怪極。老迂所知，佛經亦只戒執著言說以取義耳。如說有眞如心，你便把眞如心當作一件實物來推測，而不知反求諸己，此即執言以取義，無可入道，乃群聖之所共斥。弟所引如來「四十九年未說一字」云云，正對此而發。吾弟不悟斯旨，乃謂「凡有言說，都無實義」，然則三藏十二分教，豈不等於風聲鳥語，都無一毫寶義耶？且弟來書洋洋二千餘言，既都無實義，何故寫與我耶？吾嘗謂：佛書，若不善讀，只增長混亂。每見佛教信徒開口談玄說妙，其論調有如俗諺所謂「八方都不著腳」。夫理見極時，唯是證會，誠非言說所可表。故有時說法，若八方都不容著腳者，所以遮戲論耳。但此看就何處說，若一往如此，則成大混亂，而無可救藥矣。（三）、弟云：「生滅者何？如幻。如幻者何？本空。本空即無實體可得，無體則用又安立耶？」此段話，乃是吾弟根本病痛所在，其與釋尊意思遠隔者正在此。《新論・功能上》，談空宗處，弟向不肯降心一玩，此則無可如何耳！夫「生滅者如幻，如幻者本空」，此等語從眞諦言之，皆是。但接著云「本空即無實體可得」，斯乃空見外道之談，豈佛法哉！《大般若經》，無量言說，只是發明生滅如幻本空。但空者，空生滅法也。易言之，即因世間情計，執取宇宙萬象而不得透悟實體，故說「生滅法如幻本空」，令其除執，而透悟實體。譬如迷者，於麻所成繩而執取繩相，不了其本是麻，因以種種說法令彼得空繩相，而透悟爲麻。此乃方便善巧之極，豈可誤會實體亦空？都無所有，陷於空見外道之邪執，自招謗毀大法之罪哉！夫佛家破空見甚嚴者，非獨以其違於理實而已，將有如古詩所云「人生無根蒂，飄如陌上塵」之嘆。昔在舊京，與林宰平兄偶談陶詩：「眾鳥欣有托，吾亦愛吾廬。」，余喟然曰：此二語意義深遠極矣，人生若自識眞性，乃自得眞安穩處，可喻如廬。孟子言：「仁，人之安宅也。」亦通此旨。否則如長空孤飛無托之鳥，豈不悲哉！宰平悠然有無限之感。佛法歸於證眞，儒學極於窮理盡性至命，惡可以耽空爲學哉？（四）、弟謂吾「欲從言教中求本體與作用」，此則不知果何所謂？吾平生著述與筆札之屬，字字從胸中流出，稍有識者，當能知之。吾所爲文字，向不肯引古書，有時對流俗須徵引舊文，但此等處亦不多。老弟乃謂在言教中用工夫，亦足怪。向者師友疑吾議佛，或謂吾不曾虛懷讀書，其實，吾未嘗不虛懷也，但如漢儒所謂「存其大體」而已。此中之妙，誠有不可言傳者，苟非其人，道不虛行耳，泛博乎爲乎。又如陸象山云：「六經皆我注腳，未可與言取義。」（如言，即執著言說之謂。）今老弟所責備者，卻又云多著言教何耶？上來就弟前一大段文字中，略提四點，稍有辨說。而第三點主張實體非空，乃是千聖眞血脈所在。吾竭吾誠，冀垂察納，老弟年適知命，至心求法，何忍自墮空見哉！

來書辭甚長，吾老來氣力薄，不耐逐文詳答，唯所引諸經偈，不得不略爲疏釋，以與弟相質證也。

來書遮撥實體，有云：「兄若不謂然，弟姑引教，《華嚴經》云：『諸法無作用，亦無有體性，是故彼一切，各各不相知。』」

上所引經，弟據之以駁實體，適乃證明吾義。經云「諸法」，首須辨清，此是專目生滅法，不攝無爲法也。（大乘無爲法，即實體之異名。）凡情於生滅諸法執爲實有，即計爲有實作用，有實體性，經故遮之。而說一切法各各不相知，明一切法無有爲能知與所知者，即一切法皆空也。然爲《華嚴》持空見乎？非也，乃欲令衆生空法相之妄執而透悟毗盧性海耳。（性海，謂實體。）

《楞伽》云：「諸法無體性，而說唯是心，不了於是心，而起於分別。」此經諸法一詞解如上。言諸法本無自性，（即《大般若》之旨。）只是妄想所現。心，謂妄想。亦云妄識，（《楞伽》譯妄識爲妄想。）非本心也，此不可混。不了唯妄識所現而起分別，則謂諸法有體性耳，此與上引《華嚴》意同。

又引《楞伽》云：「非幻無有譬，說法性如幻，不實速如電，是故說如幻。」此經中法性一詞，非目萬法實性，（實性即實體之異名。）乃謂諸生滅法自性也。（自性與實性一詞絕不可混視，吾蓋嘗言之。）生滅法者，幻法也。欲明此幻法，非無有譬喻，是故說諸生滅法自性如幻者，以其全不實故，刹那不住，速滅如電，故說如幻。如亦空生滅法相，令悟實性，與前引經義並同。

來書有云：「《楞伽》亦言及諸佛體性矣，然其所謂體性者，佛言：大慧，覺二無我，除二種障，離二種死，斷二煩惱，是佛體性，又何嘗有實體可即耶？」所以，下文又說：「虛空涅槃及非擇，但有三數，本無體性，此非爲執有實體者作獅子吼耶？至於《大般若經》，更不待說，全部破有實體，以畢竟空名涅槃，未聞於畢竟空外別有涅槃可得也。」此段話純是空見外道之談，不知老弟讀佛書何爲至此？凡讀書法，一不可尋章摘句而解，二須得言外意。《楞伽》言覺二無我乃至斷二煩惱是佛體性者，純從破執或斷障而言。意謂吾人如能破一切迷執，斷一切障染，則實性自顯也。譬如云霧全消，陽光自著也。豈謂執盡障亡便一切都空？全無所有，乃云佛性耶？既是空空，無所有，又何佛性可名耶？「虛空涅槃亦非擇」云云，此乃對破小乘妄執耳。夫所云實體者，本無形無相，不可夾雜凡情逐境之想，將實體或涅槃當作一種境界而追求之。小乘厭生死，欣涅槃，妄以涅槃爲可欣之境而起貪著，與外道之以妄想所現境爲涅槃者，等無有異。故般若崛興，閔小之執，而爲一切掃蕩之談。其語勢雖過，要之密意則欲人蕩執而自得實性，絕不與空見外道同其痴迷。畢竟空者，謂障染本空耳，豈云實體都空？弟云：「未聞於畢竟空外別有涅槃可得。」老迂卻謂畢竟空，則涅槃方顯。《大般若經》極不易讀，若如言取義，恐自絕慧命也。須知《般若》非遮實體，只恐人於實體而作實物想，即是以妄想所現相而認爲實體如是，則墮大迷執，《般若》種種斥破者以此。四卷《楞伽》中卷四，申明「離有無、離生滅」之旨，亦然。至云「《涅槃經》說佛性義，以非常非無常爲言，似有靈於《般若》、《楞伽》」等語。夫《涅槃》言「非常非無常」者，離二倒故。凡情於無常法而計常，是名常倒；於眞常法而計無常，是名無常倒。（吾弟不能於幻法中見實體，由陷無常倒故。）離此二倒，眞常妙體，脫然呈顯。《毗曇》、《般若》而後，方出《涅槃》，機勢則然，非有靈與不靈之別也。老弟既一意耽空，不惜眞常，則一部《涅槃》破壞不留餘地，乃以毀之者讚之，可謂妙哉！又來書舉「無我如來藏」語，極讚其妙，然遮撥實體，即如來藏只是空空，全無所有而已。經中何不曰「無我空」，而曰「無我如來藏」耶？夫如來藏即圓成實，但非如外道所執之神我，故曰「無我如來藏」。此皆有明文可證，老弟竟玩弄名言而不反躬自求實際何耶？寫此已倦，來書承說雖多，都無義蘊，不及一一作答。唯余尚有一言者：佛家無論何宗，確非無體論，確非空見，但其顯體只著重空寂方面，（空非空無之謂，詳《新論》。）而不於體上說生化。《新論・功能》已說得明白。會不易與變易而爲一者，《大易》其至矣哉！是《新論》所取正也。佛門學者，不喻微衷，妄相醜詆，至疑爲私心立異，背師非聖。夫「當仁不讓」，宣聖自明所志也；「吾愛吾師，吾尤愛眞理。」西哲自述本懷也。吾雖不肖，忘情飢渴，矢心斯學六十年矣。其果內無所持而挾私逞異者哉！知我其天，聖猶興嘆，見瞋之烈，自昔然矣，復何怪焉？

【與楊中愼】《新論》明由體成用，而於用上說爲一翕一闢。但翕實從闢，即闢爲翕主。闢，神也，所以堪爲主者，以不捨本體空寂剛健等等德性故。闢不捨本體德性，即於闢而見體；（譬如繩由麻成，而繩不捨失麻之形色等德性，便於繩而知其即是麻。於闢而識本體，依此喻易了。）見體，（一頓。）當下即是敻然絕待，離諸繫縛。始信萬化自我出，官天地，府萬物，富有日新，是其充實而不可已也。宇宙人生本來不二，（吃緊。）相對絕對迷則有分，悟乃融一，（迷則陷於相對中，不得與絕對爲一；悟則相對即是絕對。）此《新論》最旨也。《新論》開合萬端，學者不得其要，將當作一套理論看去，反於座下無與，（即無著落處，亦即與吾人生活上無關係。）望澄懷深究之。

【與張君】賢者引王船山文云：「善言道者，由用以得體；不善言道者，妄立一體而消用以從之。人生而靜以上，既非彼所得見矣。偶乘其聰明之變，施丹堊於空虛，而強命之曰體。聰明給於所求，測萬物而得其形影，則亦可以消歸其用而無餘，其邪說自此始矣。則何如求之感而遂通者，日觀化而漸得其然也。故執孫子而問其祖考，則本支不亂。過宗廟垳墟而孫子名氏，其有能億中之者哉！此亦言道者之人辨也」云云。吾賢於此段文後評云：「言道者當由用以得體，沿流而溯源，船山此論可謂精卓之極。」吾於此語似無不是處，而惜乎其未入細也。吾於此頗有千言萬語，老年精力乏，艱於文字，只合略抒吾意。

玄學家言道之宗趣，與求道之途術或經過是兩事，不當混視，言道即著述之事。玄學所究者宇宙本體，萬化自有根源，人生自有眞性，憑空幻起，無是事故。（吾心或萬物之本體，明儒以盛言之。佛典中言「諸法實體」或「諸法實相」。詳儒佛老三家，曰「天」、曰「道」、曰「眞如」，皆本體之名號也。故本體一名，並非近世譯之西洋。）玄學家如欲作一部言道之書，而或議其立一體便妄，吾不知是書將如何措辭？船山固宗《大易》者，《易》首「乾」、「坤」而曰「大哉乾元，萬物資始」、「至哉坤元，萬物資生」，試問此是妄立一體否？《大易》開宗明義，若不立體，則《大易》還爲言道之書否？《論語》首提出一學字，學者覺義，（見《白虎通》。）覺即心之本體。《大學》首提出「明明德」，《中庸》首提出「天命性道」，此皆妄立一體歟？不獨吾先聖古籍，印度大乘亦然。《百法明門》總明一切法無我，直下顯體，眾典皆然，毋須具述。言道之書，原爲顯示本體，引人窮入無上實際理地，（無上者，窮理至此已極，無有更在其上者故，超過一切虛妄分別，故云實際理地。）今乃詆以「妄立一體」，此成何義？故從言道之宗趣而談，船山似忘卻玄學之所窮究者爲何事。（宗極者，莊生云：「言有宗，事有君。」事無綱主，何成爲事？言無宗要，何得成言？每一種學術中之著述，必有其宗主與要領所在，否則無關於某種學術之發明，何成著述？）

若言夫求道之途術或經過，則玄學家之窮究本體，未有非由用以得體者。但談至此處，須將體用二名訓釋明白。吾子嘗云：「船山此段中所謂體用，指一物之質體與功效。」此解太閡礙在。船山明明曰：「言道者，豈是就一物之質體而言體，就一物之功效而言用乎？」船山此文分明是談形而上，斷不可以日常經驗中實物的觀念去索解也。體，即宇宙本體之體。用者，吾《新論》中所云：言乎本體之流行，狀夫本體之發現，是以謂之用。俗所謂現象界者，即依用上立名，非用之外別有現象也。名以現象似嫌執著，名之爲用便活潑潑地。吾《新論》談體用，而不曰實體與現象者，實有深意，此與船山似相符。然船山但偶用之，未嘗拿定此意以立說。又《新論》根本大義在「體用不二」，船山亦未悟也。體用二名，義界既定，今還理前言：玄學家究體而果得之，則惡有不由用以得體者乎？人之思想必有所觸而發，斷未有無所觸而憑空去幻想者。幻想亦非憑空起幻，但以其運思無有軌範，不應理道，故呵之以幻耳。若其起想，亦自有由，幻不徒幻，而況玄學家不皆幻想者乎？人生隨逐大用流行中，恆觸及逝者如斯，詎無根底，譬如臨大海洋，諦觀眾漚新新不住、故故不留，當知自有大海水爲一一漚而作根底。尼父川上之嘆，觸生神悟，微矣妙哉！此就上聖舉例，雖凡夫蓋亦有之。古詩云：「人生無根蒂，飄如陌上塵。」豈謂人生果如陌上塵乎？誠知人生自有根蒂耳。古今哲學家斷未有憑空忽構想一本體，而不由乎即用求源以生是想者，無端而妄立一體，何有是事？但船山由用以得體之言，吾擬先置一語，曰：由用求體，求之則有得、有不得也。不得而強索之，然後有妄立一體耳。夫求之不得者，僅任理智構畫，而無可實到其境。吾非反理智，但謂不可僅恃此，此中有千言萬語說不及。吾意，西哲思辨，須與東聖修養冶於一爐，始可得到本體。船山云：「偶乘其聰明之變，施丹堊於空虛，而強名之曰體。聰明給於所求，測萬物而得其形影，則亦可以消歸其用而無餘，邪說自此始。」此自不得而妄構者言，至爲精鑑。古今玄學家不當受此痛棒者，有幾何哉！本體非是一件物事，不待外求，反諸吾所以生之理，愼修而實踐之，咳唾皆神之所行。逡巡皆理之所著，而況其感通之大者乎？《易．乾》之〈象〉曰：「乃統天。」乾，神也。吾身之神即是宇宙之神，實無有如迷者所執之多神也。天者，無量星云或星體也。舉天，即攝一切物；言神者，遍爲萬有實體無在無不在也。近取諸身，遠取諸天地萬物，孰發現是？孰流行是？孰主宰是？莫非神也。雖無有乎具有人格之一神或多神，然而莫非神也。吾與天地萬物執形固各別，窮神則一體也。故全吾所以生之理，而不沒於塵累，神斯著矣。「人生而靜以上」，默而識之，何不可見之有？船山云：「求之感而遂通者，曰觀化而漸得其原。」亦此意。故證體（猶云見道。）必由修養而至，修之嚴，養之純，則緣小己而起之私欲惑染（儒言私欲，佛言惑染，亦云雜染。）克治盡淨，而本體始顯。至此，吾人乃別換一頭面，不是形氣的小己，而是固有無對的眞己呈露出來，（眞己謂本體。）方知起萬化，應萬感，皆是此個。（此個謂本體。）先儒詩句：「等閒識得東風面，萬紫千紅總是春。」差可形容。學者如了吾此段話，當知見道之見，不是全憑理智思辨工夫可做到此中「見」字也。理智只是推度，思辨只是構畫，畢竟與眞己不相干，（《新論．轉變》後，談不可思議義，可玩。）畢竟導不出眞己來。吾平生主張哲學須歸於證，求證必由修養，此東聖血脈也。然學者當未至證的境地時，其於宇宙人生根本問題有觸而求，必不能不極用思辨，思辨之極，而終感與道爲二也。則乃反求諸己，而愼修以體之，涵養以發之，始知萬化根源毋須外覓。宋人小詞云：「眾里尋他千百度，驀然回首，那人卻在燈火闌珊處。」正謂此也。《論語》「學而不思則罔」一句，吾昔與子言者，實錯誤，尚存《語要》中，今當更正。學者，覺義，即證體之謂學。思者，理智思辨。斯二者不容偏廢，如只求證，則一直向上，而於大用流行中一切事物散著者，未嘗析觀，即於事物不能無迷惘，故曰「學面不思則罔」。（宋明儒不免此患。）若只任理智思辨，將長困於支離破碎之中，而喪吾固有周圓不滯之神，易言之，即喪吾所以生之理，天下之至殆，孰有甚於此乎？故思矣，而必要歸於學。學之言覺，即反已自識本體。乃獨立而無匹，（自得本體，即遊於無待，得故名猶立無匹。）周行而不殆，（本體至神也，以其在人言之，則曰心。此心周遍流行，隨緣作主，試反驗之吾身，其非禮勿視聽言動者，即可見其主乎吾之一身，隨所緣而不可亂也。）唯其神也。故玄學者，始乎理智思辨，終於超理智思辨，而歸乎返己內證，及乎證矣，仍不廢思辨。（思辨，後省言思。）但證以後之思與未證以前之思自不同，孟子云：「如智者若禹之行水也，行其所無事也。」爲證後之思言也。證後之思，其神，靈也。何以知證後不廢思？孔子以學、思互言，故知終亦不廢思也。竊意玄學爲如何之學，及其亦名爲哲學之故，當以《論語》此章之義爲權衡。其始終不廢思，故是理智的，故謂之哲學；以其歸極證體，故謂之玄學。其歸極證體也，則由其理智，經修養工夫，滌除其一向在實用方面之雜染，而其本體脫然呈顯。（本體即是理智之體，理智即是本體之發用。）自明自識謂之證，所謂萬化根源、萬物本命、人生眞性，統是此個物事。一極眞實（一者，無對義；極者，至義、根源義。）絕非如宗教虛構之神，藝術由情趣變幻之空靈境界。此爲智體分明自證，眞眞實實，明明了了，不可說爲恍惚不可捉摸的神祕。依於智，而不依於情，故即證言，亦是學，而不是宗教與藝術。由此學超越知識之學故，謂之玄學。人生無此學，即夢夢然，是大可惜！總之，玄學亦名哲學，是固始於思，極於證或覺，證而仍不廢思。亦可說：資於理智思辨，而必本之修養以達於智體呈露，即超過理智思辨境界，而終亦不遺理智思辨。（凡吾所云理智者，即克就思辨或推度的作用而目之。《新論》亦謂之量智，它只是作用，而不是體。）亦可云此學爲思辨與修養交盡之學。吾《量論》未及作，許多重大問題不及討論。哲學之本務不明，偏尙思辨者，極其能事亦不過如船山所云「測萬物而得其形影」。余每謂船山此語甚精，如科學知識，亦不過圖摹宇宙，非可窮其底蘊，得其實相。哲學上由思辨構成之理論與科學之圖摹無異，本其摹形捉影之所獲而構成一套理論，如蛛結網，徒以自縛而已。若其果窮底蘊或睹實相者，雖不得已而假設理論以喻人，固當與形影之談絕異。但哲學家能如此者，恐古今無幾耳！最下，猶不足語於形影，直在書冊中作活計，玩枝辭，樂謬論，始乎外鑠而終成不可解之內毒。人生自絕於眞理，誠可悼也。若其只務修養者，喜超悟，厭支離，即在上資脫然大澈，向下更有事在。其本之一源而顯爲萬事萬物者，形影燦然，律則井然，豈得謂一澈其源便無事於斯乎？徵事辨物之知，要有致曲一段工夫，（致曲，即分析與推求等方法。）非可憑一澈而盡悉也。「學而不思則罔」，孔子之言可玩也。（學是大澈，思便致曲。）譬如高飛絕頂，其下千徑萬壑，未曾周歷，終不能無迷惘之感。上資已有此患，劣根則等諸自鄶。是故哲學在今日，無論中西，思、修似乎兩廢，來者悠悠，更未知如何耳！

大家講堂 009

新唯識論

作　　者 —— 熊十力
編輯主編 —— 蘇美嬌
責任編輯 —— 蔡宗沂
封面設計 —— 姚孝慈
出 版 者 —— 五南圖書出版股份有限公司
發 行 人 —— 楊榮川
總 經 理 —— 楊士清
總 編 輯 —— 楊秀麗
地　　址 —— 台北市大安區 106 和平東路二段 339 號 4 樓
電　　話 —— 02-27055066（代表號）
傳　　眞 —— 02-27066100
劃撥帳號 —— 01068953
戶　　名 —— 五南圖書出版股份有限公司
網　　址 —— https://www.wunan.com.tw
電子郵件 —— wunan@wunan.com.tw
法律顧問 —— 林勝安律師
出版日期 —— 2020 年 11 月初版一刷
　　　　　　2024 年 12 月初版二刷
定　　價 —— 550 元

國家圖書館出版品預行編目資料

新唯識論 / 熊十力著 . -- 初版 -- 臺北市：五南圖書出版股份有限公司 · 2020.11
面 ; 公分 . -- (大家講堂 ; 9)
ISBN 978-986-522-208-6 (平裝)

1. 熊十力　2. 學術思想　3. 現代哲學　4. 唯識

128.6　　109012239